리더십
오디세이

Leadership
Odyssey

나남신서 1805

리더십 오디세이

2015년 4월 15일 발행
2015년 5월 5일 4쇄

지은이　　장명기
발행자　　趙相浩
발행처　　(주) 나남
주소　　　413-120 경기도 파주시 회동길 193
전화　　　(031) 955-4601(代)
FAX　　　(031) 955-4555
등록　　　제 1-71호(1979.5.12)
홈페이지　http://www.nanam.net
전자우편　post@nanam.net

ISBN 978-89-300-8805-3
ISBN 978-89-300-8655-4(세트)

나남신서 1805

리더십
오디세이

Leadership
Odyssey

장명기 지음

리더십에 관한 서적들은 수없이 많지만 이처럼 한눈에 들여다 볼 수 있도록 집약한 책은 처음이다. 저자의 오랜 조직생활과 경륜이 묻어난 글을 읽다 보면 잘 숙성된 명품 와인을 마시는 것 같은 감동을 느낄 수 있다. 또한 진정한 리더를 찾지 못하고 허탈해하는 이 시대의 아픔, 오늘의 난국을 극복하기 위한 우리 모두의 명제를 깨닫게 하는 저자의 고민이 함께 묻어난다.

– 김각영 (전 검찰총장)

장명기 수석부행장은 신한은행에서 20년 넘게 고락을 함께하다 외환은행으로 떠났다. 이제 그가 은행원의 삶을 마감하며 출간하는 이 책은 온갖 역경을 뚫고 성공적인 금융인으로서 걸어온 발자취의 기록일 뿐만 아니라, 오늘날 우리나라 각 분야의 리더들에게 통렬한 문제의식을 제기하며 미래사회를 이끌어 가기 위해 갖춰야 할 덕목과 나아갈 방향을 제시한다. 동서고금을 넘나들며 바람직한 리더상을 그려 낸 저자의 노고에 격려와 박수를 보낸다.

– 한동우 (신한금융그룹 회장)

현재 우리는 세계적인 저성장 시대에 빠져 있고, 일본식 장기 경기침체로 접어들지도 모른다는 불안감 속에서 희망과 자긍심을 심어 줄 리더의 출현을 갈망한다. 은행가인 저자와 만날 때마다 여러 가지 이야깃거리로 유쾌한 분위기를 이끌며 해박하고 정연한 논리로 대화하는 그에게 감탄한 적이 한두 번이 아니었는데, 그의 경험과 통찰력을 한 권에 다 쏟은 이 책은 리더의 자질과 역할에 대하여 명쾌한 답을 제시한다.

이 책은 우리에게 새로운 리더십의 유형을 알려 줄 것이다. 이미 리더의 자리에 있는 분, 또 앞으로 리더가 되고 싶은 젊은이들에게 꼭 일독할 것을 권유한다.

– 진대제 (스카이레이크 인큐베스트 대표이사, 전 정보통신부 장관)

《오디세이Odyssey》는 이타카Ithaca의 왕 오디세우스가 험난한 과정을 모두 이겨 내고 스스로 목표했던 귀향을 이뤄 완결성을 갖는다. 저자는 산업은행과 신한은행, 외환은행을 거치면서 처음 사회에 발을 들였을 때 세운 목표인 '임원이 되는 것'을 이뤄내 자신의 스토리를 완성했다. 지략가의 면모를 가진 오디세우스는 수많은 난제難題들을 풀어내며 지혜로운 영웅으로 성장했다. '임원의 꿈'을 이루기 위해 세상이 요구하는 조건에 맞추기보다 동료, 선후배, 고객이 인정하는 리더가 된 저자는 자신에게 주어진 마지막 소임으로 미래의 리더가 될 사람들에게 꼭 필요한 '리더십'의 지혜를 전하고 싶어 했다. 그의 리더십 자체만으로도 훌륭한 이야기가 되겠지만, 국내 금융산업에서 일가一家를 이룬 또 다른 리더들의 모습과 해박한 인문학적 지식, 사회에 대한 통찰력이 더해져, 우리는 고대 그리스의 대서사시 못지않은 풍성한 플롯으로 리더십의 성찬盛饌을 맛볼 수 있게 됐다.

사회는 훌륭한 리더를 필요로 하고, 훌륭한 리더가 되기 위해서는 긴 시간이 필요하다. 저자의 44년 리더십 여정을 엿보며 조금이나마 그 시간을 단축할 수 있다면 독자에게는 큰 행운이다. 지금 리더인 사람, 조만간 리더의 자리에 오를 사람, 리더가 되기를 갈망하는 사람 모두에게 일독을 권한다.

— 안경태 (삼일회계법인 회장)

리더십Leadership이란 배를 목적지까지 안전하게 이끌어 간다는 의미라고 합니다. 우리나라 주요 은행의 경영현장에서 등대처럼 환한 빛을 비추며 길을 이끌던 장명기 장로님이 이제 긴 여정 끝에 항구에 도착하여 어두운 세상을 향하여 던지는 메시지입니다. 리더를 꿈꾸는 이들에게 진정한 안내가 될 것을 믿고 기쁨으로 추천합니다.

— 황일동 목사 (성진교회 당회장)

미래를 꿈꾸는 완생完生의 리더는 어떤 사람일까?

빅데이터와 사물인터넷, 창조적 ICT로 상징되는 기술의 미래에 미생未生이 아닌 완생한 리더는 냉정하게 변화에 대처하면서도 가슴 속에 뜨거운 아날로그적 감성을 가진 사람일 것이다.

변화하는 조직에서 살아남는 최종 승자는 조직이 처한 상황을 명징한 논리와 총체적 시각으로 인식하고, 설득력을 가지고 이를 전달하며, 배려와 이해, 헌신적인 노력을 통해 조직을 감동시킬 수 있는 리더일 것이다.

이 책은 저자가 10여 년이 넘는 은행 임원시절 만난 우리 사회의 수많은 경영, 금융 리더들의 예를 통해 미래의 완생完生 리더가 갖춰야 하는 공통적 조건을 실무적 관점에서 정리하였다. 또한 리더십 일반이론과 함께 인문학적 리더의 조건, 반면교사 리더십, 동서양 리더십, ICT 시대의 리더십 등 본격적인 리더십의 내용을 담은 저작이다.

이 한 권의 책으로 리더십의 A부터 Z까지를 섭렵할 수 있다고 단언한다.

– 홍은주 (한양사이버대학교 경제금융학과 교수, 전 iMBC 사장)

44년 비즈니스 현장에서 캐낸 핵심 리더십

나는 산업은행에서 행원으로 출발한 후 외환은행 수석부행장에 이르기까지 44년간 금융인의 외길을 걸어왔다. 1970년 2월 산업은행에 입사한 후 13년 만인 1983년에 당시로는 신설은행인 신한은행으로 전직하여 몇 군데의 지점장과 임원을 거쳐 부행장이 됐고, 외환은행이 론스타에 인수된 이후인 2003년에 외환은행으로 옮겨 수석부행장을 지낸 후 2014년 3월 퇴직했다.

내가 처음 근무한 산업은행은 1960년대부터 우리나라 경제의 초석을 쌓아 온 은행이고, 신한은행은 1982년 설립되어 현재 명실공히 국내 최고 수준으로 성장한 은행이며, 외환은행 역시 국제외환 업무에서 타의 추종을 허락하지 않는 은행이다. 그렇게 지난 44년 동안 대한민국의 가장 뛰어난 은행을 세 군데나 거치면서 여신업무, 위험관리, 국제금융 등 여러 가지 금융업무를 맡아 경험을 쌓았으며, 임원생활만도 12년이나 했으니 남들이 우스갯소리로 말하는 것처럼 '직업이 은행임원'인 생활을 아주 오래 한 편에 속한다.

돌이켜 보면 참 많은 사람을 만났다. 행원 시절에는 수많은 상사들을 만났고, 시간이 흘러 부서장과 임원 생활을 거치면서는 함께 조직을 이끈 경영자들을 만났으며, 업무에 직·간접적으로 연관된 기업고객, 감독기관 및 정책당국자들, 그리고 개인적으로 친교를 맺은 사회 각 분야의 지도자 등 다양한 리더들을 만났다.

그중 특히 임원이 되어 만난 인사들은 대개 각 조직에서 중간간부 이상의 리더들이었다. 이들과 함께 일하거나 경험을 공유하고 관찰하면서 나는 조직에서 리더의 역할이 매우 중요함을 실감했다. 뛰어난 리더는 조직이 최상의 성과를 내도록 이끌고, 조직이 영속성을 가질 수 있는 문화를 만들며, 직원들을 고무시켜 직장을 신바람 나는 일터로 만든다. 반면 최악의 리더는 조직의 수준을 몇 단계 끌어내리고, 직원들이 일에 몰두하기보다는 정치적 눈치를 보게 하며, 수십 년 동안 쌓아 온 좋은 조직문화를 하루아침에 무저갱無底坑의 나락으로 추락시킨다. 그런 사례를 여러 차례 목격했다.

사회경제적 위치에서는 리더란 높은 자리에 앉았지만, 사실상 그럴 깜냥을 갖추지 못한 일부 인사들을 보면서 '닮지 말아야 할 리더'에 대한 타산지석他山之石의 교훈을 얻기도 했다. 특히 지위가 오르고 인적 교류가 확대되면서 세상을 보는 시야가 넓어질수록 우리 사회에서 존경스러운 리더를 찾기가 얼마나 어려운지 깨달았다.

아직도 우리 사회의 리더 중에는 "부하 직원들의 감정을 이해하고 의견과 제안을 경청하며 팀워크와 시너지 효과를 극대화하여야 한다"고 입버릇처럼 강조하면서도 정작 본인은 말과는 달리 변화하지 못한 사람이 많다.

인식과 행동 사이에 존재하는 문화지체, 행동지체 현상이 벌어지고 있다. 이들은 세상은 변했는데 아직도 구닥다리 리더십에서 벗어나지 못한 채 강압적으로 명령하고 조직을 지배하는 데 자기의 힘을 과시한다. 사소한 실무까지 간섭하며 부하들의 창의성을 꺾고 사기를 떨어뜨린다.

모르는 것도 아는 체하며 허세를 부린다. 말끝마다 거창한 주제를 들먹이지만 정작 알아야 할 핵심 실무지식은 텅 비어 있다.

업무회의에서도 자기의 기분에 맞지 않으면 함부로 말하고 잔인하게 질책하며 아랫사람들에게 마음의 상처를 준다. 사람마다 가치가 다르다는 점을 인정하지 않고 자기에게 동의하지 않는 사람들에 대하여 생각이 틀렸다며 멀리한다.

공식적인 나들이라도 할 때는 사또 행차처럼 부하들이 줄을 서서 박수를 쳐줘야 흐뭇해한다.

기회만 되면 자기를 드러내고 싶어 하고 특히 대외홍보를 못 해 안달이다. 부하들의 성공사례를 자기선전의 도구로 활용하는 특기가 있다. 그러한 리더일수록 잘못된 결과는 철저히 남의 탓으로 돌리고 자기는 빠져나가려 한다. 행여 자신의 자리 보존에 위협이 될 만한 동료가 보이면 철저히 경계하고 견제하여 팀워크를 깨뜨린다. 이러한 유형의 리더는 낙하산으로 내려온 사람들에게서 많이 볼 수 있는 성향이기도 하다.

얼굴에는 습관적으로 미소를 머금고 있어도 행동은 권위적이며 독선적이고 가식적인 리더! 그러나 주변 사람들은 결국 그러한 리더의 숨겨진 모든 것들을 들여다보며 실소를 보낸다.

리더가 저지를 수 있는 최악의 실수는 자신만이 최고의 리더라고 생각하는 교만이다. 교만은 자기가 선택받은 권력층이라는 권위의식에서 나온다.

이러한 리더십은 미래사회에서 더 이상 통할 수 없는 '금잔에 담긴 독'이나 다름없다.

탈무드에 이런 이야기가 나온다.

"대장이 호랑이고 부대원이 토끼들인 군대와, 대장은 토끼인데 부대원이 호랑이들인 군대가 싸우는 경우 전자가 반드시 이긴다."

아무리 뛰어난 일류 인재들을 보유한 조직이라도 조직을 이끄는 리더가 2류면 2류 조직이 되고, 리더가 3류면 그 조직도 3류가 된다. 반면 기량이 좀 떨어지는 부하나 직원들이라도 직원의 장단점을 파악하고 사람을 알아보는 눈이 있는 뛰어난 리더가 이들을 적재적소에 잘 기용하면 그 조직은 일류가 된다.

기업이나 금융기관에 입사한 사람들 모두가 최고의 인재이기를 바랄 수는 없다. 다만 현재 가용인력 각자의 장단점을 파악하고 비교우위의 역량을 살려서 적재적소에 배치하면 최고의 인재로 성장할 수 있다. 나는 지난 세월 동안 그것을 이끄는 것이 바로 좋은 리더의 역할이라는 점을 뼈저리게 느꼈다.

또 하나 오랜 경험을 통해 내가 정말 중요하다고 절감한 리더의 핵심 덕목은 자신의 후일을 도모할 수 있는 차기 리더를 미리 키우는 '후진 양성 리더십'이다. 아무리 뛰어난 조직의 장이더라도 후계를 제대로 키우지 못하면 그 조직의 성장을 장담할 수 없다.

기업이나 금융기관은 모두 영속성going concern을 전제로 한 조직이다. 자신이 리더로 있는 지금 이 순간에만 잘하면 되는 것이 아니라, 자신이 떠난 이후에도 조직을 이끌 후진을 지속해서 양성하는 것도 훌륭한 리더에게 반드시 필요한 자질이라는 뜻이다.

조선 시대의 뛰어난 왕으로 세종과 더불어 정조를 꼽는다. 정조는 명민하고 뛰어난 왕이었다. 탕평책을 도입하여 사회적으로 신분차별을 타파하였고, 서얼들 가운데 뛰어난 인재를 사랑하여 가까이 두고 기용하였다. 그러나 불행하게도 그의 뜻을 이을 만한 다음 왕이 없었고, 1800년 정조 사후 조선은 외척세력에 휘둘리면서 쇠락의 길을 걸었다. 정조가 생전에 추진한 훌륭한 제도는 거의 사라졌고 뛰어난 서얼들이 과학과 인문학 그리고 실학에서 세상에 뜻을 펼칠 만한 기회가 철저하게 봉쇄되었다.

리더는 언제나 다음 리더까지 내다보아야 한다. 다행히 현대의 기업이나 금융기관은 후계를 스스로 선택할 수 없었던 조선왕조가 아니다. 얼마든지 합리적으로 훌륭한 후계를 선택하고 키워 낼 수 있는 자본주의 조직이다.

리더를 잘 키운 대표적 경영자가 바로 경영의 대가guru라고 불리는 제너럴 일렉트릭GE의 잭 웰치Jack Welch 회장이다. 그가 진정한 경영의 신神으로 추앙받는 이유는 자신의 대代에서만 경영을 잘한 것이 아니라 자신 이후에도 훌륭한 경영인재가 조직을 맡을 수 있도록 철저하게 후진을 양성했기 때문이다.

　그가 끊임없이 새로운 젊은 리더를 기를 수 있었던 리더양성법인 '경마식 리더양성' 과정은 크게 3단계로 나뉜다.

1. 리더 가능성이 있는 후보자를 여러 명 선정한다.
2. 그들에게 각각의 임무를 주고 성취하도록 격려하면서 오랫동안 살펴본다. 이때 평가자는 후보자들의 단기적인 실수나 성공보다는 오랫동안 성공을 유지할 수 있는 능력과 성품, 네트워크 능력을 면밀히 관찰한다.
3. 철저하게 검증될 때까지 여러 단계를 수없이 반복한다. 이를 통해 최종 리더가 선정되고, 그 리더는 오랜 시간 타임 테스트^{time} ^{test}를 거친 '검증된 리더'로 인정받는다.

이처럼 리더십은 동서양을 막론하고 한 나라와 기업의 생^{生}과 사^{死}를 결정짓는 큰 역할을 했다. 내가 은행원 생활을 하면서 고민하고, 배우고, 생각해 온 조직과 리더십에 대한 견해를 이렇게 책으로 정리하는 이유 역시 거기에 있다. 경영학을 전공한 사람으로서 역사에서 바라본 리더 상^{像}, 리더십의 개념과 이론의 변천 과정, 인문학적 관점에서의 리더십의 여러 유형 등을 읽기 쉽게 체계적으로 정리해서 조금이라도 이 사회에 도움이 되고 싶었고, 내가 만난 금융인 혹은 기업인들 가운데 존경할 만한 인물을 소개하고 그들이 왜 존경받는 리더인지를 후배들에게 알리고 싶었다.

　더구나 미래사회는 사물인터넷^{IoT}과 빅데이터, 반도체와 컴퓨터 기술의 급격한 변화로 과거와는 완전히 다른 제 4, 제 5의 물결이 예측할 수 없는 수준으로 다가올 것이다. 그래서 우리에게 지금 필요한 것은 미래가 어떤 사회가 될 것이고 미래가 요구하는 새로운 리더 상은 무엇인가에 대한 적절한 답을 찾아내는 일이다.

이 책은 금융계나 기업에서 일하는 사람들, 리더의 꿈을 펼치려는 후진들에게 이정표를 제시하려는 목적으로 썼다. 어디까지나 내 개인의 경험에 바탕을 둔 논지論旨이므로 이 책의 내용이 모두 정답이라고는 단언할 수는 없으며, 다른 사람의 견해와 일치하지 않는 부분도 있을 것이다. 다만 44년 넘는 긴 세월 동안 직장생활과 임원생활을 거치며 숙성한 경험과 사유思惟의 집적물이라는 점을 강조하고 싶다. 오래 담근 장맛이 과학기술을 통해 만들어진 어떤 조미료보다도 감칠맛이 나는 것처럼, 내가 현장에서 성공과 실패를 통해 몸으로 직접 느끼고, 배우고, 마음으로 체득한 경험이 독자들에게 조금이라도 도움이 되기를 바랄 뿐이다.

얼마 전 후배들에게 나를 어떤 상사로 보았는지 알려 달라고 하니, 한 후배가 공자의 '군자삼변君子三變'을 인용하며 내게 정말 과분한 칭찬을 글로 남겨 줬다.

"무릇 공자는 군자삼변이라고 했다. 즉, 군자는 멀리서는 위엄이 있어야 하고, 가까이 접할 때는 따뜻함이 있어야 하며, 대화를 나누어 보면 논리적이어야 한다."

이 글을 풀어 쓰면 다음과 같다.

"위엄이 있어야 하는 것은 카리스마형 리더십이며, 가까이할 때 따뜻해야 하는 것은 감성의 리더십이다. 또한, 대화를 나눌 때 논리적이어야 하는 것은 소통과 이성의 리더십이다. 리더는 모름지기 소통능력이 뛰어나야 하고, 마음을 여는 감성적인 세심함을 갖춰야 하며, 일할 때는 조직원들을 충분히 설득할 정도로 논리적인 기준에 따라 일 처리를 해야 한다."

　　공자가 역설한 이 구절은 어느 조직이든 리더라면 반드시 갖춰야 할 핵심 덕목을 가장 짧고 가장 확실하게 전달한다.

2015년 3월

나남신서 1805

리더십 오디세이

• 차례 •

3부 이론으로 보는 리더십

4부 리더여 깨어나라

1

성장하는 리더,
멈추는 리더

제 1 장

리더십을 깨치는 데 걸린 44년

가난이 키워준 뚝심과 도전의식

"평생 이 눈물을 기억하리라"

나는 1951년 충남 보령의 해안가에 있는 벽촌 농가에서 태어났다. 지금이야 아들 딸 구분이 없지만 당시는 아들 선호사상이 강하고 집안을 잇기 위해서는 반드시 아들이 있어야 한다고 믿던 시절이다. 1남 5녀 가운데 외아들이었으니 태어날 때부터 집안과 부모님의 희망이 되어야 하는 무거운 책무를 질 수밖에 없었다.

외아들로 부모님의 사랑을 많이 받았으나 경제적으로는 아주 어려웠다. 내가 유년시절을 지낸 1950년대 초는 6 · 25전쟁이 온 나라를 그야말로 잿더미로 만든 시절이다. 모든 산업설비는 파괴되었고 비료공장과 농약공장이 없어 농작물 수확이 늘 부족했다. 간신히 벼를 키워 놓으면 코끼리벌레라는 해충 벼멸구가 쌀을 마구 먹어 버려 국민들 대부분이 굶주림에 시달렸다.

초등학교에 다닐 무렵 부친은 이미 50대 중반으로 실직 후 집에서 쉬고 계셨고, 어머니가 텃밭에서 나오는 농산물을 팔아 근근이 생계를 유지하였다. 어머니는 뙤약볕 아래 고된 밭농사로 수확한 오이, 호박, 가지 등을 '다라이'에 수북이 얹어 머리에 이고 20리가 넘는 대천시장에 가서 팔았다. 어머니는 지금 돈으로 기껏 2~3만 원을 손에 쥐고 나면 내가 좋아하는 만두를 사주시고 정작 당신은 막걸리 한 사발로 목을 축이시면서 "배부르다"며 거짓말을 하셨다.

내가 잘 먹는 모습을 흐뭇하게 바라보시던 어머니의 사랑에 보답하기 위해서라도 나는 이를 악물고 공부했다. 쉴 새 없는 밭일로 남자 손보다도 더 거칠고 두툼한 어머니의 손을 보며 "하루 빨리 성공해서 어머니를 기쁘게 해드리겠다"고 결심하곤 했다.

그러나 아무리 공부를 잘해도 중학교에 진학할 가정 형편이 되지 못했다. 당시는 13살이면 노동 가능 인력으로 분류하던 시절이다. 요즘 같으면 '어린이 노동착취'로 인권문제가 거론될 나이였으나 당시에는 인구의 80%가 초등학교 졸업 후 곧바로 농사일이나 노동현장에 뛰어들었다. 아무리 공부를 잘해도 중학교에 진학하기 어려운 상황이었다. 그러나 다행히 군산에 사는 큰누님의 도움으로 전북의 명문 중학교이던 군산중학교에 입학할 수 있었다. 내가 충청도에서 군산중학교로 진학한 이유이다.

그러나 그 중학 시절도 평탄하지 못했다. 몇 개월 동안 학비를 못 내

집으로 쫓겨 왔지만 뙤약볕에서 온종일 일하면서 입에 풀칠하기도 버거워하던 어머니를 바라보면 차마 돈을 달라고 할 수 없었다. 속으로만 마음을 끓이면서 말도 못 꺼내고 혼자서 끙끙대다가 다시 군산으로 돌아가는 동안 내내 눈물이 그치지 않았다. 나는 평생 그때의 눈물을 기억하면서 살았다. 눈물이 나를 더욱 강하고 담대하게 만들었다.

맹물을 마시며 배고픔을 달래다

참고서 하나 없이도 중학교에서 1, 2등을 놓치지 않은 나는 다행히 지방 명문인 군산상고에 진학할 수 있었다. 진학 자체가 무리였던 가난한 형편에 고등학교에 가게 되었으니 마치 천하를 얻은 듯하여 뛸 듯이 기뻤다.

고등학교 생활은 즐거웠지만 청소년기에 가장 힘들었던 것은 배고픔이었다. 한창 식욕이 넘치던 시기에 부유하지 못한 친척집에 '군식구'로 살다 보니 세 끼 식사조차 해결하기 어려웠고, 특히 밤늦게까지 공부하고 나면 너무나 배가 고팠다. 우물물이야 공짜이니 빈 속에 찬물만 듬뿍 마시며 잠을 청하곤 하였다.

고등학교 시절 결막염(아폴로 눈병)이 유행하였는데, 3개월 이상 병원에도 못 가고 소금물 하나로 버틴 후유증이 지금까지도 결막에 무수한 상처로 남아 있고, 청소년 시절 객지에서 제대로 먹지 못해 영양섭취가 부족했던 것이 장년이 된 후에도 기초체력이 약한 원인이 되었다.

그러나 살면서 경험하는 모든 일들은 또 다른 미래를 준비하기 위한 자양분이 된다. 가난한 친척집에 얹혀사는 객지생활 동안 자연스럽게 혼자서 모든 일을 해결하는 자주성을 키웠고, 필사적인 도전의식이 생겨났다. 가난한 부모님과 집안을 먹여 살려야 한다는 책임감과 분별력도 생겨났다. 특히 어린 시절부터 진로에 대하여 상의할 사람이 없어 스스로 인생설계를 하고 준비하며 성장하는 가운데 어떤 어려움에도 지지 않는 뚝심과 인내심, 긍정적인 성격, 스스로 인생을 설계하고 목표를 찾아가는 지혜를 터득할 수 있었던 것은 가난한 청소년 시절이 나에게 준 가장 큰 축복이며 선물이다.

나는 평생의 경험을 통해 하느님은 어떤 경우에도 하나의 문을 닫을 때 다른 문을 열어 놓는다고 믿는다. 사람들은 자신의 뒤에 닫힌 문만 보면서 탄식할 뿐 앞에 열려 있는 또 다른 문을 잘 보지 못한다.

청소년 시절 처절한 배고픔과 가난의 눈물 대신 내가 받은 것은 삶을 향한 강한 도전의식과 가족에 대한 책임감이었다.

리더라면 '자존심'이 아니라 '자부심'을 갖춰라

노력을 이기는 차별은 없다

1970년 군산상고를 수석 졸업한 나는 바로 한국산업은행에 특채로 뽑혀 꿈에 그리던 은행원의 길을 걷게 되었다. 당시 산업은행과 외환은행은 선망의 대상인 좋은 직장이었다. 그래서 많은 입행 동기생들이 취직의 기쁨이 주는 현실의 행복을 즐겼지만, 나는 월급으로 옷을 사거나 돈을 쓰며 기분을 내는 대신에 단벌옷으로 버티며 가난한 집에 생활비를 보내고 남은 돈으로 대학에 진학해 배움의 끈을 놓지 않았다.

힘들어도 그런 선택을 한 이유는 간단하다. 당시 직장에서 가장 듣기 싫었던 것이 바로 '상고 출신'이라는 말이었다. 신입 행원 시절이니 상고 출신이나 대졸자나 맡은 일은 거의 비슷했다. 명문 상고를 졸업한 나는 누구보다도 열심히 일했고 잘할 수 있는 자신이 있었지만, 당시에는 그런 자신감과 노력으로는 극복할 수 없는 대졸자와 상고 출신의 미묘한 제도적 차별이 여전히 존재했다.

하지만 나는 현실에 굴복하지 않았다. 세상이 나를 차별한다면 스스로 그것을 이겨 내리라 다짐하고, 미래를 위한 선택으로 건국대학교 야간대학에 입학했다. 문자 그대로 주경야독晝耕夜讀이었다. 학교에 가는 날이면 갑작스런 야근이 없기를 기도하는 심정으로 바랐다. 업무가 끝나면 뛰다시피 학교로 갔다. 낮 근무 때문에 몸은 파김치가 되었지만 강의실에 들어가면 정신은 은화銀貨처럼 빛났다. 내 온전한 열정을 바쳐 정말 죽기 살기로 공부에 전념했다. 재무관리, 회계학 등 은행 업무에 필요한 경영학 관련 공부는 물론, 영어와 역사학 등을 파고들며 스스로 부족하다고 생각한 인문학 분야의 자기계발에도 힘을 쏟았다.

물론 직장에 다니며 공부하는 일은 쉽지 않았다. 더구나 그때는 월급이 나오자마자 집에 돈을 보내느라 교재를 살 돈도 넉넉지 않았다. 하지만 그때마다 노력을 이기는 차별은 세상에 존재하지 않는다고 생각하며 고통을 이겨냈다. 그리고 길이 없다고 주저앉기보다는 내가 스스로 길이 되어 반드시 목적지에 가겠다는 정신으로 방법을 찾아내기 위해 노력했다.

책 살 돈이 없다는 변명 대신 은행 도서실에서 필요한 책을 대출해 공부했고, 업무가 끝난 밤이나 주말에는 대학 도서관에서 필요한 책을 찾아 도서관 문을 닫을 때까지 읽곤 했다. 캄캄한 밤중에 은행이나 대학 도서관 문을 나설 때 앞길을 밝혀준 전등 불빛이 내 미래라고 믿던 시절이다. 후들거리는 다리로 걸었지만 가슴엔 벅찬 꿈이 영글었다.

리더십은 직위가 아니라 인격에서 나온다

내가 근무할 당시 산업은행은 박정희 정권의 개발연대 고도성장 정책에 따라 산업자금의 파이프라인 역할을 했다. 당시는 한국 경제가 경공업 시기를 거쳐 종합석유화학과 조선, 자동차 등 투자의 회임기간이 긴 중화학공업에 막 진출하려던 시점이다. 주식이나 장기채권 등 장기자본시장이 거의 존재하지 않았고, 금융시장이라 해봐야 저금리 정책자금을 공급하던 은행과 고금리 사채시장으로 이원화되어 있었다. 은행에 들어와 있는 돈도 장기저축이라기보다는 사실 사채자금이 단기간 머무는 것에 불과했다. 심지어 사채 전주錢主가 돈 빌려줄 사람을 은행에 지정하는 경우도 있었다.

그런 시절에 거액의 자금 투자가 필요한 중화학공업을 추진하려니, 당연히 정부는 산업은행을 특별히 중시할 수밖에 없었다. 1973년 신년사에서 박정희 대통령이 "중화학공업 육성과 수출 100억 달러 달성 목표"를 천명하면서 산업은행의 역할은 더욱 커졌다.

중화학공업 개발자금을 마련하기 위해 금융기관이 저축성예금 연간 증가액의 일정 비율만큼 국민투자채권을 인수하게 하여 조성한 국민투자기금을 산업은행을 통해 주로 집행한 것이다.

당시 국민투자기금의 집행 프로세스를 보면, 중화학공업을 추진하는 데 필요한 업종을 정부가 직접 선정하고, 해당 업종을 추진할 대상으로 선정된 기업에는 산업은행을 통해 장기 저금리 시설자금을 지원해 주는 형태였다. 그러다 보니 산업은행은 요즘 말로 하면 시설자금 PFProject Finance 역할을 한 셈이다.

나라 상황이 그렇다 보니 지금도 은행 입사의 문이 좁은 편이지만 당시 산업은행은 '꿈의 직장'이었다. 또한 국가 경제성장을 우선순위로 두고 국민의 배고픔 해결과 국토개발을 통한 경제발전을 시대적 소명으로 생각하던 시기에 각종 경제개발 프로젝트의 자금을 공급하던 은행이다 보니 우리나라 최고 인재들이 모여들었다.

당시 이른바 일류대학을 나온 인재들은 사법고시, 행정고시에 응시하거나 한국은행, 외환은행, 산업은행 등에 들어가는 것이 정해진 길이었다. 따라서 당시 산업은행에는 최고의 지성을 갖춘 거시경제통,

1970년 4월 산업은행 신입행원 시절. 뒷줄 좌측에서 네 번째가 김기성 주임(뒷날 부총재보 역임), 다섯 번째가 저자이다. 아랫줄 우측 첫 번째는 김문곤 대리(뒷날 산업증권 전무이사), 가운데가 당시 이병일 지점장(뒷날 온산동제련(주) 사장)이다.

1970년 5월 산업은행 전주지점에서 근무 중인 저자

1973년 6월 산업은행 행원 시절 체육행사. 뒷줄 왼쪽 첫 번째가 저자.

재무분석 및 기술조사에 능통한 재무기술통, 중화학공업체 현장관리 경륜을 갖춘 실무통들이 곳곳에 포진해 있었다.

　이제 스물이 갓 넘은 나의 눈에는 좋은 대학을 나와 학식이 풍부하고 업무능력이 출중한 상사들 모두가 넘을 수 없는 태산이었다. 게다가 퇴근 후에 어쩌다가 회식자리에 가보면 술 잘 마시고 호탕한 풍류객들이 어찌나 많은지, 그런 상사들이 참으로 멋지게 보였다.

　당시 내가 만난 상사들은 식사 때 등 나와 함께하는 자리에서 항상 모든 비용을 본인이 부담했다. 업무에서도 마찬가지다. 행여 업무적으로 문제가 생길 때에는 모두 자신의 책임이라고 말하며 후배들이 불이익을 당하지 않도록 감싸 주었다. 나는 당시 산업은행의 멋진 선배들을 통해 진정한 리더십은 직위가 아닌 인격에서 나오는 것임을 배웠다. 진정한 권위란 큰소리를 치거나 권력으로 복종시키며 만들어지는 게 아니라 상사의 명령을 부하가 자발적으로 수용할 때 비로소 유효하게 행사될 수 있다는, 바나드C. I. Barnard와 사이먼H. A. Simon이 주장한 '권위수용설'을 현장에서 실감할 수 있던 시절이었다.

만약 내가 지금까지 살아오며 조금이라도 후배들로부터 신망을 받았다면 아무것도 모르고 입행한 산업은행 시절 선배들로부터 배운 리더십을 따라서 실천하려고 노력하였기 때문이리라.

강력한 힘으로 무조건 명령하는 복종강요형 리더가 아니라 차분한 인격을 가진 멋진 리더가 되고 싶다면 일상생활 속에서 부하 직원을 배려하는 습관을 지녀야 한다. '공은 내가, 책임은 부하에게'라고 외치는 황당한 스타일의 상사가 아니라 부하 직원의 잘못을 감싸 주고 그들을 믿고 인정해 주는 태도를 지녀야 한다. 책임을 아랫사람에게 떠넘기는 사람들은 높은 직위에 오를 수는 있겠지만, 결코 좋은 리더는 될 수 없다.

배우고 또 익히니 즐겁지 아니한가?

산업은행에 근무할 당시 나는 포항종합제철, 인천제철, 대우조선 등 중공업체의 시설자금 대출과 여신관리 업무를 담당하면서 선배들로부터 경영관리 업무와 기법을 배웠다. 그게 힘들기도 했지만, 업무가 끝나면 밤에는 한걸음에 대학으로 달려가 재무관리와 회계학 등 은행업무에 필요한 이론을 배우며 바로 실무에 적용하는 일상을 반복했다.

매일 새로운 것을 배우니 당연히 깨닫는 것도 많았다. 당시 이론을 실무에 적용하면서 처음 느낀 것은 회계장부는 단순한 숫자의 집합이 아니라는 점이다. 다양한 경험 끝에 회계장부는 '기업의 모든 행위와 활동의 기록일 뿐만 아니라 회사의 미래를 위한 의사결정의 숫자적, 계수적 의지 표현의 집합'이라는 내 나름의 정의定意도 내릴 수 있었다. 단어에 대해 스스로 정의를 내릴 수 있다는 건 굉장히 중요하다. 특정 업무에 대한 철학을 가지게 되었음을 의미하기 때문이다.

은행원으로서 대출해 준 기업, 관리대상 기업의 회계장부에 숨어 있는 의미를 읽어 내는 것은 마치 셜록 홈스가 범인의 단순한 습관이나 흔적에서 상대방의 모든 행적을 추리해 내는 것과 비슷하다.

공부하면 할수록 보이지 않던 것들이 보이기 시작했다. 탄탄한 회계학 내공이 출자기업에 대한 경영관리 업무를 하면서 닦은 경험, 노하우와 결합하자 나도 모르는 사이에 시너지가 생긴 것이다. 나중에 옮겨 간 신한은행에서 심사역으로 일할 때 동료나 선·후배들로부터 '명名 심사역'이라는 과분한 평가를 받을 수 있었던 것도 밤잠을 안 자고 열심히 도서관에서 공부한 시간이 준 선물이라고 생각한다.

대학 공부는 내 미래를 위한 최소한의 투자였다. 더 넓은 세상에서 내 모든 능력을 최대한 발휘하려면 외국어를 능숙하게 구사해야 한다고 판단했다. 당시는 산업은행의 대출재원을 정부출자에 의한 자본금과 산업금융채권 등 국내 조달자금 이외에 해외로부터 차입하는 차관자금(IBRD, ADB, KFW 차관 등)으로 상당 부분 충당하던 시기여서 해외 업무가 많았기 때문에 외국어 공부는 반드시 정복해야 할 고지처럼 느껴졌다. 그래서 업무와 대학 공부를 끝낸 후 시간이 날 때마다 틈틈이 영어와 일어를 공부하며 국제화 시대에 대비했다.

감성적인 부분도 무시할 수 없었다. 나는 언제나 이성과 감성이 적절하게 조화를 이룬 사람만이 좋은 리더가 될 수 있다고 믿었기 때문이다. 게다가 당시 산업은행에는 문학, 예술 등의 분야에 조예가 깊고 풍류를 즐기던 선배들이 많았다. 유년시절을 괴롭힌 가난과 멀어지면서 재정적으로나 정신적으로 어느 정도 여유가 생기자 나도 선배들을 따라 서예, 국악, 합창 등의 취미 활동과 시작詩作에 시간을 쏟았다.

어린 시절 어머니가 읊조리는 〈수심가〉와 〈한탄가〉를 들으며 자란 영향 때문인지 나는 민요에 관심이 많았고 짬짬이 국악에 심취했다. 덕분에 경기민요는 수준급이 되었는데, 내 민요를 듣고 나름대로의 실력을 인정해 준 선배들에게 이끌려 이리저리 저녁자리에 따라다니면서 호강 아닌 호강을 누리기도 했다.

지금 생각해 보면 참으로 그리운 기억, 청춘 시절의 편린이다.

넘을 수 없는 벽을 만나다

산업은행에 입사한 이후 10여 년을 정말 열심히 일했다. 업무에서도 최선을 다했고, 야간대학을 다니며 자기계발을 하느라 매일 잠을 설칠 지경이었으니 그때로 돌아간다 해도 다시 그렇게 살 수 없을 정도로 나의 모든 열정을 쏟아 부은 삶이었다.

그 노력을 인정받아 1981년 당시 두 번의 행복한 순간을 맞이했다. 첫 번째는 산업은행 입행동기 중 가장 먼저 책임자로 승진하는 영광의 순간을 누린 것이고, 두 번째는 치열한 경쟁을 뚫고 꿈에 그리던 미국 연수자로 선발되어 피델리티은행Fidelity Bank과 씨티은행Citibank으로 국제 금융연수를 다녀오는 행운을 누린 것이다. 그 순간의 경험을 통해 나는 나름대로 엘리트 선배들의 삶을 배워 가며 더 멋진 꿈을 키워 나

1981년 2월 신입대리 시절. 우측 첫 번째가 하영기 총재, 두 번째가 저자. 맨 좌측이 강영복 부장(뒷날 부총재보)이다.

갔다.

　하지만 노력만으로는 넘을 수 없는 벽의 존재를 조금씩 느끼게 되었다. 당시 상고 출신으로 입사한 행원에 대한 국책금융기관의 차별적인 인사정책의 벽은 너무 높았다. 시쳇말로 '넘사벽!', 아무리 내가 열심히 일해도 넘을 수 없는 4차원의 벽이고 냉정한 사회적 현실이었다.

　입행 이후 1974년에 건국대학교를 졸업했지만 승진의 궤도는 내게로 돌지 않았다. 내가 도저히 어떻게 할 수 없는 상황이었다. 당시 특수은행들의 총재나 은행장으로는 대개 정부에서 차관급 이상의 고위공무원들이 임명되었고, 임원들은 S대학교 법대 출신이 절반 이상을 차지하였기 때문이다. 당연히 상고 출신 직원들은 초급 행원으로 분류되어 재직 중에 야간으로 대학이나 대학원을 수료하더라도 승진에서 불이익을 받을 수밖에 없었다. 대리 때까지는 큰 차이가 없지만 과장, 차장, 부장을 거치는 동안 중견 행원으로 입행한 대졸자와는 격차가

10년 가까이 벌어져 상고 출신이 임원이 된다는 것은 현실적으로 불가능에 가까웠다.

입행 후 처음으로 심각한 고민에 빠졌다. 내 목표는 처음 입행할 때부터 임원이었지만, 산업은행에서는 도저히 그 목표에 도달할 가능성이 없었다. 상고 출신으로 한국은행 조사부를 거쳐 부총리까지 지낸 장기영 부총리나, 역시 상고 출신으로 한국은행 총재 자리에 오른 박성상 총재의 경우는 그야말로 천운이 따라 준 예외적인 경우였다.

나는 부모님과 가족, 그리고 나를 가난에서 구해 주고 많은 가르침을 준 산업은행에는 더할 수 없이 감사했지만 단순한 행원 생활에는 결코 안주하기 싫었다.

새로운 도전이 필요했다. 제도적으로 뻔히 길이 막혀 있는데 막무가내로 뚫을 때까지 해보겠다고 고집부리는 건 현명한 행동이 아니다. 내 앞에 노력으로 도저히 넘을 수 없는 벽이 있다면, 넘을 수 있는 다른 벽을 찾는 것도 좋은 방법이라고 생각했다.

마침 1982년 만들어진 신설은행인 신한은행에서 새로운 기회가 찾아왔다. 나는 1983년에 신한은행으로 전직하게 된다.

꿈을 찾아 뛰어든 신설은행에서 길을 찾다

꿈이 있는 사람의 하루는 어떻게 다른가

모두가 부러워하는 최고의 직장인 산업은행을 떠나 장래가 불투명한 신설은행으로 옮기면서 많은 불안감이 있던 게 사실이다. 당시 나의 결정은 금융인들이 항상 생각하는 '많은 것을 잃을 각오를 해야 많은 것을 얻을 수 있다'는 '하이 리스크―하이 리턴'의 길을 선택한 셈이다. 하지만 불안한 시간은 아주 잠시였다. 임원이라는 큰 목표를 가슴에 담자 불안감은 금세 사라졌다. 이제 남은 것은 리스크를 잘 관리하여 하이 리턴을 현실화하는 일밖에 없었다.

임원의 꿈을 가진 내가 신한은행으로 직장을 옮기면서 가장 먼저 한 일은 수첩 맨 앞장에 은행원으로서의 최종목표를 적은 것이다. 언제 차장이 되고, 부장을 거쳐 임원으로 승진할 것인지 목표 연도까지 꼼꼼하게 적어 뒀다. 그리고 지치고 힘들 때마다 수첩을 꺼내 내가 적은 목표를 읽으며 도전 의지를 다졌다.

그리고 내가 처한 상황을 정면으로 바라봤다. 규모가 작고 자본도 부족한 후발은행인 신한은행, 이 작은 은행이 한국에서 살아남으려면 경쟁은행보다 앞선 열정과 투지가 필요했다.

신한은행은 당시 기존 시중은행과 달리 영업 중심의 조직을 구성하여 적극적인 서비스 마케팅을 통한 신규고객 유치로 기존 시장에 파고드는 저돌적인 경영방식을 택했다. 또한 최소한의 인원을 채용하여 파격적인 대우를 해주면서 우수한 일당백一當百의 인재를 확보한다는 소수정예주의를 추구하는 은행이었다.

신한은행은 당시 얌전하고 보수적인 기질이 몸에 밴 은행원들에게 'Animal Spirit, Fighting Spirit!'을 강조하며 적극성을 주입했다. 또 학력 차별 없이 투명하고 공정한 기준에 의하여 직원들을 평가 보상하며, 그 위에 팀워크를 통해서 조직에 대한 공동의 목표의식과 주인의식을 불어넣었다. 내가 하는 만큼 보상받을 수 있는 신한은행의 경영 방식은 나에게 더욱 열심히 해야겠다는 도전의식을 갖게 하였다.

나 혼자만 잘하면 되는 건 아니었다. 열정을 가진 직원들만큼 리더들의 몫도 매우 중요하다는 사실을 알게 되었다. 잘나가는 기존 은행을 떠나 장래가 불투명한 신설은행으로 옮긴 직원들로서는 저마다의 비전을 이루어 가기 위한 열정이 넘쳤지만, 이들에게 어떻게 동기부여를 하여 응집력을 극대화할 것인가의 과제는 리더들의 몫이었기 때문이다.

뒤의 신한은행 리더십 부분에서 다시 언급하겠지만, 신한은행은 고객서비스를 최고의 가치로 삼고 위에서부터의 혁신을 실천하며 목표의식을 공유했고, 투명한 인사관리, 행동하는 지성, 리더가 앞장서서 자신의 손을 잡고 함께 나아가자고 말하는 솔선수범형 리더십을 통해 성장하고자 하는 은행이었다. 여러 은행 출신들의 집합체이다 보니 아무래도 끼리끼리 뭉쳐 파벌을 만들 수 있다는 우려 때문에 초기부터 같은 은행 출신들끼리 모이는 것을 엄격히 금지했고, 이른바 '신한 정신'으로 무장하도록 용광로에 넣고 단련하였다.

당시 나는 이미 산업은행에서 오랜 시간 일하다가 신한은행으로 이

직했기 때문에 입행할 때부터 조직을 이끌어야 하는 책임자의 위치였다. 신설은행에서의 일은 힘들었지만 그럴 때마다 나는 "궂은일은 내가 앞장서며 공(功)은 부하에게 돌리는 상사가 되자!"라고 나 스스로를 채근하며 수없이 다시 일어섰다. 그리고 늘 부하 직원에게 "미래는 준비한 자의 것이다. 부지런히 준비하자"고 당부하며 혼자 빠르게 가기보다는 함께 멀리 갈 수 있는 리더십을 발휘하려고 노력했다.

책임자라고 그 자리에 안주할 수는 없었다. 당시 신한은행은 직원들에게 미래를 읽을 줄 아는 지혜와 해박한 업무지식을 갖게 하고자 굉장히 다양한 교육을 실행했다. 나 역시 산업은행 시절 시작한 주경야독 학습을 계속했다. 앞으로 전개될 금융의 큰 틀을 보는 안목을 넓히기 위하여 국내외 각종 전문자료를 탐독하며 연구했다. 이런 노력 덕분에 금융연수원에서 2년여 동안 강의를 맡기도 했고 학구파로 인정받는 금융인 생활도 할 수 있었지만, 가장 큰 결실은 나 자신에게 떳떳한 리더로 성장할 수 있었다는 사실이다.

오사카 첫 진출의 기회를 준 일본어 실력

산업은행에 있을 때는 영어가 도움이 될 것 같아 죽도록 영어를 공부했는데, 재일교포들이 주축이 돼 세운 신한은행에 입사하면서부터는 임원이 되려면 일본어가 필수라고 판단해 일본어 독학을 시작했다. 당시 신한은행은 소수의 인원으로 영업망을 확장하던 개설 초기여서 매일 저녁 10시가 넘어서야 귀가했지만, 나는 피곤함을 잊고 거의 매일 새벽까지 일본어 공부에 빠졌다. 그때 처음 그렇게 공부하다가 죽을 수

1989년 5월 신한은행 동경 연수 시절, 앞줄 중앙이 저자, 뒷줄 가운데가 조용병
신한은행장(당시 과장)이다.

도 있다는 이야기를 들을 정도였다. 하지만 그렇게 몰입한 덕분에 1년
만에 서울대 대학원에서 실시한 일어실력 테스트에서 최상급을 취득할
만큼 조금씩 일본어 능력을 키워 갈 수 있었다.

물론 당장 일본어를 쓸 일은 없었다. 주변에서는 뭐 그렇게 사서 고
생하느냐는 눈빛을 보내기도 했다. 하지만 세상에 쓸모없는 노력은 없
었다. 주경야독晝耕夜讀으로 열심히 공부하며 쌓은 일본어 실력은 결국
나중에 큰 기쁨으로 돌아왔다. 1985년 신한은행이 제1호 해외점포로
주주의 본고장인 오사카에 지점을 개설하기로 함에 따라 일본어 실력
덕분에 내가 '개설 준비위원'으로 발령받게 된 것이다. 그렇게 주변의
기대를 한 몸에 받으며 일본으로 건너가 개점작업에 참여했고, 3년 만
에 내가 근무하던 오사카 지점이 당시 일본에서 영업하던 한국계 은행
중 최고의 영업실적을 거두는 희열을 맛보았다.

매일 창업하는 기분으로 영업하라

41세가 되던 1992년 8월, 드디어 서울 강남 중앙지점장을 시작으로 단위조직의 리더가 되었다. 사실 은행이 영업점을 신설할 때는 일반적으로 영업 경험이 많은 사람을 점장으로 임명한다. 특히 강남처럼 중요 지역의 경우에는 더욱 그렇다. 그런데 나는 산업은행 출신이어서 시중은행의 일선 영업업무는 경험이 없었을 뿐만 아니라, 일본 오사카 지점 경력 이외에는 본점 여신 분야에서만 근무했던 터라 신설 점포장 발령을 받고나서는 좀 당황스러웠고, 무엇부터 어떻게 시작해야 할지 몰라 걱정도 된 게 사실이다.

지점장으로 부임한 후 나와 함께할 인원들을 찬찬히 바라봤다. 당시 강남 중앙지점은 총 12명밖에 안 되는 적은 인원으로 이뤄져 있었다. 나는 바로 팀워크를 떠올렸다. 조직의 모든 시너지는 팀워크에서 나온다고 믿었기 때문이다. 그래서 부임하자마자 12명의 직원과 이틀간의 합숙을 강행했다. 그리고 업무적인 내용보다는 격의 없는 자유토론과 팀워크 게임을 통해 서로 친밀감을 높이고 새로운 점포의 한 가족으로서 일체감을 느끼게 하기 위해 노력했다.

합숙의 결과는 바로 느껴질 만큼 뜨거웠다. 합숙에서 돌아오자마자 직원들은 자신의 역할을 각자 정해 일했다. 나도 가만히 있을 수 없었다. 직원들이 아파트 단지를 돌며 지점 오픈 소식을 전하는 동안 나는 강남역에서 역삼역 사이에 있는 모든 빌딩을 돌며 빌딩마다 입주해 있는 업체의 명단을 만들고 그중에서 섭외 대상처를 찾아 이른바 '잠재고객 대동여지도'를 그리는 역할을 자청했다.

해본 사람은 알겠지만 거래할 만한 기업을 추려내기 위해 삼복더위에 온종일 계단을 오르내리다 보니 땀범벅이 되었다. 초대받지 않은 은행원이 빌딩에 들락거리다 보니 때때로 외판원 취급을 당하기도 했고 업체로부터의 문전박대는 기본이었다. 매일같이 계단을 오르내린 덕분에 몸무게가 5킬로그램 이상 빠졌고 만나는 사람마다 건강에 이상이 없는지 묻는 바람에 대답하기조차 힘들 지경이었다.

힘든 것은 직원들도 마찬가지였다. 매일 뙤약볕에 집집마다 방문하여 지점 오픈 소식을 알리며 영업을 한 직원들은 저녁 무렵이면 완전히 파김치가 되어 돌아왔다. 여직원들은 발이 부어 구두를 신을 수가 없어 운동화에 의존해야 했다. 서로 자신이 궂은일을 맡겠다고 나서는 직원들을 조금이라도 일찍 퇴근시키기 위해 일 보따리를 몰래 차에 싣고 가는 일이 반복되었다. 그런 직원들을 보면 언제나 가슴이 뜨거워졌다. 이렇게 뜨거운 열정으로 일하는데 좋은 결과가 나오지 않을 수 없었다.

드디어 1992년 9월 23일 개점일이 되었다.

가슴이 두근거렸다. 삼복더위에 나와 직원들이 일심동체 팀워크로 헤쳐 나간 고생이 실적으로 보상받을 수 있을까? 역시 우리가 흘린 땀은 우리를 배반하지 않았다. 개점하자마자 인근에 소재한 기업들과 주민들은 물론 내가 다니던 교회의 교우들까지 버스를 전세내서 타고 와 영업장을 가득 메워 주었고, 평소 알고 지내던 연예인들도 찾아와 개점 분위기를 돋워 줬다. 탤런트 김용건, 연규진, 김상순 님 등은 개점 때마다 도와준 선배들이다. 연규진, 김상순 님은 차장 시절 은행고객으로 처음 만나 친해졌고, 김용건 님은 제주도에서 개최한 자선행사에

1992년 9월 강남 중앙지점 개점행사. 좌측부터 고영선 전 신한생명 사장(현 교보생명 부회장). 저자. 탤런트 김상순이다.

1992년 9월 강남 중앙지점 개점식. 맨 좌측이 이인호 전 신한은행장, 가운데가 고영선 전 신한생명 사장(현 교보생명 부회장)이다.

함께 초대받은 인연으로 알게 되었는데, 내가 탤런트보다 더 멋지다고 칭찬해 주는 바람에 서울에 올라와 한턱내면서 친해져 지금까지도 자주 만나는 선배가 되었다.

그렇게 모두의 노력이 모여 기적이 만들어졌다. 첫날 예금 계수는 330억 원으로, 당시로서는 신기록이었다.

그 이후에도 은행의 각종 캠페인이 있을 때마다 내가 먼저 앞장서서 지점에 부여된 목표액의 절반 가까이를 유치하다 보니 직원들은 더욱 신바람이 나서 일했다. 12명이 똘똘 뭉쳐 매일 '술판'이 아닌 '일판'을 벌인 그해 우리는 '신설점포 최우수상'을 수상했고, 그 다음해에도 금상과 은상을 받는 영예를 누렸다. 나는 함께 땀 흘려 준 직원들 덕분에 지점장의 첫 단추를 성공적으로 낄 수 있었고, 또 다시 세종로 지점을 신설하기까지 매번 새로운 창업이나 다름없는 경험을 통해 능력을 검증받았다.

당시 내가 가장 중시한 덕목이 하나 있다. 바로 초심初心이다. 사실 개점 첫날에는 누구나 어느 정도의 성과를 올린다. 하지만 문제는 개점 이후 가슴 설레며 일하던 첫날의 마음을 조금씩 잃으면서 일어난다. 그래서 나는 매일 개점하는 마음으로 일했다. 내가 내 돈을 투자해 창업하는 그 절실한 마음으로 매일 직원과 고객을 마주했다. 그런 절실함을 품은 사람에게 성과가 나오지 않는 게 오히려 이상할 정도로 최선을 다했다. 그래서 나는 최고의 리더를 꿈꾸는 예비 리더들에게 언제나 초심을 강조한다.

초심, 그것만 기억하면 세상에 무서울 게 없다.

우리 즐겁게 함께 고생하자!

우리 집에는 언제나 신규계좌 개설 신청서류와 비자카드 발급 신청서류가 비치되어 있었다. 간혹 깜박 잊어 쌀이 떨어지는 일은 있어도 그 서류들은 잊지 않고 그 자리에 언제나 충분히 가져다 두었다. 내가 그렇게 열정적으로 일하다 보니 아이들까지 친구의 부모님에게 권유하여 신한은행 고객으로 유치하는 등 가족 모두가 신한은행 직원의 역할을 맡아 줄 정도였다.

당시는 연락처를 수첩에 기록하여 관리하던 시절이었는데, 나에게는 수첩이 두 개 있었다. 하나는 일반 고객명단이고, 다른 하나는 끝까지 인연을 이어 갈 친척과 스승 그리고 친구들의 연락처였다. 고객으로 기록된 사람도 친분이 두터워지면 '평생교분 대상'으로 옮겨 수시로 안부전화를 하고 식사를 함께했고, 연말연시에는 연하장에 감사의 사연을 친필로 적어서 보내 드렸다.

사실 이런 게 듣기에는 간단한 것 같지만 지속해서 행동에 옮기기란 쉬운 일이 아니다. 나도 마찬가지였다. 바쁘다는 핑계로 1년에 목소리 몇 번 듣기도 힘든 것이 현실이었지만 틈이 날 때마다 안부를 묻고, 시간을 쪼개어 만나 대화를 나눴다. 시간이 없으면 없는 대로 만나면 된다. 시간이 30분이 나면 30분 동안 만날 수 있는 사람을, 한 시간이 나면 한 시간 동안 만날 수 있는 사람을 만나면 된다. 그렇게 시간을 내서 만난 사람이 결국 나를 지지하고 응원해 주는 소중한 자산이 되기 때문이다.

물론 이렇게 열정적으로 일하기 위해 가장 필요한 것은 즐거운 마음이다. 10년 동안 4곳의 지점장과 3곳의 본점 부장을 거치는 동안 나는 경험을 통해 신명나지 않는 일터는 생산성을 높일 수 없다는 신념을 지니게 되었다. 내 가족이 집에 비치해 둔 서류를 들고 가 주변 지인들에게 영업할 수 있었던 이유도 즐거움에 있다. 아무리 가족이라도 즐겁지 않으면 움직이지 않았을 것이다. 즐겁게 함께 고생하는 것, 이것이 최고의 시너지를 내는 것이다.

내가 두 곳의 신설 지점에서 모두 신설점포 최우수상을 받은 것은 신명 나는 일터를 만들면서 생겨난 조직원들의 팀워크 때문이다. 그래서 나는 새로운 부서로 옮겨 갈 때마다 입버릇처럼 "신명 나는 일터를 만들자!"고 말하곤 했다.

'힘들지만 즐겁게 함께 일하자!'라고 생각하는 사람과 '힘드니까 그만하자!'라고 생각하는 사람이 하는 일의 결과는 굳이 확인해 보지 않아도 예측할 수 있다. 내가 임원의 꿈을 이룬 것 역시 모두가 함께 즐겁게 일했기 때문이다.

두 곳의 신설 지점 영업점장을 거치며 우수한 영업실적을 거둔 덕분에 나는 개인영업 마케팅 전략을 수립하는 신설부서인 마케팅부 초대 부장으로 발탁되어 본점으로 들어갈 수 있게 되었다. 이후 기업영업을 총괄하는 부서장이 되어 고객 그룹을 개인, 기업, 대기업으로 분류하여 조직을 개편하는 작업을 하고 나서 역삼동 대기업금융지점장 겸 기업금융지점장으로 발령받아 조직개편에 따른 새로운 영업전략을 현장에 접목하는 작업을 수행했다.

그 후 은행 여신업무를 총괄하는 신용기획부장 등을 거쳐 2002년 초, 드디어 꿈에 그리던 부행장 자리에 오르게 되었다. 신한은행으로 옮길 당시 수첩에 기록한 승진 목표와 비교해 보면 부장 승진은 1년 늦었고, 임원 승진은 1년 빨랐다. 거의 오차 없이 내가 정한 목표를 이룬 셈이다.

외환은행에서 새로운 리더십에 도전하다

외환은행과의 오래된 인연

외환은행은 내가 고등학교 시절부터 동경한 직장이었다. 해외에 나가기 어려웠던 시절, 가장 많은 해외점포를 보유하고 발군의 해외영업을 하던 외환은행은 근무성적이 우수하면 누구나 외국에서 일할 수 있는 기회를 보장 받는 매력 넘치는 은행이었다. 그러나 산업은행에서 상고 수석졸업자에 대한 무시험 특채 조건을 제시했을 때 확실하게 보장된 취업 기회를 떨치기 어려웠고, 정책금융 업무를 다루는 강점과 급여가 높은 매력이 있었기에 산업은행을 선택하였지만, 내 마음 속에는 늘 외환은행에 대한 미련이 남아 있었다.

그렇게 내 인생에서 멀어져 간 외환은행과의 인연이 다시 시작된 것은 2003년 말 급작스럽게 외환은행으로부터 인터뷰 요청을 받으면서부터이다. 외환은행은 반세기에 가까운 세월 동안 국제금융 업무 및 외국환 부문에서는 타의 추종을 불허한 전통의 명문은행이다. 하지만 당시 상황은 좋지 않았다. 대우그룹과 동아건설, 현대그룹 일부 계열사 등 국내 굴지 기업의 해외 프로젝트에 대한 여신지원이 부실화하면서 정부의 매각 방침에 따라 론스타에 매각된 상태였다.

외환은행을 인수한 론스타는 그동안 헤드헌터를 통하여 수개월 동안 CCO^{Chief Credit Officer}를 물색하였으나 적임자를 찾지 못하였다면서 나를 만나보고 싶다고 요청해 왔다. CCO는 신용정책을 세우고 여신

승인을 관장하는 '여신위원회'의 위원장 격인 포지션이었는데, 이는 내가 신한은행에서 임원이 된 이후 담당한 주 업무라 강점을 가지고 있었다.

이직을 쉽게 결정할 수는 없었다. 수많은 땀을 흘린 정든 신한은행을 떠난다는 것이 무척 망설여졌다. 하지만 새로운 영역에 도전하는 데 이력이 붙은 특유의 성격은 나를 또 다시 미지의 세계로 향하게 만들었다.

결국 신한은행 부행장을 끝으로 외환은행으로 자리를 옮긴 나는 CCO를 맡아 여신부문을 총괄하게 되었다.

연봉이 낮아도 소신 있는 리더가 되리라

당시 외환은행의 새로운 대주주는 미국계 사모펀드인 론스타였고, 론스타의 한국 대표는 유회원 사장이었다. 외환은행으로 옮기기로 원칙적인 합의를 하고 나서 유회원 사장과 마주 앉아 임기, 급여, 스톡옵션 등의 기본적인 조건을 협상할 당시 나는 이렇게 말했다.

"나는 임기나 급여 조건은 개의하지 않습니다. 다만 소신껏 일할 수 있는 조건만 만들어 주십시오. 외환은행에서 나의 역할이 만족스러우면 임기를 연장하여 주실 것이고, 만일 역할을 다하지 못하면 임기 전이라도 제 스스로 물러나겠습니다."

그게 당시 나의 솔직한 심경이었고, 그런 결연한 각오로 외환은행에서 은행원 생활을 마무리하고 싶었다. 이직 전에 신한은행 선배들은 "외국인 회사에서 일하는 것이 그리 만만하지 않으니, 모든 조건들을 계약서에 기록하여 후일에 대비하라"고 당부했지만, 나는 어떤 조건보다 나의 소신을 지키는 일이 중요하다고 생각했다. 아무리 높은 연봉을 받아도 내가 소신대로 일할 수 없는 환경이라면 내가 그곳에 있을 이유가 없다고 생각했다.

그러자 과묵한 유회원 사장은 빙그레 웃고 나와 힘찬 악수를 하며 묵언 중에 신뢰감을 표시했다. 그는 실제로 내가 부임한 후에 소신껏 일할 수 있도록 철저히 약속을 지켜 줬다. 사실 유회원 사장은 경기고등학교, 서울대학교를 거쳐 대우그룹 미국지사에서 오랫동안 근무하다가 론스타에 영입된 분이었다. 당시 그의 고등학교, 대학교 동문들과 지인들이 각 분야에서 활약하고 있어 여러 청탁이 들어올 수도 있는 입장이었지만, 나에게 어떤 부탁도 하지 않고 내가 소신대로 일할 수 있도록 배려해 줬다.

여기서 오해를 하나 풀고 싶다.

많은 사람들이 론스타가 외환은행 대주주로 있는 동안 자기 이익만을 추구하며 금융 산업을 후퇴시키고 이른바 '먹튀'를 했다고 비판한다. 그러나 이는 론스타라는 회사 자체가 가진 단기금융업의 속성 때문이다. 실제 일을 해보니 유회원 사장을 비롯한 론스타 경영진은 일상적인 은행 업무에는 간섭하지 않고 내가 소신대로 일할 수 있게 해줬다. 오로지 이사회에 부의되는 사항에 대해서만 국내 이사진과 함께 토론해 의사결정하는 방식으로 경영권을 행사했다. 당시 국내 이사는 내국인 주주인 한국은행 측 1명, 수출입은행 측 1명, 대학교수 등의 외부인사 2명, 그리고 수석부행장인 나를 포함해 5명이었다. 나는 론스타가 외환은행 대주주로 있는 동안 외환은행이 철저한 능력 중심의 인사를 하고 상대적으로 건전한 재무구조를 갖게 된 이유가 외부의 대출 청탁을 물리칠 수 있었기 때문이라고 생각한다.

외환은행에 CCO 겸 부행장으로 부임해 1년 반 정도 일한 후, 나는 2005년 3월 주주총회에서 등기이사로 선임되는 것과 동시에 수석부행장 자리에 올랐다. 그리고 2014년 3월 퇴직할 때까지 이사회 구성원으로 근무하며 외환은행 최장수 임원의 기록을 남겼다.

나도 예상치 못한 기록이었다. 처음엔 길어야 4년 정도 근무할 것으로 예상하고 부임하였으나 10년 이상을 지낼 수 있었던 것은 개인적으로는 큰 영예였다. 하지만 나는 그게 가능했던 것은 내 능력보다는 외국인 행장의 소통리더십 덕분이었다고 생각한다.

내가 세 사람의 외국인 행장들과 일하면서 느낀 가장 놀라운 경험은 이들이 조직을 위해서는 누구와도 기꺼이 토론할 준비가 되어 있다는 점이었다. 한국의 권위적 리더십과는 큰 차이가 있었다.

나는 원래 직언直言을 잘하는 성격이다. 그래서 과거 직장생활을 하는 동안 권위적인 상사들로부터 때때로 질책을 받고 암묵적인 피해를 당하기도 했다. 외환은행에서 외국인 행장들과 일하는 동안에도 문화적 차이에서 오는 견해차가 적지 않았고, 직원 구조조정을 비롯한 인사정책, 영업전략 등에서 많은 의견충돌이 있어 언쟁이 잦았다. 때로는 고성이 오가기도 했다. 그러나 외국인 행장들은 나의 직언을 조직을 위한 의견으로 받아들였고 일체 인사상의 불이익을 주지 않았다.

만일 내국인 행장과 그토록 잦은 의견충돌이 있었다면 그처럼 오랜 기간의 임원생활은 상상할 수도 없었을 것이다. 외국인 행장들은 비록 서로의 의견이 달라 논쟁을 하더라도 개인적 감정을 다스릴 줄 알았다.

좌측부터 저자. 리처드 웨커 전 외환은행장. 그리고 크레디스위스 은행 존 메이저 전 영국수상

나중에 나의 의견이 옳았다는 사실이 밝혀지면 이를 인정해 주고 오히려 감사를 표하는 소통의 리더십에 익숙한 사람들이었다.

론스타가 보낸 외국인 행장들에 대해 논란이 많은 것을 알지만, 적어도 그 점에 대해서는 높은 점수를 주고 싶다. 어쩌면 그것 역시 그들의 소신이었을 것이다. 내가 일할 때 돈보다 소신을 중요하게 생각하였듯 그들 역시 리더로서 자신의 소신을 가장 중시한 셈이다.

리더는 쉽게 포기하지 않는다

론스타가 10년간 임명한 미국인 행장은 3명이었다. 한 사람은 은행원 출신이었지만 나머지 둘은 은행에서 근무한 경력이 전혀 없어 중요한 의사결정은 한국인 임원들과 주요 간부들의 조언을 구하여 이루어졌다. 당시 나는 한국인으로서는 유일한 등기임원이어서 이사회를 통해 투명하고 합리적인 경영을 하기 위해 노력했다. 여신 건전성을 높이는 데 주력하면서도 장래성이 있는 기업은 신용으로라도 과감하게 지원했다. 대신 담보가 있어도 전망이 불투명한 기업은 적절한 수준 이상을 거래하지 않도록 미리 한도를 설정해 철저히 관리했다.

임기 중 위기에 처한 D사를 지원해 회생시킨 사례는 보람 있는 기억 중 하나다. 열교환기 및 산업용 보일러 등을 제조하던 D사는 오랜 사업경력과 국내점유율 1위를 자랑하던 기업이었는데, 안타깝게도 9·11 테러와 엔론 부도사태 이후 세계적인 에너지 설비투자 감소로 수출이 급감해 부실단계에 직면했다. 당장 200억 원의 운영자금이 필요한 상황이었으나 채권은행들은 서로 눈치를 보며 발뺌했다. 부실 징후 단계에서 섣불리 추가대출을 했다가 더 많은 자금이 물리면 감독기관과 내부감사에서 책임추궁을 당하기 때문이다.

하지만 나는 D사를 포기할 수 없었다. 회생 가능성이 확실해 보이는 회사가 지금 당장 외부적 환경 때문에 부진에 빠졌다고 잡았던 손을 놓을 수는 없었다. 채권은행단 여신위원회 위원장이던 나는 위원들과 회의를 한 끝에 국제적으로 경쟁력 있는 이 회사의 부실화를 막기로 결론을 내렸다. 우선 긴급자금 200억 원 중 절반을 외환은행이 지원할 테니 나머지는 거래은행들이 분담하도록 설득해 부도를 막았다.

그리고 자회사 및 비업무용 자산을 매각하도록 하는 등 자체 구조조정을 유도했다. 또한 워크아웃 플랜을 수립하여 금리를 인하하고 상환기한을 연장하였으며, 일부 은행여신을 자본금으로 전환하여 금리부담을 줄였다.

영세 협력업체의 물품대금 지급을 위하여 외환은행 단독으로 50억 원의 할인어음 한도를 공여하였다. 또한 외환은행 부장과 자금관리단장이 이 회사 CEO와 함께 일본 및 미주 지역 주요 거래처를 방문하여 은행의 지원방침을 설명하며 안심하고 거래하도록 신뢰감을 주었다. 그러자 동요하던 종업원들과 회사조직이 안정을 찾고 생산 및 매출이 확대되어 2년 6개월 후에 워크아웃에서 졸업하는 쾌거를 이뤘다. 기업이 어려움에 부닥쳤을 때 은행의 역할이 얼마나 중요한지 보여주는 사례라고 생각한다.

나는 언제나 은행은 그저 돈을 맡고 빌려 주는 역할을 하는 곳이 아니라 한 사람 혹은 기업을 살리는 위대한 일을 하는 곳이라고 생각했다. 그리고 리더는 바로 그 위대한 일을 진행할 때 절대 포기하지 않는 사람이다. 한 사람이라도, 가능성이 있는 한 기업이라도 더 살려내야 한다. 그게 리더의 임무다.

공정하고 소신 있게, 때로는 과감하게

또 한 가지 보람 있었던 것은 당시 외환은행의 관리기업이던 현대건설, 하이닉스, 현대종합상사 등을 정상화시켜 성공적으로 M&A^Mergers and Acquisitions를 마친 일이다. 이 회사들은 지금은 우량기업으로 거듭났지만, 한때는 부실의 늪에 빠져 외환은행으로부터 자금관리를 받던 기업들이다. 외환은행은 비록 론스타가 대주주로 있었지만 국내 중요기업들에 대해 전폭적 지원을 하며 외국환 전문은행의 위치를 지켜 나갔다.

이것은 말처럼 쉬운 일이 아니다. 은행에 있는 사람은 잘 알겠지만 부실화한 대기업에 대한 자금관리는 지극히 어렵다. 운영자금은 물론 설비투자자금까지 제때 지원해야 하는데, 필요 액수가 워낙 거액이어서 채권단 합의를 이끌어내려면 선도적 리더십을 발휘해야만 한다.

국내 굴지의 대기업들이 경영 위기에 빠져 빚을 갚을 수 없게 됨에 따라 채권은행들은 기존 여신을 출자전환하여 기업의 대주주가 되었다. 은행은 또 직원을 그 기업에 파견하여 경영상 중요한 안건에 대하여 합의하는 권한을 가지게 되었다. 따라서 채권은행들에게 이들 업체의 대표이사 선임을 비롯하여 주요 시설투자 및 지출예산에 대한 승인 권한이 있었다. 특히 외환은행은 채권단을 대표하는 주거래은행이어서 나는 관리기업들의 대표이사 선임 시에는 '인선위원장'으로서 채권은행과 협의를 거쳐 대표이사를 선발하는 역할을 주도했다.

나는 이후 관리기업의 경영정상화 및 M&A를 추진하는 과정에서도 정부 및 감독당국과 조율하는 역할을 맡았다. 국내 굴지의 대기업 대표이사를 뽑다 보면 이른바 힘 있는 자리를 통하여 청탁하는 후보자들도 있기 마련이다. 또한 현대건설, 하이닉스 등 국내외에서 관심이 집중되는 초대형 M&A는 과정도 대단히 복잡하고 정교한 절차가 요구되기도 한다.

당시 외환은행은 미국인이 은행장이다 보니 외부로부터의 공식·비공식 협의는 모두 나에게 집중되었는데, 중요한 고비마다 어떠한 청탁에도 흔들림 없이 투명하고 사심 없는 결정을 내리려 노력했다. 그때 내가 살아온 세월이 많은 도움이 되었다. 아무런 배경도 없이, 누구의 도움도 받지 않고 뚜벅뚜벅 걸어온 나로서는 정치적 외풍을 막는 데 아무런 심리적 부담도 없었다. 다행히 론스타가 임명한 외국인 행장들도 CCO로서 여신정책을 총괄하던 나의 권한을 존중했기 때문에 평소의 소신대로 공정하게 원칙을 지키며 결정을 내릴 수 있었고, 어떤 잡음과 오해도 남기지 않고 외환은행의 모든 여신정책을 결정했다.

그렇게 거액의 여신을 승인하고, 부실기업에 대한 처리방침을 수립하고, 관리기업들에 대한 중요 인사와 예산을 합의하는 위치에 오랜 기간 재임하면서 리더의 사심 없는 정도正道경영이 얼마나 중요한지를 다시 한 번 확인할 수 있었다.

리더십은 테크닉이 아니라 마음이다

내가 외환은행에서 일하며 가장 노력한 부분은 '소통'과 '마음 열기'였다. 엘리트의식과 순혈주의가 강한 직원들이 가득한 외환은행은 본의 아니게 사모펀드인 론스타에 넘어갔다. 자부심을 훼손당한 직원들은 마음에 상처를 입은 터라 그들을 위로하고 진정으로 그들에게 다가서고 싶었다. 더구나 시민단체나 일부 언론들이 론스타를 투기자본으로 규정하고 은행 주주로서의 적격성 및 인수 배경에 대하여 의혹을 제기한 상태라 상황은 더욱 좋지 않았다. 법적 소송이 진행되는 데다 사회적 이슈로 떠오른 민감한 시기여서 직원들의 심적 고통이 매우 컸다.

사모펀드인 론스타로서는 가능한 한 빨리 은행을 매각하여 펀드가입자들에게 배당해야 하므로 자신들은 한시적 경영진이라는 인식이 강했고 곧바로 외환은행의 새로운 주주를 물색하기 시작했다.

그러자 이른바 '먹튀' 논란이 대두되었고 국민들의 부정적 정서와 고객들의 곱지 않은 시선이 계속되었다. 엘리트 은행의 직원으로서 자부심을 가진 직원들로서는 감당하기 힘든 고통이었을 것이다. 그러나 당시의 어수선한 분위기 속에서도 직원들은 참 열심히 일했다.

그게 마음 아팠던 나는 어떻게 하면 직원들을 독려할 수 있을지 많이 고민했다. 그리고 생각해 낸 게 바로 소통과 감성의 리더십이다. 리더로서 내가 가장 노력해야 할 점은 직원들의 말을 열심히 귀 기울여 들어 주는 것과 그들을 진심으로 껴안으며 진정성 있는 교감을 나누는 것이라고 생각한 것이다.

평사원들을 만날 기회가 있을 때마다 속내를 열고 대화하고, 직원들 집안에 경조사가 있을 때는 가능한 한 빼놓지 않고 참석하여 늦은 시간까지 남아 있으면서 처음 만나는 직원들과 대화와 교제의 기회를 가졌다. 모든 개인 시간을 투자해 그들을 격려하고 용기를 북돋아 주기 위해 노력했다.

인간 심리의 70%는 감정이고, 나머지 30%는 이성이라고 한다. 그래서 진정한 리더십은 테크닉이 아니라 마음과 진정성에 있다. 어부가 고기를 잡으려면 물의 흐름에 귀를 기울여야 하듯, 사람을 이끌려면 사람의 마음 흐름에 귀를 기울여야 한다. 자주 보면 좋아지고 만나다 보면 친해진다. 또 기분이 좋아지면 태도가 달라지고 태도가 달라지면 업무능률이 오르기 마련이다.

나는 직원과 마음을 나누고 싶을 때 유머를 많이 활용하는 편이다. 유머는 낯선 사람의 마음을 열고 가깝게 만들어 주는 무형의 끈이다. 그래서 나는 처음 만난 직원들과 이야기를 나누거나 회의할 때 그들의 속내와 진짜 생각을 이끌어내기 위해 적당한 유머를 활용했고, 웃음

가운데 부드러운 분위기를 조성하려 노력했다. 위협적 상황에서 가장 먼저 사라지는 게 바로 웃음이다. 리더라면 어떤 위협적 상황에서도 웃음을 잃지 않고 상황을 이끌어 나가야 한다. 이때 유머는 사람의 마음을 위무慰撫하고 진심을 이끌어내는 데 도움을 준다.

능력을 인사의 핵심가치로 삼다

소통과 함께 내가 노력을 기울인 부분은 능력 중심의 인사였다. 인사를 능력에 따라 한다는 것은 당연한 원칙이지만, 때때로 그 원칙이 제대로 지켜지지 않는 것이 우리의 현실이다. 내가 이런 인사원칙을 지키고자 노력한 것은 나 스스로 오랜 은행원 시절 차별을 받으면서 이를 넘어서기 위해 계속 노력했기 때문이다.

앞서 언급했지만 나는 상고 출신으로 은행에 들어와 야간대학을 졸업했고, 가난한 부모님 밑에서 맹물을 마시며 굶주림 속에 공부한 사람이다. 주변 친인척 가운데 특별히 출세한 사람도 없다 보니 오로지 혼자의 힘으로 어렵게 세파를 헤쳐 오는 동안 능력 위주 인사에 대해 강한 신념이 있었고, 인사에 대한 줄 대기나 청탁에 대해 강한 거부감을 가졌다. 나는 힘이 닿는 한 세상의 편견과 고정관념을 바로잡고 싶었다. 노력하는 사람이, 그만한 능력을 갖춘 사람이 합당한 자리에 앉아야 한다고 믿었다.

외환은행에는 인재가 무척 많았다. 가장 많은 해외점포를 두었기에 국제금융, IB 업무, 여신관리 분야에서 탁월한 직원들이 많았다. 또 일찍부터 해외점포에서 국제경험을 통하여 국제감각을 익히고 세상을 보는 넓은 시야와 인문학적 소양을 갖춘 인재들이 모여 있었다. 이른바 SKY 대학 출신을 비롯하여 집안 배경이 화려한 사람들도 다른 은행보다 월등히 많았다.

외환은행에서는 내가 유일한 한국인 등기임원이어서 본부장이나 부행장을 선발할 때에는 미국인 행장과 단독으로 협의하곤 했다. 그때마다 업무능력 및 공헌도에 따라 공정한 인사를 하려고 애썼다. 그래서 실무능력이 뛰어나고 좋은 실적을 올린 지점장들이 대거 본부장으로 승진하고, 또 본부장 중에서 출중한 실적을 낸 사람은 임원으로 임용되도록 하는 데 일정 부분 이바지했다고 나름대로 자부하고 있다.

덕분에 상고 출신이 임원이 된다는 것은 상상하기조차 힘들었던 외환은행 분위기에서 두 사람의 상고 출신 부행장이 탄생하기도 했다.

나와 오랫동안 함께 근무하다가 지금은 국내 굴지의 건설회사 CEO로 있는 J 씨가 대표적 사례이다. J 씨는 내가 외환은행에 부임할 당시 여신을 총괄하는 선임서열의 부장이었다. 일밖에 모르는 성실파였고 성과도 뛰어나 1년 후 본부장 승진자를 선정할 때 J 씨를 인사부에 1순위로 추천하였으나, 인사담당 임원의 반응이 시원찮았다. 알고 보니 J 씨가 상고 출신이기 때문이라는 설이 돌고 있었다.

하지만 나는 인사에 대한 내 소신을 바꾸지 않았다. 바로 은행장과 상의하여 J 씨를 본부장으로 임용하였고, 그 뒤 상무까지 승진시켰다. 그리고 2년 임기인 상무를 마치고 여신관리본부 담당 부행장보로 임명된 J 씨는 다시 2년의 임기를 마쳤다. 당시는 하이닉스, 현대건설 등 관리기업체에 대한 경영 정상화 작업이 한창 무르익어 갈 때여서 전문경험이 많고 열성적으로 일하는 J 씨를 중용하고 싶어서 부행장으로 승진시키고자 은행장과 협의했는데, 은행장은 여신관리본부의 직무범위 job scope에 비추어 부행장은 곤란하다고 말했다.

나는 은행장의 의견을 존중했다. 하지만 거기에서 멈출 순 없었다. 그리고 실력 있는 J 씨를 부행장으로 중용하기 위해 특단의 결정을 내렸다. "내가 스스로 CCO에서 물러날 테니 후계자로 그를 임명해 달라"고 요청한 것이다. J 씨가 여신 분야에서 그만큼 탁월한 능력을 발휘하였으므로 내 후계자로 그를 추천하는 데는 아무런 주저함이 없었다. 마침내 그는 부행장으로 승진해 CCO 역할까지 성공적으로 마친 후 지금은 국내 유수의 우량건설회사인 H사의 대표이사를 맡고 있다.

나는 평소 인재를 양성하고 후계자를 육성하는 것이 리더의 가장 중요한 역할 중 하나임을 믿고 강조했다. 따라서 내가 J 씨를 중용한 것은 첫째, 그의 능력과 업무 공헌도를 인정했기 때문이며, 둘째, 후배들에게 누구든지 능력이 뛰어나고 조직에 공헌하면 그에 합당한 보상을 한다는 강력한 메시지를 주고 싶었기 때문이다. 훌륭한 후계자를 세우겠다고 늘 마음속으로 다짐해 온 내 신념에 대한 나름의 작은 실천이기도 했다.

그러다 다시 한 번 전환의 계기가 찾아왔다. 몇 번의 곡절을 겪은 끝에 2012년 초 하나금융지주에서 외환은행을 인수한 것이다. 초기에 은행장 후보로 결정된 사람은 금융위원회 부위원장과 국책은행장을 역임한 Y 씨와 나, 두 사람이었다. 고위관료와 국책은행장을 역임한 상대와 겨루는 것 자체가 승산 없는 경합이라 보았지만, 나는 은행장추천위원회 면접에서 진술하게 그간 금융인으로서 걸어온 발자취를 밝혔고, 은행장 후보로서 가진 포부를 설명했다. 그리고 외환은행 직원들의 아픔을 보듬으며 그들을 설득할 수 있는 은행장이 필요하다는 점을 강조했다.

후에 자세히 기술하겠지만, 신한은행 재임 당시 조흥은행을 인수하는 과정에서 조흥은행 노조를 비롯한 직원들의 반발을 잠재우고 초기 갈등비용을 줄이려 감성적인 노력을 기울인 과정을 잘 알기에 하나금융지주 아래로 들어가는 외환은행 후배들에게 새로운 희망을 주고 싶었던 것이다.

은행장 경합에서는 예상대로 Y씨가 결정되었다. 하지만 나는 외환은행에서 보낸 나의 세월에 진심으로 감사한다. 비록 은행장의 기회는 얻지 못했지만 돌이켜 보면 외환은행에서 11년 반이라는 시간을 수석부행장과 상임이사를 역임하며 이사회 경영진으로 지내는 동안 직원들과 서로 가슴을 터놓고 소통하며 따뜻한 동료애를 키우고, 힘 없고 배경 없는 사람들도 노력하면 얼마든지 위에 오를 수 있다는 희망을 줄 수 있었던 것은 나에게 무엇과도 바꿀 수 없는 큰 보람이다. 외환은행은 내가 은행원으로서 보람과 긍지를 갖고 명예로운 마무리를 한 소중한 직장이요, 결코 잊을 수 없는 제2의 마음의 고향이다.

닮고 싶은 나의 롤모델

전 신한은행 R 센터장 (현 양산대학교 교수)

나의 변함없는 롤모델인 장 부행장님의 이미지는 언제나 내게 온유한 리더의 모습으로 떠오른다. 만약 야생마가 길든 상태를 온유함이라고 정의한다면, 부행장님이 바로 그 전형이리라. 겉으로는 언제나 온화하고 인자한 모습이면서도 내면에는 그 깊이를 가늠할 수 없을 정도의 능력과 열정이 충만한 분이다. 그를 닮고 싶고, 그의 모든 것을 배우고 싶다.

부행장님은 내가 어려움에 봉착해서 의논드릴 때 언제나 정곡을 찌르는 분석과 명쾌한 지적으로 시원한 결론에 이르도록 지도해 주곤 하셨다. 언젠가 소속해 있던 조직의 CEO로부터 신규사업을 위한 타당성 검토를 하라는 지시를 받은 적이 있다. 당시 나는 홍콩에서 근무 중이었는데, 동남아시아 진출을 위한 전진기지로서 싱가포르 투자법인 설립에 관한 타당성 조사였다. 조사를 마치고 보고서를 완성했으나, 보고 루트를 놓고 심각한 고민에 빠지게 되었다. 대부분 조직의 의사결정 과정이 그렇듯이, 통상적인 절차나 규정에 따르면 해당 주관부서에 통보하고, 담당 부문장을 거쳐 CEO에게 보고하게 되어 있었다. 당시 나는 그와 같은 통상적 절차를 거칠 경우 CEO가 직접 지시한 사항을 어기게 되어 질책을 받을까 염려되었다. 또 한편으로 직접 보고를 하자니 의사결정의 상위 계층에 있는 부문장의 오해를 살 수도 있는 점이 꽤 신경이 쓰였다.

며칠 동안의 고민에도 결론을 내리지 못한 나는 결국 멘토인 부행장님께 전화를 드려 자초지종을 말씀드리고 조언을 구했다. 그때 부행장님께서 주신 너무나도 명쾌한 촌철살인의 한마디 말씀은 그 후로도 오랫동안 뇌리에 남아 있다.

"지시한 분에게 직접 여쭤 봐라. 어떻게 보고를 받을 것인지."

한번은 아내와 이런 대화를 나눈 적이 있다.

"장 부행장님은 저렇게 일취월장하시는데 나는 왜 이 모양일까?"

"장 부행장님, 술이나 담배 하세요?"

"아니, 안 하시는데."

"교회 다니시나요?"

"아, 장로님이신 걸로 알고 있는데?"

"성격은 어떠세요?"

"한마디로 온유하신 분이지."

"능력이 있으신 분인가요?"

"한국 금융계에서 두드러진 분이시지."

"그러면 하나님께서 부행장님과 당신 중에 누구를 더 들어 쓰고 싶으시겠어요?"

" …… !"

닮고 싶은 멘토가 있는 것은 참 행복한 일이다. 나는 아내와 대화를 나눈 날 밤, 당시 부행장님의 모습을 닮기 위해 7년의 장기계획을 세우고 실천하기로 결심했다. 1만 시간의 독서를 통해 성장하고, 운동을 열심히 해서 뱃살도 줄이고, 더욱 강한 믿음을 가지리라 다짐했다. 그리고 계획을 세운 후로 지금까지 600시간의 독서량을 채웠다. 나는 나의 미래가 기대된다. 7년 후의 나는 지금의 부행장님 모습에 얼마나 접근해 있을까? 아니, 7년 후엔 부행장님께서 어떤 경지에 가 계실까를 상상하곤 한다. 부행장님께서는 은퇴 후에 현역 시절보다 더 바쁜 일상을 보낸다고 하셨다. 한국 금융산업의 도약과 발전을 위해 지금보다 더욱 바쁜 현역으로 다시 복귀하시기를 바라는 마음 간절하다.

제 2 장

내가 만난 리더, 세상을 이끄는 힘

금융인생에서 만난 멘토들

박영수 부장(전 산업은행 이사, 6대 광주은행장) : 포용의 리더십

"젊은 사람이 그 정도 패기는 있어야지!"

산업은행 시절 모신 상사 중 가장 존경스러웠던 분은 박영수 당시 부장이다. 선배들로부터 훌륭한 분이라는 이야기는 익히 들었지만, 당시 나는 초급 대리여서 박영수 부장을 직접 접촉할 기회가 별로 없었다. 1970년대 당시 산업은행 부장이라는 직급은 지금 은행장 정도의 권위가 있던 시절이어서 대리가 직접 대면하는 일은 별로 없었기 때문이다.

하루는 우연한 기회로 그분을 직접 대면하게 되었다. 부장에게 업무보고할 땐 주로 차장이나 과장들이 했는데, 그날은 담당과장이 출장

포용의 리더십, 박영수 전 광주은행장

중이라 부득이하게 차장과 함께 대리인 내가 부장실에 들어가 자료설명을 했다. 정말 열심히 준비했지만 긴장했는지 더듬거리며 설명을 마친 나는 벌겋게 상기된 채로 질문에 대답하기 위해 잔뜩 움츠리고 있었다. 반응을 기다리는 1분이 마치 1시간처럼 아득하게 느껴지는 순간이었다. '혹시 더듬거린 내 모습을 질책하지는 않을까?' 와 같은 생각에 자꾸 걱정이 앞섰다. 하지만 그는 빙그레 웃으며 "수고했어. 잘했어!"라고 말하며 나를 격려했다.

아, 얼마나 고맙던지. 그분이 내게 던져 준 그 한마디에 자료준비에 고생한 기억을 모두 잊고 힘이 불끈 솟았다. 그때의 감동 덕분에 나는 지금까지도 결재를 받으러 오는 후배 직원들에게 언제나 "수고했어. 잘했어!"라는 격려를 잊지 않고 해준다.

아무리 능력 있는 사람이라도 상사에게 결재서류를 가져가기까지는 약간의 불안함과 함께 많은 검토와 고민이 따르기 마련이다. 비록 상사로부터 수정하거나 보완해야 할 부분을 지적받더라도, 일단 칭찬과 격려의 말을 듣고 난 후 수정보완 사항을 들으면 부하 직원 입장에서는 한결 마음이 편안해진다. 그렇게 그분과 나의 첫 만남은 매우 인상적이었다.

하지만 몇 달 후, 엄청난 일이 일어난다.

당시는 내가 담당한 대우조선의 옥포조선소 공사가 한창 진행될 무렵이었다. 경제장관회의에서 조선소 공사에 필요한 시설자금의 70%를 산업은행에서 지원하도록 하라는 결정이 있었는데, 산업은행 입장에서는 대출여력이 많지 않아 정부의 추가출자를 요청했다. 나는 당시 재무부로부터 검토요청을 받고 나서 추가출자를 선행해 달라는 문서를 작성하여, 총재 직인이 찍힌 서류를 들고 당시 재무부에 들어갔다.

산업은행은 지금의 소공동 롯데호텔 자리에 있었고, 재무부는 광화문 앞에 있었다. 근처에는 자주 지나다녔지만 관청 행은 처음이라 조심스럽게 들어가 재무부財務部 이재국理財局 담당 주사 앞에서 가져간 서류를 건네주며 추가출자 요청의 요지를 설명했다.

그러나 그는 짜증부터 냈다.

"이걸 서류라고 가져왔습니까? 지금 정부 출자를 요청할 때입니까?"

"그러나 산업은행 역시 정부에서 출자를 안 해주시면 지금 상황으로서는 자금여력이 없어서… ."

내 말이 채 끝나기도 전에 그는 "됐어요, 이 서류는 그냥 가져가세요" 하며 내 앞에 던져 버렸다. 10여 분 대화하는 동안 앉으라는 말 한마디도 없이 세워 놓고 서류를 던지며 홀대하는 주사 앞에서 나는 울컥 기분이 상해서 맞받아쳤다.

"그럼, 우리 총재님 결재를 받아 가져온 서류이니 정식으로 재무부 장관님 도장을 찍어 반송해 주십시오."

여기서부터 고성이 오가는 상황이 벌어졌다. 그는 나에게 관공서에 들어와 무례하게 소란을 피운다고 소리쳤고, 나는 방문한 사람에게 의자조차 권하지 않고 하인 다루듯 하는 그의 무례함을 지적했다. 아무도 말리는 사람이 없어 언쟁은 한동안 지속되었다.

얼마나 시간이 흘렀을까? 멀리 떨어져 앉아 있던 과장으로부터 "사무실에서 웬 소란이냐?"는 질책이 떨어져 나는 상기된 얼굴로 밖으로 나와 버렸다.

마침 비가 부슬부슬 내리고 있었다. '슈퍼 갑'인 재무부 공무원에게 '을'이 맞대응하는 대형사고를 쳤으니 은행으로 돌아갈 용기도 나지 않아 인근 다방에 앉아 이 생각 저 생각을 하며 시간을 보냈다. 당시 재무부는 산업은행의 예산권을 쥐고 있었으며, 이재국장이 은행장에게 사표를 내라고 할 수 있을 정도로 막강한 힘을 갖고 있었다.

'지금 은행에 돌아가면 분명 난리가 났을 테고 … 에라, 그냥 사표나 던져 버리자!'

두어 시간 길거리를 헤매다가 사무실에 도착하니 아니나 다를까 재무부로부터 담임이사실과 부장실에 전화가 걸려오고 있었고, 과장은 허둥지둥 나를 찾다가 연락이 안 되자 초조하게 기다리던 참이었다.

나는 박영수 부장실에 불려 들어갔다. 신임 대리가 저지른 뜻하지 않은 대형사고(?)에 그의 안색은 당황해 하는 기운이 역력했다. 나는 자초지종을 설명하고는 "일을 저질러 죄송하다"고 정중히 사과했다. 어차피 사표를 쓸 각오였기에 조금은 편안했는지도 모르겠다. 그렇게 말을 마치고 맥없이 부장실을 나서려는 순간, 그분은 믿을 수 없는 말을 했다.

"잘했어, 우리같이 직급이 높은 사람들은 어쩔 수 없지만 당신 같은 젊은이들은 그 정도 패기는 있어야지! 걱정하지 말고 열심히 일해!"

나는 내 귀를 의심했다. 그리고 눈에 눈물이 가득 고이기 시작했다.

그 후 선배들이 재무부에 거듭 사과하고 나서야 겨우 사태가 수습되었다. 앞서 언급했지만 나중에 신한은행으로 옮기면서 수첩 맨 앞장에 내 인생목표를 써두었는데, 목표는 행장이 아니라 임원까지였다. 그때부터 나는 '약자에게는 약하고, 강자에게는 강한' 소신으로는 아마 은행장까지 오를 수 없을 것이라는, 내가 가진 한계를 막연하게 느꼈는지도 모른다.

만약 내가 은행장을 목표로 세웠더라면 지나간 은행원 인생에서 내 처신이 달라졌을까? 좀더 적극적으로 권력 있는 사람들과 교분을 넓히고 감정을 절제하고 전략적인 선택과 행동을 했을까? 지금 다시 생각해봐도 아마 아닐 것 같다는 생각이 든다. 목표에 따라 변하는 소신이라면 그건 더는 소신이 아닐 테니까.

대형사고를 친 나를 나무라기는커녕 '젊은 사람의 패기'로 격려해 준 박영수 부장은 그 후 산업은행 임원을 거쳐 1995년 제6대 광주은행장으로 취임했다. 1998년에는 금융계에 빅뱅 태풍이 불어닥쳐 지방은행 4개가 문을 닫았지만 광주은행 노·사는 광주은행을 살리기 위해 공동으로 1천억 원 유상증자를 결의하며 상생을 도모했다.

박영수 은행장의 리더십 아래 임직원들이 자사주 갖기 운동을 펼쳤고, 광주와 전남 지역민들도 은행 살리기 운동 등을 벌여 유상증자에 성공했는데, 당시 증자액 중 광주은행 임직원이 30%, 광주·전남 지역민과 지역 기업체가 50%를 차지했다. 은행 노·사와 지역민이 합심해 지역은행을 살려 낸 것이다. 그 덕분에 광주은행은 재무구조를 개선해 험난한 구조조정 태풍에서 벗어날 수 있었다.

후배의 잘못을 감싸고 자신의 책임으로 돌린 박영수 행장의 넓은 포용력과 큰 리더십이 은행 직원과 노조, 지역민들을 설득하는 데 성공했고, 결국 은행을 구한 것이다.

그는 산업은행 시절부터 수많은 후배를 따뜻하게 안아 준 걸로 유명했다. 감사원 감사에서 업무소홀로 지적되어 징계를 받게된 과장 1명을 구하려 백방으로 뛰어도 방법이 생기지 않으니, 결국 자신이 감독자로서 모든 책임을 지고 징계를 받고, 담당과장은 경위서를 제출하는 선에서 마무리되었다는 감동적 실화의 주인공이다.

이처럼 리더는 윽박지르는 사람이 아니라 안아 주는 사람이다. 내가 대리시절에 저지른 사고를 그가 용서하고 처리해 주지 않았다면 지금의 나는 없었을 수도 있다. 이렇게 리더는 한 사람을 죽일 수도 살릴 수도 있다. 당신이 리더라면 질책하기보다는 따뜻하게 감싸 주라. 당신이 보인 포용의 리더십이 조직을 더욱 튼튼하게 만들 것이다.

라응찬 전 신한금융지주 회장 : 원칙중심의 카리스마 리더십

조직의 바람막이가 된 행장

신한은행은 금융시장에서 성공신화를 거듭했다. 신화를 창조한 신한은행만의 경쟁력은 과연 무엇일까?

많은 이들이 '신한은행'하면 '로마군단'과 같은 강력한 조직력을 떠올린다. 맞는 말이다. 리더들과 혼연일체 되어 움직이는 전국 각지의 '용감무쌍'한 은행원들은 신한은행이 가진 최고의 경쟁력이다. 평소에는 크게 눈에 띄지 않지만 일이 닥치면 전광석화電光石火같이, 맨 위 회장부터 맨 아래 행원까지 일사불란하게 움직이는 조직이 바로 신한은행이다. 이 같은 신한은행의 초기 조직문화를 만들어 내고 금융시장에서 신한은행의 위상을 끌어올린 사람이 누구냐는 질문을 받으면 언제나 라응찬 회장(당시 행장)이 가장 먼저 떠오른다. 그분은 언제나 금융인 역할에 충실했고, 신한은행이 정치적 이유로 흔들릴 때마다 조직을 위한 튼튼한 바람막이가 되어 주었다.

내가 심사역 때의 일이다. 하루는 실세 국회의원이 관련된 서울지역 중견병원에 대한 대출청탁 건이 심사부에 접수되었다. 신청금액은 20억 원 정도였는데, 검토 결과 병원의 수익성이 취약했고 의료재단의 여신이 부실화하면 담보권 행사 등의 어려움이 있어 며칠간 고민하다가 라응찬 회장(당시 상무)께 대출이 어렵겠다고 보고했다.

묵묵히 보고를 듣던 그는 "수고했다. 내가 직접 본인에게 양해를 구할 테니 소신껏 반려해라"라는 명쾌한 지시를 내렸다.

사소한 일 같지만 1980년대라면 전두환 군사정부의 서슬이 시퍼럴 때다. 기업인이 말을 듣지 않으면 "공수부대를 보내겠다"고 위협한다는 소문이 돌던 시절인데, 그다지 크지 않은 금액의 정치권 실세 대출을 거절하기란 쉬운 일이 아니었다. 하지만 그는 실무자의 보고내용을 접수하고는 본인이 모든 책임을 지겠다면서 검토 결과대로 하라고 지시한 것이다. 나는 신한은행의 여신심사체계가 지금처럼 원칙과 시스템으로 자리 잡기까지는 라응찬 회장의 이 같은 외풍을 차단하는 리더십이 가장 큰 역할을 했다고 생각한다.

리더의 시력은 보통 사람과 반대여야

대체로 사람들은 시력이 양 극단이다. 미리 봐야 하는 선견先見. foresight 시력은 마이너스이고, 이미 일이 끝난 후에 돌이켜 보는 사후평가hindsight 시력은 모두 2.0으로 훌륭하다. 그런데 훌륭한 리더는 그 반대여야 한다. 선견 시력이 2.0이어야 하고 이미 지난 일에 대한 사후평가 시력은 어두운 것이 좋다. 이미 지난 일을 아무리 되새김해봐야 소용이 없기 때문이다. 중요한 것은 문제를 수습하고 다음 국면으로 넘어가는 것이다. 리더의 시력이 보통 사람과 앞뒤가 뒤바뀌어야 하는 이유가 바로 거기에 있다.

1999년 대우그룹이 도산하여 종금사들이 대부분 파산하고 4개 은행이 문을 닫고 대형은행이 합병되는 등 온 금융기관이 휘청거릴 때에도 신한은행만은 무풍지대였다. 이는 라응찬 회장의 선견 시력이 2.0이었기 때문이다.

당시 많은 지점장이 대우그룹 소속 기업체들에 대한 여신을 취급하고 싶어 했다. 그들이 내가 속한 심사부에 상의할 때마다 나 역시 도와주고 싶었다. 대우그룹이 어렵다는 이야기는 돌았으나 심사역 입장에서 실무적으로 판단할 때 대우그룹 내의 몇몇 기업체는 현금흐름이나 유동성이 괜찮았고 당분간은 문제가 없을 것 같아 승인해 줘도 괜찮을 것 같았다.

냉철한 카리스마 리더십,
라응찬 전 신한금융지주 회장

그러나 라응찬 회장^{당시 행장}은 일관되게 대우 여신에 대해 부정적인 태도를 고수했다. 더구나 그 당시 대우그룹 부회장은 김준성 전 부총리였다. 두 사람은 개인적으로 떼려야 뗄 수 없는 인연을 가진 사이다.

김준성 전 부총리가 대구은행장이던 시절에 라응찬 회장은 그분의 비서실장을 지냈고, 그 후 신한은행을 설립하려던 재일교포 이희건 회장이 김준성 전 부총리에게 좋은 사람을 소개해 달라고 부탁할 때 라응찬 회장을 소개한 사람이 바로 그였기 때문이다. 인간적으로 김 부총리가 부탁하는 대우 여신을 거부하기 쉽지 않았을 것이다. 그렇지만 라 회장의 여신에 대한 철학은 확고했다. 기업을 보는 눈이 매의 눈처럼 예리했고, 언제나 감정에 휘둘리는 인간이 아닌 냉철한 은행원의 눈으로 상황을 관찰했다.

"'1년 전에 신규대출을 해줬는데 1년 더 연장해 주는 게 무슨 문제가 있겠어?' 이렇게 생각하고 1년, 또 1년 연장해 주다 보면 1년짜리 대출이 10년 가고 20년이 가버린다. 대출이란 1년을 내다보고 결정하는 것이 아니다. 처음 취급할 때부터 대출 자체가 해줄 만한가 아닌가를 면밀히 분석하여 결정해야 한다.”

그러면서 그는 대우 여신을 앞서서 차단했다. 지금이야 금융기관에서 대손충당금을 쌓을 때 FLC^{Forward Looking Criteria} 기준이라는 개념이 당연시되지만, 당시는 그런 개념 자체가 없을 때이다. 대출만기가 돌아왔는데 기업들이 원금을 못 갚더라도 이자를 꼬박꼬박 내면 정상여신으로 취급해 주던 시절이다.

지금 같은 철저한 회계 개념은 외환위기 이후 글로벌 베스트 프랙티스^{Global Best Practice}가 우리 금융산업에 도입되고 나서 비로소 확립된 것이다. 그때 라응찬 회장의 대응은 이 같은 글로벌 베스트 프랙티스를 선제적으로 신한은행에 도입한 것이라고 할 수 있다.

그의 소신이 옳았다. 결국 대우그룹은 1999년 12월 워크아웃이 결정되었고, 수많은 금융기관이 부실채권에 발목을 잡혀 존폐의 갈림길에 섰다. 만일 신한은행이 대우그룹에 발을 깊숙이 담갔더라면 당시의 미약했던 자본금 규모를 고려할 때 그때 문을 닫은 여러 은행처럼 존폐의 갈림길에 몰릴 수밖에 없었을 것이다.

이런 혜안慧眼과 개인적 인연에 연연하지 않는 원칙주의가 라응찬 회장을 은행산업 사상 최장수 회장의 자리에 올려놓은 요인일 것이다. 그는 1991년 신한은행장이 된 이후 국내 최초로 은행장 3연임에 성공했고, 2001년 지주사 회장에 취임하여 2010년 10월 퇴임하기까지 51년간 은행권의 '살아 있는 신화'로 불리며 신한금융그룹을 이끌었다.

이희건 명예회장 : 인재를 알아보는 백락伯樂의 리더십

라응찬 회장을 이야기할 때 이희건 명예회장을 함께 언급하지 않을 수 없다. 1982년 신한은행 설립 당시 지방은행인 대구은행에서 라응찬 회장을 스카우트하여 창립 주역을 맡긴 분이 바로 이희건 신한은행 명예회장이다. 라응찬 회장은 1959년 선린상고를 졸업하고 농업은행에 취직해 은행원이 된 후 대구은행을 거쳐 1982년 신한은행 창립 주역 역할을 했고, 오늘날의 신한은행을 만든 1등 주역이 되었다.

그러나 라응찬 회장의 이처럼 뛰어난 능력도 이희건 명예회장이 그의 능력이 아니라 학력이나 배경 등을 문제 삼았더라면 빛을 발할 기회가 없었을 것이다. 이희건 명예회장은 라응찬이라는 인재를 알아보고 그의 배경은 따지지 않았다. 그리고 그가 소신껏 행동할 수 있도록 막후에서 최선을 다해 지원했다.

중국 당대의 명 문장가 한유의 《잡설雜說》에 "천리마는 상유로되 백락은 불상유千里馬는 常有로되 而伯樂은 不常有"라는 글이 나온다. 풀이하면 '천 리를 달리는 명마는 많지만 이를 알아볼 줄 아는 백락 같은 리더는 많지 않다'는 뜻이다.

백락은 또 늘 이렇게 말하곤 했다.

"천 리를 가는 말은 한 번 먹을 때 곡식 한 섬을 다 먹지만 말을 돌보는 사람이 천리마의 능력을 알지 못하면 곡식 한 섬이 아까워 다 먹이지 못할 것이다. 천리마가 비록 천 리를 가는 능력이 있어도 먹는 것이 부족하고 힘이 달리면 천 리를 가는 재주를 나타내지 못한다."

인재를 알아보는 백락의 리더십.
이희건 신한은행 명예회장

만약 백락이라는 사람이 없었다면 천리마는 다른 짐말들과 똑같은 마사에서 똑같은 음식을 먹고 똑같이 취급당하다가 보통의 짐말처럼 죽고 말 테니, 애초에 천리마라는 능력을 나타내 보일 기회조차 가지지 못했을 것이다.

일설에 천리마를 알아볼 수 없는 평범한 마주馬主가 천리마를 짐 싣는 말로 부렸다. 어느 날 그 말이 소금 짐을 싣고 가다가 백락을 만났다. 백락은 즉시 천리마를 알아보고는 "천리마가 주인을 잘못 만나 영락없이 짐말로 전락했구나" 하면서 안타까워했다고 한다.

이처럼 중요한 건 인재를 발견하는 리더의 눈이다. 회사나 금융기관에 인재가 하늘에 떠 있는 별처럼 많으면 무엇 하나? 인재를 제대로 발굴하여 적재적소에 배치하는 백락의 리더십이 없으면 아무 소용이 없다. 라응찬 회장은 그를 알아봐 주는 이희건 명예회장을 만나서 재능과 뜻을 펼칠 기회를 얻은 것이다.

재미있는 사실은 백락의 고사가 한유뿐만 아니라 다른 책에도 여러 군데에 등장한다는 것이다. 《열자列子》와 《회남자淮南子》 등이 인재등용과 관련하여 백락을 인용하는 대표적인 책이다.

하루는 백락이 나이가 들어 더는 일할 수 없게 되자, 자기 대신 구방인九方塀이라는 사람을 추천하여 말을 고르는 일을 하게 했다. 그런데 막상 구방인에게 말을 검정하는 역할을 맡겨 보니 미더운 점이 많았다. 말을 잘 고르기는 하는 것 같은데 말의 암수도 가리지 않고 형태도 보지 않는 것이다.

목공이 구방인의 흠을 보자, 백락은 이렇게 말했다.

"천리마는 그 자질이 중요한 것이지 암수나 형태는 크게 중요하지 않습니다. 뛰어난 것을 얻기 위해서는 조잡한 것을 잊고, 그 본질을 얻었다면 외양은 신경 쓰지 말아야 합니다."

인재라고 해서 모든 면에서 다 뛰어난 것은 아니다. 자칫 사소한 외형적 문제점 몇 가지 때문에 핵심 본질을 놓쳐서는 안 된다는 교훈을 주는 대목이다. 혹시 당신은 "그 사람 능력은 괜찮은데 인사성이 없어서 틀렸어"라고 하면서 꼭 필요한 인재를 놓치고 있는 것은 아닌가?

한 번쯤 반성해 볼 일이다.

신상훈 전 신한금융지주 사장 : 소통과 섬김의 리더십

신상훈 사장은 자타가 인정하는 신한그룹 내 최고의 기획통이요, 라응찬 회장에 버금가는 인적 네트워크를 구축한 실력자로서 은행 내부에서도 존경하고 따르는 직원들이 많은 덕장德將이었다.

게다가 그는 자금부장, 영업부장 등의 요직을 거쳤고, 지점장 시절에는 영업평가에서 하늘의 별 따기로 여겨지는 전국 최우수 점포 표창을 두 번이나 받는 등 영업의 달인이기도 했다. 오사카 지점장 시절에도 출중한 영업능력과 인맥관리를 인정받아 이희건 명예회장과 재일교포 주주들로부터 두터운 신임을 받았는데, 그 후 신한금융지주 상무를 거쳐 2003년 3월 드디어 신한은행장 자리에 올라 조흥은행과 성공적인 통합을 이뤄내는 등 뛰어난 경영능력을 인정받았다.

특히 조흥은행을 인수할 당시 조흥은행 노동조합 간부들을 설득하기 위해 수차례 술자리를 하는 과정에서 건강에 무리가 와 병원에 실려가는 일까지 있을 정도로 일에 대한 뜨거운 열정을 발휘했다.

결국 그의 진심을 담은 행동이 강경하게 버티던 조흥은행 노조의 마음을 감동시켰다. 그 덕분에, 다른 은행들은 합병과정에서 양측 은행의 임금과 인사제도 통합을 위해 수년 동안 노사 간 협의를 진행하는 게 보통이었지만, 그는 불과 합병 후 6개월 만에 통합을 이끌어냈다.

그가 조직원들을 빠르게 융화시키고 안정적인 경영기반을 마련하기 위해 우선적으로 선택한 방법은 '현장 경영'과 '열린 경영'이었다. 통합 후 약 100일간 전국에 있는 지점을 돌며 직원들과 아침이나 저녁 식사를 함께하며 직원들이 느끼는 고충을 직접 들었다. 또한 인터넷상에 직원 간 격의 없는 대화가 이루어지도록 '열린 광장'과 '시공초월 대화방'을 개설해 직원 의견을 항상 수렴하였고, 직원들의 장점을 찾아내 칭찬하고 격려하는 '추임새 운동'으로 조직의 분위기를 띄웠다.

이렇듯 순조롭게 통합할 수 있는 기틀을 마련하는 데 결정적 역할을

소통과 섬김의 리더십,
신상훈 전 신한금융지주 사장

한 그의 일화는 지금까지도 전설처럼 전해 내려온다. 신한은행과 조흥은행의 성공적인 합병 사례는 외국에서도 인정받아, 2005년 미국 HBS Harvard Business School의 '구조조정 및 조직 변화관리'라는 과목의 사례연구 교재로 포함되었고, 비즈니스 스쿨 교육과정의 사례연구 교재로 영구 보존되고 있다.

업무에 충실하고 능력이 뛰어난 대부분의 CEO들은 강력한 카리스마로 차갑다는 인상을 많이 주지만 신 사장은 외모에서 나오는 푸근함처럼 따뜻한 리더로 소문났다. 은행장이 된 후에도 사석에서 '행장님'보다 '형님'으로 불리길 원할 정도로 따뜻하였던 그는 아랫사람을 잘 챙기는 걸로 유명했는데, 직원들의 경조사는 아무리 먼 곳이라도 참석했다. 저녁 약속이 있는 날에는 먼 지방까지 찾아가 조문하고 밤새워 달려와 아침 일찍 출근하는 철인 같은 체력과 열정의 소유자이기도 했다. 평소 매일 아침 출근 전 한 시간씩의 운동을 거르지 않는 것은 물론이

고 등산 및 마라톤도 즐기는 등 평소의 체력관리 덕분에 엄청난 업무량을 소화해 내면서도 직원들의 맏형 노릇을 할 수 있었다.

그렇다고 신 사장에게 온화한 모습만 있는 것은 아니었다. 치밀하면서도 불같이 뜨거운 추진력의 소유자였고, 영업뿐만 아니라 여신심사, 자금흐름, 국제업무 등 은행 경영의 핵심을 꿰뚫은 그는 은행장으로 재임하면서 항상 새로운 아이디어를 내어 수많은 신화를 만들어 냈다.

그는 장기 저低코스트 자금을 늘리기 위해 시·도 금고 유치를 확대하고, 2005년에는 군인급여 계좌를 유치하여 경쟁은행들을 깜짝 놀라게 했다. 우리나라 모든 군인들의 급여를 신한은행 통장나라사랑통장으로 일괄 이체하게 한 것이다. 창조적인 영업전략과 발군의 섭외력이 없으면 이루어낼 수 없는 작품이다.

또한 위기 시에도 끊임없는 정책 대안과 아이디어를 제시하며 신한은행은 물론 국내 금융권 전체에 위기 극복의 해법을 내놓기도 했다. 2008년 금융위기 당시 건설사 구조조정을 위한 대주단貸主團 방식을 처음 제안한 것도 그였으며, 중소기업 지원을 위해 신용보증기금에 출자하는 방식을 제안하면서 신한은행이 은행권 최초로 1천억 원을 출자한 것도 그의 머릿속에서 나왔다. 그만큼 신 사장은 조직을 위해서라면 물불을 가리지 않고 몸을 던지는 열정의 소유자였고, 누구든지 한 번 만나고 나면 겸손한 모습으로 성심성의를 다하는 그 인품에 감동 되어 짧은 기간에 마치 죽마고우처럼 친해지는 매력을 지닌 분이었다.

그는 신한은행장을 연임하며 6년 동안 탁월한 경영능력을 인정받고, 2009년 3월 신한지주 사장으로 취임했다. 라응찬 회장 다음의 2인자 자리에 오른 것이다.

그의 경쟁력의 원천은 초심을 잃지 않는 마음에 있었다. 그는 집무실에 '처음처럼'이라는 글귀의 액자를 항상 걸어 놓았는데, 힘들고 지칠 때 좌우명인 '처음처럼'을 되뇌며 마음을 다스렸다고 한다. 그런 그의 초심을 유지하는 마음은 사람과의 인연에서도 유효했다. 결국 그의 좌우명인 '처음처럼'이 평범한 은행원으로 출발한 그를 금융인의 최고봉에 오르게 한 비결인 셈이다.

　신한은행 성장 역사에 가장 중요한 역할을 한 라응찬 회장과 신상훈 사장, 두 분의 공통적인 강점은 자타가 인정하는 성실성과 끊임없는 에너지, 큰 그림을 그리는 전략, 그리고 넓은 인적 네트워크이다. 리더십 스타일은 라 회장이 카리스마 리더십, 변용의 리더십의 소유자라면, 신 사장은 소통의 리더십, 섬김의 리더십의 소유자였다.

윤병철 회장: 자기성찰과 승계의 리더십

개인적으로 가깝게 지낼 기회는 없었으나 최근 금융사에서 가장 멋진 승계사례를 남긴 분으로 나는 윤병철 회장을 꼽는다. 그는 초대 하나은행장을 지내고 연임을 마친 다음 1997년 김승유 당시 전무에게 은행장을 물려주고 뒤도 돌아보지 않고 스스로 물러났다. 자신이 설립해 분신처럼 여기던 하나은행장의 3연임을 앞두고 연임이 보장되는데도 스스로 사퇴한 멋진 사례는 국내 은행 역사상 그가 처음일 것이다.

당시 많은 이들이 그가 연임하기를 바랐다. 1960년 농업은행에서 출발하여 한국장기신용은행 상무를 거쳐 한국투자금융㈜의 창립멤버가 된 그는 금융회사 사장을 두 번 지내면서 한국투자금융을 성장시켰고, 하나은행으로 전환해 키워 내는 작업을 주도했으며, 초대와 2대 은행장을 역임하는 등 하나은행의 살아 있는 역사여서 모두가 좀더 연임해야 한다고 만류했다.

하지만 그는 1997년 3월에 있었던 퇴임식에서 신임 김승유 행장에게 이렇게 말하며 사랑하는 회사를 떠났다.

"나는 당신 덕분에 즐겁고 보람차게 은행장 생활을 할 수 있었어요. 김승유 행장! 당신도 당신 같은 훌륭한 후임자를 양성해서 은행장직을 행복하게 마무리할 수 있기를 바라오."

그리고 그는 회고록을 통해 그날의 기분을 이렇게 말했다.

"퇴임식에 참석하기 위해 반포동 집을 나서는 나의 마음은 무거운 짐을 벗어 버린 듯 어깨가 가벼웠다. 하나은행은 10여 년 공을 들인 내 노력의 결정이자 분신처럼 생각하고 사랑하는 은행이다. 그럼에도 담담한 마음으로 은행장 자리에서 물러날 수 있었던 것은 김승유라는 걸출한 후임자가 있었기 때문이다."

자기성찰과 승계의 리더십, 윤병철 초대 하나은행장

조직을 사랑하고 헌신하고 인생을 바친 사람일수록 그렇게 키운 조직을 떠날 때는 못내 아쉬워하며 자신이 좀더 일해야 한다고 생각하기 쉽다. 주변에서 퇴임을 말리면 "정말 내가 더 필요한지도 모르지…" 하면서 슬그머니 주저앉는 경우도 많다.

이렇게 퇴임식 날 훌륭한 후임자가 있음을 기뻐하면서 무거운 짐을 벗듯 가볍게 물러설 줄 아는 리더는 정말 대단한 분이다.

그럼에도 의문이 남을 수밖에 없다.

"한참 잘나갈 때 하나은행장을 그만둘 결심을 한 이유는 무엇이냐?" 라는 질문에 그는 자서전에서 이렇게 밝혔다.

"1985년 한국투자금융 사장을 시작으로 1994년 하나은행장 재임 첫해까지 장장 9년 넘게 조직의 외형과 업무체계만 바꾼 채 기존 조직을 이끈 나는 최고경영자로서 10년째 되던 어느 날 결재를 하면서 나 자신이 매너리즘에 빠져 있다는 사실을 확인하고는 깜짝 놀랐다.

그 순간 이쯤에서 물러날 때가 되었다는 것을 직감했다. 최고경영자가 한 자리에 오래 머물러 있으면 매우 중요한 의사결정도 그에게는 일상사가 되기 쉽다. 수 년 동안 늘 해오던 일이기 때문이다. 내 입장에선 최고경영자 자리가 익숙하기 때문에 계속 머무르면 편할지 몰라도 은행에는 결코 좋은 일이 아니라고 나는 생각했다."

매너리즘에 빠진 자신을 발견할 정도의 진지한 자기성찰도 놀랍고, 그 순간부터 조직의 변화를 위해 CEO를 그만둘 결심을 한 것은 더욱 놀라운 결단이다. 나는 그의 이야기를 들으며 그가 정말 대단한 리더라는 데 이의를 달 수 없었다.

그는 떠날 때도 완벽했다. 은행장을 그만둘 결심을 한 순간부터 후임자인 김승유 전무를 사실상의 리더로 만들기 위해 각종 업무를 두루 맡아보게 하고 대외적으로도 노출해 신망을 얻게 하는 등 승계작업에 착수했다. 1인자인 그가 "김 전무가 곧 우리 은행의 1인자가 될 분"이라고 여기저기 알리고 소개하자, 다른 사람들이 "저 은행은 자칫 잘못하면 경쟁관계가 될 수도 있는 1인자와 2인자 간의 사이가 참 좋다"는 평이 나올 정도였다.

여기에 대해 그는 "현대 조직의 리더는 타고나는 것이 아니라 양성되는 것이다"라는 리더 양성론의 신념을 폈다.

"리더의 조건은 무엇인가? 우선 결단력과 전문지식을 갖추고 주변이 깨끗해야 한다. 또 내외의 신망이 두터워야 한다. 신망이라는 것은 '우리 회사에 지금 은행장 할 사람이 누구지요?' 했을 때 모두가 '아, 그 사람!' 하고 자연스럽게 중론이 모이는 사람을 말한다. 그런데 이러한 신망은 절로 쌓이는 것이 아니다. 쌓을 기회를 자꾸 주어야 한다."

훌륭한 후계를 미리 양성해 두고 깃털처럼 가벼운 마음으로 퇴임한 윤병철 회장은 이후 우리금융지주 회장을 거쳐 현재 한국FP협회 회장을 지내면서 금융 인재를 양성하고 있다.

국립발레단 후원회장과 한국기업메세나협의회 회장, 사회복지공동모금회 회장 등을 통해 사회에 대한 봉사의 노력도 아끼지 않은 윤병철 회장은 오늘에 이르기까지 가장 성공적인 금융인, 존경받는 금융인으로 남아 있다.

김승유 전 하나금융지주 회장 : 전문성이 빛나는 검소한 리더십

내가 김승유 회장을 처음 만난 것은 2010년 11월 25일 하나금융과 론스타 간에 외환은행 인수계약이 체결된 직후였다. 당시 외환은행은 하나금융에 매각되는 데 대해 심한 거부감을 느껴 노동조합을 중심으로 똘똘 뭉쳐 인수합병을 반대하고 있었다.

2003년 8월 론스타에 인수된 후 외환은행 직원들의 상실감은 매우 심각했다. 우리나라 최대 규모를 자랑하던 전통의 외환은행이 외국은행도 아닌 외국 사모펀드에 매각되고 나서 투기자본 감시센터를 비롯하여 시민단체에서 연달아 제기한 BIS 비율 조작의혹, 헐값매각 시비, 론스타의 대주주 적격성 문제 등으로 정부 및 감독당국에 대한 불만이 고조된 상태였다. 또 2006년 초부터 론스타의 지분 매각을 위해 국민은행, HSBC, ANZ은행 등과 인수절차가 진행되는 동안 외환은행 직원들은 은행의 불투명한 장래에 대한 불안과 피로감이 극에 달할 정도로 누적되어 있었다.

이런 상황에서 하나은행이 인수한다고 나섰으니 직원들의 거부감이 컸다. 특히 투자금융^{단자}회사에서 출발한 하나은행 조직문화에 대한 이질감, 외환은행이라는 이름을 유지할 수 있을지 여부와 고용보장 불안, 상대적으로 낮은 직원처우 등이 부정적 정서를 키웠다.

나는 비록 외환은행에 늦게 합류한 경영진이었지만 직원들의 심정을 어느 정도는 이해했기 때문에 그들의 격앙된 분위기를 다독이며 본연의 업무에 충실해 달라고 당부할 때였다.

그때 김승유 회장을 만났다. 평소 그에 대해 많은 이야기를 들었고 이따금 금융기관 모임이 있을 때 스치듯 만난 적은 있었지만, 서로 대면해 대화를 나눈 건 처음이었다. 그의 첫 이미지는 다방면에 해박한 지식을 갖춘 열정적이면서도 무척 소탈한 분이었다. 그는 내게 노동조합이 우려하는 부분에 대해 조목조목 성의 있게 설명하고, 하나금융이 외환은행을 인수한 후의

전문성이 빛나는 검소한 리더십.
김승유 전 하나금융지주 회장

경영방향에 대해서도 자세히 설명했다. 당분간 은행 통합 없이 외환은행은 독자적으로 경영하게 될 것이며, 직원들이 우려하는 신분보장 문제와 해외영업 등 외환은행의 강점 부문은 앞으로도 외환은행 주도로 조직을 꾸려갈 예정임을 밝혔다.

과거 인수 대상자들과 몇 번의 면담을 가져 본 나는 한참 후배인 나에게 깍듯이 높임말을 쓰며 세세하게 설명하는 그에게 감동을 받을 수밖에 없었다. 그와 대화를 마친 후, 나는 "말씀하신 내용을 잘 전달하여 직원들의 동요를 막도록 노력할 테니, 외환은행의 행명行名 사용과 확실한 고용승계를 약속해 주십시오"라는 말을 남기고 헤어졌다.

김승유 회장은 고려대학교를 졸업한 후 한일은행에 입행하여 3년가량 근무하다가 퇴사 후 미국 남가주대학교USC로 유학을 떠나 1971년에

돌아와 한국투자금융 창립멤버로 참여했고, 한국투자금융 창립 10년 만인 1980년 부사장이 되었다.

그리고 1991년에 윤병철 전 하나은행 회장과 함께 한국투자금융을 하나은행으로 전환하는 작업을 진두지휘했으며, 초대 윤병철 행장에 이어 1997년 하나은행장으로 취임하였다.

윤병철 전 행장이 물러날 때 "김승유 행장이 있기에 믿고 물러날 수 있었다!"고 말할 정도로 하나금융에서 차지하는 그의 높은 위상에 대해 익히 알던 나는, 그와의 만남을 통해 외환은행 인수를 위한 하나은행 측의 강한 집념을 읽을 수 있었다.

하지만 당시의 내 입장은 어정쩡했다. 대주주가 체결한 주식매각 절차가 원만하게 진행되도록 협조해야 할 위치에 있었지만 직원들의 반대가 워낙 강했고, 감독당국과 사법당국에서 검토하던 대주주 적격성 문제가 어떻게 결말이 날지 모르는 상황에서 너무 앞서 나서는 것도 부담되었다. 마침 이듬해인 2011년 3월에 임기가 만료되므로 조용히 있다가 떠나는 게 좋겠다는 생각을 하고 있었다.

그런데 예상치 못한 일이 일어났다. 2011년 2월 하나금융에서 선임한 외환은행 이사 명단에 내가 포함된 것이다. 그 계기로 나는 그분을 더욱 가까운 거리에서 만나게 되었다. 2개월 이내에 마무리될 것으로 예상했던 금융위원회 승인은 '론스타의 산업자본 여부를 판단한 후에 외환은행 인수를 승인할 것'이라며 계속 미루어졌고, 결국 론스타와의 인수계약 후 14개월 만인 2012년 1월 27일에서야 '현재로선 산업자본으로 볼 근거가 없다'는 결론과 함께 외환은행에 대한 하나금융의 자회사 편입 신청을 승인했다.

그리고 나는 약 1년간의 공백을 거쳐 2012년 3월 다시 외환은행의 상임이사 겸 부행장으로 복귀해 2년간 근무했다. 그러나 김승유 회장은 2012년 3월에 회장에서 퇴임하고 경영 일선에서 물러나게 되어 더 모실 기회가 없었다.

김승유 회장은 하나금융뿐만 아니라 금융계 전체에 큰 발자취를 남기고 현역에서 물러났다. 그의 성공 방정식에서 빠지지 않는 변수는 바로 성공적 M&A다. 1998년 충청은행, 1999년 보람은행, 2002년 서울은행, 2005년 대한투자증권을 잇따라 인수하여 하나금융그룹을 만들었고, 이후 외환은행 인수에 이르기까지 하나금융이 걸어온 길에는 항상 그가 있었다.

게다가 그는 굉장히 검소한 분이다. 가까운 곳으로 출장 갈 땐 늘 수행원 없이 항공기 이코노미 좌석을 이용해 직원들을 당황하게 하기도 했다. 내가 신한은행 재직 당시 일부 CEO는 해외출장 때 1등석 대신 비즈니스 좌석을 이용하는 사례가 있었지만, 대부분의 은행장은 아무리 경비절감을 외치는 비상 시기에도 꼭 일반석 비용의 4배가 넘는 1등석을 타곤 했으니 김 회장의 소탈한 근검정신이 얼마나 돋보이는지 알 수 있다.

또한 그는 평소 꿈꾸던 인재양성의 의지를 실천하기 위해 서울 은평구에 하나고등학교를 설립하는 한편, 다문화 가정을 위한 문화센터를 설립하는 등 다각적으로 사회공헌 활동을 펼쳤고, 이제는 한적한 시골에서 전원생활을 하고 싶어 한다는 소식이 들린다. 중국 유명 은행들이 고문으로 모시고 있다는 소리도 들리는데, 부디 앞으로도 금융계의 큰 별로 남으시길 기원해 본다.

홍세표 전 외환은행장 : 국제적 경륜의 리더십

홍세표 전 외환은행장을 떠올리면 '작은 거인'의 모습이 연상된다.

"득의청연 실의태연^{得意靑然 失意泰然}!"

바라던 뜻을 이루더라도 담담한 마음을 가지고 일이 기대에 어긋나더라도 태연한 자세를 취하라는 교훈을 생각하게 만드는 분이며, 단아한 선비의 모습으로 사는 분이다.

1958년 한국은행에서 은행원의 삶을 시작한 이후 외환은행 설립과 동시에 옮겨와 외환은행 프랑크푸르트 지점장과 뉴욕 지점장, 국제금융부장으로 승승장구한 그는 전무이사를 역임한 후 한미은행장을 지내고 1997년에 외환은행장으로 복귀한 국제금융 전문가다.

외환은행 직원들로부터 가장 존경하는 선배라는 말을 수없이 들었던 터라 어떤 분인지 궁금해서 가끔 오찬을 함께하곤 했다. 그는 다양한 분야에 해박한 경험과 지식을 갖고 있었고, 논리정연한 사고^{思考}와 번뜩이는 지혜로 주변 사람들을 깜짝 놀라게 하는 인물이었다. 상대를 편안하게 하려고 간간이 유머를 섞어 이어 가는 대화에는 소년 같은 순수함이 묻어나는가 하면, 비즈니스 대화를 할 때는 촌철살인^{寸鐵殺人}과 같은 번득이는 혜안이 빛났다. 그래서 나는 그분과 대화를 하면 시간 가는 줄 몰랐다. 평소 궁금했던 여러 문제에 대한 이야기를 나눴는데, 가장 기억에 남는 대화는 "어떻게 코메르츠 은행에서 외자를 유치했느냐?"라는 질문에 대한 그의 답이다.

그는 이렇게 답했다.

"내가 4년 반 동안 한미은행장을 지내다 1997년 7월 외환은행에 돌아와 보니 위기상황이었다. '망하는 건 시간문제다!'는 생각이 들었다. 마침 내가 한국은행에서 근무하던 1960년대 초부터 독일과 연이 많았다. 총 6년 반 동안 독일에서 일했기 때문에 코메르츠의 콜하우센 행장이나 레머 전무는 오랜 친구였다. 그는 나를 믿고 3,500억 원을 대준 건 물론이고, 두 번이나 더 증자를 해줬다.

국제적 경륜의 작은 거인,
홍세표 전 외환은행장

그러나 그 후 코메르츠가 3차까지 증자를 해놓고는 '더는 못 하겠다'고 하더라. 하지만 내가 일본과 사우디 은행에도 인맥이 있어 그쪽으로부터 추가 유치를 할 수 있을 것 같았는데, 그러던 중 1999년 2월에 은행장직에서 물러나게 되어 뜻을 이루지 못했다."

지금은 상황이 많이 좋아졌지만, 당시는 한국이 외환위기 중이었고 그런 악조건 속에서 외국자본을 들여오는 것은 아무나 할 수 있는 일이 아니었다. 그래서 나는 그의 이야기를 들으며 속으로 '어쩌면 그의 임기가 계속 이어졌더라면 외환은행의 역사가 달라지지 않았을까?' 하는 생각이 들었다. 그 후 2006년도부터 싱가포르 DBS은행이 외환은행 인수 참여를 희망할 때에도 관련자들이 그의 역할을 기대하는 등 그가 국제무대에서 가진 인적 네트워크는 정말 막강했다. 그래서 많은 직원이 그가 물러난 이후에도 그를 크게 존경하고 있었다. 한결같이 외환은행을 사랑하고 고비마다 은행의 장래를 위하여 스스로 해야 할 역할이 있으면 주저 없이 자신의 모든 것을 바친 충심이 직원들에게까지 전해졌기 때문일 것이다.

지금도 그는 까마득한 후배들과 자주 어울려 소주잔을 기울이며 희망의 메시지를 선사하고 있다. 나는 신한은행에서 옮겨온 이방인이지만 어쩌다가 한번 뵐 때마다 어찌나 다정다감하게 대해 주시며 격려하시는지 감읍感泣할 뿐이다.

그에 대해 조금 더 알고 싶다면 2007년에 발간한 《아무렇게나 내뱉은 말들》이라는 그의 칼럼 모음집을 보면 된다. 그간 언론에 기고한 글들을 모은 책인데, 읽어 보니 '아무렇게나 내뱉은 말'이 아니라 이 나라의 지도자들이 꼭 읽어야 할 주옥같은 교훈이 담긴 책이다.

본문 내용 중 "새로운 시대의 리더"라는 시사칼럼에서 인상 깊은 구절을 소개하면 다음과 같다.

불확실성이 어둠의 장막에서 더욱 불확실성을 낳고 있는 글로벌 시대에 리더에게 요구되는 것은 원리주의에 입각한 편협한 일원론에서 탈피한 합리적인 이원론적 사고를 할 줄 아는 덕목이다. …글로벌 시대의 리더는 사고가 유연해야 하고 추진력이 겸비되어야 한다. 그래야 비로소 불확실성을 이해하고 그 존재를 인정하며 이를 극복할 수 있기 때문이다. …글로벌 경제란 불가사의한 전혀 새로운 형태로서 지침서도 없다. 무엇을 어떻게 해야 잘하는 것인지 아무도 모른다. 유일한 방법은 우선 도전해 보고 실패하더라도 좌절하지 않고 다른 각도에서 새로운 방법으로 다시 도전하는 것이다. 모름지기 금융기관의 리더도 이러한 마음가짐을 지닌 인사로 채워지기 바란다. 일에 대한 조직원의 사랑을 심어 주고 교육하며 일하는 사람을 배려하고 세계화와 기술의 발전, 치열한 경쟁이 주는 압박감을 이해해 줄 수 있는 리더, 그리고 승리의 확신을 조직 구성원에게 주입해 주고 개개인의 능력, 조직에 대한 애착, 새로운 아이디어를 조직발전의 동력으로 삼아 적극적인 금융조직문화를 창출하는 리더가 필요한 것이다. 용기와 유연성, 다원적 사고방식을 갖춘 리더라면 불가사의한 앞날이지만 도전할 가치는 충분히 있지 않겠는가?

그분의 글을 읽고 있으면 리더가 갖춰야 할 조건에 대해 깨닫게 된다. 존경하는 금융계 원로의 지혜가 담긴 메시지를 듣는 것은 언제나 행복한 일이다.

리처드 웨커 전 외환은행장 : 뒤끝 없는 쿨한 리더십

론스타의 경영 시절 외환은행을 거쳐 간 미국인 행장은 모두 3명이었다. 그들 모두 서양인답게 업무처리 과정에서 매우 합리적이었고, 무엇보다 직원들과의 소통을 중시했다. 새로운 기획안을 받으면 실무자들의 의견도 직접 들어 보고, 회의과정에서 반대의견이 있어도 끝까지 경청하는 등 민주적인 리더십이 돋보였다. 그러나 일단 결정된 사항에 대해서는 아무리 현실적인 이유를 들어 반대해도 즉시 실행에 옮길 정도로 일관성을 중시하기도 했다.

론스타 측에서 임명한 최초의 외환은행장은 2004년 1월에 취임한 로버트 팰런Robert Fallon이다. 그는 일본과 홍콩에 있는 체이스맨해튼 은행과 제이피모건 등에서 26년간 근무하면서 아시아권의 화려한 경력으로 주목받았다.

그리고 같은 해 2월, 미국의 세계적 기업인 GE 그룹에서 주주·투자자 관리담당 부사장을 지낸 리처드 웨커Richard Wacker가 수석부행장으로 영입되었다. 그는 1998년부터 2001년까지 GE캐피털의 자회사인 GE카드를 경영하면서 대대적인 구조조정을 한 인물로 알려졌는데, 아침부터 저녁까지 오직 일밖에 몰라 '워커홀릭workaholic'의 패러디인 '웨커홀릭'이라는 별명으로 불릴 정도로 근면한 인물이었다.

그는 GE 시절에 그랬듯 한국에서도 인력감축에 가장 역점을 두고 일했다. 부임하자마자 대대적인 인원감축계획을 수립했는데, 당시 시중은행 중에서 가장 생산성이 높던 신한은행 수준으로 인적 효율을 끌어올리려면 1천 명 가까운 직원을 줄여야 한다는 계산이 나왔다. 구조조정 문제를 앞두고 노조를 비롯한 직원들은 크게 동요했고 거센 반발이 예상되었다.

이를 감지한 나는 인사담당 임원은 아니었지만 웨커 부행장에게 "한꺼번에 그렇게 대규모 인원감축은 불가능하다"고 주장했다. 은행마다 업무 프로세스가 다르고 업무 유형과 직원들의 업무숙련도가 달라 획일적인 잣대로 비교하는 것은 무리라고 설명했다.

특히 신한은행은 영업점에 배치된 인원이 70%를 훨씬 넘었지만 외환은행은 영업점 인력이 60%대 중반을 겨우 넘어선 상태였으며, 본점 국제금융업무 비중이 높고 론스타 경영 시절 신입직원을 몇 년 동안 제대로 뽑지 않아 업무 숙련도가 저하되는 등 다양한 문제가 쌓여 있다. 나는 그에게 이런 상황을 자세하게 설명하며 "지금 상황에서는 생산성이 낮을 수밖에 없으니 구조조정은 단계적으로 추진하여야 한다!"고 주장하며 재고를 요구했다.

게다가 감축대상 인원을 선정하는 기준이 최근까지의 인사고과 결과였는데, 문제는 당시 외환은행의 인사고과는 절대평가 방식이라서 고과자의 성향에 따라 부서 간 평가결과에 크게 차이가 났다는 점이다.

실제로 국제여신심사 분야에서 일하던 직원들은 고과성적이 좋지 않아 퇴직대상자에 많이 포함됐지만, 부서장의 인심이 좋은 부서는 평균점수가 90점대 중반이어서 1명도 퇴직대상에 포함되지 않았다. 그런데 그 이유가 국제여신심사 분야의 인사고과자가 해외점포 출신으로 철저하게 원칙을 지켜 고과 점수를 평균 80점대로 맞췄기 때문이었다.

이처럼 실제 성과가 아닌 과거 인사고과자의 성향에 따라 운명이 갈

론스타가 임명한 두 번째 외환은행장,
리처드 웨커

리게 되어 직원들의 반발이 더욱 거셌다. 직원들로부터 이런 사정을 들은 나는 웨커 부행장과 몇 차례 고성이 오가는 언쟁까지 벌였다.

외환은행은 당시 6년 동안 신규 채용한 인원이 400여 명에 지나지 않아 행원급들은 적었지만 책임자들의 숫자는 많은 '항아리형'의 인사구조였다. 따라서 신규인력을 지속적으로 보강하고 직급승진의 정체현상을 해소하기 위해서 어느 정도의 단계적인 인력감축은 불가피한 상황이었다. 인력운용의 유연성과 인력의 적재적소 배치 차원에서도 인원조정의 필요성은 나도 공감하고 있었다. 그러나 웨커 부행장의 구조조정 방식은 한국의 현실을 무시한 지나치게 급격한 방식이었다. 당시 론스타에 비판적이던 사회적 분위기에서 자칫 론스타가 수익성을 높이려 무리하게 인원감축을 한다는 오해가 생기면 결국 외환은행의 브랜드 이미지도 큰 타격을 받을 수밖에 없었다.

하지만 상황은 점점 좋지 않은 방향으로 흘러갔다. 내가 담당한 여신본부 직원 중에도 10명 남짓한 직원들이 퇴직대상자로 통보된 것이다. 정년이 곧 닥쳐오는 직원들은 명예퇴직금을 받고 나가는 게 더 이득일 수도 있지만, 어떤 잘못도 없는 40대 전후의 젊은 직원들에게 해고는 그야말로 청천벽력 같은 충격이었을 것이다.

제1부
성장하는 리더, 멈추는 리더

어떻게든 막아야 했다. 부하 직원들의 눈물도 닦아 줘야 했지만 고객도 생각해야 했다. 한꺼번에 20% 가까운 인원을 줄일 경우 직원들의 동요는 물론, 고객 업무가 정상적으로 이루어지지 못하니 고스란히 고객 불만과 사고로 이어질 수 있다. 당사자들은 물론 객관적으로도 수긍하기 어려운 변별력 없는 기준으로 그들의 인생을 낭떠러지로 몰 수는 없다는 소신에 따라 나는 인위적인 구조조정에 공식적으로 반대하기로 했다.

결국 나는 내 방을 찾아와 읍소하는 직원들에게 독단적으로 "사표를 안 내도 좋다!"고 선언해 버렸다. 내 선언 때문에 은행이 크게 당황스럽게 됐다. 담당 임원의 책임 아래 대상자 모두에게 사직을 종용하기로 한 은행 전체 방침이 흔들린 것이다.

결국 1천 명 가까운 인원을 축소하기로 한 구조조정 계획은 절반 수준에 그쳤고, 이마저 직원들의 소송으로 이어져 오랜 기간 노사 간의 대립이 이어졌다. 이 과정에서 직원들이 의지할 곳은 아마도 노동조합뿐이었을 것이다.

그리고 2005년 1월, 긴급이사회에서 웨커 부행장이 제2대 행장으로 결정되고, 나는 수석부행장 자리에 오르게 되었다.

당시 일반적인 업무라면 몰라도 인력 구조조정처럼 예민한 경영현안에 대해서는 미국인 행장에게 감히 대들 수 없는 분위기였는데, 나는 얼굴을 붉히면서까지 웨커 행장과 말다툼을 참 많이 했다.

그럼에도 내가 그를 훌륭한 리더라고 평가하는 것은 자신의 말에 반기를 든 임원인 나를 끝까지 존중해 줬기 때문이다. 은행권에서의 오랜 경륜을 존중했고, 한국의 문화와 현실을 들어 조직을 위하는 나의 충심을 이해했다. 설령 말다툼을 하더라도 그 목적이 조직을 위한 것이고 진심을 담고 있다면 충분히 존중하는 그의 리더십은 폐쇄적 조직 문화를 지닌 우리가 반드시 본받아야 할 점이라고 생각한다.

그간 자주 다투며 정이 많이 들어서일까? 웨커 행장은 현재 하와이에서 현지 은행의 CEO로 재직하고 있는데, 때때로 그의 꾸밈없는 열정과 대범함이 그리워질 때가 있다.

우리나라 은행에서도 은행장과 임원들이 격의 없이 '무엇이 조직에 더 좋은 일인가?'를 놓고 격론을 벌일 수 있는 시대가 빨리 왔으면 하는 바람이다.

'히든 챔피언'을 키워 낸 글로벌 리더들

한국에도 강소기업들이 있다

"세계 경제위기도 독일은 피해간다"는 말이 나올 정도로 독일 경제가 튼튼한 것은 바로 미텔슈탄트mittelstand라고 일컫는 강소기업, 히든 챔피언들이 기둥 역할을 하기 때문이다. '히든 챔피언'은 대기업에 비해 인지도는 낮지만 자기 분야에서 세계시장 1~3위를 차지하는 일류 강소기업을 의미하는 말이다.

우리나라에도 그 숫자가 독일만큼 많지는 않지만 이 같은 히든 챔피언을 키워 낸 기업 리더들이 있다. 휠라FILA그룹의 윤윤수 회장, 원익그룹의 이용한 회장, 세아상역의 김웅기 회장 등이 그분들이다.

내가 은행원 시절 만난 이분들은 모두가 어려운 환경에서 시작하여 불굴의 도전정신으로 기업을 키워냈고, 이제는 세계시장에서 당당하게 승부를 겨루는 글로벌 리더들이다. 이분들은 또한 글로벌 강소기업으로 커나가기 위한 확고한 경영이념과 기업가치를 표방하고 있다는 공통점이 있다.

올바른 기업가 정신이야말로 건강한 기업을 이끄는 힘이다. 앞으로 우리나라에 이처럼 존경스러운 기업인들이 많이 배출되어 세계무대에 당당히 선 한국 기업인들의 활약을 좀더 많이 보고 싶다.

금융여신 현장에서 중소기업 기업가들의 이야기를 들으면 복잡한 규제와 과세제도, 높은 비용구조, 대기업들의 우월적 지위 남용 등으로 중소기업 환경이 매우 어렵다고 한다. 이 같은 어려움을 최대한 줄여서 세계적 강소기업을 더욱 많이 만들어 내고 유능한 글로벌 리더들이 마음껏 세계를 누빌 수 있도록 '일하기 좋은 나라'를 만들어 갔으면 하는 바람이다.

다음에 소개하는 분들은 여러 가지 현실적 어려움 속에서도 글로벌 강소기업으로 성장한 한국 중소기업의 신화적 기업인들이다.

휠라그룹 윤윤수 회장 : 천재적인 역발상 리더십

지난 2006년, 나는 이탈리아 본사로부터 휠라 라이선스를 인수할 계획을 갖고 외환은행을 찾아온 휠라코리아의 윤윤수 회장을 처음 만났다. 당시 휠라 본사는 5년마다 라이선스 계약을 체결했는데, 그는 계약이 끝나면 언제든 라이선스를 회수해 갈 수 있는 불투명한 상황에서 사업 계획을 확대하는 데 한계가 있다고 보고, 아예 휠라 상표를 인수하려고 생각했다. 좋은 구상이었지만, 문제는 휠라 라이선스 인수에 드는 막대한 자금이었다.

"좋은 계획인 것 같기는 한데, 구체적으로 얼마의 자금이 필요하십니까?"

"4억 달러가 필요합니다."

예상보다도 훨씬 큰 액수였다. 평소 그의 사업능력과 대담한 직관을 믿고는 있었지만 은행 입장에서 판단할 때 거액의 여신인지라 선뜻 확답을 하지 못하고 "외환은행이 주관하여 거래가 성사될 수 있도록 최대한 노력하겠다"는 정도의 답변만 전하고 바로 실무자들과 면밀한 검토에 들어갔다.

은행이 여신을 실행할 때 가장 기본적인 검토사항은 '해당 사업계획이 순조롭게 진행되어 기한에 대출을 회수할 수 있느냐?'이다. 그런데 그는 이런 외환은행 측의 의문을 말끔하게 해결할 만한 비장의 카드를 준비하고 있었다.

"전 세계의 휠라 라이선스를 사용하는 기업들에 내가 만약 휠라의 주인이 되면 평생 재계약을 걱정하지 않고 비즈니스를 할 수 있게 해줄 테니 로열티의 절반을 선급으로 내라는 제안을 하여 확답을 받아 오겠습니다."

깜짝 놀랄 만큼 파격적인 제안이었다. 하지만 여전히 의문은 남았다. '그게 정말 말처럼 쉽게 이뤄질 수 있을까?'라는 의문을 품은 채 그의 연락만 기다렸는데, 얼마 후 그가 기적과도 같은 소식을 들고 찾아왔다. 중국과 남미, 유럽 그리고 일본 등 전 세계 라이선시에게서 휠라를 인수하는 조건으로 선先 로열티를 지급하겠다는 의향서를 받아 내어 외환은행을 다시 찾아온 것이다.

아무나 생각할 수 없는 대단한 역발상의 승리였다. 아니 역발상 이상으로 대단한 것은 평소 동종업계에 심어진 그의 진정성에 대한 세계적인 신뢰감이었다.

그가 약속을 지켰으니 이제 남은 문제는 주관사인 외환은행의 역할이었다. 당시 외환은행은 그가 제안한 휠라 라이선스 인수계획이 기업 입장에서도 도약할 수 있는 기회이고, 국가적으로도 전 세계의 로열티를 수입하는 혁신적인 아이디어라고 판단하고 적극적으로 지원할 것을 결정했다. 그리고 금융권에서 공동참여 의지가 있는 은행을 물색했다.

그리하여 4억 달러에 달하는 인수자금 중 4분의 3을 외환은행과 신한은행, 그리고 하나은행이 공동으로 지원하였고, 휠라코리아는 마침내 2007년 3월에 휠라 본사를 인수했다.

그리고 윤윤수 회장은 2008년 2월에 글로벌 라이선시들에게 안정성을 보장해 주고 받은 선先 로열티로 은행 빚을 모두 다 갚았다. 외환은행과 약속한 상환 시한이 2008년 6월 말이었는데 넉 달 앞당겨 전액 상환한 셈이다.

역발상의 귀재인 그의 삶은
어땠을까?

그는 평생을 끝없는 도전정
신과 뜨거운 열정으로 살았다.
1973년 해운공사를 통해 사회
에 첫발을 내디딘 그는 1975년
J. C. 페니J. C. Penney 한국지
사를 거쳐 1981년 ㈜화승에서
수출담당 이사로 근무하며 승
승장구했다. 그와 휠라의 인연

천재적인 역발상 리더십, 휠라그룹 윤윤수 회장

은 1984년부터 시작되었다. 당시 휠라는 의류 부분만 생산·판매했으
나 그는 화승에서의 영업경험을 살려 신발에 대한 아이디어를 휠라 본
사에 제안했고, 그렇게 탄생한 휠라 스포츠화는 휠라 매출에 지대한
공헌을 했다. 그 공로로 그는 휠라 본사로부터 휠라코리아 경영을 맡
아 달라는 제안을 받았다.

그 뒤 1991년 휠라 본사와 합작해 휠라코리아를 설립한 윤윤수 회장
은 국내 소비자에게 이탈리아 스포츠 의류와 신발류를 소개했고, 동시
에 공격적인 스포츠 마케팅을 전개했다. 또 휠라 제품을 한국인의 체
형과 취향에 맞도록 하는 현지화 전략 등 다양한 아이디어와 탁월한 리
더십을 통하여 설립 초기 매년 30% 이상에 달하는 신장세를 보이며 한
국 시장에 성공적으로 브랜드를 안착시켰다.

그는 당시 이탈리아 본사 회장으로부터 "휠라가 태어난 곳은 이탈리아지만, 꽃을 피운 곳은 한국이다!"는 극찬을 받는 뛰어난 영업수완을 발휘했다. 그리고 앞에 언급했듯 2007년에 휠라 본사를 인수하면서 전 세계 70여 개국에서 운영되는 휠라 글로벌 회장직에 오르게 되었다.

후에 들은 이야기지만, 그보다 더 높은 인수가격을 제시한 경쟁업체 들이 있었다고 한다. 그럼에도 불구하고 본사가 그를 선택한 이유는 "그동안 품질의 차별화, 브랜드의 경쟁력을 꾸준히 키워온 경험과 '휠 라코리아의 윤윤수'라면 미래의 휠라를 더욱 발전시킬 수 있을 것"이라 는 강력한 믿음이 있었기 때문이다.

윤윤수 회장이 휠라 글로벌을 인수한 사례는 '몸통을 삼킨 꼬리'라고 표현되며, 보기 드물게 성공적인 M&A로 당시 세계적인 화제가 되었 으며, 하버드대학교의 연구사례로 선정되기도 했다.

휠라를 인수한 다음 그는 휠라의 신발 생산거점을 중국 푸젠福建 성 진장晉江 시로 옮기는 놀라운 결정을 했다. 사실 그곳은 중국에서 신발 산업이 가장 먼저 꽃피운 곳인 반면, 중국 내에서 가장 악명 높은 모조 품 생산기지이기도 했다. 브랜드 비즈니스를 하는 사람들이 가장 꺼리 는 '짝퉁' 소굴에 휠라가 자청해서 들어간 셈이다. 그래서 많은 사람이 그의 결정에 물음표를 찍었다.

그런데 막상 들어가 보니 예상 밖의 상황이 전개되었다. 진짜를 만 드는 공장이 들어서자 짝퉁 휠라를 만드는 공장이 전부 생산을 중단한 것이다. 고발하면 문제가 커지니까 생산을 못하게 된 것이다. 결국 그 는 짝퉁을 만드는 소굴에 들어가 가짜 브랜드를 완전히 청소한 최초의 기업인이 되었다. 짝퉁 소굴에 들어가 진품 공장을 차린 것 역시 대단 한 역발상 리더십이라고 볼 수 있다. 그는 이렇게 주장했다.

"진짜 같은 가짜를 만들 수 있다는 것은 그만한 기술력이 있다는 방증이다. 진품을 생산하면 짝퉁 공장도 그때부터는 진품 브랜드 생산처가 되는 것이다."

그의 이 같은 발상의 전환으로 휠라는 신발 생산단가를 낮추는 동시에 브랜드 정비작업도 할 수 있었다. 그리고 이런 역발상 리더십을 통해 얻은 이익과 브랜드 인지도로 마침내 2010년 9월에는 휠라코리아를 증권시장에 상장하는 등 그를 믿고 투자해 준 투자자들과의 약속을 지켰다.

윤윤수의 도전은 거기에서 멈추지 않았다. 2011년에는 타이틀리스트Titleist와 풋조이Footjoy 등을 보유한 세계적인 골프용품 기업 아쿠쉬네트 컴퍼니Acushnet Company를 인수하여, 현재 2개의 세계적인 기업을 진두지휘하며 대한민국을 대표하는 경영인으로 자리매김하였다.

사실 역발상은 '콜럼버스의 달걀'과도 같다. 일을 다 해놓고 보면 "아, 바로 그거!"하고 자기도 모르게 무릎을 치게 되는 것이다. 그는 사업을 해온 고비마다 이 같은 역발상의 귀재임을 여러 차례 입증했다. 더구나 현실 앞에 가로놓인 장애요인에도 불구하고 뜻을 포기하지 않고 끊임없이 도전하여 그 아이디어를 실천에 옮기고 세계시장으로 확대해 나갔다. 내가 은행원으로서 기업인 윤윤수 회장을 존경하게 된 것도 역발상의 번득이는 아이디어로 새로운 역사를 써가는 분이라는 깊은 신뢰감이 있기 때문이다.

그는 태어난 지 100일도 되지 않아 어머니를 여의고 고등학교 때에는 아버지마저 지병으로 돌아가시면서 평탄치 않은 성장기를 보냈지만, 서울고를 거쳐 외국어대 정치외교학과에 수석으로 입학하는 등 학창시절부터 그의 열정과 집념은 대단했다. 그 집념으로 샐러리맨 신화를 쓸 수 있었고, 처음에는 미약하게 시작하였지만 거듭된 사업열정과 성공신화를 통해 오늘의 글로벌 리더로 우뚝 설 수 있었다.

그의 나이 이제 70세. 그러나 그는 여전히 청년의 눈빛을 하고 있다. 이를 증명이라도 하듯 틈날 때마다 해외에 소재한 영업현장을 돌아보고 현지 임직원과 소통하기 위해 세계 이곳저곳을 날아다닌 결과, 한국과 뉴욕을 570번 넘게 왕복할 수 있는 거리인 800만 마일리지의 소유자가 되었다.

사실 평생 안전 위주의 은행원으로 살아온 내가 보기에는 그의 경영 스타일이 성장 위주의 확장전략이기에 자칫 위험한 고비도 맞을 수 있지 않을까 하는 걱정도 했다. 하지만 그는 기본에 충실하고 뿌리가 튼튼한 기업은 불황에도 강하다고 강조하며 자신의 경영원칙에 대한 확신을 고수했다.

그가 내세우는 경영원칙으로는 '정도正道 경영'과 '투명 경영'이 있는데, 실제로 벌어들인 만큼 국가와 직원 그리고 사회와 나누는 것을 원칙으로 하고 있다. 이러한 그의 경영철학으로 휠라코리아는 수차례에 걸쳐 모범 납세기업으로 선정돼 수상하기도 했다.

대학생이 꼽은 존경하는 인물, 언론사가 선정한 한국을 빛낼 100인, 직장인들이 닮고 싶은 롤모델 등에 자신의 이름을 올리며 명실상부한 한국을 대표하는 경영인으로 인정받은 그는 분명 한국 최고의 리더 중한 명이다. 그런 그가 앞으로 또 어떤 역발상 리더십을 보여줄지 사뭇 기대된다.

원익 이용한 회장: 자유, 소통, 행복의 리더십 전도사

1998년 당시 신한은행 역삼동 지점장으로 부임했는데, 공교롭게도 같은 빌딩에 '원익'이라는 코스닥 등록기업이 입주해 있었다. 당시에도 재무상태가 건전해 은행 대출을 별로 쓰지 않는 기업이어서 원익의 이용한 당시 사장을 자주 만날 기회는 없었지만, 첫인상을 한마디로 표현하면 기품 넘치는 '영국 신사'의 모습이었다. 훤칠한 외모, 온화한 인상, 신뢰감 있는 목소리, 깔끔한 매너, 빈틈없어 보이는 기업인이었고 처음 보는데도 '신뢰감'이 풍겼다.

내가 그의 참모습을 알게 된 건 함께 골프를 치기 시작하면서부터이다. 당시 시중은행의 기업점포에는 골프모임이 있었는데, 교회 장로였던 나는 휴일에 골프를 배울 틈이 없어 골프행사 때만 되면 스트레스를 받았다. 1년에 10여 회 공식 휴일 이외에는 골프칠 기회가 없다 보니 어쩌다 골프장에 가면 항상 잔디밭보다는 언덕을 오르내리는 시간이 많았고, 잃어버린 공을 찾아 이리저리 뛰어다녀야 했다.

하지만 그는 달랐다. 지점의 골프행사에는 보통 3~4팀이 참석했는데, 그는 참석할 때마다 항상 메달리스트가 되어 주변 사람들을 부럽게 했다. 내 기억으로는 그의 핸디가 6 정도였지만, 컨디션이 좋은 날은 이븐도 칠 정도로 골프 실력자였다.

골프장에서 골프를 못 치면 왠지 사람이 모자라 보이고 당사자는 괜히 기가 죽게 된다. 나는 당시 그의 뛰어난 골프 실력을 보며 은근히 존경심이 생겼다. 항상 동분서주하며 왕성하게 사업을 하고 훌륭하게 기업을 이끄는 CEO가 그토록 뛰어난 골프 실력을 가진 것이 불가사의하기도 했다.

은행원들 사이에서는 '싱글을 치는 골퍼 기업인을 조심하라'는 말이 있다. 싱글 스코어를 유지하려면 사업을 소홀히 할 수밖에 없다는 의미이다. 그러나 이 회장이 싱글을 유지하는 비결은 타고난 신체조건과 완벽한 자세에 있었다. 평소에 연습을 안 해도 스코어에 큰 굴곡이 없을 정도로 일찍이 몸에 익힌 프로선수 못지않은 기본기를 지니고 있었다. 나는 그것이 이 회장의 평소 성격을 잘 나타내 주는 상징적인 모습이라고 믿는다. 완벽을 추구하는 원칙주의자, 기본에 충실한 성실함 속에서 최소의 노력이 최대의 성과를 이룬 것이다.

중동고와 경희대학교를 거쳐 고려대학교 산업대학원에서 산업정보학 석사학위를 취득한 학구파 회장인 그는 1980년대 초, GE와 오슬람 등의 산업소재 제품에 대한 한국 판권을 확보하여 대리점 판매로 사업을 시작했고, 1985년에는 반도체 관련제품인 쿼츠웨어quartz wear 제조업체인 '한국큐엠이'의 경영권을 인수하여 반도체 관련 제품인 석영유리 사업에 착수했다.

당시 우리나라는 반도체에 소요되는 쿼츠 물량은 전량 수입에 의존했는데, 이 회장은 자체 기술로 국산화를 해내려는 의미 있는 도전을 멈추지 않았다. 연구소를 설립하여 밤낮으로 기술개발에 매달리고 기술직원들을 일본으로 보내 연수를 시키는 등 각고의 노력 끝에 드디어 1987년 국산화에 성공하여 삼성전자와 첫 거래가 시작되었다.

쿼츠웨어 국산화에 성공한 원익쿼츠는 지속적인 기술개발을 통하여 세계 최고 수준으로 인정받아 현재 전 세계 쿼츠웨어 시장점유율 15%

를 기록하며 3대 글로벌 쿼츠웨어 업체로 성장했다. 또한 대만, 독일, 미국 등에도 3개의 현지법인을 설립해 국제적인 위상을 높이고 있다. 1997년에는 코스닥에 등록했으며, 1999년에는 국내 반도체 장비업체인 IPS를 인수하고 2005년에는 ATTO를 인수하여 장비 국산화에도 성공했다.

자유, 소통, 행복의 리더십 전도사,
원익그룹 이용한 회장

이용한 회장의 의미 있는 도전은 계속되어 2006년에는 미국 유통업체인 인터내셔널임포터스를 인수하고, 2013년에는 후너스와 후너스바이오의 경영권을 인수하였으며, 2014년에는 반도체 장비회사인 테라세미콘의 경영권을 인수하며 성장했다.

그의 왕성한 사업의욕 속에 확장된 원익은 반도체 장비 및 소재 분야 핵심 주력사업을 중심으로 도약을 거듭하고 있으며, 건설, 레저, 의료, 건강관리, 금융, 무역, 유통, 전자부품 등의 분야에서 무려 7개의 코스닥 등록업체를 비롯한 11개 계열사와 함께 미국, 대만, 유럽, 중국 등지에 현지법인을 설립하여 운영하고 있다.

짧은 기간에 이렇듯 빠른 속도로 사세를 확장하는 모습은 평소 신중하기로 유명한 이 회장의 또 다른 일면을 느끼게 한다. 무리하게 문어발식 확장을 하여 나중에 실패하는 사례를 많이 보아 온 나는 냉철하고 합리적인 판단을 통하여 사업부문을 다각화하며 시너지를 창출해 가는 그의 역량에 놀라움을 금치 못하고 있다.

그는 특히 인재 욕심이 강하다. 지난 30여 년간의 경영과 기술개발 과정에서 축적된 다양한 경험 및 노하우가 원익의 바탕을 만들어 낸 저력이라면, 그간 꾸준히 확보한 적재적소의 인재들은 원익이 글로벌 강소기업으로 커가는 날개가 되고 있다.

세련된 매너와 포용력을 갖춘 이 회장의 리더십은 대외적으로도 빛을 발하고 있다. 현재 한국반도체협회 기획운영위원장과 삼성그룹 협력업체 모임 부회장 등을 맡아 국내 반도체산업 분야에서 활발한 활동을 하고 있고, 2012년 7월에는 국제반도체장비재료협회SEMI 이사회 제 2부의장으로 선출되어 국제적 위상을 입증하기도 하였다.

그는 입버릇처럼 기업인의 자세로서 신뢰받는 리더, 공정한 리더, 투명한 리더가 되어야 한다고 강조한다. '원익' 역시 자율적이고 투명한 의사결정을 중시하며, 열린 경영, 책임 경영을 경영방침으로 정하고 모든 계열사 경영진에게 경영의 전권을 부여하는 그룹으로 알려져 있다. 부단한 기술개발을 통하여 반도체 장비 및 소재를 국산화하여 국가경제에 이바지하겠다는 꿈도 내걸고 있다. 또한 모든 그룹 사업부문의 행동기준을 고객만족경영에 맞춰 나가고 있다.

그는 "원익의 새로운 미래를 이끌어 갈 핵심가치가 무엇이냐?"는 질문에 "자유, 소통, 행복"이라고 답했다. 고정관념이나 관행을 벗어나 열린 사고를 통해 창조적인 발상을 하고 책임감과 자율성을 존중하는 자유의 가치, 존중과 배려에서 우러난 상호이해와 지식과 정보를 공유하는 소통의 가치, 구성원 모두가 자부심을 품고 즐거운 일터를 만들며 일을 통해 성취감과 보람을 찾는 행복의 가치를 그룹의 3대 가치로 삼고 언제나 '신발 끈을 다시 동여매는 자세'로 일한다고 한다.

　새로운 도약의 30년을 준비하는 원익이 추구하는 기업가치를 보면 다가오는 미래에도 히든 챔피언이 되어 한국의 기술을 세계시장에 널리 떨칠 것을 믿어 의심치 않는다.

세아상역 김웅기 회장 : 신화창조神話創造 리더십

세아상역! 멈출 줄 모르는 불굴의 도전정신으로 전 세계에 이름을 떨치고 있는 이 역동적인 회사는 한국 섬유업계, 아니 세계 섬유업계의 살아 있는 전설이다.

세아상역은 1986년도에 설립된 이래 한국은 물론 미국, 인도네시아, 베트남, 과테말라, 니카라과, 코스타리카, 아이티 등 10개국에 24개 현지법인과 41개 생산공장을 건설하여 가동하고 있고, 종업원 인원도 협력업체 근로자들을 합쳐 무려 6만 명에 이른다. 세계 각국에 퍼져 있는 생산기지에서 하루 평균 약 175만 장 이상의 의류를 생산하고 있으며, 2014년에는 자회사 포함 약 2조 원의 매출을 올릴 정도로 튼튼한 기업이다.

전 세계에서 의류 생산량이 가장 많은 회사지만, 주로 해외에서 생산하여 해외시장에서 매출을 일으키기에 국내에서는 아직도 세아상역의 위상을 잘 모르는 사람들이 많다.

하지만 옷을 좋아하는 사람이라면 '조이너스', '꼼빠니아', '예츠', '트루젠', '테이트' 등 국내 의류 브랜드를 잘 알 것이다. 바로 세아상역이 이 모든 브랜드를 이끄는 기업이다. 그리고 그 성공신화 뒤에는 김웅기 회장이 있다.

그를 처음 만난 것은 외환은행에 근무할 때였다. 해외수출 중심의 영업을 하는 세아상역은 은행 입장에서 '슈퍼 갑'이다. 은행의 무역거래 수수료 수입을 올리려면 늘 잘나가는 글로벌 회사에 부탁해야 하기 때문이다. 은행원과 고객의 입장에서 처음 만났지만 그와 난 동갑의 인연으로 오랜 친구처럼 지낸다. 저녁식사라도 함께할 때는 밥값을 내는 사람이 '갑'이 된다.

1951년 충북 보은에서 출생한 그는 대학 졸업 직후 부모님을 설득해 은행 도움으로 50평의 땅을 구입해 집 장사를 시작했다. 집을 신축해 팔면 돈이 되겠다 싶어서 처음 해본 사업이었다. 주택설계 의뢰부터 자재구매까지 모든 것을 혼자서 직접 관리했다. 밤에는 자재를 지키기 위해 현장에서 잠을 잔 날도 많았다. 돈은 벌었지만 일에 대한 회의가 몰려왔다. 그래도 대학을 졸업하고 처음으로 시작하는 일이 이건 아니라고 생각한 그는 충남방직에 취업해 5년 동안 생산관리와 국외영업을 맡으며 국제 의류시장의 흐름을 읽는 탁월한 감각을 익혔다.

섬유공학과 출신인 그는 전공을 제대로 살려 드디어 36세가 되던 1986년, 18평짜리 사무실에서 직원 두 명과 함께 세아상역을 설립했다. 창업 초기에는 운영자금 부족과 원자재 파동, 수출쿼터^{제한정책} 등 3중고에 시달려야 했다. 하지만 그는 현실에 굴복하지 않았다.

그렇게 악전고투 속에서도 사세를 차근차근 키워 온 세아상역이 본격적인 성장의 발판을 마련한 것은 1994년 국외 생산기지를 건설하면서부터이다. 공격적인 해외투자와 함께 업계 최초로 ODM 생산방식을 도입하여 회사 설립 25년 만에 초창기 매출의 2천 배가 넘는 고속성장을 이루어 냈다.

변화를 읽고 시장을 리드해 가는 능력, 철저한 품질관리 및 현지 파트너십 구축 등 수많은 성장동력이 있겠지만, 내가 생각할 때 세아상역의 가장 큰 장점은 명확한 성과주의와 차별적 인센티브로 창의적인

인재발굴과 파격적인 성과보상을 한다는 사실이다. 실제로 지난 2013
년 세아상역 입사 1년 차 남자직원 연봉은 특별상여금을 포함 5,200여
만 원에 달했다. 세아상역 직원들의 연봉 수준이 높은 것은 '회사의 이
익은 주인인 직원들이 나누어 가져야 한다'는 그의 철학 덕분이다.

"세아상역은 단순히 돈을 많이 주는 회사가 아닙니다. 천성이 정직
하고 성실한 사람은 누구에게도 실망을 주지 않는다고 생각합니다. 그
런 인재들과 함께 세아상역을 지속가능한 기업으로 성장시키고 싶습
니다."

내가 그를 세계적인 리더로 생각하고 더욱 존경하게 된 것은 세아상
역이 중미의 최빈국 아이티Haiti에 의류공장을 짓기로 결정했다는 소식
을 듣고 난 후다.

지난 2010년 5월 하순 힐러리 클린턴 미 국무장관이 서울을 잠시 방
문했을 때, 미 국무부 고위직이 주한 미 대사관을 통해 세아상역 경영
진에게 미팅을 요청했다. 연락을 받고 미 대사관을 방문했을 때 당시
힐러리 미 국무장관의 수석보좌관인 셰릴 밀스Cheryl Mills가 그에게 이
렇게 말했다.

"세아상역이 미 국무부의 파트너가 되어 지진으로 폐허가 된 아이티
에 투자해 주시면 좋겠습니다."

아이티는 국토면적은 우리나라의 약 30%, 인구는 약 1천만 명의 작
은 국가이다. 게다가 2010년에 발생한 대지진으로 약 31만 명이 목숨
을 잃었고, 아이티 인구의 1/3에 해당하는 300만 명 정도가 지진피해
를 입은 상태였다. 그는 미 국무부의 요청을 받고 수차례 미국을 오가
며 아이티 정부 관계자들과 세계은행World Bank 산하 국제금융공사IFC,

미주개발은행IDB 사장과 책임자들을 만나 아이티 투자에 대한 논의를 진행했다. 그리고 2010년 10월 뉴욕에서 힐러리 클린턴 미 국무장관, 장 막스 벨리브Jean-Max Bellerive 아이티 수상, 루이스 알베르토 모레노Luis Alberto Moreno IDB 총재와 함께 아이티 투자에 대한 MOU를 체결했다.

세계 섬유업계의 살아 있는 전설, 세아상역 김웅기 회장

2011년 1월 12일에 아이티 수도 포르토프랭스에서 빌 클린턴 미국 전 대통령과 미국의 주요 신문, 방송 기자들이 지켜보는 가운데 세아상역과의 투자조인식이 진행되었고, 같은 해 11월 28일에는 그를 비롯한 많은 세계 기업인들이 참석한 가운데 약 70만 평에 이르는 대규모 산업공단과 주택단지 조성, 항구와 발전소 건설 프로젝트의 기공식이 열렸다. 그리고 마침내 2012년 10월 아이티 북부해안의 카라콜Caracol 지역에 위치한 산업단지Caracol Industrial Park에서 공장 오픈식이 열렸다.

그는 감격스러운 얼굴로 이렇게 말했다.

"세아상역 아이티 공장 가동으로 아이티 재건과 경제자립의 기틀을 마련할 수 있다는 사실이 매우 자랑스럽습니다. 앞으로 생산시설 확충은 물론 아이티의 근본적인 자립을 위해 직업훈련, 교육산업, 의료지원 등이 동반된 고용을 지속할 것입니다."

힐러리 클린턴 미 국무장관과 빌 클린턴 전 대통령 그리고 미셸 마르

텔리 아이티 대통령이 그의 감동적인 연설에 아낌없는 박수를 보냈다. 대기업도 잘하지 못하는 국제사회에 대한 인도적 기여를 한국 중견기업이 해낸 데 대한 찬사의 박수였다.

이 밖에도 세아상역은 아이티에서 '세아재단'을 설립해 무상교육 사립학교 'S&H School세아학교'을 운영하는 등 사회공헌 활동을 전개하고 있다. '세아학교'는 2014년 3월 개교하여 유치원생 및 초등학생들에게 무상교육과 급식을 제공하는데, 앞으로 중학교를 추가로 설립하여 아이티의 미래를 책임질 인재들을 양성할 계획이라고 한다.

또한 세아상역은 평소 병원 등 의료 인프라의 절대적 부족으로 의료혜택을 받지 못한 현지 주민들을 위하여 대규모 의료봉사단을 파송하는 등 어려움에 처한 주민들을 대상으로 꾸준히 봉사활동을 하고 있다. 세아상역이 지구촌에서 행하는 사랑의 실천은 기업이 영리를 목적으로 하는 조직이면서도 세상의 어둠을 밝히는 빛이 될 수도 있다는 가능성을 보여준다.

내가 그를 존경하는 또 하나의 이유는 그의 소탈함이다. 매년 30%에 가까운 매출 신장을 이루었고 연 매출 2조 원대를 바라보는 강소기업의 회장이지만, 그는 언제나 출장을 떠날 때 청바지를 즐겨 입고, 드럼통을 엎어 놓고 직원들과 삼겹살 구워 먹기를 좋아하는 소박한 기업인이다. 역경을 딛고 글로벌 기업으로 성장한 세아상역이 이처럼 국제적인 봉사활동을 통하여 대한민국 기업의 위상을 높이는 모습 속에서 나는 미래사회의 리더십을 읽는다. 그의 끝없는 도전과 헌신에 박수를 보내고 싶다.

그가 가장 존경받는 선배가 된 이유

전 외환은행 K 노조위원장

내가 처음 그를 소개받던 날, 당시 신한은행 노조위원장이던 이병철 위원장은 그가 신한은행에서 직원과 노조원들로부터 가장 존경받는 선배라고 말했다. 그의 이야기를 듣고 개인적으로 매우 의아했다. 통상 노동조합으로부터 존경받는 선배는 청렴결백해야 함은 물론이거니와 불의에 당당하게 맞서고, 선후배에게 귀감이 되는 분이란 뜻이기 때문이다. 하지만 그런 사람은 인사권자에게 좋은 점수를 받기 힘들어 본부장에 오르기도 힘든 게 바로 금융권의 현실이다.

그런데 수석부행장을 역임하고 게다가 경쟁사로 직장을 옮기는 분을 노조위원장이 스스로 가장 존경하는 선배라고 소개하니, '그 참, 대체 어떤 분이기에 이렇게 소개하는가?'란 의문을 가질 수밖에 없었다.

의문이 풀리는 데는 그리 오랜 시간이 걸리지 않았다. 그의 참모습을 볼 기회가 굉장히 자주 있었기 때문이다. 노사협의회나 임금단체협약 협상시 사측 멤버로 나온 그는 "이 건은 노조에서 말씀하시는 내용이 더 합리적이며, 다른 은행과 비교해 봐도 그러하니 노조가 원하는 바를 수용해야 한다고 생각합니다"란 발언을 대주주인 론스타가 내려보낸 CEO 리처드 웨커 은행장이 지켜보는 앞에서 자신 있게 말했다.

마침내 정회시간에 회의실 옆방으로 웨커 은행장에게 불려가 "내가 당신 보스야. 그런데 왜 노조 편을 드는 거냐?"라는 역정을 듣긴 했지만, 그는 이에 굴하지 않고 "당신이 내 보스이지만 나도 협상단의 일원으로 나의 견해를 밝힐 수 있는 것 아니냐? 내가 보기에는 직원대표인 노조가 제시한 안案과 주장이 더 논리적이더라"며 자기 견해를 솔직하게 밝혔다.

많은 후배가 그를 존경하는 이유를 알 수 있었다. '말이 쉽지, 대체 누가 그런 일을 할 수 있겠는가? 자신의 목을 죄고 있는 보스와 함께 협상에 나서면서 그 보스의 뜻에 반하는 말과 행동을 할 수 있는 사람이 얼마나 되겠는가?' 하는 생각이 들었고, 그제야 그를 처음 소개받은 자리에서 신한은행에서 직원들로부터 가장 존경받은 선배란 말을 듣고 품었던 의문이 풀렸다.

언제나 자신에게 엄격하며 업무를 처리할 땐 누구보다 정확한 판단력으로 후배들을 일깨워 주던 그. 멋진 리더이자 다시 한 번 함께 일하고 싶은 선배라 하겠으며, 무슨 일을 하시든 간에 의미를 찾고 또 다른 추종자를 만드실 것임을 믿어 의심치 않습니다.

제3 장

금융리더 신한은행

평범한 사람이 만든 비범한 조직

신한은행 고속성장의 비밀

대한민국 은행 중에서 가장 우량은행을 꼽으라면 대부분의 사람들이 서슴없이 '신한은행'이라고 대답할 것이다. 그러나 우량은행으로 성장하기까지의 상식을 깨는 파격적인 영업방식과 경영철학에 대해 구체적으로 잘 아는 사람은 많지 않으리라.

신한은행은 국내 은행 역사에서 매우 희귀한 존재이다. 재일교포들의 돈을 십시일반+匙一飯으로 모아 시작한 조그만 은행이 외부나 정치적인 도움을 받지 않고 본연의 정체성을 유지하면서 단기간에 성장했기 때문이다. '외형보다는 내실'이라는 상업은행의 본질을 지키면서 32

년 동안 단 한 번의 적자도 없이 줄기차게 성장하여 오늘에 이른 것 자체가 기적에 가까운 일이다.

2005년 7월엔 《대한민국 은행을 바꾼 신한은행 방식The Shinhan Bank Way》이란 책이 발간되기도 했다. 세계 초우량기업들의 성공비결과 조직 DNA를 관심 있게 바라본 미국 U. C. 샌디에이고 경영대학의 정동일 교수가 쓴 책인데, 그는 신한은행이 급성장한 배경엔 독특한 '신한 웨이'가 있다고 주장했다.

그는 신한은행의 성공 요인을 7가지로 요약했다. ① 고객 중심의 서비스 마인드, ② 열정으로 뭉친 강한 조직문화, ③ 평범한 사람들을 비범하게 만드는 인사 시스템, ④ 참여해 이끄는 변용의 리더십, ⑤ 한발 앞선 혁신, ⑥ 윤리 경영과 투명 경영, ⑦ 사회적 책임 경영 등이 그 것이다.

대체 신한은행이 기적을 이루고 부동의 우량은행으로 자리 잡을 수 있었던 원동력과 비결은 무엇일까? 내가 생각하는 답은 조직력이다. 신한은행이 은행의 본질에 충실하면서 탄탄하게 성장할 수 있었던 것은 신한은행이 '평범한 사람들이 만든 비범한 조직'이기 때문이다.

1982년 7월 7일. 긴장감으로 꼬박 지새운 무더운 여름밤이 지나고 드디어 아침이 밝았다. 국내 최초로 순수 민간자본에 의해 설립된 신한은행의 개점일 아침이었다. 임직원은 겨우 남자 198명, 여자 81명, 총 279명에 불과했고 자본금은 당시 시중은행의 1/4에 불과한 250억 원, 점포는 달랑 3개였다.

규모는 작았으나 첫날 영업은 대성공이었다. 문을 열자마자 고객들

신한은행 개점일 당시의 모습.
이희건 명예회장과 라응찬 전 회장이 입장하는 모습이 보인다.

이 기다렸다는 듯 창구로 들어서기 시작했다. 첫날 방문고객 수가 무려 1만 7천여 명이나 되었고, 예금 수신고는 5천여 계좌 360억 원에 달했다. 신한은행 성공신화의 첫 장을 여는 기념비적인 기록이 수립된 순간이었다.

이날을 위해 신한은행은 적은 인원으로 각종 은행 설립준비 절차에 매달렸다. 임직원들은 하루에도 몇 차례나 밥 먹듯이 가두 캠페인을 벌였으며, 1%의 가능성조차 소홀히 하지 않고 잠재고객들을 찾아 발이 부르트도록 뛰어다녔다.

개점 첫날 창구에 인산인해를 이룬 고객들을 맞이하자 고생은 눈 녹듯 사라졌다. 그날 쌓인 각종 예수금과 수표들을 처리하고 마감하느라 이튿날 새벽 4시에야 일을 끝낸 직원들은 비로소 허리를 펴고 서로의 피로한 얼굴을 쳐다보았다. 밥 한술 뜨지 못하고 음료수 몇 잔으로 허기를 채우며 눈코 뜰 새 없이 20여 시간을 보냈지만, 드디어 해내고야 말았다는 감격에 일부 직원들은 눈물을 흘렸고 세수도 못한 까칠한 얼굴에 진한 감격이 흘렀다. 직원들의 얼굴은 환하게 빛났다.

나는 전 직장인 산업은행 업무를 정리하느라 몇 달 늦게 신한은행에 합류하는 바람에 개설준비에 참여한 직원들의 고행苦行을 직접 볼 수는 없었지만, 언론 등을 통해 개점일 소식은 소상히 알 수 있었다. 나도 그랬지만 당시 직원들은 주로 시중은행과 일부 특수은행, 지방은행, 정부조직 등에서 스카우트된 다채로운 인재들이었다.

기존의 안정된 직장에서 이름도 들어 보지 못한 신설은행으로 자리를 옮기기란 쉽지 않은 결정이었을 것이다. 그런 만큼 새로운 이미지에 도전하는 은행에서 일해 보겠다는 패기와 용기를 가진 사람들이 대부분이었다.

당시 그들은 은행원이 아니라 전쟁터에 나가는 전사였다. 새로운 꿈, 새로운 기회를 찾아 나선 창립멤버들의 마음속에는 미래에 대한 기대와 더불어 여기에서 살아남지 못하면 돌아갈 곳이 없다는 불안감이 공존하고 있었다. 나 역시 똑같은 각오로 안정된 직장인 산업은행에서 신한은행으로 옮겼다.

견디기 힘든 '맹폐'라는 연수과정

신한은행이 신설된 지 7개월 후, 당시 산업은행에서 근무하던 나는 신한은행의 면접을 치르게 됐다. 구술면접이야 별 어려움이 없었지만 '맹폐猛吠'라는 연수과정이 내게는 가장 힘들고 고통스러운 훈련이었다. '맹폐'는 '맹렬하게 짖는다'는 뜻으로, 양말을 벗고 바지를 걷어 올린 다음 두 사람이 코가 맞닿을 정도로 서로 가까이 마주 보고 선다. 그리고 상대방을 매섭게 노려보며, 한 사람이 "자신 없는 사람 나가!"라고 외치면 상대방은 "안 돼!"라고 맞받아치며 목이 쉴 때까지 외치는 프로그램이었다.

처음에는 어색하게 출발하지만 긴장감 속에서 상대를 노려보며 목청껏 고함을 지르다 보면 점차 그 순간을 기억하지 못할 정도로 집중하게 되고, 서로의 눈에서 섬뜩하리만큼 무서운 빛을 의식하게 된다.

물론 쉽지는 않았다. 지금이야 추억으로 얘기할 수 있지만, 당시 이 연수를 거치며 남모르게 마음의 고통을 겪었다. 은행의 문턱이 높을 대로 높았던 1970년부터 당시 최고의 직장인 산업은행에서 10여 년을 지내며 반 관료화된 국책은행에 익숙해진 나로서는, 바지를 걷어 올리고 맨발로 서서 상대를 노려보며 침을 튀겨 가며 고함을 지르는 것 자체가 너무나 자존심 상하는 비非인격적인 모습으로 생각되었다. 점잖기만 한 은행문화에 익숙해진 나에게는 감당하기 힘든 문화충격이었던 것이다.

그렇게 처음에는 도대체 왜 이런 걸 해야 하는지 이유를 알 수 없었지만, 시간이 지나며 '자신이 없으면 나가라. 남은 사람은 불굴의 의지로 견디어서 꿈을 이루어야 한다'는 것을 가르치는 '맹폐' 훈련을 통해 뜨거운 동료애가 생기는 것을 느낄 수 있었다. 아무도 서로에게 말하진 않았지만 그것은 서로의 약속이자 다짐이었고, 치열한 자기 확인의 과정이었다.

'맹폐' 연수도 상상 이상이었지만 신한은행에서의 새로운 경험, 새롭게 만나는 직원들의 모습은 다른 은행에서는 생각조차 할 수 없는 충격의 연속이었다. 신설 초기여서 적은 점포망을 확대하기 위해 매년 10여 개의 지점을 새로 개설하다 보면, 직원 수가 모자라 자정이 돼야 퇴근하는 날이 다반사였다.

은행 홍보도 유난하게 했다. 지점을 신설할 때마다 홍보 겸 정신무장을 위해 은행 로고가 찍힌 티셔츠를 입고 가두행진을 하곤 했다. 비가 부슬부슬 내리는 날 명동 거리에서 반팔 티셔츠 차림에 "신한~은행!"을 외치면서 구보를 하면 사람들이 '은행원들도 이런 걸 해?' 하는 시선으로 신기한 듯 물끄러미 바라보곤 했다.

아침에 은행 문이 열리고 고객들이 들어오면 백화점 등의 서비스 업체처럼 "어서 오십시오. 신한은행입니다!" 하고 외쳤다. 고객들은 처음에는 전 직원이 일어서서 우렁차게 외치는 인사에 깜짝 놀라 움츠리며 어색해 했지만, 신한은행의 개점 인사는 국내 모든 은행들이 객장에 들어오는 고객들을 향해 인사를 하는 시발점이 되었다.

사실 당시 은행은 정부의 규제와 보호 속에서 독점적 지위를 누려온 일종의 관료조직 성격이 짙었다. 그러다 보니 고객에 대한 서비스 개념은 찾아보기 힘들었고, 지금에 비하면 상상할 수 없을 정도로 은행 문턱이 높았다. 비교적 학벌 좋고 학교 성적이 우수했던 은행원들은 일단 입행하고 나면 큰 노력 없이 맡은 일만 열심히 해도 정년이 보장되었다. 시쳇말로 '신도 부러워하는 철밥통 직장'이었던 셈이다.

정년이 보장된 다른 은행에서 편안한 삶을 지내다 신한은행으로 전직한 직원들은 나태해지는 자신을 채찍질하며 이른 아침부터 밤늦은 시간까지 고단한 일과를 묵묵히 견뎌 냈다.

고달픈 일과에서도 끊임없이 긍정의 에너지가 샘솟은 원천은 무엇이었을까? 그것은 첫째, 새로운 희망을 갖고 전직한 직원들에게는 꿈을 이루려는 강한 의지와 집념이 있었고, 둘째, 신한은행의 편견 없는 조직문화가 꿈을 이룰 수 있는 높은 가능성을 보여주었기 때문이다. 잘나가던 기존 직장을 떠나 새로운 일터를 찾아온 사람들은 망망대해로 항해를 떠나 신대륙의 꿈을 찾던 대항해 시대의 개척자들이나 다름없었다.

신한은행은 순수 민간자본으로 설립되어 정부의 보호막 없이 자생적인 성장을 추구해야만 했다. 당연히 초기 멤버들은 '어떻게든 우리가 해내야만 한다'는 의지가 강했다. 그들에게는 은행이 생계를 유지하기 위한 단순한 직장이 아니었다. 모든 구성원들의 꿈과 애착과 의지가 깃든 창조물이었다.

신한은행은 열악한 조건과 불확실성 속에서 탄생한 도전이었으며, 신한은행이 자랑하는 주인정신, 도전정신, 팀워크로 요약되는 '신한문화'는 초기의 어려움을 이겨 내는 과정에서 자연스럽게 형성된 결과물이라고 할 수 있다.

파벌을 녹이는 용광로

다양성이 만들어 낸 기적

신한은행은 신설 때부터 시중은행을 비롯한 여러 직장으로부터 다양한 사람들이 모여 이룬 조직이다. 이러한 조직에서 가장 우려되는 것은 끼리끼리 모여 은행 전체의 일체감을 저해할 수 있는 사조직의 형성이다. 사조직은 처음에는 좋은 취지로 모이더라도 그것이 발전하면 파벌을 형성하게 된다. 이를 미연에 방지하고자 신한은행은 설립 당시부터 동창회는 물론 출신 은행별로 모임을 갖는 것을 엄격히 금지했다.

대신 조직 내 구성원 상호 간, 동료 간 모임을 장려하여 신한인으로서 함께 느끼고 생활하면서 하나가 되도록 독려했다. 최고대우 보장과 신한인은 한가족이라는 가족주의의 표방, 이것이 신한은행의 급속한 발전에 커다란 역할을 했다.

인재 채용기준도 남달랐다. 선발기준은 학벌보다는 적극적이고 열성적인 업무자세, 협력하고 화합할 수 있는 인성, 바른 몸가짐을 할 수 있는 도덕성 등 품성에 포커스를 맞췄다. 그러다 보니 다른 은행에 비해 일류대학 출신이 적은 편이었지만, 영업적인 자질이 특출한 사람들이 많이 모였다.

창립 초기 국내 은행들의 영업점당 인원을 비교해 보면, 신한은행은 타 은행의 70%에 불과한 인력으로 비슷한 규모의 지점을 관리해야 하는 상황이었다. 이렇게 적은 인력으로 여러 가지 혁신적인 금융상품과 최고의 고객서비스를 제공하기 위해 신한은행이 표방한 것은 소수정예少數精銳주의를 통한 전 직원의 전력화였다.

리더를 키우는 연수 프로그램

신한은행을 오늘날과 같은 강한 은행으로 탄생시킨 또 다른 배경의 하나는 연수 프로그램이다. 신한은행은 창립 초기부터 매년 10억 원 이상을 직원 교육에 투자해 왔고, 이는 1인당 약 200만 원 가까운 금액으로 타 은행보다 월등히 높은 수준이었다.

연수과정은 직급에 따라 다양하게 진행되었다. 나는 간부직원들을 대상으로 하는 SHB신한은행 강좌에서 그동안 전혀 배우지 못했던 새로운 내용을 배우고 가슴속에 새겼다. 이 연수 프로그램은 단순히 은행원이 알아야 할 회계나 경영 지식뿐만 아니라 다양한 학문과 인문학 속에서 온고지신溫故知新의 지혜를 흡수할 수 있도록 설계되어 있었다.

"성공 속에 쇠망의 씨앗이 있다", "로마와 베네치아의 흥망성쇠의 교훈", "칭기즈칸의 성공과 쇠망"을 비롯한 역사적 흥망성쇠 통찰로 위기의식과 생존본능을 키웠으며, 사서(《대학大學》, 《중용中庸》, 《논어論語》, 《맹자孟子》)를 비롯한 중직론重職論, 《손자병법孫子兵法》 등의 동양고전을 통하여 리더가 갖추어야 할 지성과 덕성을 배웠다.

또한 체스터 바너드의 《경영자의 역할The Functions of the Executive》이라는 책의 한글판이 소개되기도 전에 원서를 통해 근대 조직론과 리더십을 고찰했고, 에리히 프롬의 《자유로부터의 도피Escape from Freedom》를 통하여 '적극적 자유를 얻기 위해 참된 자아실현을 위한 노력'에 대해 고민하는 시간을 가질 수 있었다. 오르테가의 《대중의 반역La Rebelion De Las Masas》을 통해서는 '무식한 식자와 대중, 그리고 뛰어난 소수'에 대한 토론을 하며 리더의 역할과 '변용의 리더십'을 배울 수 있었다.

신한은행의 리더들은 연수를 통해 타 은행보다 훨씬 밀도 있고 강도 높은 리더십 교육을 받고 경영학, 심리학, 철학 이론으로 무장하는 한편 실천지향적인 리더십, 자율성과 혁신을 지향하는 리더십, 솔선수범하는 리더십의 역량을 키울 수 있었다.

연초에는 모든 부서장, 지점장들이 1주일 가까이 연수원에 들어가 합숙하면서 인문학 강좌, 경영환경에 대한 고찰, 현장에서의 사례 발표, 신년도 사업계획 작성 등의 과정을 함께하였으며, 저녁에는 팀으로 나누어 열띤 토론을 벌이며 리더로서 가져야 할 전략적 사고, 동기부여, 변화관리, 영향력 행사 등 리더십 능력을 훈련받았다.

조장으로 참석한 임원들은 짬짬이 간식을 준비해 부서장들을 격려했으며 식사 때 배식은 물론 설거지도 도맡아 했다. 이러한 전통은 하부 직원들의 연수 때에도 이어져 책임자 연수 때에는 부서장들이, 행원 연수 때에는 책임자들이 궂은일을 맡아서 하는 것이 관례가 되었다. 서번트 리더십, 솔선수범 리더십의 실천사례였다.

각 팀별로 토론하다 보면 늦게 잠자리에 드는 경우도 있지만 아무리 늦은 시간까지 토론을 하더라도 새벽 6시면 모두가 운동장에 모였다. 차가운 영하의 날씨 속에 체조를 하고 나서 '신한은행' 구호를 외치며 인근의 산길을 구보하며 체력과 팀워크를 다졌다.

이렇듯 1주일 가까운 기간을 전체 간부가 자리를 비우고 합숙 연수를 한다는 것은 당시 다른 은행에서는 상상도 할 수 없는 일이었다. 그러나 '간부들 전원이 자리를 비우면 큰일 나는 것 아니냐?'는 외부의 우려와는 달리 단 한 건의 사고도 없이 은행 업무는 잘 돌아갔으며, 간부들이 사무실로 복귀했을 때는 오히려 영업실적이 쑥쑥 올라가 있었다. '내가 없이도 회사가 잘 돌아가더라'라고 느끼는 것 자체가 '권한위임'에 관한 리더십 훈련의 연장이었다.

물론 이것은 상급 관리자가 자리를 비웠을 때 중간 관리자들이 긴장을 하고 더욱 업무에 매진한 결과였다. 간부들의 연수가 끝나면 이와 유사한 합숙연수를 차장급들을 대상으로 실시하고, 차장급들이 복귀하면 하부 직원들에 대한 교육을 실시하여, 전체 구성원들이 한 방향을 향하여 일사불란하게 움직이는 조직으로 정착한 것이다.

갤 포스 친절서비스

신한은행은 아주 특별한 서비스를 통해 기존 은행과는 전혀 다른 차별적인 창구응대를 정착시켰다. 그 중심에는 '갤 포스Gal Force'라는 여직원 조직이 큰 기여를 했다. '갤 포스'란 그리스어로 여성을 의미하는 '갤gal'과 힘을 의미하는 '포스force'의 합성어로, 지성과 인격의 아름다움을 고루 갖춘 여성 리더를 뜻하는 말이다.

이러한 갤 포스 리더들을 주축으로 삼아 창구 직원들이 고객이 객장에 들어와 볼일을 마치고 나갈 때까지 응대할 '7대 인사 용어'를 훈련하고 고객응대, 사무처리 방법, 전화응대 등의 서비스 교육을 통해 친절문화를 정착시켜 나갔다. 고객이 들어오면 직원이 기립하여 인사하며 구석구석 세심한 서비스를 선보이자, 처음에는 고객들이 어색해 하거나 쑥스러워하기도 했고 은행원의 품위를 떨어뜨리며 호들갑을 떤다는 다른 은행들의 비방도 있었다. 그러나 시간이 조금 지나자 그동안 은행창구에서 푸대접받던 일반 서민고객들에게 갤 포스 서비스가 신선하고 반갑게 다가왔다.

신한은행의 친절문화는 '은행의 발전은 고객으로부터 나온다'는 평범한 진리를 재확인시켰고, 결국 뒤에서 흉보던 경쟁은행들도 뒤따라 유사한 고객서비스 개념을 도입하는 계기가 되었다.

한편 남자직원들의 리더 그룹을 육성하기 위해 1985년에는 '베스트 영 리더Best Young Leader'를 도입했다. 대리급 직원 중에서 업적 신장 기여도가 높은 직원들을 중심으로 '베스트 영 리더'를 선정하여 미래의 인재를 육성하기 시작한 것이다.

또 행원급 남자직원을 중심으로 YFYoung Frontier를 선발하여 각 본점 및 지점에 배치했다. YF는 철저한 주인의식을 바탕으로 한 혁신과 창조를 기본이념으로 하고 도전, 탐구, 봉사, 창조를 그 구체적인 실천 가치로 설정하여, 활발한 자체 연수와 각 영업점 개점 지원활동, 사회봉사 등을 펼침으로써 신한문화를 확산하는 활력소 역할을 했다.

이러한 리더 그룹에 선발되는 것은 모든 직원들의 꿈이었고, 선발된 요원들은 긍지가 대단했다. 선발하는 과정도 엄격하였을 뿐만 아니라 일단 선발되면 전체 직원들이 모이는 자리에서 은행장이 직접 순금으로 된 휘장을 걸어 주며 모든 직원들의 박수와 부러움 속에 대망의 출발을 하게 된다.

이러한 젊은 리더들을 주축으로 하부 조직의 분위기는 더욱 활기차게 변해 갔고, 현장의 새로운 아이디어가 속속 실행 단계로 이어지며 아래로부터의 혁신이 지속되는 원동력이 되었다. 영 리더가 되기 위해 입사 때부터 열심히 노력하는 사람들도 늘어났다.

설립 당시 이질적인 문화 속에서 생활하던 사람들이 모여 출발한 신한은행은 모든 구성원들을 '신한'이라는 용광로에 넣고 가족주의, 리더십 육성, 친절문화, 영 리더 그룹 육성 등으로 연단하여 독특한 '신한 문화'를 창조했고, 이러한 신한의 DNA는 오늘날까지 이어지고 있다.

고객의 돈을 소중하게 여기는 마음

은행서비스 혁신

신한은행은 초기부터 다른 은행과 차별화를 위한 서비스 혁신에 매진했다. 서울 시내를 발로 뛰는 이색 마케팅을 비롯하여, 거의 매일 아침 업무시간 전에 길거리에 나가 행인들에게 광고전단을 나누어 주며 "신한은행입니다. 신한은행 잘 부탁합니다!"라고 외치면서 은행을 알리기 위해 온 직원들이 매달렸다.

창구에서의 기립응대로 대변되는 친절문화를 출발점으로 해서 고객의 입장에서 고객의 니즈를 충족시키려는 구체적인 노력이 다양한 형태로 나타났다. 그중 하나가 국내 은행 최초로 영업창구를 로우 코너 low corner (현재의 상담창구) 와 하이 카운터 high counter (입출금 및 공과금 수납 창구) 로 구분한 것이었는데, 이는 각기 다른 목적으로 은행을 찾는 고객을 세분화하여 고객의 대기시간을 최대한 단축하고 업무의 효율성을 높이고자 하는 시도였다.

또한 창구에서 일어날 수 있는 여러 가지 상황들을 구연하여 직원들이 고객의 입장을 체험하게 하는 롤 플레잉 role playing 대회를 개최해 고객이 진정으로 원하는 것이 무엇인지 직접 몸으로 터득하게 했다.

금융계에서 전설처럼 통하는 '동전 바꿔주는 카트' 운영도 빼놓을 수 없는 창조적 서비스 사례다. 시장에 위치한 점포들을 중심으로 동전교환이라는 새로운 아이디어를 짜내어 네모난 나무 궤짝에 동전 담는 곳,

통장 담는 곳, 지폐 담는 곳을 마련하고 궤짝 밑에는 바퀴를 달아 시장을 돌면서 동전 교환을 시작한 것이다. 일부 상인들은 은행원들이 동전 장사를 하는 줄 알고 환전 수수료를 물어보기도 했다.

　이런 창조적 방법을 떠올리는 건 그냥 되는 것은 아니었다. 조금 더 고객에게 도움이 되는 방법을 찾기 위해 우리는 모두 넥타이를 풀고 청바지와 티셔츠 차림으로 시장 거리를 누볐다. 또 양념이 묻거나 비린내가 나는 지폐를 받을 때마다 더욱 소중하고 정성껏 다루었다. 하루도 빠짐없이 시장을 순회하며 달이 바뀌고 계절이 바뀌자 상인들의 마음이 움직이기 시작했다. 이윽고 신규로 개설한 통장이 바구니에 가득 차기 시작했다.

　공단 지역에 지점을 오픈하는 경우에는 발령받은 지점장들은 정장을 벗어던지고 점퍼 차림에 작업화를 신고 지점을 방문했다. 1980년대만 하더라도 은행 지점장은 조그만 기업들의 자금줄을 쥐고 있는 막강한 자리였다. 따라서 당시 지점장들은 가까이해야 할 존재이면서도 어느 면에서는 껄끄럽고 아니꼬운 상대이기도 했을 것이다. 그런데 나름대로 갑의 위치에 있는 은행원들이 흰 와이셔츠에 양복이 아니라 자신들과 똑같은 작업복 차림에 90도로 허리를 굽히며 고객의 눈높이에 맞춰 가려운 곳을 헤아려 거래를 제안하니 기업인들이 신한은행 지점장들에게 호감을 보일 수밖에 없었다. 이러한 노력이 결실을 보면서 신한은행의 영업은 무서운 기세로 확장되어 갔다.

　게다가 당시 신한은행은 CS^{Customer Satisfaction}라는 개념조차 생소하던 시기에 이미 기업경영의 초점을 고객만족에 맞추고 집착에 가까운 노력을 했다. 1993년에 이미 국내 은행으로서는 최초로 고객만족 전담부

서인 고객만족센터를 설치하고 정기적으로 고객만족도를 조사하여, 그 결과를 고객중심 서비스를 강화하는 데 반영했다. 또 일찍부터 인터넷, 전화 등 다양한 채널을 활용해 고객의 의견을 수렴하고 이 의견을 내부 인트라넷을 통해 임직원들과 공유함으로써 모든 구성원들이 늘 고객만족에 촉각을 세울 수 있도록 했다.

불량주화 에피소드

재미있는 일화를 하나 소개한다.

1985년 가을, 신한은행 명동 지점에서 출납을 담당하던 A 과장의 이야기다. 마감시간이 다 되어 창구 여직원이 A 과장을 찾았다. 한 손님이 불량주화를 가져와서 교환해 달라고 무리한 부탁을 한다는 이유였다. 과장이 창구에 나가 보니 직원 말대로 한눈에 봐도 처리가 곤란한 주화들이 가득했다. 구멍 뚫린 100원짜리, 토막 난 10원짜리, 글씨가 안 보이도록 닳아버린 동전들이 한 자루 가득 담겨 있었다.

고객은 당장 주화를 교환해 달라고 버텼다. 누가 봐도 문제가 있는 불량주화였지만 은행에서 바꿔 주지 않으면 누가 그 고객의 처지를 이해하겠냐는 생각에 A 과장은 흔쾌히 주화를 동전 교환대로 가져갔다. 그랬더니 이상하게도 그 고객이 상급자를 만나게 해달라고 요구했다.

알고 보니 불량주화를 가져온 고객은 손님으로 위장한 한 방송사 기자였다. 각 시중은행의 서비스 수준을 알아보려고 서울 시내 여러 은행을 돌아다녔는데 모두 문전박대를 당했다는 것이었다. 방송사 기자는 A 과장이 자신을 친절하게 응대하고 불량주화를 바꿔주는 모습에 감동했다며 방송에 소개될 거라고 말해 줬다.

다음 날 TV에는 불량주화를 흔쾌히 교환해 준 이름 모를 은행 직원에 대한 내용이 방영되었고, 직원들 사이에는 고객을 위한 것이 곧 은행을 위한 것이라는 믿음이 더욱 확고히 자리 잡았다.

이러한 여러 가지 사례들은 소규모 후발조직으로 뛰어든 신한은행이 '고객이 원한다면 우리가 살아남을 것이고 고객이 원하지 않으면 우리는 살아남지 못할 것이다!'라는 인식과 각오 아래 창립 초기부터 고객에게 다가서는 은행, 고객이 편리한 은행, 기존 은행과 다른 새로운 은행을 선보이기 위해 쏟아 온 노력을 말해 준다.

고객만족에 대한 강한 의지와 실천의 결과, 신한은행은 오늘날 우리나라 리딩뱅크로서 눈부신 성장을 이룩하였으며 '고객만족도 1위 은행'이라는 타이틀을 가장 많이 얻게 되었다.

한발 앞선 혁신만이 살아남는 비결이다

신한은행의 혁신 DNA

은행업계는 기본적으로 돈을 취급하는 곳이라 돌다리도 두드리는 보수적 문화를 가졌다. 하지만 신한은행은 초기부터 다른 은행과 차별화를 위한 혁신에 매진했다. 초기의 신한은행이 소수정예의 열정과 헌신으로 본궤도에 오르고 기존 관행을 뛰어넘는 상품과 서비스를 통해 소비자들에게 강한 인상을 심어 주었다면, 그 공략을 바탕으로 더욱 큰 성장을 가능하게 한 것은 이를 뒷받침한 철저한 전략과 계획이었다.

신한은행은 고객 중심의 가치를 기본으로 한 영업방침을 더욱 확고히 하기 위하여 설립 2년 차인 1984년에 1차 5개년 경영계획을 추진하게 된다. 작은 신설은행이 거대은행들의 틈바구니 속에서 기존의 관행대로는 결코 생존할 수 없다는 위기의식 속에 임직원들의 머리에는 새로운 아이디어가 샘솟았다.

1차 경영계획에서는 '새로운 금융문화의 창조'라는 비전 아래 전국은행으로서의 경영기반 완전 구축, 소수정예주의 정착, 고객 종합지원체제 확립, 국제화 기반 구축, 우수인재 확보 및 양성, 미래 간부 양성을 위한 싱크탱크 창설, 정보화 사회에 대응한 신 섭외체제 개발, 중견 중소기업의 지속적인 발굴·육성, 첨단 사무처리 시스템 지향이라는 구체적인 전략이 개발되었다.

당시의 관료적 은행문화를 혁신하여 '고객서비스'를 내세우면서 국내 최초로 PC 온라인뱅킹 시스템을 개발하여 창구에 올 필요 없이 기업의 사무실이나 가정의 안방에서 모든 금융거래가 가능하도록 했다.

또 신한은행은 선발 시중은행과 비교하여 절대적으로 부족한 점포망 확충을 위해 ATM만을 설치한 무인점포를 국내 최초로 개설하였다. 1993년 10월 시내 곳곳에 20개의 무인점포가 간판을 달자 언론에서 신한은행의 바로바로 코너를 대서특필했고, 영문을 모르는 시민들은 "신한은행이 온 사방에 깔렸다!"고 놀라워했다. 이후 신한은행의 무인점포는 하루가 다르게 늘어 갔고 기존 대형은행보다 턱없이 부족하던 점포망 열세를 극복하는 돌파구가 되었다.

또한 국내 최초로 전산백업센터를 구축했다. 금융기관에 만에 하나 화재나 지진, 천재지변 등의 문제가 발생하면 자료가 일부, 혹은 전부 소실되는 치명적인 상황이 발생한다. 그래서 금융기관이 전산자료를 이중으로 보관하는 백업센터를 두는 것은 사실 외국에서는 당연한 일이었는데, 국내에서는 신한은행이 처음 시도한 것이다. 또한 국내 최초로 인터넷 뱅킹을 도입하고 인터넷을 이용한 전자 상거래를 실시하는 등 여러 개의 '최초' 수식어를 달며 혁신의 역사를 새롭게 써갔다.

신한은행이 이처럼 IT 부문에서 선도적인 혁신을 할 수 있었던 것은 한발 앞선 전산부문 투자 덕분이었다. 설립 초기 취약한 전산시스템의 선진화를 위해 고심하던 경영진은 우선적으로 최첨단 전산센터를 신축하기로 하고, 은행 창립 17년 만인 1999년 1,800평의 넓은 대지 위에 전체 면적 7,400평 규모의 최신식 건물을 준공했다.

건물은 전산센터에 걸맞게 전기, 통신, 설비 등 전 장비가 이중으로 보완되었고, 진도 6.5의 강진에도 견딜 수 있도록 설계되어 안정적인 컴퓨터 가동을 완벽하게 지원할 수 있는 구조였다. 또한 전산센터를 완공함과 동시에 국내 은행 중에서 최초로 백업센터를 구축하여 고객의 거래내역을 실시간으로 백업함으로써 만일 재해가 일어나더라도 재빨리 복구할 수 있고, 천재지변으로 전산센터의 기능이 완전히 마비되더라도 짧은 시간 내에 모든 자료의 완전복구가 가능하도록 시스템을 구축하였다.

전산시스템 개발에서 또 하나 눈에 띄는 것 중 하나가 바로 CMF Customer Master File이다. 이를 통해 신한은행은 고객과 관련된 모든 정보를 한곳에 모아 단 한 번의 전표 작성으로 모든 업무를 통합 처리하는 2차 전산시스템 개발에 성공했다.

당시 기존 은행들은 1차 온라인 시스템인 CIFCustomer Information File를 사용하고 있었다. 그러나 신한은행은 한 번의 전표 작성으로 고객의 모든 정보를 파악하여 통합 처리하는 CMF를 신규 개발함으로써 창구 업무를 대폭 간소화했을 뿐 아니라 창구 인력을 훨씬 더 효율적으로 활용할 수 있게 됐다.

CMF는 이후 회계, 융자 등과 연계된 CMF 종합 온라인 시스템으로 발전하는데, 이 시스템은 고객별 여·수신 상황 등 종합적인 정보 파악이 가능해 합리적인 고객관리는 물론 업무시간의 대폭적인 단축을 기할 수 있게 되었다.

한편 선진금융 시스템 구축이라는 과제하에 신한은행은 영업과 여신관리 시스템 혁신을 통한 리스크 관리에 더욱 박차를 가했다. 우량기업과 개인고객 유치에 힘쓰면서도 부실이 우려되는 기업이나 개인에 대해서는 철저한 실사를 통해 공정하고 객관적으로 여신을 결정할 수 있는 구조적인 방안을 마련했다.

이렇듯 철저한 리스크 관리 시스템을 도입하고 부실 발생 우려가 큰 회사라면 아무리 여신지원 압박을 가해도 소신 있게 막아내는 투명경영 문화를 정착시켰기에, 신한은행은 1999년 대우그룹 워크아웃 사태를 비롯한 여러 차례의 위기를 무사히 넘길 수 있었다.

신한은행은 그 뒤 1990년대 후반 들어 다시 인사 컨설팅 팀을 구성하여 인적 자원 혁신을 통한 업무능률 및 고객서비스 향상에 박차를 가했으며, 새로운 조직역량 강화전략 및 인사전략을 수립하는 등 인재개발 분야에서 경쟁력 우위를 확보하기 위한 혁신을 계속했다.

기업에서의 혁신은 한 사람의 천재가 만들어 내는 것이 아니라 조직이 총체적으로 노력하여 여러 과정과 기술을 거쳐 고객에게 유용하고 도움이 되는 제품이나 서비스를 만들어 내는 종합과정이다.

신한은행은 설립 당시부터 수많은 위기를 겪는 가운데서도 묵묵히 혁신의 '날'을 가다듬으며 과감히 실천에 옮겼다. 신한은행의 혁신 프로세스는 '식스 시그마'니 '블루오션의 창출'이니 하는 거창한 개념적 혁신이 아니라 조직원 모두가 동원된 실천적 혁신이었다.

고객만족을 위한 상품과 서비스 혁신, 파격적인 전산투자를 통한 업무 프로세스 혁신, 조직 구성원 전체의 마인드를 무장하기 위한 인적 자원 혁신 등 영업점의 창구 행원부터 임원과 행장에 이르기까지 전 구성원의 지혜와 실행을 결집하는 총체적인 혁신이었다. 이 때문에 초기의 신한맨들은 모두가 혁신가였다. 혁신은 신한의 DNA, 핏속을 흐르는 백혈구와 같았다.

실력만 있다면 누구나 임원이 될 수 있다!

"금융권의 삼성은 신한은행"

신한은행은 종종 '금융권의 삼성'으로 비유된다. 바로 '인재 제일주의' 때문이다. 신한은행은 학연과 지연, 출신 은행 등 사조직을 배제하는 공정한 인사를 통해 조직에 대한 충성심과 헌신의 노력을 이끌어냈다. 신한은행의 역대 CEO들은 신한은행은 "열심히 일하는 사람을 대접하는 능력 위주의 공정 인사를 최고의 가치로 여겨 온 은행"이라고 입을 모은다.

몇년 전까지도 신한은행의 최고경영진 상당수가 상업고등학교 출신이었다는 점은 이들이 얼마나 학벌이나 지연과 관계없는 투명한 인사 시스템을 구축하여 운영하는지 입증하는 사례이다.

정직하게 조직을 위하여 최선을 다하면 반드시 회사로부터 정직한 평가를 받을 수 있다는 원칙, 그것만큼 직원들의 주인의식을 고취시키고 사기를 진작시킬 수 있는 무기가 없음을 신한은행은 실적을 통해 증명한다. 좋은 대학을 나와서 네임 밸류에 맞는 안정된 직장을 찾아 적당히 편안한 생활을 하기를 원하는 사람들에게는 오히려 실망스럽거나 버티기 힘든 곳이 신한은행이다.

신한은행의 공정한 인사평가 원칙을 잘 설명해 주는 것 중 하나가 업적평가대회이다. 일반적으로 1년 중 상반기와 하반기로 나누어 영업성적 우수점포에 대한 시상식을 진행하는데, 다른 은행에서는 볼 수 없는 풍경이 벌어진다. 행사가 시작되기 늦어도 30분 전부터 경영진이 도열하여 직원들을 맞이하고, 모처럼 만난 직원들은 직급과 성별도 잊은 채 서로 반기면서 하나가 되어 열기가 무르익는다.

수상자들이 한 사람씩 호명되면 단상에 올라가 전 직원의 환호 속에 상을 받은 후 단상에 마련된 자리에 앉고, 경영진은 식이 끝날 때까지 내내 단 아래 청중석에 앉아 손뼉을 쳐주는 관례는 지금까지 이어지고 있다.

또한 공로가 탁월한 직원들에게 수여하는 상 중에서 최우수상 수상자에게는 시상식 현장에서 1계급 특진과 함께 사령장이 수여되는 파격적인 대우로 유명하다. 그야말로 열광의 도가니가 된다.

팡파르와 함께 각 부문의 대상을 수상할 지점이 발표되면 우레와 같은 박수갈채 속에 상을 받는 지점 직원들이 일제히 단상에 뛰어올라 서로 껴안고 토닥거리며 눈물을 흘리는 광경이 연출된다. 그 순간만큼은 누가 지점장이고 누가 새내기 신입직원인지 구분이 되지 않는다.

지점장의 수상소감은 울먹이는 소리 속에 잠겨 무슨 말인지 알아듣기 힘들 정도지만, 상을 받은 사람이나 그렇지 못한 사람이나 모두 가슴에서 뭔가가 스며 나오는 듯 진한 감동을 느낀다. 수상하지 못한 지점은 꼭 다음에는 저 위에 올라가겠다는 각오와 의욕을 불사르게 되는 것은, 우수한 영업성적을 낸 지점장들에게 조직이 결코 신뢰를 저버리지 않고 그 공헌에 타당하고 공명정대한 보상과 배려를 해준다는 신뢰가 뼛속까지 스며들었기 때문이다.

훌륭한 조직은 조직 구성원들이 목표 달성을 향한 강한 의욕에 불타오르도록 만드는 조직이다. 오늘날의 조직은 조직과 구성원 간의 상호

계약관계로 이루어진다. 따라서 성공하는 조직은 구성원과 조직이 서로 도움을 주는 협력적 관계가 성공적으로 이루어지는 조직이다.

협력적 관계는 상호 깊은 신뢰를 바탕으로 해야만 이뤄진다. 구성원들로 하여금 비록 단기적으로는 자신에게 손해가 있을지라도 결국 서로가 이익을 얻게 된다는 믿음을 줘야 한다. 이 믿음은 자기가 하는 일에 대한 가치와 보람을 느낄 수 있을 때 생기며, 이러한 수단이 바로 정당한 평가요, 인정인 것이다.

사람의 자부심과 가치는 자기가 하는 일을 통하여 얼마만큼 남들에게 인정을 받느냐에 좌우되며, 개인의 성취동기가 조직의 목표와 일치할 때 엄청난 힘과 시너지효과를 가져오기 때문이다.

초기의 신한은행은 열심히 일했지만 기존 조직에서 제대로 평가받지 못한 사람들에게는 황금향黃金鄕이요 엘도라도였다. 미래에 대한 불확실성이 존재하는 신설 조직이었지만, 기존 직장에서 찾지 못한 보람과 '출신이나 학력에 상관없이 열심히 하면 나도 임원이 될 수 있다!'는 비전을 찾아 신한은행에 합류한 직원들의 희망에 신한은행은 공정한 평가로 화답했다. 처음부터 비범한 인재는 없다. 맡은 일에 몰입할 수 있도록 신뢰를 주고 인사와 평가 기준을 철저하게 성과 및 공헌도에 일치시킴으로써 평범한 사람이 비범한 인재로 성장하는 것이다.

리딩 뱅크로 우뚝 서다

경영환경의 변화 : 메가뱅크 시대를 열다

IMF 사태 이후 기업 구조조정과 외국인 직접투자 확대, 세계적인 은행의 대형화 추세 등에 따라 2000년에 금융지주회사법이 제정되면서 국내 은행 경영환경에 일대 변화가 일어나게 된다.

2001년에는 국민은행과 주택은행의 합병으로 자산규모 185조 원의 대형은행이 등장했고, 신한은행은 지주회사를 통한 겸업화 모델을 택하여 신한금융지주회사를 발족하게 된다.

이어 2003년 9월 신한은행이 본격적으로 리딩뱅크로 발돋움하는 계기가 찾아왔다. 정부가 대주주이던 조흥은행을 매각함에 따라 신한금융지주회사가 이를 인수하여 지주회사에 편입한 것이다.

1897년 설립된 조흥은행은 우리나라에서 가장 오래된 역사를 자랑하던 우량은행이었으나, 1997년 2월 한보 사태와 3월 삼미그룹 도산, 7월 기아그룹 부도 등의 잇따른 악재로 큰 타격을 입었고, 그해 12월 발생한 외환위기로 정부의 공적 자금 지원을 받지 않으면 생존할 수 없는 상황에 이르렀다. 정부 소유가 되면서 2000년 들어 잠시 흑자를 달성하는 등 안정의 기미를 보이기도 했으나 대우 사태와 현대 사태 등으로 은행의 추가 부실 우려가 제기되고, 주거래 기업인 쌍용양회의 유동성 문제가 불거지면서 제2차 구조조정 대상 은행이 되었다.

결국 당시 조흥은행의 주식 80%를 소유하던 정부는 공적 자금 회수

차원에서 조흥은행을 매각하기로 결정했다. 그때 신한지주에서 조흥은행을 인수하여 계열사로 편입한 것이다.

신한은행과 조흥은행은 2003년부터 동일 금융지주 안에서 3년간 투뱅크 체제를 유지한 후 2006년 정식 합병했다. 이로써 신한은행은 명실공히 한국의 대표적인 시중은행 반열에 오르게 되었다.

신한과 조흥은행 합병 : '선통합─후합병'의 성공모델

신한은행과 조흥은행은 인수 당시 약속대로 3년간 독립하여 영업하다가 2006년에 합병했는데, 양 은행의 합병은 물리적 결합뿐만 아니라 화학적 결합 측면에서도 국내 은행 합병의 가장 성공적인 사례로 꼽힌다.

'선통합-후합병'의 성공적인 모델이라는 점에서 벤치마킹의 가치도 크다. 앞서 언급했지만 하버드 비즈니스스쿨에서 두 은행의 통합전략을 사례연구 과제로 다뤘을 정도다.

두 은행의 통합작업이 별 잡음 없이 이뤄진 것은 신한은행 경영진이 조흥은행 직원들을 끌어안기 위해 진정 어린 신뢰감을 보여주었기 때문이다. 우선 약속한 3년의 공동경영 기간 동안 조흥은행 경영진 구성에 직원 및 노조의 의사를 최대한 반영했다. 직원 여론조사를 통해 직급별 신망 있는 직원을 선발하여 특별 태스크포스를 구성하고 조흥은행의 비전에 부합하는 경영진 선발기준을 정했다. 이에 따라 직원들이 바라는 경영진 후보군의 인재 풀pool을 구성하고 그 대상자들 가운데 경영진을 선발하여 신뢰감을 높였다.

각종 문서, 상품 광고, 로고 등에는 조흥은행을 우선 표기했으며,

양행의 합동행사 시에는 행사진행 및 숙박시설 배정에 조흥은행을 우선적으로 예우하여 자존감을 높일 수 있도록 배려했다. 조흥은행 직원들의 피해의식을 치유하기 위하여 지역별로 직원안심상담제EAP를 실시했으며, 조흥은행 본부에는 직원만족센터를 설치하여 직원들의 만족수준 향상과 감성관리에 최대한의 노력을 기울였다.

최적의 결합을 위한 이런 노력은 조흥은행 노조를 비롯한 직원들의 반발을 잠재울 수 있었으며 갈등 비용을 줄이고 나아가서는 두 은행의 공동 마케팅을 통한 시너지 창출, 각종 기준 및 시스템 통합을 통한 인프라스트럭처 통일, 임직원들의 통합은행을 향한 공감대 형성을 이루어낼 수 있었다.

단합된 팀워크로 위기를 넘기다

창립 이후 계속 신화창조를 하며 승승장구하던 신한은행에도 위기의 순간이 없었던 것은 아니다.

2010년 9월, 신한은행은 설립 이후 최대 위기에 처하게 된다. 신한은행이 키우고 자랑하던 바로 그 경영진 내부에서 발생한 위기였다. 은행이 지주회사 사장을 고소하는 사건이 터진 것이다. '지주 사장이 은행의 불법대출에 관여했다'는 고소사건이었는데, 금융가에서는 이를 '신한금융그룹 내부에서 발생한 경영권 분쟁 때문'이라고 분석했다. 주식이 분산되어 뚜렷한 주인이 없었고 그동안 신한은행을 키워온 최고경영자들 간에 경영권을 이양하는 과정에서 벌어진 사태였다.

최고경영진 간의 법적 분쟁으로 이어진 돌발사태 때문에 시장에서는 '신한은행은 다르다'는 그동안의 신화가 여지없이 무너졌다. 주가가 큰 폭으로 하락하는 등 은행의 자산가치 훼손도 컸다.

당시 신용평가사 무디스가 〈블룸버그통신〉을 통해 "최근의 사태가 신한은행의 평판에 상당한 타격을 입힐 것meaningfully undermined the repu-tation of Shinhan Bank"이라고 지적하는 등 국내외에서 신한은행의 명성이 추락했다.

다행히 신한은행은 상층부에서 발생한 위기를 잘 극복했다. 조직 내부에서 새 경영진을 뽑고 분쟁을 수습한 후 양적이나 질적 면에서 국내 은행 가운데 독보적 위치로 다시 성장했다. 나는 이러한 위기 극복의 힘을 최고경영진에서부터 행원에 이르기까지 전체 구성원의 단단한 공동체 의식과 자신의 역할에 충실한 중간간부들의 저력에서 찾고 싶다.

신한은행에는 설립부터 정상의 위치로 성장해 오는 과정 동안 다른 은행들과는 분명히 차별화되는 구성원들의 열정과 몰입, 고객 중심의 가치, 그리고 몸을 던지는 헌신이 있었다. 잠시 흔들리는 순간이 있었지만 그동안의 성장과정에서 최고위층이 보인 리더십은 부서장, 지점장, 차장, 과장 등 각 계층의 중간 리더들에게로 고스란히 이어졌다.

신한은행이 경영진 사이에 벌어진 소송 사태에도 불구하고 꿋꿋이 뻗어 가는 저력을 보일 수 있었던 것은 조직의 어깨와 허리에 해당하는 중간간부들이 위기의 과정에서 일선 행원들이 동요하지 않도록 묵묵히 은행을 안정시키고 지켜줬기 때문이다.

만약 상층부만 강한 은행이었다면 상층부의 붕괴로 은행도 함께 무너졌을지도 모른다. 그러나 중간간부들의 리더십에 전 직원의 공동체 의식이 단단히 뿌리내리면서 조직문화로 정착했기 때문에 상층부의 분열에도 불구하고 흔들리지 않는 큰 나무로 성장한 것이다.

본래 우리나라 사람들은 윗사람은 윗사람다운 몸가짐과 행동을 보이고 아랫사람은 그들의 모범을 따르는 유교문화에 익숙한 민족이다. 또한 자신을 알아주는 사람을 위해서라면 기꺼이 몸을 던지는 헌신을 보여주는 '의협심' 강한 민족이기도 하다. 신한은행에는 이 같은 선비정신이 물처럼 넘쳐흘렀다. 모범을 보이는 중간 리더가 많고 몸을 던져 헌신하는 아랫사람이 많은 조직이라면 위기를 넘기고 성공할 수밖에 없지 않은가?

현재 신한금융은 수익성, 성장성, 안정성 모든 면에서 타의 추종을 불허한다. 이와 같은 저력이 유지될 수 있는 또 하나의 이유는 지주사 회장과 은행장 및 관계사 CEO들이 조직 내부에서 훈련된 '신한 맨'이라는 데 있다. 외부의 힘을 업고 들어와 자신의 영예를 위해 신경 쓰다가는 외인부대들이 없다는 것이 큰 요인이다.

"무지명 무용공無智名 武勇功."

《손자병법》의 군형편軍形篇에 나오는 말이다. 경쟁에서 이기는 조직은 이미 승리할 태세를 갖추고 적을 대하지만, 경쟁에서 지는 조직은 우선 싸우고 난 뒤 승리를 구하려고 한다. 사람들로부터 지모智謀가 뛰어나다는 평판도 무용武勇이 출중하다는 찬사도 받지 못하지만 항상 이기는 지도자야말로 최고의 지도자이다. 이처럼 승리를 거듭하면서도 이름과 공적을 남기지 않고 자신을 낮추려는 장수들과 이를 존경하고 따르는 직원들이 가득하기에 신한은행이 강한 조직으로 성장을 거듭하는 것이다.

정치금융과 낙하산의 폐해를 넘어서

한국 금융의 비극

금융개혁은 더 이상 지연해선 안 된다. 한국 금융은 관치官治 운영체제를 탈피하겠다는 개혁정신의 실종으로 경제의 선순환을 뒷받침하지 못하고, 동맥경화증을 일으키는 악순환의 요인이다. 금융이 낙후된 건 관치 탓이다. 근본적으로 금융 거버넌스 시스템 개혁이 필요하다. 금융기관 수장 인사에 이런저런 잡음이 나오는 건 금융이 자율적 거버넌스 시스템을 못 갖고 있다는 것이다. 우리은행 민영화가 계획이 언젠데 아직 안 하고 있다. 우리금융이나 KB금융 사태를 보면 정부가 관치금융에서 손을 떼기가 싫다는 방증밖엔 안 된다. 이를 개혁하지 않고선 금융산업이 국제경쟁력을 갖는다는 건 연목구어緣木求魚다.

정권들이 금융에 대한 권한을 놓기를 싫어한다. 과거 얘기를 하자면, 김영삼 정부 초기 청와대에서 그간의 경제개발 5개년 계획을 대신할 신경제 5개년 계획을 만들라고 했다. 요지는 관치에서 시장경제로 넘어가는 거라고 하더라. 당시 경제기획원 차관보였던 내가 신경제 5개년 계획 가이드라인을 만들어 갔다. 제1번을 관치금융 철폐로 하자고 했더니 그걸 빼라고 하지 않던가. 금융을 계속 정부 통제하에 두면서 무슨 시장경제, 신경제라고 하느냐 대판 싸우고 나왔다. 금융을 장악해야 한다는 사고방식이 있던 것이다.

— 강봉균 전 재정경제부 장관, "한국 금융 낙후된 건 관치 탓"
(〈파이낸셜뉴스〉 2014.12.31., "경제원로에게 듣는다")

우리나라 은행들은 IMF 사태 이후 리스크 관리 시스템을 비롯하여 여러 부분에서 제도적인 개선을 이루어 왔다. 그러나 아직도 많은 사람들이 은행의 대형화, 글로벌화, IB 업무 및 첨단상품의 발굴, 이자수익 중심을 벗어나 수수료 수입 다변화 등의 변화를 주장하며 한국 금융의 선진화를 외치고 있다.

물론 맞는 말이다. 그러나 선진국의 수많은 대형은행들이 부실화하거나 파산하는 사례에서 보듯이 금융산업의 경영이나 선진화는 말처럼 쉬운 일이 아니다. 또한 우리나라처럼 자국 화폐가 국제통화가 되지 못하며 자국의 금리 수준이 국제경쟁력을 갖지 못하는 나라는 글로벌 시장에서 힘을 쓸 수 없는 게 현실이다.

앞으로 우리나라 금융산업이 선진화를 이루고 국제경쟁력을 갖추기 위해서는 금융전문가들의 장기적인 노력이 지속되어야만 한다. 그러기 위해서 무엇보다도 중요한 것이 금융 거버넌스의 개혁이다.

위에 소개한 글에 나왔듯 특히 관치금융 문제는 어제오늘의 일이 아니다. 최근에는 관치금융에서 정치금융으로 변모되는 총체적 난국이다. 국책은행이야 정부 차원에서 적임자를 고르면 되지만 일반 시중은행 CEO 자리까지도 정권의 전리품이 되어 버렸고, 임원들은 줄 한 번 잘못 서면 실적에 관계없이 날아가 버리는 경우가 부지기수라 결국 살 길을 찾아 본업보다 사내외 정치에 더 신경 쓰는 경우가 많다고 한다.

정치권의 입김이나 낙하산을 타고 내려온 실세들이 금융 전문가이거나 실질적으로 일을 잘할 수 있는 사람이라면 그나마 다행이지만 대개 정권 차원에서 보은하기 위해 보내는 사람들이라 전문성 없이 공명심으로 일을 벌이다가 천문학적인 손실을 내어 은행 경영에 치명적인 손해를 끼치는 사례들이 많다.

더구나 정권의 배경을 업고 파워게임에 몰두하는 경영층 밑에서는 인사의 공정성과 투명성이 유지되기 매우 어렵다. 임원과 중간간부들이 일에 전념하기보다 사내정치와 줄 서기에 급급한 분위기 아래 어느 직원들이 몸을 던져 일하겠는가?

결국 낙하산 CEO 밑에서 잘 보이거나 요행히 연줄이 닿아 기회를 잡으면 출세하는 것이고, 아니면 그 사람의 임기가 끝날 때까지 참으며 다른 기회를 잡을 수밖에 도리가 없는 것이다. 이런 현실에서는 제대로 된 금융인재가 양성되기 힘들다.

은행 거버넌스의 중요성

쉬운 예를 들어 보자. 금융기관에서 자금 코스트를 절감하는 방법은 결국 '조달을 어떻게 하느냐? 즉, 싼 자금을 어떻게 조달하느냐?'와 '유휴자금인 아이들 머니idle money를 얼마만큼 줄이고 리스크 관리를 잘해서 효율적으로 운용하느냐?' 이 두 가지에 달려 있다.

그런데 조달 코스트를 줄인다는 게 현실적으로 굉장히 어렵다. 특판예금이다 뭐다 해서 유치하려고 하면 다른 은행들이 경쟁적으로 따라오기 때문에 결국 은행이 단독으로 어떻게 해볼 수 있는 여지가 별로 없다. 주택은행과 합친 국민은행 등 과거 대형은행들이 잘 버티는 이유는 과거부터 거래하는 고객 기반이 워낙 넓다 보니 급여나 공과금 자동이체, 각종 청약통장 등 낮은 코스트 예금 및 요구불성 기업예금 계좌를 많이 보유하고 있어 NIM순이자 마진이 높기 때문이다.

그런데 후발은행들은 조달을 싸게 할 뾰족한 방법도 없고 새로운 상품을 개발해도 곧 다른 은행이 따라오기 때문에 결국 제살 깎아먹기 경쟁에 돌입할 수밖에 없다. 후발은행인 신한은행이나 하나은행 등이 상대적으로 NIM이 낮은 이유이다.

신한은행은 나중에 조흥은행을 인수해 당시 조흥은행이 보유한 법원 공탁금 계좌 등 저低코스트 자금을 가져왔지만 그 이전에는 그런 것도 없었다. 그런데도 신한은행이 고속성장을 해나간 핵심 원인은 은행 거버넌스의 안정성, '인사의 안정성'이라고 생각한다.

국내 은행들은 그동안 은행업의 디테일을 잘 모르는 인사들이 낙하산 행장으로 와서 너무 많은 문제를 일으켰다. 엉뚱한 부실산업에 거액의 대출을 해줬다가 산업집중 위험concentration risk에 노출되어 거액의 부실을 내기도 했고, 해외 정크본드에 손댔다가 천문학적인 금액을 까먹기도 했다. 그래서 은행업계에서는 외부 행장들이 한 번 왔다 가면 거액의 수업료를 내야 한다는 탄식의 소리가 나온다.

더 큰 문제는 외부인사가 은행장으로 올 경우 중장기적으로 매우 잘못된 메시지를 조직에 전달한다는 것이다. 은행은 현장 직원들이 열심히 발로 뛰어서 고객관리를 하고 마케팅을 해서 이익을 창출해야 한다. 자신의 실적이 승진이나 보임과 연결되면 직원들이 죽자 사자 뛸 수밖에 없다. 그런데 외부에서 행장이 오면 이처럼 실적을 바탕으로 한 합리적 인사가 불가능해진다. 우선 임원들이 누구에게 줄을 대야 할지 치열하게 눈치를 보고, 그 밑의 직원들이 어떻게 하는지에 대해서는 관심을 덜 갖게 된다. 그 바로 밑의 부장, 차장들도 자기네 위에 어느 임원이 오게 되는지 눈치를 보고, 자연히 그런 분위기가 아래쪽까지 전달되어 직원들까지도 정치화한다. 또 자가발전을 하고 과다한 쇼맨십을 보이는 임원들이 잘 풀리는 경향이 생기는데, 이는 외부에서 온 은행장들은 정보력이 약하다 보니 묵묵히 실적을 올리며 조직의 초석이 되는 사람들을 알아보지 못하기 때문이다.

그런데 신한은행은 조직의 거버넌스가 확고하고 장기적이다 보니, 어느 직원이 어떤 성격이고 어떤 장단점을 갖고 있으며 따라서 어느 곳에 배치하는 것이 적절한지 정확하게 파악하고 있다. 또 승진을 시킬 때도 그 사람의 과거 행적이 고스란히 적힌 히스토리 카드를 바탕으로 일관된 기업가치와 인사원칙에 따라 시행할 수 있다. 반면에 외부인사가 CEO로 온 은행의 경우 그 사람의 취향에 맞춰 보고가 되고 보은 인사가 이뤄지며 인사기준이 수시로 바뀌기 때문에 결국 조직문화가 흐트러진다. 눈치나 보면서 요령껏 일하는 사람들이 출세하는 생산성 없는 조직으로 퇴락하는 것이다.

여신의 경우도 마찬가지다. 우량기업을 어렵게 발굴하여 대출해 준 경우와 아무 기업이나 쉽게 대출해 준 경우의 차이는 몇 년 후에 나타난다. 과거에는 은행이 수신 목표에 중점을 두고 예금유치에 사활을 걸었지만, 이미 오래 전부터 영업의 중심이 여신 목표로 바뀌었다.

예를 들어 운전자금 대출은 대개 1년 단위로 연장하다 보니 자기 임기에 문제가 없으리라 생각하고 쉽게 결정하는 경우가 생긴다. 그러나 쉽게 결정한 대출은 5년, 10년 후가 되면 문제가 드러나고 부실화하는 경우가 나타난다. 따라서 장기적으로 안전한 우량 여신을 늘려 영업기반을 다지는 점포장이 우수한 사람으로 평가되기 마련이다.

그러나 정치적 연줄로 승진이 뒤죽박죽되면 아무 대출이나 적당히 해주는 나쁜 조직문화가 형성된다. 우량 여신이 어려운 이유는 좋은 기업들은 대출받을 필요가 별로 없기 때문이다. 그래서 여신 마케팅을 가면 문전박대 당하는 경우가 대부분이다. 승진이나 보직 기준이 투명하고 합리적으로 이루어지는 조직에서는 아무리 힘들어도 지속적으로 우량고객 유치를 위하여 공을 들이게 되고, 설혹 문전박대를 당하더라도 기꺼이 감수하며 인연을 맺기 위해 애를 쓴다.

공단에 입주한 신한은행 지점장들은 우량기업들과 거래를 트기 위해서 작업복을 입고 수도 없이 방문한다. 공단에 있는 중소기업에 넥타이를 매고 방문하는 것보다 작업복 차림이 더욱 친근감을 줄 수 있기 때문이다. 그렇게 공을 들이다 보면 고객에게 진정성이 전달되는 결정적인 순간moment of truth이 온다. 그것은 단 3초나 5초 사이일 수도 있다. 그런 순간이 올 때 비로소 평생을 가는 은행-기업 간 동반자 관계가 형성되는 것이다.

그러한 어려운 과정 속에서 이루어진 대출은 몇 년이 가도 아무 문제가 없고 건강한 은행으로 다져지는 기초가 된다. 그런데 행장이 낙하산으로 오고 실적을 기반으로 승진이 이뤄지지 않는 문화에서는 몇 번 문전박대를 당하고 나면 아니꼽다고 가지 않게 되고, 거꾸로 은행에 와서 사정하는 부실기업에 대출을 해주는 경우가 많아진다. 눈치 잘 보고 줄 잘 서면 승진이 되기 때문이다.

빗방울을 뭉쳐 바다로 흐르게 하는 리더십

빗방울은 강에 이르는 것이 가장 큰 행복이라는 말이 있다. 하나의 작은 빗방울이 모여 시냇물이 되고, 시냇물이 모여 강물과 바닷물이 되듯, 빗방울처럼 작은 한 사람 한 사람을 뭉치게 하여 강을 만들고 그 강을 큰 바다로 이끄는 사람이 바로 리더이다.

조직의 흥망을 결정짓는 가장 중요한 요소는 조직을 이루는 구성원들이며, 그 구성원들로부터 비범한 힘을 이끌어내고 조직의 목표를 달성하기 위해 혼신의 노력을 다하도록 의욕을 북돋아 주는 것이 바로 리더의 역할이다. 빗방울을 바다로 이끄는 리더는 해당 조직에 애정을 가진 전문가 출신이어야 한다. 정권의 낙하산으로 내려와서 한시적으로 머물다 가는 사람은 은행의 먼 미래를 위해 고민하고 장기적 포석을 하고 후진 양성에 힘쓰지는 않을 것이다.

신한은행이 지난 30여 년 동안 착실하게 양질의 성장을 이어올 수 있었던 비결은 안정적인 지배구조이다. 신한은행은 한국 금융사에서 관치금융의 폐해를 입지 않고 정치적 외풍에 흔들림 없이 자신의 길을 걸어온 거의 유일한 은행이다. 이 때문에 정치권의 변동이나 정권교체와는 무관하게 깨끗하고 공정한 인사, 원칙에서 벗어나지 않는 경영을 유지할 수 있었다.

정치가 금융을 전리품으로 여기고 관치가 판을 치는 한 한국 금융산업에 미래는 없다. 또한 한국 금융산업에 미래가 없으면 한국 기업의 미래도 불투명해질 것이다. 금융기관은 돈이라는 재원이 가장 효율적인 곳으로 흐르도록 하는 역할을 해야 하는데, 물이 고이고 썩으면 당연히 그걸 받아 흡수하는 기업도 썩지 않겠는가?

내가 신한은행의 성공사례와 성공의 핵심요인을 길게 소개하는 것도 바로 이 때문이다. 한국의 금융업이 발전하기 위해서는 금융산업은 전문 금융인들에게 맡겨두어야 한다.

갑을병정이 교류하는 참된 세상

전 신한카드 S 부사장

장명기 선배의 유일한 갑 '주 선생'

선배에게 유일하게 갑 행세를 할 수 있는 사람은 주酒 선생이다. 장 선배가 술은 거의 하지 못하므로 유독 술 앞에서는 자신이 없다. 그러나 그 이외에는 못하는 것이 없다. 업무능력은 타의 추종을 허락하지 않고 저녁식사 자리에서 줄줄 읊는 한시漢詩와 판소리, 유머 시리즈는 좌중을 어김없이 감탄과 폭소로 이끌며 분위기를 돋운다.

Little Tiger

또 매사에 당당하고 거리낌이 없다. 선배는 전직 재직 중 본인의 소신대로 사표를 내던지고 잠적한 적도 있다. 영화 〈관상〉에서 내경송강호이 김종서 장군백윤식을 보고 "아! 호랑이 상이십니다. 전후좌우 아무거칠 것이 없고, 눈만 돌리면 천하에 고개 숙이지 않는 것이 없으십니다" 하는 대사가 생각나는 분이다. 이른바 'Little Tiger'다. 그에게는 당당하되 무모하지 않은 지혜와 부드러움이 있는 당당함이 있다.

왕후장상의 씨?

하루는 선배에게 물었다.

"CEO 한번 하실 때 되지 않았습니까?"

그동안 이런 종류의 대화를 나누어 본 적도 없고, 평소 사람들이 모인 자리에서 이런 대화가 나오는 경우 선배가 반응을 보인 적도 없었다. 그런데 그날은 좀 달랐다. 즉각 반응이 있었다.

"우리나라 은행 CEO는 아무나 하나. 운때도 맞아야 하고 어느 정도 배경이 없으면 힘들어 … ."

상당히 한계를 절감하는 모습이었다. 순간 왕후장상王侯將相의 씨가 따로 있나 하는 반감이 생겼지만 어떤 의미인지 알 수 있었다.

그 즈음 선배는 〈태평가〉를 자주 불렀다.

"짜증은 내어서 무엇 하나, 성화는 내어서 무엇 하나, 속상한 일도 하도 많으니, 놀기도 하면서 살아가세."

선배의 말에 공감한다. 지금까지 걸어온 길 자랑스럽지만 그 길에는 우리 사회의 기득권이 설정한 한계가 놓여 있었다. 부당하지만 어쩔 수 없는 그 장애물이 던져 주는 절망감과 안타까움의 그늘이 장 선배의 어깨를 짓누르고 있지 않나 생각했다. 사실 선배는 금융업에 관한 역량은 물론 우리나라 금융의 미래에 대해 분명한 철학과 관觀을 가지고 있다. 그러나 그 뜻을 펼칠 기회는 늘 제한적으로만 주어졌다. 항상 기회를 위해 노력해 왔지만 공정하고 투명한 경쟁은 이루어지지 않았다. 안타까운 일이 아닐 수 없다.

나는 선배의 또 한 번의 화려한 등장을 기대하고 믿어 의심치 않는다. 그것은 우리 사회의 갑과 을의 벽이 없어지고 갑·을·병·정이 함께 어울려 서로 교류하는 또 하나의 계기가 될 것이다.

2

인문학에서 배우는
리더십

"소크라테스와 한나절을 보낼 수 있다면…"

생전에 스티브 잡스는 이렇게 말했다.

"소크라테스와 한나절을 보낼 수 있다면, 애플이 가진 모든 기술을 주겠다!"

세계가 인정한 창조적 기술의 구루guru인 그는 생전에 소크라테스로부터 '한 수 배울 기회'를 열망했다. 최고의 기업을 만들고 세계가 놀랄 만한 제품을 연이어 쏟아 낸 그가 왜 소크라테스를 만나기를 원했을까?

오늘날 세계는 급진적 변화를 겪고 있다. 세계화와 디지털 혁명 속에 이념의 장벽이 무너지고 인터넷 관련 기술의 발달은 전 세계를 하나의 네트워크로 만들었다. 그 결과 거의 모든 인류가 정보와 지식을 실시간으로 공유할 수 있게 됐다. 이러한 새로운 변화 속에 오랫동안 안정적이던 기업들이 침몰하고, 새로운 벤처 신화의 주역들이 세계의 산업 판도를 바꾸어 가며 기존 조직의 경영자들에게 위기감을 주고 있다. 최고의 혁신가인 스티브 잡스가 소크라테스와 한나절을 보내고 싶다고 말한 것 역시 이런 위기감을 느끼고 있었기 때문이다.

정보가 빛의 속도로 변하는 이 순간에 아이러니하게도 세계 최고의 기업들은 과거의 인문학을 통해 현재의 경영 난제들을 풀어 가려고 발버둥 친다. 실제로 하버드대, 스탠퍼드대 등에서도 고전을 이용해 경영조직론이나 리더십론에 접근하고 있고, 우리나라의 각 대학과 연구기관들도 장년층을 대상으로 인문학 강좌를 개설한 지 이미 오래다. 기업들 역시 직원들에게 역사, 철학, 예술, 문학 등 인문학 연수를 통한 리더십 교육을 강화하고 있다.

비록 시대환경은 전혀 다르지만 인류의 지혜가 집대성된 고대의 역사 속에서 본연의 인성을 재조명해 보며 이상적인 리더들의 모습을 살펴보는 것도 의미 있는 일이다. 독자들이 조금 더 이해하기 쉽도록 역사나 신화, 문학 속의 리더상을 인용하고 셰익스피어라는 거장의 작품을 통해 수천 년 인류의 지혜가 녹아 있는 고전에서 말하는 리더의 조건은 무엇이며, 이를 해석하고 수용하는 현대인으로서의 자세는 무엇인지 알아보려 한다.

제 4 장

서양의 리더십

고대의 리더상

파라오의 자질과 그리스 로마 신화

고대 서양의 리더상을 살펴보면 보통 사람들과는 확연하게 다른, 타고난 탁월한 자질을 가진 자를 그리고 있다. 이집트 역사를 연구하는 학자가 말한 바로는 고대 이집트의 왕인 파라오Pharaoh가 될 수 있는 조건이 다음과 같이 명문화되어 있다고 한다.

"파라오의 입에는 단호한 권위가 있어야 하며, 가슴에는 모든 것을 통찰할 수 있는 능력이 있어야 하며, 혀에는 정의의 창고가 있어야 한다."

초인과도 같은 엄청난 능력이 요구되는 셈이다.

한편 고대 그리스의 신과 영웅, 우주관, 종교 등을 담은 그리스 로마 신화에 따르면, 인간의 삶은 올림포스 산 정상에 사는 변덕스러운 신들의 유희에 의해 좌지우지 당했다. 그리스인들은 뛰어난 상상력을 기반으로 온갖 신화와 영웅의 시대를 만들어 냈다. 하늘을 지배하는 가장 높은 직위의 천신인 제우스를 비롯해 질투심 많은 그의 아내 헤라, 미의 여신 아프로디테, 전쟁의 여신 아테네, 태양신 아폴로 등 300여 명의 신을 등장시켰다. 모든 신은 올림포스 산 정상 주위에 살았으며, 신들의 뜻을 인간에게 알릴 때는 무녀를 통해 신탁을 내렸다. 이른바 '팍스 올림피아'의 시대였다.

운명을 감당한 불굴의 리더, 프로메테우스

오랜 신들의 시대를 종식하고 정해진 운명에 도전하는 인간 영웅이 나타나기 시작한 것은 인간을 사랑한 신 프로메테우스의 등장 이후부터이다. 프로메테우스는 인간 편에 서서 인간이 신의 뜻을 거스를 수 있는 결정적 계기를 제공한 신이다. 그는 인간에게 불을 주었다는 이유로 신들에 의해 코카서스 산 암벽에 묶여 독수리에게 영원히 간을 쪼이는 형벌을 받기도 했다.

프로메테우스란 '선지자' 혹은 '먼저 생각하는 자'를 뜻하는데, 그는 찰흙을 물로 빚어 인간을 만들었으며 자신의 창조물에 대한 사랑이 유별났다. 또한 아직 미개한 수준을 벗어나지 못한 사람들에게 별의 운행과 숫자, 글자 등을 가르쳤으며 가축 기르는 법, 병을 고치는 방법, 해몽, 점치는 방법 등도 모두 가르쳤다.

하지만 그가 딱 하나 쉽게 가르치지 못한 게 있다. 바로 불이다. 인간이 지나치게 많은 것을 배우면 신을 경배하지 않을 것을 두려워한 제우스가 사람이 살아가는 데 가장 필요한 불을 끝까지 감추고 내주지 않으려 했기 때문이다. 하지만 고민 끝에 프로메테우스는 몰래 나뭇가지에 태양의 불씨를 붙여서 세상으로 내려와 장작더미에 불을 붙였다. 이를 시작으로 사람들은 불씨를 보관하여 불을 사용하기 시작했다.

불을 도둑맞았다는 걸 알게 된 제우스는 크게 분노해 판도라라는 여성을 만들어 프로메테우스에게 보냈다. 프로메테우스는 인류를 멸망시키려는 제우스의 의도를 눈치채고, 그의 동생인 에피메테우스('나중에 생각하는 자'라는 뜻)가 판도라와 결혼하려는 것을 말렸으나 에피메테우스는 형의 만류에도 불구하고 그녀를 아내로 삼았다. 결국 그 잘못된 선택 하나로 인류에게 모든 질병과 재앙이 닥치는 '판도라의 상자' 사건이 일어나고 말았다.

제우스는 선지자이자 예언 능력이 있는 프로메테우스에게 "신들의 지배자는 새로운 혼인으로 파멸과 멸망에 빠질 것이다"라는 신탁을 해석하라고 강요했지만, 프로메테우스는 "신탁을 미리 알려 다가올 운명을 바꿀 수는 없다!"면서 이마저도 거부했다.

그러자 결국 제우스는 흑해와 카스피 해 사이에 있는 높은 산맥인 코카서스의 절벽에 프로메테우스를 사슬로 단단히 결박하고 매일 독수리를 보내 그의 간을 쪼아 먹도록 하는 벌을 내렸다. 밤이 되면 간은 다시 자라났고 다음날이면 어김없이 다시 독수리가 나타나 그의 간을 쪼는 바람에 그는 영원히 사라지지 않는 고통을 겪게 되었다. 하지만 프로메테우스는 이 엄청난 고통을 불굴의 의지로 버텨냈다. 그러다가 마침내 영웅 헤라클레스가 독수리를 사살하면서 고통에서 해방되었다. 그를 절벽에 묶은 헤파이스토스는 쓸데없는 희망을 버리고 제우스의 말을 들으라고 충고했지만, 프로메테우스는 이렇게 말했다.

"그 누구도 운명을 거스를 수는 없다. 누구에게나 각자의 운명의 짐이 있고 이를 감당해야 한다."

인간에 대한 헌신과 사랑의 대가로 끝없는 고통을 당하면서도 기꺼이 그 고통을 감당한 프로메테우스의 신화는 이후 '진정한 영웅과 리더'에 대한 이미지로 굳어져 수많은 음악과 발레, 시, 문학 등 예술정신의 기원이 되었다. 그리스 로마 신화로부터 영감을 받은 시인 윤동주 역시 〈간〉이라는 시를 썼다. 식민지 시대의 지식인 시인은 프로메테우스와 조국의 운명을 동일한 이미지로 일체화한 것이다.

〈간肝〉 – 윤동주

바닷가 햇빛 바른 바위 위에
습한 간肝을 펴서 말리우자.

코카서스 산중山中에서 도망해 온 토끼처럼
둘러리를 빙빙 돌며 간을 지키자.

내가 오래 기르는 여윈 독수리야!
와서 뜯어 먹어라, 시름없이

너는 살찌고
나는 여위어야지, 그러나,

거북이야!

다시는 용궁龍宮의 유혹에 안 떨어진다.

프로메테우스 불쌍한 프로메테우스

불 도적한 죄로 목에 맷돌을 달고

끝없이 침전沈澱하는 프로메테우스

서사문학 속 영웅들

신보다 인간을 더 사랑한 신 프로메테우스 덕분에 인간은 똑똑하고 영리해졌고, 그리스 로마 신화가 신의 시대에서 영웅적 인간의 시대로 넘어가는 결정적인 계기가 되었다.

　이후 인간에게 초점을 맞춘 유명 서사문학들이 등장하였다. 트로이와 그리스 사이에 벌어진 전쟁을 계기로 영웅적 인간 군상을 그린 서사문학인 호메로스의 《오디세이아Odysseia》와 《일리아드Iliad》, 베르길리우스의 서사시 《아이네이스Aeneis》 등이 그것이다. 《오디세이아》는 트로이 목마로 전쟁을 승리로 이끈 뛰어난 전략가 오디세우스의 모험을 그린 이야기이다. 여기에는 이타카의 왕이었던 오디세우스가 트로이 전쟁 이후 고향인 이타카로 돌아가기까지 장장 10년이라는 긴 세월 동안 겪은 수많은 모험에 대한 이야기가 담겨 있다.

　《일리아드》는 그리스와 트로이 사이의 전쟁 이후 그리스군을 이끌던 영웅 아킬레우스와 총사령관 아가멤논 사이에 벌어진 불화와 반목, 이로 인한 여러 영웅과 신들의 대결 이야기를 서사적으로 그린 것이다.

그리고 《아이네이스》는 로마의 시인 베르길리우스가 로마 건국의 기초를 다진 영웅 아이네이스의 모험과 영웅적 이야기를 그린 작품이다.

서사문학 속에 명멸하는 수많은 영웅 가운데, 헤라클레스는 가장 파란만장한 모험을 거친 후 인간 승리를 선언하는 주인공이다. 헤라클레스가 생후 8개월이 되었을 때 여신 헤라가 그를 죽이려고 요람 안에 독사를 넣었지만, 조숙하고 강한 어린 헤라클레스는 벌떡 일어서서 작은 손으로 독사의 목을 졸라 죽인 덕분에 자신의 생명을 지킬 수 있었다.

이렇게 수많은 난관 속에서 어렵게 성장하여 어른이 되었지만, 헤라클레스에게는 끊임없는 고통이 뒤따랐다. 신들의 저주로 광기에 사로잡혀 자기 자식을 죽이는 엄청난 일을 저지르고 신탁을 받기도 했고, 티륜스의 영주 에우리스테오스의 노예가 되어 인간으로서 도저히 달성하기 힘든 10가지 임무를 완수해야 하는 고난과 마주하기도 했다.

하지만 그는 언제나 자신의 힘으로 주어진 고난의 운명을 극복해 냈다. 네메아 계곡에 사는 무적의 사자를 맨손으로 때려눕혔고, 레르네 늪에 사는 머리가 100개나 되는 물뱀 히드라를 퇴치했다. 아무리 잘라도 다시 되살아나는 히드라의 머리를 자르기 위해 잘려 나간 부위를 불타는 나무로 지지는 등 갖은 노력을 다한 끝에 결국 히드라를 처치하는 데 성공한다. 이 밖에도 스팀팔스 호수에 사는 괴조 퇴치, 에리만토스의 멧돼지 포획, 크레타 섬의 황소 포획, 디오메데스 왕의 식인마 포획 등의 모험을 계속했다. 그리고 마침내 머리가 3개 달린 괴물 게리온을 쓰러뜨려 10가지 임무를 완수하고 붉은 소를 손에 넣었다.

그러나 에우리스테오스는 계속 트집을 잡았고, 헤스페리데스의 황금사과를 얻어 오라는 불가능에 가까운 과제를 하나 더 내줬다. 황금사과를 얻기 위해서는 헤스페리데스와 100개의 머리를 가진 라돈과 싸워 이겨야 했다. 하지만 헤라클레스는 오직 자신의 힘으로 거대한 뱀 라돈과 싸워 황금사과를 손에 넣었다.

얼핏 신화의 한 끝자락 이야기에 불과한 것 같은 헤라클레스 영웅담이 감동으로 다가오는 것은 헤라클레스에게 끝도 없이 주어지는 신탁의 과제들이 우리 보통 사람에게 다가오는 예측 불가능한 운명의 어려움과 비슷하기 때문이다. 불가능한 과제를 묵묵히 불굴의 의지로 헤쳐나가는 헤라클레스에게서 거대한 운명과 맞서 싸우는 리더의 모습을 발견할 수 있다.

이 밖에 메두사를 처치한 페르세우스와 소의 머리를 가진 거인 미노타우로스를 쓰러트린 테세우스, 전쟁을 이끈 아킬레스 등 그리스 서사문학은 불굴의 영웅들을 그리며, 인간은 가치 있는 것을 위해서 기꺼이 목숨을 걸어야 하며, 올바르게 살기 위하여 자기 자신 및 공동체를 위한 책임과 의무를 다해야 한다는 가치관을 가르친다.

플라톤의 철인哲人 리더론

고대 그리스의 철학자인 플라톤은 인간을 육체와 정신, 이성으로 구분했다. 그는 먼저 인간의 정신은 육체와 결합한 충동적, 감각적 욕망인 '정욕'과 육체와 결합하지 않은 순수한 '이성'으로 되어 있다고 보고, 인간의 이성적 부분의 덕이 '지혜'이며, 정욕적 부분의 덕이 '절제', 이성의 명령에 복종하여 정욕을 억압하는 기개氣槪의 덕이 '용기'라고 주장했다.

플라톤은 국가를 개인의 확대로 생각해, 개인에 있어서 정욕의 부분이 농·공·상업에 종사하는 일반 시민이며, 기개의 부분은 군인이나 관리, 이성의 부분은 통치자라고 봤다. 이성은 당연히 선의 이데아idea를 인식하여야 하므로 철학자가 왕이 되거나, 왕이 철학을 해야 한다는 '철인 왕philosopher-king'을 강조했다.

즉, 플라톤은 《국가론Politeia》 속에서 지혜를 사랑하는 것이 훌륭한 통치자이며, 따라서 국가를 이끌어야 할 통치자는 철학자이거나 지혜를 사랑하는 이여야 한다고 말했다. 플라톤이 밝힌 각 계급의 덕목을 보면 수호자는 지혜wisdom, 군인과 관리는 용기courage, 시민은 절제moderation를 제시했는데, 여기에서 플라톤이 가장 강조한 리더십의 핵심은 '지혜'였다.

그러나 스승인 플라톤과 달리 아리스토텔레스는 용기와 절제력을 가진 남성을 리더로 꼽으며 이런 말을 남겼다.

"나는 적군을 정복한 사람보다는 자신의 욕망을 정복한 사람이 더 용감하다고 생각한다. 왜냐하면 가장 어려운 승리는 자신에 대한 승리이기 때문이다."

아리스토텔레스는 리더는 학식이 있고 동정심이 많으며 자신과 그들이 통치하는 모두를 위해 최고의 선을 추구해야 한다고 생각했다.

로마 귀족들의 노블레스 오블리주 정신

기원전 8세기경 이탈리아 중부의 작은 언덕에서 도시국가로 출발한 로마는 차례로 이탈리아 반도를 점령한 후, 카르타고를 멸망시키고 마침내 지중해의 강자로 떠올랐다. 이후 유럽과 아시아, 아프리카에 이르는 거대한 제국을 건설해 세계를 지배하기 시작했고, 서구 문명의 근간을 이뤘다. 일본인 여류작가 시오노 나나미가 자신의 책 《로마인 이야기》에서 지적한 대로 "지성에서는 그리스인보다 못하고, 체력에서는 켈트인이나 게르만인보다 못하고, 기술력에서는 에트루리아인보다 못하고, 경제력에서는 카르타고인보다 뒤떨어지는 민족"인 로마인들이 유럽, 아시아, 아프리카 3대륙을 지배하며 오랫동안 커다란 문명권을 형성할 수 있었던 이유는 무엇일까?

답은 아주 간단하다. 로마의 통치자들이 왕정 - 귀족정 - 민주정으로 이어지는 변화 속에서 지배계층으로서 모든 일에 솔선수범했기 때문이다. 지배계층의 리더십과 시민들의 공동체 의식, 주인정신의 융합이 로마가 주변 국가의 지성, 체력, 기술력, 경제력의 힘을 뛰어넘을 수 있게 만들었다. 이처럼 당시 로마제국이 세계를 제패할 수 있었던 가장 큰 정신적, 제도적 원동력은 한마디로 '노블레스 오블리주Nobless Oblige' 문화였다.

'고귀하게 태어난 사람은 고귀하게 행동해야 한다'라는 뜻의 노블레스 오블리주는 과거 로마제국 귀족들의 불문율이었다. 귀족들은 자신들이 노예와 다른 점은 단순히 신분의 차이가 아니라, 사회적 의무를 실천할 수 있다는 사실이라고 생각했다. 그들은 솔선수범해서 전쟁터에서 앞장서서 싸웠고 공공봉사와 기부, 헌납 등을 당연하게 생각했다. 오히려 이러한 행위는 귀족의 의무인 동시에 명예로운 것으로 받아들여졌다. 그것이 바로 노블레스 오블리주 문화에서 나온 리더십이었다.

로마에서 나온 노블레스 오블리주 리더십을 가장 잘 설명해 주는 일화가 하나 있다.

로마의 정치체제가 왕정에서 공화정으로 바뀐 때의 이야기인데, 당시 집정관이던 브루투스의 두 아들이 왕정을 복구하려는 음모를 꾸미다 체포되었다. 집정관은 선거를 통해 선출된 로마의 최고위 관직으로서 법률을 공포 집행하는 권한을 가졌기에, 시민들은 '설마 자기 아들을 죽일 수는 없겠지?'라고 생각하고 차선책으로 그들을 국외로 추방하자는 방안을 제시했다. 그러나 브루투스는 두 아들을 가혹하게 신문한 후 사형에 처했다. 그리고 후에 본인도 나라를 위해 전쟁터에서 싸우다 장렬하게 죽음을 맞이했다.

브루투스뿐만 아니라 초기 로마공화정의 귀족들은 모두 솔선수범하여 한니발의 카르타고와 벌인 포에니 전쟁에 참여했다. 그리고 16년간의 제 2차 포에니 전쟁 중에 무려 13명의 집정관^{Consul}이 용맹하게 싸우다 전사했다. 병역의무를 실천하지 않은 사람은 호민관이나 집정관 등의 고위공직자가 될 수 없을 정도로 노블레스 오블리주 실천이 당연하게 여겨진 당시 로마에서는 이런 귀족의 태도가 당연한 것이었다.

기원전 6세기 초, 로마의 제 2대 집정관인 발레리우스는 재산이 많은 갑부이자 전투마다 승리하는 영웅이었다. 워낙 재산이 많았던 그는 당시 로마 시내의 광장이 한눈에 내려다보이는 베리안 언덕에 지어진

궁궐 같은 호화로운 저택에서 살고 있었다. 그런데 마침 발레리우스가 전투에서 승리한 후 4마리의 백마를 타고 화려하게 개선식을 하는 모습을 본 시민들은 그의 왕족 취향을 의심하며 "발레리우스가 집정관에 만족하지 않고 왕위를 노리고 있다"고 수군거렸다.

친구에게서 그 이야기를 들은 발레리우스는 변명하거나 분노하지 않았다. 대신 수많은 일꾼을 동원하여 하룻밤 사이에 자신의 호화로운 저택을 부숴 버렸다. 그리고 땅값이 싼 습지에 허름한 집을 짓게 하고, 출입문을 항상 열어 두고 누구나 자유롭게 드나들면서 자신이 어떻게 사는지를 직접 볼 수 있게 만들었다. 그리고 집정관이 국가 재정에는 손을 대지 못하도록 하였으며, 평민도 집정관에 오를 수 있도록 법률까지 제정했다. 그제야 시민들은 그에게서 의심을 풀고 박수갈채를 보냈다. 이후 발레리우스는 다섯 번이나 집정관에 뽑혔다. 또한 그는 숨을 거둘 때 장례 비용조차 남아 있지 않아 로마 시민들이 성금을 모아 성대하게 장례식을 치르며 애도할 정도로 청렴하게 살았고, 국민들은 그런 그를 존경했다.

기원전 167년, 마케도니아 전쟁에서 승리한 파울루스 장군은 왕궁에서 엄청난 금은보화를 찾아냈다. 하지만 그는 자신이 사용할 수도 있었던 금은보화를 한 푼도 남김없이 전부 국고에 헌납했다. 뿐만 아니라 고대 로마의 귀족들은 국가의 부족한 재정을 보충하기 위해 자신의 재산을 기부해 군자금이나 도로 등 공공시설을 신축할 수 있도록 했다. 귀족들이 개인 재산을 들여 만든 시설물에는 기부자의 이름을 따서 명명하여 그 기록을 남겼으며, 귀족들은 이를 최고의 영광으로 생각했다.

그러나 그토록 거대하던 로마제국의 역사는 서기 476년 서로마제국이 멸망하면서 막을 내렸다. 역사학자들은 다양한 시각으로 로마제국의 멸망 원인을 분석했다. 제위 계승의 난맥으로 인한 황제권 붕괴와 정치적 불안정, 지리적 구조, 페르시아와 게르만의 침입, 갈수록 심화된 노예와 인구 부족, 기후변화와 농토 고갈, 경제적 취약성과 과중한 과세부담, 중간계층의 몰락, 기독교의 종교 독점에 따른 유연성과 융통성 상실, 시민적 꿈과 이상의 결여, 종교적·도덕적 타락 등이 그 주요 원인으로 꼽혔다. 이 모든 원인을 종합해서 핵심을 요약하자면, 지도자의 방종과 폭정으로 인하여 외부환경에 적절히 대응하지 못하고 시민들의 정신적, 도덕적 타락으로 이어지며 급격한 멸망의 길로 접어들게 된 것이라고 보는 게 맞다.

특히 5현제5賢帝 중 마지막 황제인 마르쿠스 아우렐리우스는 주위의 반대에도 불구하고 자기 아들을 편애하여 그에게 왕위를 물려주고 말았다. 이때 로마에서는 마르쿠스가 못된 아들을 맹목적으로 편애하여 백성을 희생시키지 말아야 한다는 반론이 있었고, 공화국 안에서 뛰어난 후계자를 고르지 않고 자기 가족 중에서만 고르는 데 대해서도 반대가 있었다.

마르쿠스의 뒤를 이은 콤모두스는 황제에 등극하여 방종과 타락에 물든 생활을 즐기고, 원로원 의원을 비롯한 수많은 사람을 죽이는 등 폭정을 휘둘렀다. 이 시기부터 로마는 점차 쇠망의 길을 걷게 되었다.

물론 로마제국의 절반은 서로마제국 멸망 후에도 살아남아 점진적인 변형을 거쳐 동로마 문화권의 비잔틴제국동로마제국이 되어 1453년까지 존속했다. 영원한 제국을 건설하겠다던 로마의 꿈은 신성로마제국이 존속한 19세기 초까지 명맥은 유지했지만, 우리가 로마 역사에서 배울 수 있는 핵심은 리더의 잘못된 단 한 번의 선택이 화려했던 '팍스 로마나'를 종식시켰다는 사실이다.

스토아 철학자로서 불후의 명저 《명상록Ta eis heauton》으로 오늘날까지 유명한 마르쿠스 아우렐리우스는 후계자를 잘못 선택해 로마를 멸망으로 이끌었다는 점에서 그 명성에 큰 오점을 남겼다. 후계 시스템이 균열되고 로마정신이 쇠퇴하면서 결국 로마의 꽃은 시든 것이다.

시민사회의 도래와 철학적 리더론

근대적 인본주의 철학이 시작되면서 철인과 현인, 통치자의 자질은 타고난다는 기존 리더십 개념에 큰 변화가 일어났다. 1600년대 영국의 철학자이자 정치사상가인 존 로크John Locke는 리더에 대해 다음의 새로운 시민혁명적 관점을 제시했다.

- 본질적으로 다른 사람보다 우월하게 태어난 사람은 없다.
- 개인은 모두 자유롭게 열정, 욕망, 그리고 꿈을 추구할 권리가 있다.
- 개인은 단지 자신의 자발적 동의에 의해서만 통치를 받을 수 있다.

로크는 시민사회가 되기 위해서는 각자의 개인 의지가 중요하며, 타고난 리더를 인정하지 않고 필요로 하지 않아야 한다고 주장했다.

《순수이성비판Kritik der reinen Vernunft》 등 많은 철학서를 낸 18세기 철학자 칸트는 도덕과 인권을 중시하는 발언을 자주 했다.

"네가 자신의 인격에서나 다른 모든 사람의 인격에서 인간을 항상 목적으로 대하고 결코 한낱 수단으로 대하지 않도록 하라."

"하늘과 도덕률에 비춰 자신을 점검하자. 그리하여 매번 잘못된 점을 찾아 반성하는 사람이 되자."

이는 동양의 《논어》가 주장한 군자상과 비슷한 맥락이다. 또한 그의 이런 삶을 반영하듯 '내 위의 별이 빛나는 하늘과 내 안의 도덕법칙'은 칸트의 묘비명이 되었다.

역사의 필연성을 역설한 칼 마르크스는 대중이 계몽하도록 이끌고 '유물론적 존재'에게 자신들의 의지에 순종하도록 돕는 게 리더의 역할이라고 봤다. 그의 주장에 따르면 리더는 역사를 통해 필요성이 제기되면 등장하기 마련이며, 누가 리더가 될 것인가는 중요하지 않다.

일방적으로 타인을 지배하는 배타적 권리를 부인하고 자유의지에 의한 계약적 관계를 중요시한 다른 철학자들과 달리 프리드리히 니체의 리더론은 고대의 리더론과 유사하다. 다만 세상을 지배할 리더가 세습권력적 질서가 아니라 리더의 특징을 가진 소수 엘리트라는 점이 다를 뿐이다. 니체는 오직 강자만이 자유로울 수 있으며, 불평등한 위계에서는 그러한 강자가 사회를 이끌어야 한다고 봤다. 권력을 향한 강한 의지를 지닌 자들, 타인의 복종을 요구할 줄 아는 재능을 가진 소수의 엘리트가 대중을 이끌어야 한다는 것이다.

베토벤이 생각한 영웅

세상에 많은 영향을 끼친 최고 음악가가 생각한 영웅의 이미지는 어떤 것일까?

베토벤 교향곡 제 3번 E플랫 장조 작품 55Symphony No. 3 in E-flat Major, Op. 55의 제목은 'Eroica', 우리말로는 〈영웅교향곡〉이다. '영웅'이라는 제목의 교향곡을 만들 정도로 영웅에 대한 관심이 많았던 그는 한때 보나파르트 나폴레옹을 영웅으로 추앙하기도 했다. 비록 타국인 프랑스의 집정관이기는 했지만 나폴레옹은 귀족이 아닌 보통 사람으로 태어났으면서도 낡고 부조리한 세상 질서를 바로잡고 새로운 시대를 연 시대의 풍운아이며 뛰어난 리더라고 생각한 것이다. 실제 그는 나폴레옹이라는 새롭게 나타난 시대적 영웅을 추앙하는 음악을 작곡하고 악보 겉표지에 '보나파르트'라는 제목을 손수 적기도 했다. 프랑스 대사관을 통해 이 곡을 프랑스에 보낼 생각도 하고, 프랑스에 직접 가서 이 곡을 나폴레옹에게 헌정할 계획도 세울 정도였다.

그러나 집정관이었던 나폴레옹은 1804년 구체제를 상징하는 황제 자리에 즉위했다. 그의 맹렬한 진격은 새 시대를 열어 민중들에게 평등한 삶을 주기 위한 것이 아니라 자신의 권력욕을 만족시키기 위한 개인적 야망에 불과했고, 그 야망의 끝은 황제라는 권좌였던 것이다. 베토벤은 나폴레옹의 황제 즉위 소식을 듣고 실망하고 분개한 나머지 악보의 겉표지를 찢어 버린 후 이렇게 탄식했다.

"그도 역시 평범한 인간에 지나지 않았다. 그는 이전의 독재자나 권력자들처럼 인간의 권리를 짓밟고 다른 사람 위에 올라서서 자신의 개인적인 야망만을 추구하겠지.”

2년 후 출판된 그의 악보 겉표지에는 ‘보나파르트’라는 단어가 지워지고 대신 〈신포니아 에로이카Sinfonia Eroica〉라는 제목이 이탈리아어로 쓰여 있었으며, ‘한 사람의 영웅에 대한 추억을 기리기 위해서’란 부제가 붙어 있었다. 이 곡의 제목이 바로 앞에 언급한 〈영웅교향곡〉이다. 베토벤이 생각한 영웅은 민중과 눈높이를 함께하는 헌신적 리더이지 권력의 상징인 황제가 아니었다. 황제가 된 나폴레옹은 후일 권력의 정점에서 끌어내려져 유배지에서 비참하게 사망해 사라졌지만, 진정한 시대적 영웅을 꿈꾼 베토벤의 〈영웅〉은 오늘날에도 가장 사랑 받는 곡으로 살아남아 여전히 우리 마음에 감동을 주고 있다.

셰익스피어에 나타난 반면교사 리더십

셰익스피어의 비극을 만들어 내는 리더의 유형

〈그리스 비극〉이 운명의 수레바퀴가 돌아가면서 발생하는 어쩔 수 없는 운명적 비극인 데 비해, 셰익스피어의 비극은 주인공들의 성격 때문에 발생하는 성격적 비극이다. 운명이야 하늘의 뜻이라 어쩔 수 없지만, 성격 때문에 발생하는 비극은 어느 정도 피할 수 있는 것이기에 조금 다른 의미를 가진다. 일단 셰익스피어 비극의 주인공들은 모두 왕이거나 왕자, 장군의 신분이다. 당시로서는 국민과 왕실을 다스려야 하는 가장 앞선 리더의 입장이었다. 그런데 이 리더들의 성격이 우유부단해 주변 사람들을 모두 죽게 만들거나, 아랫사람의 성격을 잘못 파악해 교언영색에 휘둘려 자신의 손으로 아내를 목 졸라 죽이는가 하면, 제대로 후계구도를 양성하지 못해 후계자로부터 내침을 당하기도 한다. 리더가 가져야 하는 다음의 3가지 핵심 자질을 갖지 못한 데서 오는 비극이다.

첫째, 리더는 필요할 때는 단호해야 하고 적절한 타이밍에 결단을 내려야 한다. 결단의 순간에 우유부단하게 머뭇거리다 한번 기회를 놓치면 다시는 회복하지 못한다. 기회의 여신은 뒤쪽이 대머리여서 적절한 타이밍을 기다리다가 제때 잡지 못하고 한번 놓치면 뒤에서 아무리 쫓아가며 잡으려 해도 미끈미끈해서 잡을 수가 없다.

둘째, 리더는 자신이 가까이하는 아랫사람의 자질과 성격을 정확하게 파악해 인재를 적재적소에 배치해야 한다. 능력은 없으면서 윗사람에게 아부만 잘하는 사람을 가까이하면 조직에 큰 해를 미친다. 더 나쁜 것은 머리 좋은 아랫사람이 윗사람을 조정하여 교묘하게 자신의 뜻을 리더의 뜻인 것처럼 조직에 전달하는 것이다. 리더의 후광을 빌려 호가호위狐假虎威하는 아랫사람을 경계해야 한다.

셋째, 리더는 자신이 사라진 후에라도 조직을 가장 잘 관리할 수 있는 사람을 미리 선정하여 후계구도를 잘 만들어 두어야 한다. 아무리 명민한 리더라도 영구히 조직을 이끌 수는 없다. 당사자가 조직을 떠났을 때 가장 믿을 수 있는 사람을 조직의 후계자로 선정해 두어야 조직이 장기적으로 유지될 수 있다.

이 3가지 핵심 자질이 없어 비극으로 치달은, 셰익스피어의 비극에 등장한 세 가지 부적절한 리더의 유형을 살펴보자.

햄릿의 우유부단함이 불러온 비극

사느냐 죽느냐 그것이 문제로다.

가혹한 운명의 돌팔매와 화살을 참고 사는 것이 장한 일인가,

아니면 고통의 바다에 대항하여

무기를 들고 대항하다 죽는 것이 옳은 일인가?

죽는 건 그저 잠자는 것, 그뿐 아닌가.

연극 〈햄릿〉에 등장하는 저 유명한 대사이다.

이야기의 주인공인 햄릿은 덴마크의 왕자이다. 그는 자상한 부모와

아름다운 연인 오필리아를 두고 유학을 떠난 독일 비텐베르크에서 아버지의 갑작스러운 사망 소식을 듣게 된다. 급히 덴마크로 돌아온 그는 숙부로부터 아버지인 왕의 사망 원인이 '정원에서 낮잠을 자다가 독사에게 물렸기 때문'이라는 설명을 듣는다. 서거한 햄릿의 아버지를 대신해 왕위를 이어받은 것은 숙부 클로디어스였다. 아버지를 잃고 충격에 빠진 햄릿에게 한 가지 더 큰 충격적인 일이 닥쳤다. 아버지 사후 얼마 되지도 않아 어머니인 거트루드 왕비가 숙부와 재혼을 한 것이다. 이에 세상에 대한 불신으로 고민하고 방황하는 햄릿에게 친구 호레이쇼가 쉽게 이해할 수 없는 이야기를 들려준다. 밤에 왕국 보초를 서고 있는데 돌아가신 왕의 유령이 두 번이나 나타났다는 것이다.

햄릿은 유령이라도 좋으니 아버지를 보고 싶다는 마음에 호레이쇼와 함께 보초를 서고 있는데 갑옷을 입은 선왕의 유령이 나타나 충격적인 이야기를 들려준다. 자신은 뱀에 물려 죽은 것이 아니라 동생인 현재의 왕이 자신을 독살한 후 뱀독으로 사망한 것처럼 위장했다는 것이다. 믿을 수 없을 정도로 충격적인 말을 들은 햄릿은 복수를 결심하고 숙부인 왕을 죽일 기회를 찾는다. 그런데 막상 죽이려고 하니 망설이게 되고, 바로 저 유명한 "사느냐 죽느냐 그것이 문제로다"라는 대사와 함께 이렇게 외친다.

"가혹한 운명의 돌팔매와 화살을 참고 사는 것이 장한 일인가, 아니면 고통의 바다에 대항하여 무기를 들고 대항하다 죽는 것이 옳은 일인가?"

그렇게 방황하며 복수의 칼날을 갈던 햄릿에게 결정적 기회가 찾아온다. 궁정에서 혼자 기도하는 숙부를 발견한 것이다. 곁에는 호위병도 없이 혼자 기도에 빠져 있었다. 햄릿은 칼을 빼들었으나 '기도 중인 지금 살해하면 천당에 갈 수도 있다'는 생각이 들어 칼을 도로 집어넣는다. 그리고 그는 숙부가 '씻을 수 없는 사악한 짓'을 벌일 때 죽여야겠다고 작정한다.

하지만 절호의 기회를 놓친 그 한순간의 잘못된 판단이 햄릿에게는 돌이킬 수 없는 비극을 가져왔다. 우선 햄릿의 행동을 수상하게 여겨 그를 감시하던 사랑하는 연인 오필리아의 아버지 폴로니어스와 다툼이 생겨 그를 살해한 게 첫 번째 비극이고, 사랑하는 남자에 의해 아버지를 잃은 충격에 연인 오필리아가 실성하여 호수에 빠져 죽는 게 두 번째 비극이다. 비극은 여기서 멈추지 않는다. 햄릿 때문에 아버지와 동생을 잃었다고 생각한 오필리아의 오빠 래어티스와 결투하다 또 그를 죽이게 되고, 어머니인 왕비는 햄릿 대신 독주를 마시고 사망한다. 분노에 찬 햄릿은 숙부인 왕을 살해해 원수를 갚았지만 자신도 이미 결투 당시 찔려 퍼진 독 때문에 곧 사망하고 만다.

햄릿이 맞이한 모든 비극의 원인은 결단의 순간에 나타난 우유부단함이다. '기도할 때 죽이면 천국에 가게 될지도 모른다'라는 생각 때문에 모든 기회와 타이밍이 사라져 사랑하는 연인과 어머니를 포함해 주변 사람들을 모두 죽게 하였으며, 결국 자신까지 목숨을 잃고 말았다.

만약 햄릿이 현대의 리더였다면 어땠을까? 아마도 결단의 순간에 늘 망설여서 타이밍을 놓치고 기업이나 금융조직을 무너뜨리는 사람이었을 가능성이 높다. 그의 행동을 통해 때를 잘 아는 게 얼마나 중요한지 깨닫게 된다.

아랫사람을 잘못 판단한 리더 오셀로의 비극

오셀로는 무어인 장군이다. 오늘날에는 잘 쓰이지 않는 '무어'라는 단어는 검은 피부를 의미하는 라틴어 'maurus'에서 연유된 것으로, 당시 유럽인들이 북아프리카 출신 사람들을 지칭하는 말이었다. 놀랍게도 그런 흑인 오셀로가 베니스 최고 가문의 외동딸인 데스데모나와 사랑에 빠져 결혼하였다. 어떻게 흑인에다가 이슬람교도인 오셀로가 백인에 기독교도인 데스데모나와 만나고 사랑에 빠져 결혼까지 했을까?

지금은 물가만 비싼 관광지 정도로 전락했지만, 당시의 베니스는 해양무역의 핵심 중심지였다. 때문에 상업과 국제교역의 중심지로 우뚝서면서, 바다를 오가는 수많은 민족들이 베니스를 거쳐가거나 정착했다. 요즘 말로 하면 세계 인종의 멜팅 팟melting pot이라는 뉴욕 이상의 국제도시였던 셈이다. 때문에 돈이 많고 교역이 활발한 만큼 돈과 재산을 지키는 병력이 많아야 했는데, 베니스는 해상의 중심에 위치한 아주 작은 도시에 불과하다 보니 무력이 강하다는 이유로 무어인 장군까지 용병으로 베니스에 정착한 것이다. 용병 출신이니 얼마나 많은 죽을 고비를 넘겼겠는가. 나이 어린 데스데모나는 오셀로가 그녀의 아버지인 브라반쇼에게 들려주는 수많은 삶과 경험, 인생 이야기를 엿들으면서 그가 겪어야 했던 여러 가지 고난에 연민을 느끼고 고난을 이겨낸 의지에 공감하다가 그와 사랑에 빠진다. 결국 아버지의 강한 반대에도 불구하고 데스데모나는 오셀로와 결혼했다. 그리고 이들 부부는 결혼 후 사이프러스 섬으로 떠났고, 오셀로는 터키의 침공에 시달리는 이 섬의 총독으로 부임한다.

당시 오셀로 밑에는 '이아고'와 '캐시오'라는 부하가 있었다. 이아고는 달콤한 언변으로 오셀로에게 자신이 '정직하고 충성심 강한 사람'이라는 인식을 각인시켰다. 그런데 이아고는 오셀로 총독이 자신보다 나이도 어리고 실전 경험도 적은 캐시오를 부관으로 임명하자 큰 원한을 품었다. 이아고는 "적어도 그 무어 놈이 심한 질투심에 사로잡혀 분별력을 잃게 만들 것이다!"라고 맹세하며 원한의 칼날을 갈았다. 그리고는 오셀로와 캐시오 두 사람을 '일석이조'로 한꺼번에 몰락시킬 흉계를 꾸몄다. 이아고가 노린 것은 오셀로의 결정적인 약점, 즉 '의심하는 마음'과 '자신감의 결여'였다. 당시 오셀로는 아름답고 젊고 게다가 백인인 데스데모나가 수많은 젊은 부자 숭배자들을 마다하고 왜 하필 자신처럼 나이 많은 무어인과 결혼했는지에 대해 내심 불안해했는데, 이아고는 오셀로의 이런 마음을 정확하게 파악하고 있었다.

이아고는 오셀로에게 "베니스 여자들은 본래 음탕하다. 데스데모나가 아버지를 속이고 오셀로와 결혼했는데 한 번 속인 여자가 두 번은 못 속이겠는가? 데스데모나가 피부색과 인종, 종교, 문벌이 다른 오셀로와 결혼한 것은 뭔가 더러운 냄새가 난다"는 등의 말을 계속해 오셀로의 마음속에 이미 자리 잡은 의심의 불씨를 키웠다. 그 불씨에 결정타를 날린 말은 "캐시오와 데스데모나의 사이가 이상하니 잘 지켜보라!"는 것이었다.

그리고 하루는 술에 약한 캐시오를 꼬드겨, 그가 주정을 부려 부관 자리에서 해임된 후 데스데모나에게 찾아가 복권을 사정하도록 만든다. 절박한 캐시오는 데스데모나를 찾아가 애원하는데, 이미 이아고로부터 귀띔을 받은 오셀로는 캐시오가 데스데모나의 방에서 나오는 것을 목격하고는 강한 의심을 품는다. 이아고는 완벽한 상황을 설정하기 위해 데스데모나의 손수건을 훔쳐내어 데스데모나와 캐시오의 관계가 심상치 않다는 결정적인 증거를 오셀로에게 제시한다.

"공기같이 가벼운 사소한 것이라도 질투심에 불타는 자에게는 성서만큼이나 강한 증거가 된다."

이 유명한 대사가 바로 이 부분에서 나온다. 질투심에 분별력을 잃은 오셀로는 데스데모나와 잦은 말다툼을 벌이고 손찌검까지 하며, 결국 아내가 자신을 속이고 바람을 피운다고 의심한 끝에 죽이고 만다. 이아고의 아내이자 데스데모나의 시녀인 에밀리아는 자신이 훔쳐낸 손수건 하나 때문에 이런 끔찍한 상황이 벌어지자 오셀로에게 사실을 고백하지만 이미 아내는 죽은 뒤였고, 오셀로는 자신이 벌인 끔찍한 살인이 주는 괴로움에 빠져 자살하고 만다.

오셀로는 용병 출신이라 전쟁터에서는 더할 나위 없이 용감하게 부하들을 이끌었지만, 단순하고 사람을 볼 줄 모르다 보니 바로 밑에 데리고 있는 하급자들에 대한 이해가 부족했고 하급자들끼리 자리를 놓고 벌어질 수 있는 권력 암투에 대해 무심했다.

오셀로는 이아고가 경험이나 객관성 등 정량적 지표에서 더 앞서 있음에도 불구하고 캐시오를 부관에 먼저 임명했다. 아마도 충성도나 성실성 등 캐시오의 어떤 자질이 이아고보다 더 뛰어나다고 생각했을 것이다. 하지만 그렇게 자신의 판단을 믿고 캐시오를 기용했다면 정량 지표에서 앞서고도 '납득할 수 없는 이유로' 승진에서 밀린 이아고가 느낄 분노에 대해서도 경계하고 이아고를 멀리했어야 했다. 그런데 어리석게도 오셀로는 계속 이아고를 옆에 가까이 두고 그의 말에 귀를 기울이는 실수를 저질렀다. 이아고는 상사의 내면적 약점을 정확하게 파악하고 이를 교묘하게 이용하며 상황을 자신에게 유리하게 이끌 수 있을 정도로 말솜씨가 뛰어난 부하였다. 결국 오셀로는 이아고에게 휘둘려 돌이킬 수 없는 비극적 사건을 저질렀을 뿐 아니라 자신까지 죽음으로 몰아넣었다.

비극으로 끝나는 리어왕의 후계 리더십

나이가 많이 들어 은퇴할 결심을 한 리어왕은 어느 날 세 딸을 불러, "너희들이 나를 얼마나 사랑하는지 표현해 보라"고 했다. 사랑의 정도에 따라 땅을 나누어 줄 작정이었다.

세 딸 가운데 위의 두 언니인 거너릴과 리건은 온갖 과장된 수사를 동원해 자신들이 아버지인 리어왕을 얼마나 사랑하는지 표현했다. 그러나 막내딸 코델리아는 마음으로는 아버지를 가장 사랑하고 아끼면서도 조용하게 "아무것도 말씀드릴 것이 없습니다"라고 말했다. 애정으로 자신들을 키운 아버지에 대한 사랑이 마음 깊숙한 곳에 크게 자리 잡고 있지만, 그것을 온갖 기교와 수사로 포장된 말로 전달하기가 싫었던 것이다. 코델리아는 언니들이 아버지를 사랑하지도 않으면서 그저 땅을 더 갖기 위해 듣기 좋은 말을 한다는 사실을 잘 알았지만, 그렇게 생각하지도 않으면서 온갖 현란한 수사로 포장한 애정의 말을 던지는 건 아버지에 대한 배신이며 속임수라고 생각했다. 대신 그녀는 속으로 '분명히 아버지에 대한 나의 사랑은 말로 표현할 수 있는 것보다 더 깊은 어떤 것이다'라고 생각했다.

하지만 리어왕은 격노했다. 가장 사랑하고 아끼며 키운 막내딸이 자신에 대해 아무 할 말이 없다니! 매우 지혜로운 사람이 바보같이 보이는 것처럼 때로 매우 큰 애정은 담담해 보이는 법인데, 이미 나이가 들어 판단력이 흐려진 리어왕은 그걸 모르고 막내딸을 내쫓았다. 그리고 그는 어리석게도 코델리아 몫으로 점찍어 놓았던 영지를 두 언니들에게 나누어 주었을 뿐만 아니라 자신의 통치권과 지위도 두 언니들에게 나누어 준 후 자신은 100여 명의 신하들과 함께 두 딸의 집에서 번갈아 가며 노후를 보내겠다고 선언했다.

리어왕이 코델리아의 진실을 알게 된 것은 왕위와 영지를 양위한 지 얼마 되지 않아서였다. 큰딸 거너릴의 집에서 머물던 리어왕은 박대와 수모를 당하자 둘째 딸 리건의 집으로 옮겨갔다. 그러나 리건도 똑같이 아버지를 냉대했다. 게다가 월급조차 제대로 줄 수 없는 어리석은 주군 옆에 남아 있을 수행원들은 없었다. 정신을 차려 보니 모두가 떠났고, 리어왕의 옆에는 어릿광대 하나만 남아 있었다. 그는 결국 배은망덕한 딸들을 저주하고 자신의 어리석음을 후회하며 폭풍우 치는 광야로 쫓겨났다. 안타깝게도 깨달음은 너무 늦게 찾아왔다. 사태는 이미 돌이킬 수 없는 상태로 악화된 뒤였다.

장기지속성을 목표로 한 조직에서 훌륭한 차기 리더를 결정하는 능력은 리더의 핵심적인 자질 가운데 하나이다. 아무리 뛰어난 사람이라도 자신 이후의 시대를 제대로 대비하지 못하면 그가 떠난 뒤 그 조직은 붕괴하고 만다. 뛰어난 리더가 후계를 잘못 정하는 패턴은 크게 네 가지가 있다.

첫째는 자신이 영원히 살 것처럼 착각하여 전혀 뒷일을 걱정하지 못하는 경우이고, 두 번째는 후계구도를 미리 정해 두면 그 힘이 후계에게 쏠려서 레임덕이 될 것을 두려워하는 경우이다. 세 번째는 후계를 정하긴 했는데 판단이 흐려지거나 아첨에 눈이 멀어 자격이나 자질이 부족한 사람을 잘못 선정하는 경우이다. 가장 최악이 네 번째인데, 조직을 위해 최적의 인재를 리더로 양성하지 않고 자신이 물러난 뒤 자신의 말을 가장 잘 따를 것 같은 사람을 앞으로 내세워 수렴청정을 하겠다는 경우이다.

주변을 둘러보면 뛰어난 리더이며 CEO라고 알려진 사람들 가운데 후계를 잘못 선정하거나 대비 없이 물러나는 바람에 조직을 근본부터 뒤흔드는 경우가 의외로 많다. 영원히 그 자리를 지킬 것처럼 착각하는 CEO도 많고, 장고 끝에 악수 난다고 뛰어난 리더였는데 이상한 후계를 지목하여 조직을 위태롭게 하는 CEO도 적잖다.

오직 자신의 미래를 위해 자기 말을 가장 잘 따를 것 같은 사람을 후계로 내세웠다가 역으로 당하는 경우도 수두룩하다. 자리가 사람을 만든다고 처음에는 후계로 선택해 준 것을 감사해 하다가도 막상 그 자리에 앉으면 선임자를 부담스러워 해서 오히려 밀어내는 바람에 '배신당했다'고 분통을 터뜨리는 사례도 여럿 목격했다. 이런 경우 왕왕 선임자와 후임자 사이에 법적 소송이 일어나 조직의 명예를 떨어뜨리기도 하고, 선임자를 밀어낸 후임자가 선임자와 가깝다는 이유만으로 조직에 꼭 필요한 인재들을 해임하는 등 온갖 잡음과 불합리와 비효율이 판치게 된다. 기업이나 조직에서 전임자 편과 후임자 편이 갈려 치열하게 다툼이 벌어지면 그 감정적 후유증은 잘 치유되지 않는다.

진정으로 뛰어난 리더는 당대에만 잘하는 사람이 아니다. 조직을 살리는 진짜 리더가 되고 싶다면 자신 이후의 조직에 대해 우려하고 최적의 후계구도를 만들기 위해 노력해야 한다. 사람을 고를 때는 교언영색 하는 사람, 마음을 편안하게 해주는 사람이나 자신에게 이익이 될 사람을 선택하는 것이 아니라, 진정으로 조직에 최적인 인재를 오랫동안 관찰하고 가려내어 자신이 훌훌 떠난 후 조직을 더 키워 낼 수 있는 사람을 선택해야 한다.

제 5 장

동양의 리더십

노자의 《도덕경》

노자의 무위자연 리더십

《도덕경道德經》의 내용은 기원전 4세기부터 한초漢初에 이르기까지의 도가사상을 모은 것으로, 모두 81장으로 전해 내려온다. 전 세계에서 성경 다음으로 널리 알려진 책이 《도덕경》이라고 할 정도로 동서양을 막론하고 많이 읽히는 책이다. 비록 한문으로 5천 자 남짓 되는 짤막한 경전으로 분량은 적지만 《도덕경》에서 말하는 '도道'는 많은 사람에 의해 매우 다양하게 해석되어 왔으며, 철학과 종교의 기본 개념이 되어왔다.

"도는 하늘이나 땅보다 먼저 존재했고 무궁무진하고 인위적이지 않으며 볼 수도 없고 들을 수도 없으나, 도로부터 이 세상에 존재하는 모든 것이 나온다. 백성에게 이러한 '도'의 원리를 가르치면, 통치자는 모든 불평불만의 원인을 제거하여 나라를 지극히 평온하게 다스릴 수 있다."

노자 사상의 특색은 형이상적形而上的 도道를 설파한다는 데 있다. '무위無爲함이 무위함이 아니다'라는 도가의 근본 교의, 겸퇴謙退의 교훈, 포화적飽和的 자연 관조 등 도가사상의 강령을 담고 있다.

"도가도 비상도 명가명 비상명道可道 非常道 名可名 非常名."

《도덕경》1장 첫머리에 나오는 말이다. '도를 도라 할 때 이미 도가 아니요, 이름 할 수 있는 이름은 영원한 이름이 아니다'라는 뜻이다.

노자가 말하는 '도'는 쉽게 파악하여 명확한 정의를 내리기가 어렵고 이름도 붙일 수 없는 것으로, 매우 신비주의적이다. 그러나 노자는 세상 천지만물에 제각기 가는 길道이 있고 도는 자연을 본받는다고 강조했다. 따라서 인간은 자연의 길을 거스르거나 자기의 관념 안에 빠지지 말고 순리에 따라 살아가야 한다는 뜻으로 해석할 수 있다.

이처럼 우리는 《도덕경》을 통해 리더십은 무위無爲로 세상을 다스리는 것이라는 가르침을 얻을 수 있다. '무위'란 글자 그대로 풀이하면 '하지 않는 것'이다. 즉, 무엇을 억지로 하지 않고 자연스레 모든 일이 본성대로 흘러가도록 간섭 없이 내버려 두는 것을 의미한다. 노자는 인간에게 완벽한 실체, 즉 본질은 없으며 그 무엇을 있다고 주장할 때 이미 그것은 주장이 되고 권력이 되어 이 세상을 이분화하기 때문에 모든 일이 본성대로 흘러가도록 내버려 두면 도가 도전받지도 않고 도전하지도 않으면서 자연스럽게 물처럼 흘러 혼란이나 싸움도 사라진다고 말한다.

'다스리지 않으며 다스리는 것', 그것이 바로 노자가 말하는 최상의 리더십이다.

노자는 춘추전국시대 혼란의 원인은 사람의 가치관, 인간이 만든 사회제도라고 생각했다. 이것이 자연적인 본성에 위배된다고 본 것이다. 그는 인위적인 것이 혼란을 가져온 것으로 생각했기 때문에 무위無爲를 인위人爲의 반대 개념으로 생각하였고, 인위적인 통치에 반대되는 무위자연사상을 펼쳤다.

또한 노자는 "치대국자 약팽소선治大國者 若烹小鮮"을 강조했다. 이는 큰 나라를 다스리려면 작은 생선을 구울 때 부서지지 않고 잘 익도록 도와주는 것과 같이 보이지 않는 손길로 무위無爲의 정치를 해야 한다는 말이다. 즉, 생선은 익으면서 살이 연해져 여러 번 뒤집거나 옮기면 살이 으스러지듯이 리더가 나서기를 좋아해 계획을 자주 바꾸면 백성들은 불만을 갖게 되니 작은 일에 연연하지 말고 무위로써 통치의 근본인 '사람 마음을 살피는 일'에 집중하라는 교훈이다.

물과 같은 포용의 리더십

"곡신불사 상선약수谷神不死 上善若水."

《도덕경》에 나오는 유명한 구절이다. '텅 빈 산골짜기의 신과 같고 그 신은 결코 죽지 않으며, 최고의 선은 마치 물과 같은 것이다'라는 의미이다. 온 땅이 가뭄이 들어도 마르지 않는 곳이 바로 계곡이다. 가장 낮은 곳에 있기 때문이다. 또한 물은 무서운 힘을 가지고 있으면서도 낮은 곳으로 흐르며 겸손하고 유연하여 모든 것을 포용한다. 노자의 《도덕경》은 낮고 부드럽고 겸손한 것을 강조한다. 노자가 강조한 위대함은 위에서 군림하는 강함이 아니라 계곡과 물을 통하여 형이상학적인 개념을 보여준다.

유가사상이 인仁·의義·예禮·지智의 덕목을 설정하여 예교禮敎를 강조하는 반면 노자는 무위無爲와 자연의 순리에 따를 것을 역설한다.

《도덕경》38장을 보면 "상덕부덕 시이유덕 하덕부실덕 시이무덕 상덕무위이불위上德不德 是以有德 下德不失德 是以無德 上德無爲而不爲"라고 말하며 상덕上德과 하덕下德을 구분해 무위無爲의 철학적인 덕德을 정의한다. 즉, 최상의 덕이란 덕을 의식하지 않음으로 덕이 있는 것이고, 낮은 덕은 덕에 얽매이기 때문에 덕이 없다는 것이다. '상덕'을 갖춘 군주는 스스로 덕이 있다고 애써 나서지 않고 순리대로 조용히 나라를 다스린다는 뜻이다. 노자는 이처럼 유교적인 도덕을 거부하며 자신의 사상을 상징적이고 역설적인 방법으로 표현했다.

노자의 《도덕경》은 언뜻 보면 세상의 관념, 지식, 욕망, 법 제도 등을 부정하는 것으로 보인다. 그러나 노자 사상은 당시 끊임없이 이어지던 전쟁과 다툼은 인위적인 것들로 말미암아 생긴다고 보고 정치권력을 배제하며 자연과 인간 사이의 관계와 이치를 깨달아 자연에서 배우자는 유무상생有無相生, 무위자연無爲自然의 철학이라 할 수 있다.

도는 천지天地보다도 앞서고, 만물을 생성하는 근원적 존재이며, 천지간의 모든 현상의 배후에서 이를 성립시키는 이법理法이다. 다시 말하면, 대자연의 영위營爲를 지탱하는 것이 도이며, 그 도의 작용을 덕德이라 했다. 노자가 말하는 덕은 '내면적인 것으로 외부에 의해 정신이 더럽혀지지 않으며 몸은 완전하게 되는 것'이다. 이런 의미에서 도와 덕을 설파하는 데서, 노자의 가르침은 도덕(오늘날의 도덕과는 다름)으로 불리어 '도덕경'이라는 별명이 생기게 되었다.

공자의 군자론

주나라 예법을 설파하다

공자는 기원전 551년 오늘날 중국의 산둥성 취푸曲阜의 평민 집안에서 태어났지만, 그의 군자적 리더십과 가르침은 오랜 시간 사대부들의 지침서가 되었고 현재까지 많은 영감을 주고 있을 정도로 대단하다.

평범한 하급 무사의 아들로 태어난 공자는 사라져 가는 주周나라의 예법을 공부하고 설파하면서 유명해지기 시작했는데, 현실 정치에 시시때때로 관여하기도 했으나 정치적으로는 크게 성공하지 못했다. 하지만 그의 진정한 공로는 현실정치가 아니라, 제자들을 통해 집대성된 4대 유교 경전인 《대학》과 《논어》, 《맹자》, 《중용》의 가르침이다.

《대학》은 유가의 주요 사상을 체계적으로 설명한다. 그 내용을 요약하면 우선 수기치인修己治人, 즉 '자신을 수양한 후에 백성을 다스리라는 것'이다. 사회의 지도자는 먼저 자기 자신을 수양하고 책임과 의무를 다한 후에 이를 주변 사회로 넓혀 나가야 한다는 것이다. 《대학》은 이 내용을 '삼강령'과 '팔조목'에 구체적으로 담고 있다.

'삼강령三綱領'은 이상적인 인격을 가진 리더를 지향하기 위한 방향성을 의미한다. 첫째로 재명명덕在明明德, 즉 '자신의 밝은 덕을 밝게 드러내고', 둘째로 재신민在新民, 즉 '자신의 밝은 덕을 바탕으로 백성을 새롭게 하며', 셋째로 재지어지선在止於至善, 즉 '최선을 다하여 가장 합당하고 적절하게 처신하여 지극히 선한 경지에 이르러 머무는 것'이 《대학》의 도라는 것이다.

또 이 세 가지의 명제를 이루기 위한 실행과정을 '팔조목'八條目이라고 했다. 격물格物(세상 사물의 이치를 따져 보는 것), 치지致知(지식과 지혜가 극치에 이르는 것), 성의誠意(의지를 성실히 다지는 것), 정심正心(마음을 바로잡는 것), 수신修身(자신을 수양하는 것), 제가齊家(집안을 화목하게 이끄는 것), 치국治國(나라를 잘 다스리는 것), 평천하平天下(세상을 화평하게 하는 것) 등 8가지의 실천과정으로 나눈 것이다.

《논어》가 전하는 '군자형 리더론'

공자와 제자들 간의 문답을 모은 《논어》는 4대 유교 경전 중 하나면서 공자의 사상과 군자형 리더론을 이해하는 데 가장 중요한 책으로 평가받는다. 《논어》가 전하는 공자의 핵심 사상은 '배움'과 '어질 인仁'이며, 공자의 교육 목표는 군자君子, 즉 정치를 맡아 다스리는 사람을 육성하는 것이었다. 군자는 남의 윗자리에서 다스리는 사람이며 평생 배움과 어진 삶을 실천하는 사람인 것이다. 이 같은 군자의 모습은 바로 요즘 현대인이 요구하는 리더의 전형이다.

그렇다면 《논어》가 정의하는 군자는 구체적으로 어떤 사람일까?

첫째, 부지불온不知不慍. 군자는 남들이 나를 알아주지 않아도 성내지 않는다. 즉, 남의 칭찬과 비난에 연연하지 않는 의연한 인간이다.

둘째, 주이불비周而不比. 군자는 두루 남과 함께하고 편당을 짓지 않으며 비교하지 않는 친화형 인간이다. 조선의 제21대 왕인 영조대왕은 신하들의 당파싸움을 완화하기 위하여 탕평책을 쓰면서 국립대학인 성균관 정문에 비각을 세워 《논어》의 이 글을 새겨 놓았다고 한다.

셋째, 눌언민행訥言敏行. 군자는 말은 어눌하게 하고 행동은 민첩하게 하려고 하는 사람이다. 즉, 말보다 실천을 앞세우는 인간이다.

넷째, 화이부동和而不同. 화는 '함께'를 뜻한다. 동同은 '똑같음'이다. 군자는 함께하되 똑같아지지는 않는다. 남의 의견을 경청하고 상대방을 존중하고 배려하는 화야말로 군자의 기본 정신이다. 그러나 화를 지나치게 강조하여 동이 되지는 않는다. '따로 또 같이', 이것이 화이부동의 정신이다.

공자는 남의 옳지 않은 생각에 동화되지 않는 것이 진정한 군자라고 말한다. 반면 소인은 오로지 같음만 추구하고 화합하지 않는 인간이다. 힘이 센 사람은 무리에 속한 사람이 아니라 홀로 자신의 뜻을 내세우는 사람이다. 소인은 혼자 설 용기가 없기 때문에 남들과 당파를 만들고 같은 주장을 되풀이하는 것이다.

사실 공자가 주장한 군자론은 당시의 복잡한 정치적 현실과는 좀 동떨어져 있었다. '실현되지 않을 줄 뻔히 알면서도 이상주의를 위해 평생 노력하는 사람'이 공자가 생각한 진정한 군자였기 때문이다.

"많은 사람들이 본래의 사회적 지위와 신분에 합당하지 않은 욕망을 추구하여 사회적 혼란을 야기하고 있으니 근본인 주나라의 질서, 즉 각자가 자기가 속한 영역에서 자신의 역할을 충실히 하자."

이런 그의 주장은 이후 왕권적 신분질서와 통치질서를 확립하기 위한 수단으로 이용되지만, 정작 공자 자신은 출신성분이나 사회적 지위, 출신지역을 가리지 않고 평등하게 제자들을 받아들였다. 자신이 하급 무사의 아들이고 젊은 시절에는 창고지기나 가축 사육인 등의 하층 직업인이었기에, 그는 평생 '가르침에는 차별이 없다!'라는 원칙을 강조했다. '배우고자 원하는 사람에게는 누구에게나 차별 없이 배움의 문을 열어 주어야 한다'는 그의 생각은 지금 기준으로는 너무나 당연하게 여겨지지만 신분적 계급질서가 강했던 당시 사회에서는 몹시 혁신적인 사상이었다.

사자의 힘과 여우의 꾀를 지닌 한비자

난세의 통치술을 설파한 법가 사상가

모든 전쟁에는 나름의 이유가 있다. 그런데 정말 상식적으로 이해할 수 없는 전쟁이 하나 있다. 전쟁을 일으킨 주인공은 바로 진시황인데, 놀랍게도 그는 단 한 명의 인재를 얻기 위해 전쟁을 일으켰다. 그 한 사람이 바로 중국의 사상가인 한비자韓非子다.1 한비자의 글을 읽은 진시황은 "한비자를 한 번만이라도 볼 수 있다면 죽어도 여한이 없겠다"면서 오로지 한비자를 얻기 위해 한나라를 공격했다. 그리고 실제로 그가 주장하는 이론을 현실에서 실행했다. 전국의 난세에 약소국인 한나라를 강대국으로 만들기 위한 전략을 연구했던 한비자였지만, 정작 한비자의 통치술을 적극적으로 받아들여 중원을 통일한 사람은 진시황이었다.

진시황을 매료시킨 그의 이론이 무엇이었는지 한번 살펴보자. 고대 중국의 전국시대 법가法家의 이념적 토대를 이룬 한비자는 인간은 본래 악하다는 성악설을 근거로 난세의 제왕술을 설파한 정치사상가였다. 그는 인간의 이기심을 날카롭게 간파한 다음 이를 제왕학통치학의 권술權術 이론으로 발전시켰다. 권력론 - 권술론 - 제왕학이 그에 이르러 하나로 결합되어 독자적인 이론체계로 확립되었다.

---

1 한비자는 기원전 280~233년경에 살았다.

전국시대에 약소국인 한韓나라에서 태어난 한비자가 강한 국가를 만들기 위한 통치술 연구와 저술에 전념했던 것은 어찌 보면 당연한 선택이었다. 그는 "약한 나라를 구하려면 오직 엄한 법으로 백성들을 다스려 나라의 힘을 한길로 동원함으로써 부강하게 해야 한다"고 말했다. 또한 '법'과 '술'은 사람에게 있어서 옷이나 음식과 같은 것으로, 하나도 없어서는 안 된다고 주장했다. 그의 지론에 따르면, 법이란 관부에서 공포하여 지키면 상을 받고 어기면 처벌받아 상과 벌이 분명하게 시행된다는 사실을 백성들이 마음으로 믿게 하는 것이며, 백성들이 반드시 따라야 할 조령條令 같은 것이다. 그리고 그는 각종 상벌 조건을 상세하면서도 구체적으로 규정해야 한다고 주장했다. 또 "술이란 재능에 따라 관직을 주되 그 관직에 따른 직책을 맡긴 다음 생사여탈의 권한을 가지고 신하들의 능력을 평가하는 것으로 이는 군주가 장악해야 마땅한 것"이라고 말한다. 이른바 신하를 다스리고 통치하는 기술, 즉 관직을 임명하고 일 처리에 대해 검사하며 신하들을 심사하는 일 등 신하를 통제하고 권력을 장악하는 일체의 기술을 의미하는 것이다.

　통치에서 '법'과 '술'이 갖는 중요성에 대하여 한비자는 이렇게 강조한다.

　"군주에게 '술'이 없으면 바보처럼 멍청하게 윗자리를 차지하는 꼴이 되고, 신하에게 '법'이 없으면 밑에서 난리를 피우게 된다. 따라서 이 두 가지는 하나라도 없어서는 안 되는, 제왕이 천하를 다스리는 도구이다."

　또한 그는 "법은 드러내는 것이 낫고 술은 드러내지 않는 것이 낫다"라고 말한다. 이 말의 뜻은 '법'은 널리 선전하여 백성들이 다 알게 해야 하고, 신하를 통제하는 데 쓰는 '술'는 감추는 것이 유리하다는 것이다. 군주가 자신의 속뜻을 신하에게 드러내 보이지 않고 지략과 지혜를 드러내지 않아야 신하들은 더욱 신중하고 철저하게 생각하여 중지를 모을 수 있다.

한비자는 또 효율적인 통치술의 하나로 '권한의 위임'을 들었다. 군주 자신이 직접 백성을 다스리는 것보다는 각급 관리들을 통해 다스리는 것이 더 효율적이라는 것이다.

한비자는 이렇게 설파했다.

"이는 마치 나무줄기를 흔드는 것과 같아, 나무 전체가 흔들리면 나뭇잎이 떨어진다. 연못 주변 나무에 둥지를 틀고 사는 새들도 놀라 하늘로 날아가고, 연못 속의 물고기들은 바닥으로 숨는다. 또 그물을 잘 던지는 사람은 그물의 벼리만을 쥐면 되지, 그 많은 그물코를 일일이 건드리는 것은 헛수고일 뿐이다. 따라서 관리는 나무줄기와 그물의 벼리에 비유할 수 있고, 군주는 이 관리들만 잘 다스리면 백성들을 잘 다스릴 수 있는 것이다."

유능한 인재의 적극적인 등용을 주장한 그는 인재의 기준을 분명하게 정하고 추천하는 용인의 원칙을 제기했다. '법'과 '술'의 요구에 부합하고 재능이 있으며 군주에게 도움이 된다고 판단한다면, 그 출신이나 비천함을 따지지 말고 대담하게 추천하고 임용하여 법도를 밝히라고 주장했다. 심지어 원수의 자식이라도 대담하게 기용할 것을 권했다.

가장 중요한 것은 한비자가 주장한 모든 것이 어디에서 나왔냐는 점이다. 그는 권력관계와 이를 둘러싼 투쟁을 이해하기 위한 중요한 '틀'로 인성人性의 문제를 제기했다. 그는 사람의 심리를 정확히 파악하지 않으면 설득은 불가능하며, 사람의 마음처럼 불안정한 것이 없으니 군주가 항상 표면만을 보지 말고 신하의 본심을 꿰뚫을 것을 강조했다. 이뿐만 아니라 아랫사람과 능력으로 겨루려 하지 말고 그들의 지혜를 활용할 것이며, 독불장군이 되지 말며, 초심을 잃지 말고 끊임없이 노력할 것을 강조했다.

한비자는 공자와 그 제자들이 주장한 이상적인 군주의 모습인 '군자'에 대해 비현실적이라고 지적하고 공자의 이론을 가리켜 "고작 제자 2,700명만을 구제한 정도의 사상이론"이라고 폄하했다. 천하를 통치하려면 자신의 법술 이론이 반드시 필요하다는 것이다.

진시황의 불신이 빚은 비극

앞서 언급했지만 진시황은 한비자를 얻기 위해 전쟁까지 실행했다. 하지만 막상 한비자를 거둔 진시황은 '원교근공遠交近攻'의 책략을 진상한 한비자의 충성심을 의심했다. 그리고 한비자의 재능을 시기한 한 신하의 모략에 넘어가 한비자를 감옥에 가두고 독살시키고 말았다. 인간 본성을 꿰뚫는 '법과 술'의 이론으로 강대국 통치술을 완성한 한비자였지만, 정작 라이벌을 시기하는 한 사람의 마음까지 통제할 수는 없었던 것이다.

한비자는 "군주는 막강한 권력을 지녀야 하며 백성들의 감사를 바랄 필요가 없다. 또한 백성의 원망에도 아랑곳할 필요가 없다. 그저 상벌이 엄격하고 분명하면 정부를 만능으로 만들 수 있다"고 말하는 등 다소 비현실적이고 과격한 주장을 펴기도 했지만 이기적이고 의심 많은 인간 본성을 꿰뚫고 이를 활용한 한비자의 '통치술'과 '용인술'은 현대의 리더십 관점에서 보아도 충분히 진보적이라 할 수 있다. 더구나 기원전 200년대 중반에 이미 이러한 리더상을 제시하였다는 것은 참으로 놀라운 사실이다.

한비자의 법술 사상은 오늘날 현대정치론의 뿌리인 마키아벨리가 설파한 "군주란 모름지기 사자의 힘과 동시에 여우의 꾀를 지녀야 한다"는 군주론을 생각하게 한다. 동양의 한비자가 서양의 마키아벨리보다 시대적으로 훨씬 앞서서 현대적 용인술과 통치술을 설파한 셈이다.

당 태종의 큰 정치와 포용의 리더십

태종에게 배우는 왕의 리더십

중국 당나라 제2대 황제인 당 태종은 역대 중국 황제 가운데 최고의 명군으로 꼽히는 인물이다. 그가 통치하던 시절의 당나라는 정치, 경제, 문화, 예술 등 모든 면에서 성세를 누렸고 고구려와 서쪽의 토번을 제외한 모든 나라가 무릎을 꿇었다. 그래서 당 태종이 다스린 시대를 태평성대를 의미하는 '정관의 치貞觀之治'라 부른다.

당 태종에 대해 조금 더 깊게 알고 싶다면 그의 삶과 생각이 잘 담긴 《정관정요》라는 책을 읽어 보면 된다. 이 책은 당 태종이 당시 학자이자 아끼는 신하였던 위징魏徵, 방현령房玄齡, 두여회杜如晦, 왕규王珪 등과 담소를 나눈 내용을 '책문策問', '쟁간爭諫', '의론議論', '주소奏疏'로 분류하여 편찬한 것이다. 군주의 도리와 인재 등용 등의 지침을 적어 놓아 치세술治世術의 명저로 손꼽히는, 리더라면 반드시 읽어 봐야 하는 리더십의 교과서 중 하나이다. 우리나라에서도 고려와 조선시대에 과거시험을 보려면 반드시 읽어야 하는 필수 학습도서였다.

《정관정요》가 뛰어난 점은 백성이 국가의 근본이라는 의미의 위민이본爲民以本의 정신을 담고 있으며, 국가의 통치자는 반드시 민심을 두려워하라고 강조했기 때문이다.

"천하는 한 사람의 천하가 아니라 만인의 천하다."

"백성은 물이요, 황제는 배다. 물은 배를 띄우기도 하지만 전복시킬 수도 있다."

　민심과 민의의 중요성을 강조한 명문장으로 가득한 이 책은 민심을 두려워하지 않는 현대의 정치인들이 반드시 읽어야 할 책이기도 하다. 주요 내용을 간단하게 정리하면 이렇다.

- 군주와 신하가 갖추어야 할 도리와 정치의 근본을 논하였다.
- 관리 임명과 간언의 중요성, 백성들에 대한 부역 및 세금 등 정벌과 변방안정책을 비롯한 국내외적 문제 등을 망라하여 다루었다.
- 통치자의 인재 등용을 통한 정의사회 구현을 강조하고, 통치자와 백성들을 연결해 주는 고리 역할로서의 관리의 의무, 민의를 반영한 정치에 대해 논하였다.

이 책에서 무엇보다 훌륭한 것은 조언과 더불어 실천 가능한 구체적인 방안까지 제시한다는 점이다. 실제로 당 태종은 조직의 리더들이 반드시 배워야 할 여러 가지 모범을 몸소 지킨 탁월한 통치자였다. 예를 들어, 신하의 충고나 간언을 얻으려 자신에게 진언하기 쉬운 환경을 조성했다. 자신의 용모가 근엄하고 딱딱하여 신하들이 접근하기 힘들어한다는 사실을 알고는 신하들이 겁을 먹지 않도록 부드러운 얼굴로 아랫사람의 의견을 들었고, 관리들을 교대로 궁중에 숙직시키며 늘 가까운 곳에서 토론을 진행했다.

　당 태종의 또 하나의 장점은 적까지 끌어안는 포용정신이다. 그가 권좌에 오르자 측근들은 살생부를 만들어 반대파를 척결해야 한다고 강력하게 주장했다. 그러나 그는 이들의 의견을 물리치고 과거에 대적한 사람들의 죄를 묻지 않겠다고 선언했다.

오히려 자신의 정적政敵이었던 친형 이건성을 보좌하던 위징魏徵을 중용하고 가까이 두어 그의 간언諫言을 들은 것은 '정관의 치'에서 가장 빛나는 '포용의 리더십'을 보여주는 사례이다. 이로써 당 태종은 적을 용서하고 중용한 대범한 군주로 평가 받을 수 있었으며, 위징은 당 태종이 패도를 버리고 왕도를 걷게 한 직간直諫으로 후일 정국공鄭國公에 봉해지는 역사적 인물이 될 수 있었다.

창업과 수성, 무엇이 어려운가?

우리가 흔히 기업의 화두로 이야기하는 '창업과 수성, 무엇이 더 어려운가?' 하는 문제 역시 《정관정요》에 나오는 흥미로운 주제다. 당 태종의 이 같은 질문에 그의 측근 중 한 명인 방현령은 "천지가 혼돈스러울 때 군웅들과 싸워 이겨야 신하로 삼을 수 있습니다. 그러므로 창업이 더 어렵습니다"라고 대답한 반면 위징은 "예로부터 제왕의 자리는 가난 속에 얻었으며 안일함 속에서 나라를 잃지 않은 적이 없습니다. 그러므로 수성이 어렵습니다"라고 답했다.

두 사람의 답변을 들은 당 태종은 이런 결론을 내렸다.

"방현령은 지난날 나를 따라 천하를 얻으면서 온갖 고통과 어려움을 두루 경험했소. 그는 거의 죽을 뻔한 위험한 지경에 이르렀다가 수많은 위기에서 살아남았소. 그래서 창업의 어려움을 몸소 겪어 잘 알고 있소. 그러나 위징은 당의 개국 이후 나와 더불어 천하를 안정시키며 시종일관 나의 마음이 교만하고 방종한 데로 흐르면 반드시 국가적 화란祸乱이 있을 것을 염려해 왔소. 그것은 그가 수성의 어려움을 보았기 때문이오. 그러나 이제 창업의 어려움은 끝이 났으니 수성의 어려움은 그대들과 함께 신중하게 처리해 나갈까 하오."

현명한 답이 아닐 수 없다.

《정관정요》에는 이처럼 중국 역사상 손꼽히는 태평성대로 평가 받는 당 태종 시대의 통치철학이 잘 담겨 있다. 고구려를 정벌하려는 욕심으로 직접 군대를 이끌고 내려와 안시성安市城에서 대패하여 초라하게 돌아간 이후에도 끊임없이 침공을 시도하였지만 결국 용맹스러운 고구려 앞에 뜻을 이루지 못하고 눈을 감은 당 태종. 우리에게는 숙적인 인물이지만 그가 남긴 《정관정요》는 오랜 세월이 지난 오늘에도 여전히 리더십의 교훈과 지혜를 우리에게 전하고 있다.

모든 은행원의 롤모델

전 외환선물 J 사장

나는 외환은행에서 장명기 수석부행장(이하 장 수석)님을 거의 10년 가까이 모셨다. 사실 은행 경영권이 외국계 투자회사로 넘어가고 그 일환으로 장 수석께서 여신업무 총괄 부행장으로 부임하셨을 때 직원들은 적지 않은 경계심을 가질 수밖에 없었다. 특수은행으로 출발해 무역대국으로 성장해 오는 과정에서 나름 은행에 기여했다는 자부심도 많았는데, 외국인 대주주에다 경쟁은행 출신의 임원을 모셔야 한다는 상황을 받아들이는 게 쉽지 않았다. 그러나 결론부터 말하면 그건 나의 오산이었다. 직·간접으로 장 수석을 모시거나 겪은 사람들은 모두 이렇게 말한다.

"그 많았던 자행 출신 임원들과는 뭐가 달라도 다르고, 후배들 자신들도 그런 선배가 되기를 희망하는 롤모델이다."

여러 가지 이유가 있겠지만, 나는 무엇보다 장 수석의 조직 구성원에 대한 세심한 배려와 넓은 포용력을 꼽지 않을 수 없다. 우리 조직에는 오랜 시간 엘리트의식과 개인우선주의가 팽배해 있었다. 상업적인 마인드보다는 개인의 학벌이나 배경, 힘 있는 부서 출신이거나 그와 관련된 라인 여부 등이 아주 중요시되었다. 조직과 구성원들보다도 개인의 영달이 우선시되었으니 구성원 상하 간 인간적인 존경이나 사랑은 찾기 힘들었다. 명령에 따르고, 평가하고 받고, 그러다 때가 되면 다른 지점으로 흩어졌다. 그런데 장 수석은 조직 구성원들에 대한 배려와 사랑으로 그런 조직 분위기를 타파했다.

장 수석과 함께한 시간 동안 생각나는 일화가 2개 있다.

그중 하나는 내가 매너리즘에 빠졌을 때 일이다. 당시 내가 맡고 있던 부서는 일선 영업점에서 문제가 발생한 자산을 관리하던 후선 부서였다. 업무가 그렇다 보니 직원들 구성도 아무래도 A급 직원이 많지 않았고, 자연스럽게 1등 의식이 부족해져 근무의욕도 낮고 자기계발 노력도 적극적이지 못했다. 당연히 승진이나 부서 간 이동에서도 다른 부서에 비해 뒤처질 수밖에 없었다. 하루는 이런 상황을 장 수석께서 파악하시곤 부서장이던 나를 불러 이렇게 말했다.

"부장의 역할이 무엇인가? 주어진 경영목표를 달성하면서 무탈하게 맡은 조직을 끌고 가면 무난한 것인가? 중요한 것은 조직 구성원 개개인들이 신나게 자기 일을 할 수 있도록 구성원들의 욕구를 잘 파악하고 그것을 부장인 자네가 최대한 배려하고 반영해 주어야 하네. 더 많이 대화하고 그들의 목소리를 들어 보게나. 그들이 만약 지금 맡은 업무에 적합하지 않다고 판단되면 하루라도 빨리 적합한 곳으로 이동을 시켜 주는 게 본인을 위해서도 도움이 되고 조직에도 좋을 거야. 그리고 만약 부서에 필요한 사람이어서 같이 일한다면 구성원들을 최대한 배려해 주게. 승진 때가 되면 책임지고 승진도 시키고, 이동 직원도 능력을 고려해서 본인의 희망을 최대한 반영시켜 주도록 하게. 그것이 바로 부장이 해야 할 일이라네."

나는 당시 반성을 많이 했다. 그냥 적당하게 지내 온 내 모습이 부끄러웠다. 그날 이후 나는 직원들과 많은 대화를 나누면서 직원들의 열등의식을 타파하고 자신들의 업무를 자랑스럽게 여길 수 있도록 분위기를 조성해 나갔다. 물론 그 과정에서 장 수석께서도 적극적으로 격려와 지원을 해주셨다. 시간이 갈수록 직원들의 근무의욕이 고취되면서 업무 효율성이 증진되고, 오랫동안 적체되었던 승진 문제도 풀려나갔다. 무엇보다 직원들의 자신감이 커지고, 한번 해보자는 뜨거운 분위기가 형성되었다. 과거 패배주의에 빠져 있던 모습은 찾아볼 수 없게 된 것이다. 함께 일하던 직원들은 스스로 자기계발에 열중한 끝에 전문적인 역량이 필요한 부서로 많이 스카우트되어 가기도 했다. 그 직원들 상당수가 지금은 중요한 업무들을 맡아 열심히 조직 발전을 위해서 노력하고 있다. 지금도 가끔 서로 만나면 당시 부장이던 내게 고마움을 표하기도 하지만, 사실 이 모든 게 장명기 수석의 가르침인 걸 내가 그들에게 얘기했는지 모르겠다.

　그리고 또 하나, 장 수석 곁을 떠나 대기업 영업을 지원하는 부서장으로 근무하던 때였다. 하루는 지점장 한 명이 상기된 얼굴로 사무실로 들어왔다. 문제가 생겼다는 것을 직감했다. 이야기를 들어 보니 같이 일하는 책임자가 엉뚱한 일을 저질렀다. 그 당시 거액의 프로젝트 파이낸싱project financing을 추진하고 있었는데, 장 수석 휘하의 심사부서에서 부정적인 의견을 받고 실망한 지점장과 책임자가 저녁 겸 소주 한 잔을 하고 헤어졌다.

　지점장은 바로 귀가해 쉬고 있었는데, 밤늦게 책임자한테 전화가 온 것이었다. 젊은 책임자가 자신들이 추진한 노력이 아쉬워 마지막으로 최종 판단권자인 장 수석 댁을 찾아간 것이다. 업무 관련이라면 당연히 절차를 밟아서 결론을 내리는 것이지 한밤중에 담당 임원님 댁을 쳐들어가다니! 수많은 생각이 떠올랐다. '얼마나 당황하셨을까?' '내용을 아직 보고받지도 못하셨을 텐데, 당돌한 친구 같으니.' '술 냄새라도 나지는 않았을까?'

별 수 없었다. 나는 출근하자마자 지점장과 함께 장 수석 사무실로 사죄차 찾아뵈었다. 그런데 장 수석의 반응이 뜻밖이었다. 오히려 그 책임자의 적극성과 진지함을 칭찬해 주셨다. 아마 나 같으면 건방지다고 화를 많이 냈을 것이다. 그 프로젝트는 다시 세밀하게 검토하였지만, 결국은 실행되진 못했다. 그렇지만 그 책임자는 자신의 노력을 최대한 보여주었고, 장 수석의 상대방에 대한 포용력과 배려도 많은 본보기가 되었다. 그 후 그 책임자는 해외점포까지 진출해서 본인의 마케팅 역량을 제대로 발휘하고 있다. 만약 그때 밤늦게 집까지 찾아온 젊은 직원의 기를 살려 주지 않았다면, 그 직원은 자신의 역량을 계속 발휘할 수 있었을까?

3

이론으로 보는
리더십

제 6 장

리더십의 핵심 개념

리더십의 현대적 정의

'우리 다 함께 갑시다'

리더십이란 단어는 우리 일상생활에서 자주 사용하는 매우 평범한 용어이다. 하지만 리더십을 한마디로 정의하는 것은 생각보다 쉽지 않다. 리더십이라는 단어에는 사회·경제적으로 복잡하고 중층적인 의미가 모두 포함되어 있기 때문이다.

리더십은 일단 사전적辭典的 의미로는 무리의 지도자가 갖추어야 할 자질이라고 정의된다. 즉, 지도자로서 무리를 통솔하는 능력, 무리의 운명을 결정짓는 갖가지 일들에 관해 결정하는 능력, 사람들로부터 존경과 신뢰를 얻는 능력 등으로 이야기할 수 있다.

하지만 리더십의 구체적 개념은 개인적으로 다를 수 있고, 사회·정치적 개념과 경영·관리적 리더십 개념에도 약간의 차이가 있다. 정부 관료들이나 공공부문 종사자들에게는 공공적 가치와 이상을 구현하기 위한 행정적 리더십이 중요하며, 이 같은 리더십은 정치학이나 사회학 분야에서 주로 다루어 왔다. 반면 기업조직의 리더십은 경영학, 특히 경영관리 측면에서 주로 다룬다. 또한 리더십은 인간을 그 연구대상으로 하는 분야여서 한정적 논리로 정의하기 어렵다는 측면이 있고, 리더십이라는 용어 자체가 영향력, 권한, 통제, 관리 등의 개념과 혼동되어 사용되기도 해서 한마디로 정의하는 것이 쉽지 않다.

리더십에 대한 이론적 연구의 역사를 먼저 살펴보자.

리더십에 대한 연구는 역사에 등장하는 위인들에 관한 연구로부터 시작되었으며, 더욱 체계적이고 과학적인 학문적 연구가 시작된 것은 20세기 초반부터이다. 리더는 보통 사람들과 다른 보편적 자질이나 특성을 타고났다는 보편론적 관점에서 리더십 연구가 시작되었으나, 사회의 가치관이 민주적인 방향으로 변화함에 따라 리더leader는 팔로워follower라는 존재를 바탕으로 한다는 이론에 이르기까지, 시대 상황에 따라 다양한 리더관이 제시되고 있다. 실제로 현대사회에서는 부하나 직원을 공포심이나 이기적 욕심과 같은 하급적 욕구를 가진 관리대상으로 보기보다는 자유, 평등, 자아실현과 같은 고차원적 동기를 갖는 동등한 존재로 파악하기 때문에 단순히 지시와 영향력 행사만으로 부하를 동기화하기 어렵다고 본다.

또한 정보기술 혁신에 따라 경제환경이 네트워크 중심으로 변화되면서 수직적 관계였던 리더와 팔로워의 위계질서가 수평적 관계 중심으로 변화하기 시작했다. 마치 트위터에서 내가 먼저 남의 말을 귀 기울여 주는 '선팔'을 통해 내 말을 들어 주는 '맞팔'을 구하고, 이렇게 얽인 팔로워들끼리 적극적으로 서로의 의견을 공감하고 퍼 나르고 확산하는 기능을 수행하는 것처럼, 서로가 리더와 팔로워가 되면서 조직의 목적을 수행하는 것이다. 이런 관점에서 리더십의 현대적 정의는 이제 '우리 다 함께 갑시다Let's go together'라고 할 수 있다.

시기별로 보면 초기의 리더십은 조직이나 집단의 통제에 목적을 두었다. 다시 말해 주어진 목적과 목표 달성을 촉진하기 위해 그 조직 구성원들의 적극적 참여와 능력을 높이도록 영향력을 행사하는 과정이라고 보는 것이다. 이는 지도자는 집단의 성패를 좌우하는 핵심적인 역할자로서, 구성원은 그의 지도를 따르기만 하면 집단의 목표가 성공적으로 달성된다고 보는 방식이다. 이를테면 '나를 따르라follow me'가 전통적 의미의 보스형 리더십이다. 1900년대 중반 들어 Barnard, R. M. Stogdill, Mann, Kirkpatrick & Locke 등의 학자들이 제시한 리더의 핵심적 특성을 요약해 보면 〈표 1〉과 같다.

〈표 1〉 리더의 특성

Barnard (1938)	지구력, 인내력, 결단력, 설득력, 책임감, 지적 능력
Stogdill (1948, 1차)	지적 능력, 민감성, 통찰력, 책임감, 진취성, 지속성, 자신감, 사교성
Mann (1959)	지적 능력, 적응성, 외향성, 지배성향, 남성적 기질, 감수성
Stogdill (1974, 2차)	성취욕, 지속성, 통찰력, 진취성, 자신감, 책임감, 협동성, 참을성, 영향력, 사교성
Kirkpatrick & Locke (1991)	추진력, 지도 욕구, 동기 유발, 정직, 성실성, 자신감, 인지적 능력, 사업지식

달라지는 리더십 유형

시대에 따라 요구되는 리더십은 변한다. 과거의 리더십 과정은 기본적으로 상사가 직원을 통솔하며 조직의 과업을 성공적으로 수행하는 데 필요한 것이 무엇인가에 초점을 맞춰 공식적인 교과과정을 통하여 배우고, 배운 것을 노트에 써서 외우며 숙지하는 지적知的 중심의 훈련이었다. 그러다가 리더십의 다양성이 강조되면서 고유한 업무 중심에서 벗어나 자기의 업무 분야와 완전히 다른 체험을 통하여 새로운 리더십을 가르치는 과정들이 속속 등장했다. 각종 분야의 전문가들이 나와서 저마다 리더십에 대한 강의를 하고, 그들이 생각하는 리더상을 만들고, 그 리더상을 훈련하는 방식으로 변화한 것이다.

그렇다면 과연 최고의 리더는 누구일까? 또한 최고의 리더가 가져야 하는 자질과 요건은 무엇일까?

리더십을 연구하는 학자들은 높은 성과가 뛰어난 리더로 인정받기 위한 필요조건이긴 하지만 충분조건은 아니라고 강조한다. 최근에는 오히려 성과 창출에 대한 맹목적 집착 때문에 잊어버렸던 리더십의 본질로 되돌아가자는 움직임도 활발하게 이뤄지고 있다. 특히 2000년대 중반 이후 엔론 사태나 월드컴 사태 등의 금융위기와 같이 수단과 방법을 가리지 않고 높은 수익을 창출했지만 결국 사회에 큰 타격을 입힌 기업의 리더들에 대한 문제의식을 느꼈고, 그들을 뛰어난 리더라고 부르지 않게 되었다.

그동안 우리는 리더십을 조직의 성과를 높이기 위한 도구 중 하나로 간주해 왔다. 결과적으로 높은 성과만 창출할 수 있다면 그 수단과 방법을 불문하고 뛰어난 리더로 칭송하곤 했다. 사실 과거 상하관계의 리더십에서 요구되는 리더의 자질은 순종, 근면, 지식, 열성, 추진력 등이었다. 그러나 외부환경이 예측하기 힘들 정도로 급변하는 지금, 현장의 변화와 혁신을 이끌기 위해서는 미래지향적이며 창의적인 발상 능력, 변화수용 및 위기관리 능력, 휴먼네트워크 능력, 봉사와 나눔의 사회적 책임의식, 조직 구성원에게 감동적인 영향을 줄 수 있는 감성 지능 등이 필요하다.

이에 하버드대 하워드 가드너Howard Gardner 교수는 IQ 위주의 지적 재능에서 벗어나 언어적 지능, 논리 수학적 지능, 공간적 지능, 신체-운동적 지능, 음악적 지능, 대인관계 지능, 자기이해 지능, 자연주의적 지능, 실존적 지능으로 세분화해 인간의 뇌가 지닌 다양한 능력과 가능성을 제시하면서 다중지능이론MI: Multiple Intelligence을 주장했다.

이는 지능이 높은 사람은 모든 방면에서 우수하다는 기존의 통설을 비판하고, 인간의 지능은 서로 독립적이며 제각기 다른 유형의 능력으로 구성된다고 주장하는 이론이다. 각자의 잠재적 능력과 창의성 등을 이해하고 향상하는 것을 목적으로 연구된 다중지능이론은 앞으로 미래 사회에서 필요한 다양한 인재를 특성에 맞춰 양성하는 데 필요한 이론적 배경을 제시하고 있다.

조직이론의 거장인 스탠퍼드 경영대학원 제임스 마치James March 교수는 리더에 대하여 이렇게 주장한다.

"진정한 리더란 구성원들에게 미래에 대한 창조적 비전과 자발적 열정을 불러일으키는 사람이다. 비전과 열정은 구성원들의 자존감과 자신감을 높여 강력한 동기부여를 가능하게 한다. 어떤 사람이 진정한 리더인지를 평가하려면 그 사람으로 인해 구성원들의 자존감과 자신감이 획기적으로 높아졌는가를 보면 알 수 있다."

한편 하버드대학교 경영학과 자료에서는 'LEADER'의 첫 글자를 따서 리더에게 필요한 능력과 자질을 다음과 같이 설명한다.

- Listen : 남의 말을 잘 들을 줄 아는 능력
- Explain : 자신의 생각을 잘 표현할 수 있는 능력
- Assist(코치 능력) : 진심에서 우러나는 배려심을 바탕으로 조력을 아끼지 않는 능력
- Discuss : 토론 커뮤니케이션을 통해 열린 마음으로 소통하는 능력
- Evaluate(정당한 평가) : 합리적인 평가와 보상을 할 수 있는 능력
- Respond(적절한 대응) : 반응하고 칭찬하고 문제가 생길 경우 대응하는 능력

인류의 생존문제에서 출발한 리더십

인류가 동굴 속에서 벗어나기 전인 영장류apes 시절부터 리더십은 중요한 이슈였다. 사자나 호랑이보다 힘이 약하고, 표범보다 속도가 느리며, 기린처럼 멀리서부터 다가오는 위험을 먼저 볼 수 있는 기능조차 없는 약한 인류가 살아남기 위해서는 무리를 조직화하고 리더를 만들어 맹목적으로 그를 따르는 것이 중요한 생존전략이었던 것이다.

빙하기의 마지막 무렵 아프리카의 동굴 속을 벗어나 좀더 풍부한 먹을거리를 찾아 아시아로 유럽으로 흩어지기 시작한 인류는 메소포타미아와 유프라테스, 티그리스, 중국의 황하강 등 강변에서 식물이 유난히 잘 자란다는 것을 알게 되고, 강이 만들어 낸 풍요한 땅 주변에 정착하여 농경생활을 시작한다.

인류의 사회적 역사에 있어 농경생활은 가장 혁명적인 변화를 불러왔다. 더 이상 먹이를 찾아 헤매지 않게 되자 사람들은 마을, 공동체와 부족사회를 만들어 냈고, 좀더 영리한 방식으로 농사를 지을 수 있게 된 사람들을 중심으로 원시적인 자산축적이 일어났다. 정착해서 살기 위해 법과 질서의 필요성이 높아지자 사회에 계급도 생기기 시작했다.

이 무렵부터 리더의 유형이 변화하여 타고난 계급과 신분이 곧 리더가 되는 계급적 리더의 사회가 도래한다. 이집트 등 고대 원시국가에서는 왕이나 황제가 곧 신과 동일시되어 모든 사람들이 신이나 다름없는 왕을 받들게 되었고, 유럽의 중세에도 역시 종교와 왕실, 귀족들이 지식과 권력을 독점하여 일반 사람들을 이끄는 리더가 되었다.

그러나 12~13세기부터 인구가 증가하여 공산품에 대한 수요가 늘어나자 권력의 중심이 영리한 생산계층으로 조금씩 이동하기 시작한다. 특히 도시국가의 발생과 함께 이탈리아 등지에서 영리한 시민계급이 발생하였다. 이들은 길드를 형성하여 돈을 벌기도 하고, 회계학과 법률, 기술, 은행업 등을 통해 거액의 자본을 축적하기 시작해 세습귀족들이 독점하던 계급적 질서의 상층부를 잠식해 가기 시작했다. 이탈리아 도시국가 일부에서는 상업으로 돈을 번 사람들이 권력까지 장악하는 일이 벌어졌다. 피렌체의 메디치 가문이 대표적인 상업가문이었다. 은행업으로 거액을 벌어들인 메디치 가문은 교회와 교황을 후원하여 정치적 힘을 축적하기 시작했다.

대대로 사회의 계급적 리더였던 세습귀족들의 힘이 약화되고 경제적 힘을 가진 시민계급이 완전히 사회의 주도층으로 자리 잡게 만든 사건은 프랑스 대혁명과 영국의 산업혁명이다.

리더십의 이론적 연구 변천사

인류가 생존의 기술로 개발하여 나중에는 종교와 왕권에 독점된 리더십이 학문적 이론의 영역에서 최초로 연구되기 시작한 것은 20세기 초반부터이다. 당시 전통적 리더십 이론은 특성론Trait Theory이었는데, 이는 리더가 보통 사람들과는 다른 어떤 우월적인 자질이나 특성을 타고났으며, 따라서 이들의 특성을 알면 성공적인 리더십을 파악할 수 있다는 관점에서의 리더십 연구였다.

1950년대에 들어서면서 특성론 연구에서 벗어나 리더의 구체적인 행동에 초점을 둔 연구가 등장하기 시작했다. 리더의 행동과 리더십 효과의 상관관계 연구와 리더가 어떤 행동을 하는 데 관한 기술적 방법 Descriptive Method 연구에 기초한 행위론Behavior Theory이 바로 그것이다. 간단하게 말해, 개인으로서의 특성보다 리더의 지도행태를 중시하며 행위 스타일을 찾아내어 효과적이며 이상적인 리더십을 발견하고자 한 것이다. 이 이론에 의하면 리더십은 타고난 선천적 특징이 아니며 후천적으로 훈련과 계발을 통하여 얼마든지 육성할 수 있다는 결론에 도달하게 된다.

그 후 1960년대 말부터 1970년대에 이르기까지 행위론의 한계를 지적하고 새로운 리더십 연구를 진행하면서 등장한 이론이 상황론Situational Theory, Contingency Theory이다. 이 이론은 리더십은 자질과 무관하게 상황적인 요인에 의하여 결정된다고 본다. 즉, 추종자의 특성, 리더와 추종자의 관계, 집단이나 조직의 목표, 구조, 주어진 과업의 특성, 임무, 기대 등 상황적 조건에 부합하는 행동을 하는 사람이 자연스럽게 지도자가 된다는 이론이다.

　비교적 최근에 등장한 리더십 이론으로는 거래적 리더십, 변환적 리더십, 슈퍼 리더십, 셀프 리더십 이론 등이 있다.

　거래적 리더십 이론Transactional Leadership Theory이란 리더와 구성원 간에 비용-효과의 바탕에서 상호 교환거래 관계가 형성된다고 보는 이론이다. 거래적 리더십은 리더가 구성원들에게 지시한 목표와 그 목표를 달성했을 때의 보상 내용을 명확히 알리고, 구성원들은 보상의 가치를 명확히 인식하여 성과를 달성하도록 노력하는 과정으로 이뤄지며, 구성원들은 업무 능력에 대한 보상을 받고 리더는 과업의 완성으로 이익을 얻는 방식이다.

　즉, 리더는 구성원들에게 그들이 원하는 보상을 받기 위해 어떠한 과업을 어떻게 달성하여야 하는지 명확하게 알려 주고, 서로 합의한 목표를 달성했을 경우 그에 상응하는 승진이나 금전적 보상을 통해 동기를 부여한다.

　변혁적 리더십Transformational Leadership이라는 용어는 미국의 정치학자인 제임스 맥그리거 번스James MacGregor Burns가 1978년 처음 사용한 개념이다. 변혁적 리더십은 리더가 구성원들에게 장기적인 비전을 제시하고 그 비전을 공유하도록 하여 몰입도를 높임으로써 애초 예상했던 것보다 훨씬 높은 목표를 달성할 수 있도록 동기를 부여해 주는 리더십으로 정의된다. 거래적 리더십에서 단기 성과를 강조하고 구성원과의 협상과 보상을 통해 구성원의 동기를 유발하는 것이 중심이었다면, 변혁적 리더십은 구성원들이 장기적인 미래 비전과 공동체적 사명감을 가져 가치관과 행동규범이 변하도록 동기를 부여하는 방식이다.

또한 거래적 리더십이 합리적 사고와 이성에 호소한다면, 변화적 리더십은 하위자들 스스로 변화의 의지를 갖도록 감정과 정서에 호소하는 측면이 더 크다.

슈퍼 리더십Super Leadership은 가장 현대적 의미의 리더십이다. 슈퍼 리더십은 현대의 급변하는 경영환경과 기술환경, 불확실성하에서 어떤 분야에서는 조직의 리더보다도 훨씬 전문적이고 우수한 하위자들이 많이 있다는 사실을 인정하는 데서부터 출발한다. 현대사회가 민주화와 개방화를 거쳐 지식정보사회로 발전하면서 과거 정보의 비대칭 시대에는 상상할 수 없던 급속한 지식 정보의 대칭을 이루게 됨에 따라 상대적으로 우수해진 하위자들이 능력과 잠재력을 마음껏 발휘하도록 하려면 과거의 지시적, 통제적 리더십 스타일로는 한계가 있을 수밖에 없다. 그래서 나온 것이 구성원들 각자가 능력을 기르고 잠재력을 발휘할 수 있도록 돕는 슈퍼 리더십이다.

따라서 슈퍼 리더십은 하위자들로 하여금 자기 스스로를 리드할 수 있도록 도움을 주는 리더십을 일컫는 개념으로 이해하면 된다. 이는 솔선수범형의 전통적인 리더십에 반하여 하위자들이 마음껏 능력을 발휘할 수 있도록 동기를 부여하고 가치를 창조할 수 있도록 자율경영의 분위기를 조성해 주는 서포트 리더십이기도 하다.

하지만 슈퍼 리더십을 발휘하기 위해서는 먼저 '나의 유일한 리더는 바로 나 자신'이라는 인식에서 출발하는 셀프 리더십이 우선돼야 한다. 자기 자신을 이해하고 목표를 달성하기 위한 노력을 멈추지 않는 셀프 리더십을 통해 슈퍼 리더십을 발휘할 수 있는 기본적 능력을 갖출 수 있기 때문이다. 이처럼 셀프 리더십과 슈퍼 리더십은 상호보완적 관계로서 개인 성장과 조직 성장에 동시에 이바지한다.

마음을 여는 따뜻한 리더

신한캐피탈 H 사장

장명기 부행장님과의 직접적인 첫 대면은 2001년 신한은행 구내식당에서였다. 당시 나는 신한캐피탈의 부장이었고, 그분은 감히 바로 바라보기도 어려운 지체 높은(?) 상사였다. 그런데 그때 생면부지의 나를 본인 자리 앞에 앉혀 그야말로 어려운 식사를 하게 하신 분이 장 부행장님이다. 그 시절 내가 본 장 부행장님은 간간이 농담을 잘하셨지만 여전히 경계의 대상이었고, 선뜻 다가가기에는 어려운 선배였다.

그럼에도 내가 그분에게 가까이 다가갈 수 있었던 건, 본인이 스스로 마음을 열고 먼저 다가서는 분이었기 때문이다. 우선 그는 솔직했다. 본인이 겪은 경험담, 자신만의 고통, 애로사항 등을 공개하시고 부끄러울 것 같은 자신의 부족한 부분도 거리낌 없이 표현했다. 그때부터 나는 그분을 나의 진정한 선배이자 인생의 멘토로 마음속으로 인정하게 되었다.

장 부행장님을 상사로 모시고 지낸 기간은 채 1년도 되지 않는다. 그러나 외환은행 부행장으로 가신 이후에도 자주 연락을 주신 인연으로 장 부행장님은 1년이 아닌 10년 이상 자랑스러운 선배로 내 마음속에 남아 있다.

제 7 장

조직관리이론을 통해서 본 리더십

테일러의 조직관리이론

경제학, 행정학에서 조직관리에 대한 이론이 등장한 것은 19세기 이후이다. 19세기 말부터 본격적으로 시작된 산업혁명과 과학의 급진적인 발전에 따라 조직을 통솔하는 데에도 과학적인 근거에 의해 접근하는 방식이 등장했다. 이에 따라 근·현대의 조직관리이론에서 리더의 역할을 무엇으로 정의하는가 짚어 보는 것도 매우 의미 있는 일이다.

대표적으로 테일러Frederick W. Taylor의 시간-동작 연구Time And Motion Study가 있다. 그는 생산 공정에서 개개의 작업을 요소 동작으로 분해하고 각 요소 동작의 형태, 순서, 소요시간 등을 시간연구와 동작연구를 통해 표준화함으로써 하루의 작업량을 설정한 후, 이를 기준으로 관리의 과학화를 도모했다. 이에 따라 생산과정에서 필요한 지식과 기술을 적절히 활용해 최소 비용으로 최대 능률을 올리고자 하는 관리이론이 등장하는데, 이는 테일러 자신의 이름을 따서 '테일러 시스템'이라고 하기도 한다.

과학적 관리론은 인간을 다루는 데에는 물리적인 시스템을 향상하거나, 당근과 채찍을 통해서 다루는 것이 가장 효과적이라고 주장한다. 즉, 잘하면 성과급을 주고 못하면 임금을 삭감하는 등의 체계적 관리가 필요하며 과학적 기준이나 표준시간을 이용한 연구, 근로자의 선발과 기용, 교육에서 시스템적 접근이 필요하다고 보는 것이다.

테일러는 그의 저서 《공장관리론Shop Management》에서 리더에게 필요한 자질로 두뇌, 교육, 특별한 기술적 지식, 재치, 정력, 정직, 용기, 판단력, 건강 등 9개를 들고 있다. 그리고 여기에서 나열한 자질 중에서 3가지 요소를 가진 자는 언제든지 노동자 수준의 임금으로 고용할 수 있으며, 4가지 요소를 가진 자는 더욱 높은 임금으로 고용할 수 있으나, 5가지 이상의 자질을 갖춘 자는 좀처럼 구하기가 어렵고, 6가지 이상의 자질요소를 갖춘 자는 거의 구할 수 없을 거라고 말한다. 그의 주장을 간과할 수 없는 게, 그가 말한 리더의 자질은 실제로 공장 조직의 생산현장 책임자로 직접 일하면서 노동자들의 능률향상에 관심을 두고 연구하는 과정에서 체득한 경험이기 때문이다.

테일러의 과학적 관리론은 경영 합리화, 최적화를 성립하는 데 근본이 된 이론이며, 작업능률을 높이기 위한 체계적 시도라는 점에서 높이 평가된다. 그러나 인간을 경제적 욕구와 생리적 조건에 의하여 지배되는 기계적 구조로 보고 오직 구조의 합리화에 의해서 조직의 능률성을 추구하려 하였기 때문에, 환경과의 상호작용이나 인간의 감성적,

사회적 측면을 소홀히 다루었다는 비판을 받기도 한다.

또한 테일러가 생각한 리더의 자질은 단순한 생산관리 차원에서의 자질을 의미했다. 현대적인 시각에서 볼 때 경영자는 불확실성하에서 의사결정을 내리며 조직에 비전을 주고 목표달성을 위해 조직원들을 동원하는 사람으로서, 단순한 생산관리자의 자질과는 본질적인 면에서 다르다고 할 수 있다.

노동자의 감정을 중시하는 인간관계론의 등장

1930년대에 들어서는 전혀 새로운 관점의 조직연구가 시작되었다. 조직을 실제로 움직이는 것은 인간임을 인식하여 조직을 개인, 비공식 집단과 집단 상호 간의 관계로 보면서, 조직 내의 인간적 요인이 주요 관심사로 등장하는 일대 변화가 일어난다. 즉, 조직 속의 인간들은 서로 간에 어떠한 형태로든 유대관계를 맺고 있는데, 이 유대관계가 조직에 어떠한 작용을 하는가를 파악하려는 학문적 시도가 있었던 것이다. 물론 계기가 있었다. 인간관계론이 등장하게 된 시대적 배경을 살펴보면 미국의 대공황이 있다. 대공황 당시 경제환경이 극도로 악화되면서 과학적 관리에 의한 생산성 향상이 한계에 도달했고 노동조합의 강력한 저항에 부딪혔다. 기업들은 경제적 극한상황을 극복하기 위해 노동자의 감정을 중요시하면서도 생산능률은 계속 올려야만 했다. 이러한 필요성에서 개발된 것이 바로 인간관계론이다.

인간관계론은 하버드대 메이요George E. Mayo 교수와 뢰슬리스버거 Fritz J. Roethlisberger 교수가 1927년부터 1932년까지 시카고 교외의 서부 전기회사 호손 공장에서 행한 호손 실험Hawthorne Experiment에 의해 이론적 틀이 마련되었다. 이 실험은 조명광도와 노동능률의 관계를 규명하기 위해 산업심리학적 접근방법으로 출발하였으나, 여러 차례의 시행착오를 거친 뒤 작업능률과 여러 요인의 관계를 규명하였다.

연구자들은 조명실험, 계전기 조립작업, 불만조사, 감독자 훈련 등의 실험을 통하여 작업능률과 생산성은 물리적 작업조건에 의해 결정되는 것이 아니라 작업자 개개인의 노동의욕, 감독방식, 인간관계 등의 영향을 받는다는 사실을 밝혀냈다.

그리고 이 결과를 토대로 면접, 상담, 대화, 통제, 지도력, 협동 등의 해결책을 제시하였다. '인간관계론'이라 부르는 이 실험은 후에 계량사회학sociometry, 행동과학 등의 출발점이 되었다.

물론 이 실험은 실험에 참여한 사람들이 현재 자신이 실험에 참여하고 있음을 알지 못하는 상태에서 이루어진 것이어서 실험결과를 믿을 수 없다는 반론도 있다. 그러나 이 실험은 그때까지 연구대상으로도 여기지 않았던 노동의 인간적 측면을 처음으로 다루었다는 점에서 높이 평가 받을 가치가 있고, 테일러 이래의 과학적 관리법에서 인간 중심의 관리법으로 경영의 관심을 전환시켜 인간관계 연구의 시발점이 되었다는 의미도 있다. 또한 메이요 교수는 실험을 통해 한 조직에는 공식조직 이외에 자발적으로 이루어지는 비공식집단이 있다는 것과 조직체에서 인간은 경제적·타산적 동기에 의해서만이 아니라 감정 논리에 의해서도 움직인다는 것 등을 실증적으로 증명하였다.

이를 통해 우리는 인간관계론의 요지를 3가지로 나눌 수 있다.

첫째, 조직 구성원의 생산성은 생리적·경제적 유인으로만 자극 받는 것이 아니라 사회·심리적 요인에 의해서도 크게 영향을 받는다.

둘째, 이러한 비경제적 보상을 위해서는 대인관계·비공식적 자생집단 등을 통한 사회·심리적 욕구의 충족이 중요하다.

셋째, 이를 위해서는 조직의 목표와 조직 구성원들의 목표 간의 균형 유지를 지향하는 민주적인 의사전달과 참여가 존중되어야 한다.

인간관계론을 좀더 쉽게 설명하면, '사람은 경제적 욕구보다는 심리적 만족을 더 추구하는 심리적 존재여서 사람들의 태도, 가치관, 감정 등 인간의 사회 심리적 측면에 초점을 맞추어 조직 내의 사람들이 어떻게 상호작용을 하며, 또 조직에 영향을 미치는가' 하는 것을 이론으로 정리한 것이다.

바나드의 경영자의 역할과 인센티브 이론

1989년, 미국 경영학회에서 건국 200주년 기념행사로 과거 200년간 미국의 기업경영과 경영이론에 가장 많이 공헌한 사람들을 기념우표로 발행하기로 하고 그 후보자를 선정한 적이 있는데, 그 결과가 매우 흥미롭다.

지명된 사람들을 살펴보면 테일러, 바나드, 슬론, 에디슨, 메이요, 길브레스, 포드, 와튼 등 8명이었다. 내가 여기서 소개하려는 사람은 테일러에 이어 2위로 선정된 '바나드'라는 미국 기업가이자 경영학자이다. 그는 1909년부터 미국전신전화회사에서 일했고, 이후 뉴저지 벨 전화회사 사장을 거쳐 록펠러 재단 이사장이 되었다. 그는 몇 권의 책을 발간하기도 했는데, 1938년에 출간한 첫 저서 《경영자의 역할The Functions of the Executive》은 새로운 인간관, 새로운 조직관을 제시해 사회학과 경영이론 강의에 지대한 영향을 미쳤으며 경영학 이론을 이해하고 싶은 리더라면 반드시 읽어야 할 필독서이다.

전통적 경영관리론이 인간성을 무시한 조직 우선의 이론이며, 다음으로 등장한 인간관계론이 공식 조직의 문제를 경시한 인간 우선의 이론인 데 비하여 바나드의 경영이론은 양자를 종합했으며, 현장 경험을 바탕으로 새로운 영역에서의 조직관리에 관한 이론을 학문적으로 체계화함으로서 '근대조직이론의 등장', '행동과학적 조직론의 효시'라는 찬사를 받는다. 그는 조직의 본질을 정의하고 조직을 효율적으로 움직여 경영목표를 달성하기 위한 경영자의 역할에 관해 설명하는데, 골자는 다음과 같다.

　조직이란 본래 독립적이고 개성 있는 개개의 사람들이 개인의 한계를 극복하고 공통의 목적을 달성하기 위해 다른 사람들과 서로 협동 관계에서 자발적으로 공헌하고자 하는 의욕을 통하여 성립된다. 바나드는 조직의 중심에 인간을 위치시키고 조직으로서의 전체주의와 개별적 존재로서의 개인주의를 통합하고자 시도했다. 그리고 그 과정에서 관리행동의 주체로서의 관리와 관리책임, 그리고 리더십에 대하여 중요한 방향을 제시했다.

　바나드의 조직이론은 단순히 조직과 조직 내적 문제에 한정되는 것이 아니라 고객과 투자자를 포함한 외부환경과의 관계로까지 확장된 조직균형 이론이라는 점에서 높이 평가된다. 그의 이론체계는 또한 협동체계의 성립, 공식조직의 성립 조건, 공식조직의 균형, 의사결정 등의 문제를 포함한다. 그의 이론에 의하면 인간은 자유의사에 의한 선택력과 의사결정능력을 갖추기는 하였지만, 여기에는 한계가 존재한다. 그러므로 개인이 자신의 능력 이상으로 목적을 달성하려 할 때에는 협동체계가 형성되어야 한다. 협동체계란 공통의 목적을 위해서 의식적으로 조정된 물적, 심리적, 사회적 제반 힘의 체계, 즉 기업의 인적, 물적 경영자원의 제 요인을 결합하여 공통목적을 위해 조정된 복수의 사람들의 행동체계로서, 이를 조직이라 정의한다. 바나드는 조직이 성립하기 위해서는 활동주체인 인간의 공헌의욕이 필요하며, 다음으로는 그러한 공헌의욕에 따라 각자의 활동이 제각각이 되지 않도록 하기 위해 의사결정과 활동을 규합하는 공동목표가 필요하다고 했다.

　따라서 조직의 핵심적인 3가지 요소는 전달communication, 공헌 의욕

willingness to serve, **공통목적**common purpose이라고 정의된다.

이들 요소는 조직이 설립될 때의 필요충분조건이며, 상호의존관계에 있어 조직의 존속은 이 요소들의 균형 유지에 달려 있다. 또한 조직이 존속하기 위해서는 유효성이나 능률 중 어느 하나가 반드시 필요하며, 조직의 수명이 길어질수록 두 가지가 다 한층 더 필요하게 된다.

또한 조직의 생명력은 협동체제에 여러 힘을 공헌하려고 하는 개인의 의욕에 달려 있고, 이 의욕에는 목적을 수행할 수 있다는 신념이 필요하다. 실제로 목적이 달성될 것 같지 않다고 생각되면 이 신념은 사라지고 만다. 따라서 유효성이 없어지면 공헌의욕은 소멸한다. 의욕의 계속성은 또한 목적을 수행하는 과정에서 각 공헌자가 얻는 만족에 의존한다. 희생보다 만족이 크지 않으면 의욕은 소멸하고 조직의 상태는 비능률적이 된다. 반대로 만족이 희생을 초월하는 경우에는 의욕이 지속되고 조직의 상태는 능률적이 된다.

요컨대 조직의 존속은 그 체계의 균형 유지에 달려 있다. 이 균형은 1차적으로 내적인 것이며 각 요소 사이에 있는 균형의 문제이지만, 궁극적이고 기본적으로는 이 체계와 그것에 외적인 전체상황과의 균형의 문제이다. 이 외적 균형은 그 가운데에 두 조건이 포함된다.

즉, 첫째 조건은 조직의 유효성이며, 그것은 환경상황에 대하여 조직 목적이 적절한지 아닌지의 문제이다.

둘째 조건은 조직의 능률이며, 그것은 조직과 개인 사이에 있는 상호 교환의 문제라고 정의한다. 즉, 조직의 존속은 그 목적을 이루는 데 필요한 에너지의 개인적인 공헌을 확보하고 유지하는 능력에 달려 있는데, 이 능력이 바로 능률, 비능률의 문제이며, 조직의 능률이란 그 조직체계의 균형을 유지할 만한 유효한 요인을 제공하는 능력이다.

그럼 바나드가 강조한 경영자, 즉 조직 리더의 역할은 무엇일까? 경영자란 기업경영에서 가장 중요한 역할자로서 조직체의 전략, 관리와 운영활동을 능동적으로 주관하는 사람이다. 그리고 타인의 활동을 조정하고 여러 조직이 목표를 달성하기 위해 방향을 제시하고 조정을 수행한다. 경영자는 기업조직뿐만 아니라 모든 조직을 이끌고 관리하며 책임을 지는 사람들을 포함한다.

바나드에 의하면 리더십에는 두 가지 측면이 있는데, 하나는 국부적·개인적·일시적인 것으로서 체력, 기능, 지각, 지식, 기억력 등에 있어서 개인적 우위성의 측면이다. 다른 하나는 정신적인 측면으로서 결단력, 불굴의 정신, 인내력, 용기에 대한 개인적인 우월성이 그것이다. 바나드의 자질에 대한 견해를 보면, 결단력, 불굴의 정신, 인내력, 용기가 기업가 기능을 수행할 때 필요한 자질이라고 한다면, 지식, 기능, 기억력 등은 관리자 기능과 관련 있는 자질이라고 볼 수 있다. 그리고 경영자의 리더십과 관련하여 5가지의 자질, 즉 활력과 인내력, 결단력, 설득력, 책임감, 지적 능력을 든다. 그리고 반드시 고학력자만이 유능한 경영자가 되는 것이 아님을 강조하면서, 실제 고학력자로서 지적 능력을 갖추고도 유능한 경영자가 되지 못한 사람이 수두룩하다는 사실을 기업현장에서 많이 본다고 이야기한다.

내가 바나드를 처음 접한 것은 1983년이다.

당시 나는 신한은행에 근무하며 내부 연수 프로그램인 '신한 경영강좌'에서 리더십 개발에 관련한 각종 연수를 받았다. 주로 로마와 베네치아 흥망성쇠의 교훈, 동양의 《논어》, 《맹자》, 《손자병법》 등의 고

전역사에서 보는 리더의 덕성 등 일반적인 내용이었는데, 당시 새롭게 배운 게 바로 바나드의 이론에서 보는 경영자의 역할이었다.

당시에는 바나드의 저서가 한글판으로 나와 있지 않아 몇 사람이 원서를 번역해 발표했는데, 내가 연구를 맡은 부분은 "유인의 경제Economy of inducement" 부분이었다. 2

2 바나드의 이 책은 1993년 신한종합연구소 기업문화팀에서 번역하여 보급한 바 있다.

바나드의 유인의 경제 이론

바나드가 《경영자의 역할》 제 11장에서 서술한 "유인의 경제" 내용을 간략히 살펴보면 다음과 같다.

- 조직의 에너지를 형성하는 개인의 협동심과 공헌의욕은 유인 때문에 구성원들로부터 제공되는 것이다.
- 조직에서 개인은 항상 기본적인 전략적 요소로서 조직을 위하여 서로 협동하도록 유인되어야 한다.
- 유인이 적당하지 않으면 조직은 해체되든지, 조직 목적이 변경되든지 또는 협동이 실패한다.

따라서 모든 종류의 조직에서 적절한 유인을 제공하는 것은 리더에게 가장 강조되어야 할 의무이며 중요한 역할이다. 개인의 공헌이 있어야 하는 조직의 입장에서 효과적인 유인의 문제는 적극적인 유인을 찾아내거나 또는 소극적인 유인, 즉 부담을 줄이거나 제한하는 것이다.

예를 들면 취업시간을 단축하거나 작업도구, 동력 등을 통하여 작업량을 줄일 수 있고, 또는 임금과 같은 적극적인 유인을 늘림으로써 고용을 매력적으로 만들 수도 있을 것이다.

유인의 제공방법은 제공하는 유인이 객관적이냐 주관적이냐에 따라 나뉘는데, 객관적 방법은 금전적, 물질적 방법Method of Incentives을 조합하여 조직원의 협동과 공헌을 유도하는 방법이고, 주관적 방법은 설득의 방법Method of Persuasion으로 이를 유도하는 방법이다.

바나드는 "유인의 경제"에서 개인에게 제공할 수 있는 유인을 다음 6가지로 구분한다.

① 물질적인 유인material inducements
② 개인적이고 비물질적인 기회personal non-material opportunities
③ 바람직한 물적 작업조건desirable physical conditions of work
④ 이상적인 은혜ideal benefactions
⑤ 사회결합상의 매력associational attractiveness
⑥ 심적 교류의 상태the condition of communion

위에서 열거한 유인 중 물질적인 유인은 조직원들의 경제적 상황과 밀접한 관련이 있다. 경제적으로 크게 열악한 경우에는 물질적인 유인이 크게 작용하지만 어느 정도 의식주 문제가 해결되고 나면 그 유인의 동력이 매우 약해진다. 물질에 대한 한계효용이 감소하기 때문이다. 따라서 경제적으로 여유가 있는 조직에서는 우월감, 위신, 승진을 통한 지배적인 지위 제공 등 개인적이고 비물질적인 기회를 제공하는 것이 훨씬 효과적이다. 또한 바람직한 작업조건, 일하는 보람과 조직에 대한 충성심 등 개인의 이상을 만족하게 하는 조직의 능력, 사회적인 조화와 안정감 등 사회결합상의 매력, 동료의식의 기회나 상부상조의 기회 등 심적 교류의 필요성이 더 효율적인 유인책으로 강조된다.

바나드는 만약 조직이 개인적인 공헌에 걸맞은 유인을 줄 수 없는 경우에는 '설득'을 통해 사람들의 욕망을 바꾸어야 한다고 강조한다. 바나드가 이야기하는 설득의 방법에는 첫째, 강제에 의한 설득, 둘째, 기회의 합리화에 의한 설득, 셋째, 동기 유도에 의한 설득 등이 있다.

매슬로의 욕구 5단계설

매슬로Abraham H. Maslow의 욕구 5단계설은 많이 알려진 이론이다. 하지만 내가 굳이 여기서 다시 언급하는 이유는 근대 경영에서 조직 구성원의 공헌의욕, 유인을 논할 때 빼놓을 수 없는 이론이기 때문이다.

매슬로는 인간은 항상 무엇인가를 소망하는 동물이라고 묘사하고, 인간 각자는 자신의 잠재력을 발달, 성장시키고 완성하려는 본능적 욕구를 가지고 태어난다고 주장했다. 또한 인간의 행동을 일으키는 동기가 어떻게 위계적으로 조직되는가에 대한 분석(욕구위계이론, 동기위계이론)과 건강한 성격에 관한 연구를 바탕으로 인간의 자아실현의 중요성을 강조했다. 이를 쉽게 설명하면 인간의 욕구 단계에 따라 하나의 욕구가 충족되면 곧이어 다른 욕구가 발생하고 그것을 충족시키려 한다는 것으로, 그 욕구를 강도와 중요도에 따라 다음의 5단계로 분류하였다.

1단계 욕구는 인간의 가장 기본적인 생리적 욕구로, 먹고 자는 등 최하위 단계의 욕구이다. 즉, 인간의 생존을 위해 필요한 따뜻함이나 음식, 물, 수면, 성 등에 대한 욕구이며, 다른 욕구에 비해서 가장 기본적이고 강력하다. 이러한 욕구가 충족되지 못한다면 다른 욕구들이 완전하게 차단될 수 있다. 따라서 비교적 짧은 시간 내에 반복적으로 충족시켜야만 한다.

2단계 욕구는 안전에 대한 욕구로, 생명의 위험으로부터 벗어나고자 하는 욕구이다. 여기서 말하는 위험이란 추위, 질병, 재해 등 물리적 위험뿐만 아니라 감정적 불안, 스트레스를 포함한다. 즉, 안전 욕구의 만족을 위해서는 안정성, 보호, 질서, 그리고 공포와 불안으로부터의 자유가 요구된다.

3단계 욕구는 소속감과 사랑에 대한 욕구로, 사회적 욕구라고 표현하기도 한다. 즉, 어떤 집단에 소속되어 애정을 주고받는 욕구이다. 인간은 생리적 욕구 및 안전 욕구가 적절하게 충족되면 다른 사람과 긴밀하고 따뜻한 관계 속에서 사랑, 우정 등을 갈구하며 특별한 집단에 소속되기를 바란다. 매슬로는 현대사회에서 소속감 및 사랑 욕구가 충족되기가 더욱 어려워짐을 지적했다.

4단계 욕구는 존경의 욕구로, 명예욕, 권력욕 등 남으로부터 인정받고 싶어 하는 욕구이다. 개인이 소속감과 사랑 욕구를 충족하면 다음으로 존경의 욕구를 갖게 된다. 매슬로는 인간이 두 가지 존중, 즉 자신으로부터의 존중과 타인으로부터의 존경을 필요로 한다고 지적했다.

5단계 욕구는 자아실현의 욕구로, 인간이 갖는 가장 최상위의 욕구이며 자신의 모든 잠재력과 능력을 발휘하여 자기가 이룰 수 있는 모든 것을 성취하려는 욕구이다. 매슬로는 자아실현의 욕구는 다른 단계의 욕구와 달리 무한한 욕구라는 점을 강조했다. 즉, 하위의 욕구는 일정한 수준 이상 충족하면 그 욕구가 감소하거나 사라지지만 자아실현의 욕구는 한계가 없다는 것이다. 그리고 자아실현은 충족감을 갖게 하지만 동시에 책임감과 미지의 것에 대한 두려움을 일으킨다고 주장했다.

매슬로의 욕구단계이론과 관련된 욕구의 특성에 대해서 간략히 살펴보면 욕구위계에서 하위에 있는 욕구가 더 강하고 우선적인 것을 확인할 수 있다. 즉, 하위에 있는 욕구일수록 강도와 힘이 세고, 우선순위가 높다. 상위에 있는 욕구일수록 반대로 강도와 힘이 약하고, 우선

순위가 낮다. 욕구위계에서 상위의 욕구는 생존을 위해 덜 필요하기 때문에 그러한 욕구의 만족은 지연될 수 있다. 즉, 상위의 욕구를 만족시키지 못하더라도 하위의 욕구를 충족시키지 못했을 때처럼 즉각적인 비상사태나 위급한 반응은 일어나지 않는다. 이런 점에서 하위의 욕구를 결핍 욕구(생리적 욕구나 안정의 욕구)라고 부른다.

반면에 상위의 욕구는 생존을 위해 덜 필요하지만, 그러한 욕구는 생존과 성장에 기여한다. 상위의 욕구가 충족되었을 때 느끼는 성취감은 더 건강한 삶을 만들 수 있으며 생명도 연장할 수 있고 생물학적인 효율성도 증가시킬 수 있어 상위의 욕구를 성장 욕구(애정과 소속감, 자존감, 자아실현의 욕구)라고 한다.

또한 매슬로는 자아실현을 이룬 사람들의 연구로도 유명하다. 그는 자아실현이라는 개념을 더욱 명확히 정의하기 위해 자기실현에 성공한 다양한 사람들의 심리적인 특징을 직접 조사했다. 자신의 친구나 동료, 그리고 널리 알려진 역사적 인물(링컨, 제퍼슨, 아인슈타인, 간디, 루스벨트, 스피노자 등)로부터 발견할 수 있었던 훌륭한 특성을 확인했다. 매슬로가 연구하여 발표한 자아실현자들의 공통된 특성을 몇 가지 살펴보면 다음과 같다.

현실에 대해 정확히 인식한다. 자기 주변의 환경과 사람들에 대해 편향되거나 왜곡 없이 현실 그대로 객관적으로 인식한다. 이러한 지각은 객관적이며 치우치지 않은 인지능력에 근거한다. 그들은 세계를 있는 그대로 보며, 선입관에 치우쳐 상황을 파악하지 않는다.

문제해결 능력이 강하다. 어려운 역경에도 피하려 하지 않고 자신의 에너지를 문제에 집중해 문제해결을 위한 기회로 삼는다. 자신의 목표를 매우 중요하게 여기며, 자신이 하는 일이나 방향이 성장가치에 집중되어 있다.

수단과 목적을 분별한다. 수단과 목적에 대하여 명확한 분별력을 지니고 있다. 그들은 아무리 좋은 목적이라도 비윤리적인 수단을 쓰지 않는 도덕성을 지닌다.

사생활을 즐긴다. 때로는 고독을 느끼며 홀로인 것에 개의하지 않고 초연함을 유지한다. 게다가 그들은 독립적이고 자율적이어서 홀로 자신만의 시간을 갖고 편안함을 느끼면서 즐긴다.

환경과 문화에 독립적이다. 주위의 환경이나 문화에 독립적이며, 다른 사람의 이야기보다는 스스로의 경험과 판단에 더 의존하는 경향을 보인다.

사회적 압력에 저항한다. 일정한 틀에 맞추도록 강요하는 사회·문화적인 압박에 자유스럽게 저항한다. 사회의 규범에 공공연하게 반대하지는 않지만 엄격한 격식과 요구에 따르기보다 자신의 개성에 따라 행동한다.

민주적 성격구조를 가진다. 모든 사람을 공정하게 대하며 배려하고 존중한다. 이들은 사회계층, 인종, 종교, 교육수준, 정치적 신념과 관계 없이 관대하고 수용적이다.

사회적 관심을 갖는다. 사회적 관심이 많고 인류의 구성원으로서 모든 인간에 대하여 연민과 강한 애정을 가진다. 그들은 타인을 마치 자신의 형제처럼 대한다.

대인관계를 깊이 있게 가진다. 보통 사람들보다 대인관계의 범위가 좁을 수 있지만 피상적이지 않고 깊다. 소수의 사람과 깊은 우정을 나누며 끈끈한 인간관계를 형성한다.

탁월한 유머감각이 있다. 그들은 대부분 유머감각이 탁월하다. 다른 사람에게 상처를 주거나 공격하는 적대적인 유머가 아니라 누구나 미소 짓고 고개를 끄덕이게 하는 교훈적인 뜻이 담긴 유머를 잘 사용할 줄 안다.

자신과 타인까지 자연스럽게 수용한다. 수용적 태도를 가지고 있고 방어적이지 않아 자신의 강점뿐만 아니라 약점까지도 있는 그대로 받아들이며, 약점과 결함에 대해서도 지나친 부끄러움이나 죄책감을 느끼지 않는다. 또한 다른 사람이나 일반적인 사회의 약점에 대해서도 원망하거나 비난하지 않는다.

행동이 솔직하고 자발적이다. 그들은 가식 없이 솔직하고 지극히 개방적이며 자연스럽다. 또한 자신의 가치관이 확고하기에 주관이 뚜렷하며, 행동은 인습에 사로잡혀 있지 않다. 그러나 신중하고 사려가 깊어서, 솔직하고 자연스러운 감정 표현이 타인에게 상처를 입히지 않도록 노력한다.

주위의 세계를 새롭게 인식한다. 주위의 세계를 늘 새로움, 놀라움, 경외심을 갖고 받아들인다. 이들은 인생의 다양한 경험에 대하여 즐거움과 아름다움, 그리고 감사함을 느끼는 예민한 감성능력이 있다.

창의성이 있다. 지혜롭고 창의적이어서 모든 활동 속에서 적응력이 있고 자발적이며 실수를 두려워하지 않는다. 그들은 어린아이처럼 천진난만하고 신선한 생각, 아이디어, 행동을 보인다.

경험의 정점peak experiences**에 다다르기를 좋아한다.** 사람과 사물에 대한 인식이 신선하다. 이들은 일반 사람들에게 대수롭지 않게 느껴지는 경험일지라도 즐거움과 황홀감을 느낀다.

맥그리거의 XY 이론

역사상 가장 영향력 있는 경영 사상가 중 한 명인 더글러스 맥그리거 Douglas McGregor는 1960년에 《기업의 인간적 측면The Human Side of Enterprise》이라는 저서에서 인간의 본성nature of human being에 대한 상반되는 가정을 중심으로 XY 이론을 제기했다.

X 이론은 조직 구성원에 대한 전통적 관리전략을 제시하는 이론으로, 사람은 본래 일하기 싫어하고, 야망이 없고, 책임지기 싫어하며, 명령에 따라가는 것을 좋아하고, 변화를 싫어하며, 자기중심적이고, 금전적 보상이나 제재 등 외재적 유인에 반응한다고 가정한다.

이러한 X 이론에서는 관리자가 조직 구성원들에게 동기를 부여하기 위해서 금전적 보상이나 제재를 유인으로 사용하고 강제와 위협, 철저한 감독과 통제를 강화하는 관리전략을 채택해야 한다고 가정한다.

반면에 Y 이론은 인간이 본성적으로 일을 즐기고, 책임 있는 일을 맡기 원하며, 문제해결에 창의력을 발휘하고, 자율적 규제를 할 수 있으며, 자아실현 욕구 등 고급 욕구의 충족으로 동기가 유발된다고 가정한다.

Y 이론에서는 개인목표와 조직목표가 조화될 수 있도록 하며, 직무를 통하여 욕구가 충족되고 개인이 잠재력이 능동적으로 발휘될 수 있도록 인간의 고급 욕구인 성장적 측면에 착안한 새로운 관리자 관리전략을 처방한다. 맥그리거는 고급 욕구를 중시하는 Y 이론에 역점을 두었는데, 동기부여에 관한 맥그리거의 분석은 매슬로에 의해 제시된 욕구 5단계설에도 잘 나타나 있다.

맥그리거의 XY 이론의 핵심은 경영자가 종업원을 통하여 조직의 목표를 달성하고자 동기를 부여하기 위해서는 우선 종업원들이 X 이론적 사람들인가, Y 이론적 사람들인가를 파악해야 한다는 것이다.

종업원들이 X 이론적 성향을 가졌다면, 이들을 통하여 조직의 목표를 달성하기 위해서는 강제, 명령, 처벌 및 위협의 방법을 이용해야 한다. 이들의 동기는 대체로 저차원의 욕구, 즉 생리적 욕구와 안전의 욕구 수준에 머물러 있다고 가정되기 때문에 이런 저차원 욕구를 충족시키는 방법을 이용하여 동기부여 하는 것이 효과적이다.

한편, 종업원이 Y 이론적 성향을 가졌다면, 이들에게는 조직목표를 달성하는 데 경영자가 지원자적인 역할을 수행하는 것이 더 효과적이다. 그들은 일일이 명령과 통제를 받지 않더라도 자기지향과 자기통제를 하는 사람들이다. Y 이론적 종업원들은 대체로 저차원의 욕구는 이미 충족했기에 고차원의 욕구를 충족시켜야만 동기부여가 된다.

감사와 배려의 리더

전 외환은행 B 전무

장명기 수석부행장께서는 처음부터 외환은행에서 근무하신 분이 아니라 국내 다른 은행 출신으로, 론스타가 외환은행을 인수하면서 초빙되어 오신 분이어서 대부분의 외환은행 직원들은 그분과 같이 근무할 기회가 많지 않았다. 하지만 내 경우에는 특별하게도 두 번이나 상사로 모실 기회를 얻게 되어 지금도 행운이었다고 생각한다. 그 때문인지 나도 임원이 되어 은행생활을 하다 보니 가끔 내 행동습관 중에 그분을 흉내 내는 것이 있음을 알게 되었다.

장 수석부행장께서는 여러 면에서 완벽하시고 온화한 리더십이 돋보이는 분이었다. 두 가지 정도 예를 든다면 첫째로, 그분은 업무보고를 다 받으시고 나서는 꼭 수고했다는 표현으로 "땡큐!" 하고 인사해 주셨는데, 그 한마디를 들으면 긴장했던 마음이 풀리고 앞으로도 계속 열심히 해야지 하는 생각이 들었다. 덕분에 나는 이 습관을 배워서 그대로 흉내 내 실천한다. 심지어 주말에 골프를 할 때도 캐디가 채를 건네 줄 때는 꼭 "땡큐"로 화답하는데, 항상 캐디 얼굴에 미소가 번짐을 느낀다.

또 하나 기억나는 것은 그분 밑에서 부장을 하고 있을 때 미국인 행장이 새로 부임하셔서 업무 브리핑을 하게 되었는데, 보고를 마친 후에 장 수석부행장께서 내가 과거 심사팀장 시절에 소신껏 리스크 관리를 잘해서 은행 손실 방지에 기여한 점을 높이 사서 본부장직에 보임한 것이라고 행장께 칭찬해 주셨다.

당시 나에 대해 전혀 정보가 없었던 행장으로서는 이 한마디로 인해 나에 대한 믿음을 가지게 되었다. 장 수석부행장께서는 상사 또는 제3자에게 소개하는 자리에서 적절한 타이밍에 부하 직원을 칭찬해줌으로써 분위기도 살리고 직원들에게 자신감을 느끼게 하는 특별한 재기와 인품이 있으셨다. 이것 역시 내가 지금도 장 수석부행장을 열심히 흉내 내는 두 번째 습관이다.

남에게 늘 감사함을 표현할 수 있고 상대의 좋은 점을 끄집어내 여러 사람 앞에서 이야기할 수 있는 여유와 배려가 있다면 어떤 일을 하든지 성공 조건의 반은 이미 준비되어 있다고 하겠다.

제 8 장

리더십의 유형과 특징

현대사를 이끄는 리더십의 6가지 유형

리더십 유형은 시대와 조직이 처한 상황에 따라 요구되는 바가 다를 수밖에 없다. 또한 리더십은 각 개인의 타고난 성품, 자라온 환경, 평소의 삶 속에 배어든 문화, 교육받은 역량과 스케일 등에 따라 각기 다른 유형과 특징을 보인다. 경영학계에서 분류하는 일반적인 리더십의 유형과 특징은 리더십 관련 전문가들에 따라 내용이 다양하다.

리더십은 권한 양식에 따라 전제형 리더십, 민주형 리더십, 참가형 리더십, 자유방임형 리더십으로 분류하기도 하고, 지도자의 유형에 따라 지시명령형 리더십, 비전형 리더십, 관계중시형 리더십, 집단운영 리더십, 규범형 리더십, 육성형 리더십 등으로 나누기도 한다.[3] 이밖에 강압적 리더십, 실리적 리더십, 그리고 원칙적 리더십으로 나누

고, 원칙적 리더십이 가장 존경받는 리더십이라고 주장하기도 한다.[4]

조직 연구가인 앤드류 브라운Andrew Brown은 《현대사를 이끄는 리더십의 6가지 유형The Six Dimensions of Leadership》에서 지도자의 유형을 영웅, 배우, 명성가, 권력의 중개인, 대사, 그리고 자발적 희생자의 6가지로 분류하였다. 그리고 세계사적 위인들을 이 6가지 유형으로 나누었다. 그에 의하면 가장 탁월한 지도자가 되기 위해서는 이 모든 유형에 정통해야 한다. 그는 지도자가 빠지기 쉬운 함정은 단 한 가지 역할에만 사로잡히는 것이라고 했다. 브라운은 이것들 외에 다양한 유형으로서 마법사, 인류학자, 도덕가, 봉사자로서의 리더십 유형을 말하면서, 이런 유형의 지도자가 되기 위해서는 성숙, 지혜, 성실, 용기가 있어야 한다고 지적했다.

이 밖에 임상심리학자인 데이비드 커시David Keirsey의 MBTI 기질 이론에 따르면, 사람마다 다른 성격을 나타내는 유형은 크게 4가지 분류 방식으로 세분화된다. 즉, 정보를 받아들이는 방식에 따라 직관형(숲을 보되 나무를 못 보는 유형)과 감각형(나무를 보되 숲을 보지 못하는 유형)으로 나누고, 수집된 정보를 처리하고 판단하는 방식에 따라 로저 스페리가 연구한 좌뇌형(언어, 문자, 숫자에 강하고 분석적, 논리적, 합리적임)과 우뇌형(예술, 스포츠 등에 강하고 시공간적, 동시적, 형태적, 직관적 종합적임)으로 나누어 리더들을 수호자형, 예술가형, 이상주의형, 합리주의형 리더로 분류하기도 했다.

3 헤이컨설팅그룹, "조직의 승패를 결정하는 6가지 리더십 유형", '중소기업 최강 인재 조직 만들기' 포럼, 2014. 4. 19.
4 블레인 리 지음, 장성민 옮김, 《지도력의 원칙》, 김영사, 1999.

카리스마 리더십: 나폴레옹과 히틀러

'카리스마'라는 말은 본래 그리스어에서 유래하며, 기적을 행하여 예언을 하는, 신으로부터 받은 특수한 능력(특히 성령의 현존과 그에 의한 은혜를 설명하기 위해 많이 쓰인다. 은총의 선물)을 의미했다. 이런 카리스마라는 용어를 종교에 한정하지 않고 더욱 넓은 의미에서 지배의 정당성의 한 유형을 설명하는 분석개념으로서 이론화한 사람은 1920년대 독일 사회학자 막스 베버Max Weber이다.

카리스마에 대한 사회적 관심은 베버가 권위의 유형 중 하나로 카리스마적 권위를 거론하면서 시작되었다. 베버는 합법적 지배, 전통적 지배에 대비되는 제3의 지배형으로서 카리스마적 지배라는 개념을 제기했다.

당시 카리스마의 개념은 대중에게 천부적인 능력자로 비쳐 맹목적 추종과 무조건적 헌신을 이끌어내는 영향력이라는 다소 추상적인 개념으로 이해되었다. 그러나 1970년대 들면서 하우스R. J. House가 리더십 이론에서 카리스마 리더십Charismatic Leadership 개념을 도입하여 카리스마적 리더가 어떤 방식으로 행동하며, 일반 사람과 어떻게 다르고, 어떤 상황에서 카리스마적 리더가 출현하게 되는가에 대한 구체적 내용을 밝혔다. 그에 따르면, 조직 구성원들은 카리스마가 있는 사람을 자신의 욕구나 기대를 해결해 줄 수 있는 비범한 능력자로 받아들여 그가 제시하는 비전이나 지시에 적극적으로 따르게 된다.

이후 1985년에는 바스B. M. Bass가 번스의 변혁적 리더십 이론과 하우스의 카리스마 리더십 이론을 종합하여 더욱 설득력 있는 이론을 도출해 냈다. 즉, 변혁적 리더십 아래서는 부하들이 리더를 존경하고 신뢰하며 충성을 다하므로 부하들로부터 기대 이상의 성과를 이끌어낸다는 것이다.

카리스마 리더십 유형의 리더들은 타인에게 영향력을 행사하려는 강한 욕구, 남을 지배하려는 우월성, 자신의 도덕적 정당성에 대한 강한 확신, 개인적인 불이익이나 위험의 감수, 평범한 틀을 벗어난 사고, 상황변화에 대한 민감성, 넘치는 자신감과 강한 추진력의 속성을 가지고 있다. 따라서 카리스마 리더십은 긴장이 많은 환경이나 위기상황에서 특히 유효하다.

카리스마 리더십과 비슷한 유형으로 권위형 리더십, 강압적 리더십 등이 있는데, 이는 홀로 결정을 내리고 명령에 복종할 것을 강요하며, 독선적이고 보상과 처벌의 수단을 동시에 사용하는 리더의 유형을 말한다. 이러한 리더들은 권위적이고 강압적으로 자신의 의견이나 방식만이 최선이라고 주장하고, 구성원들에게 명령하달식으로 강요하며, 때때로 화를 내는 모습을 보여야만 자신이 리더십을 발휘할 수 있다고 믿고 조직 내에 긴장감과 공포 분위기를 조성하려고 한다.

그러나 카리스마 리더십은 한계가 분명하다. 과거 초인간적 능력을 보이며 대중 앞에 등장한 나폴레옹이나 히틀러가 카리스마가 사라지면서 비참한 길을 걸은 것처럼, 현대사회에서도 카리스마 리더들이 자칫 빠지기 쉬운 독단적 판단의 오류 위험성, 자기도취, 무조건적 충성자들의 양산 등의 문제가 있다.

이 같은 우려에서 벗어나기 위하여 카리스마 리더들은 끊임없는 역량개발은 물론 비전을 제시하고 동기를 부여하기 위한 설득 커뮤니케이션, 자기희생, 솔선수범, 권한의 적절한 위임, 환경변화에 대한 지속적인 평가 등에 신경을 써야 한다.

전략가형 리더십: 빌 게이츠와 을지문덕

전략가형 리더들은 무조건 일에 매진하기보다는 효과적이고 효율적인 방법을 찾기 위해 세심하게 연구하고 분석한다. 따라서 전략가로서의 리더는 조직적이고 체계적이며, 데이터와 사실에 근거하여 지금 현재 상황이 아니라 미래에 어떤 모습이 되어야 하고 어떻게 될 수 있는가를 미리 조망하고 조직을 그쪽으로 이끌어 가는 능력을 갖춘 사람들이다.

또한 자신이 직접 각종 업무에 개입하기보다는 중간 리더나 아래 지도자에게 업무를 맡기고 자신은 주로 진행과정을 면밀하게 확인하는 방식 위주로 움직인다. 그들이 목표 달성에 접근하는 방법을 보면, 먼저 철저한 분석에 의해 우선적인 정책과 과제를 택하여 자신의 역량이 필요한 부분은 집중적으로 지원하고, 나머지 부분은 하부 조직이나 기관의 책임하에 업무를 수행시키면서 꾸준히 점검, 확인하여 만일의 사태에 대처해 나간다. 이러한 리더들은 첨단기술사업 분야를 비롯하여 고객, 경쟁자, 시장 등 외적 요인에 대한 신속한 대응이 필요한 사업이나 장기적인 전략의 설계가 필요한 부문에 필요한 리더들이다.

리더의 책무 중 가장 중요한 것은 다른 무엇보다 날카로운 시각으로 상황을 분석하고 문제점을 파악하여, 앞으로 나아가야 할 방향을 설정하고 조직의 장래 비전을 제시할 수 있는 전략가로서의 역할이다.

이는 오늘날과 같이 외부 환경이 급변하는 시대에 꼭 필요한 리더십이라 할 수 있으며, 전략가형 리더는 스스로 미래를 보는 긴 안목과 통찰력, 예리하고 냉정한 분석력, 상황변화에 대한 대처방안 수립능력을 지녀야 할 것이다. 마이크로소프트의 빌 게이츠Bill Gates 회장, 인텔의 전 CEO 앤디 그로브Andy Grove 등이 전략가적 능력이 탁월한 리더로 평가된다.

우리나라의 위인 중에는 살수대첩을 성공적으로 이끈 을지문덕 장군을 들 수 있다. 그는 30만 명의 수나라 대군이 평양성을 침범해 왔을 때 거짓으로 항복해 적진을 염탐하고 수나라 장수 우중문을 희롱하였으며, 살수의 상류를 흙과 돌로 막아놓고 수나라 군사들이 되돌아가려 물을 건널 때 막아 놓았던 둑을 터서 수나라 군사들 거의 모두를 수장시키는 탁월한 전략가적 리더십을 보여줬다.

마찬가지로 이순신 장군이 23전 전승을 거둔 전략에도 어떤 배보다도 튼튼하고 회전력이 좋은 판옥선과 일본 조총을 압도하는 총통의 화력, 좁은 해협인 울돌목의 지형과 물살을 정확히 분석하고 대비한 전술 등이 있었다. 이순신 장군은 전략적 리더십, 나라에 대한 충성심과 솔선수범 정신을 보이며 백성들로부터 신뢰와 존경을 받은 한국 최고의 리더였다.

실행형 리더십 : 잭 웰치와 스티브 잡스

조직이 추구해야 할 목표와 실행해야 할 행위를 설정하고 직접 과업에 뛰어들어서 구성원들과 함께 실행에 옮겨나가는 리더십을 실행형 리더십이라고 부른다. 리더가 미래 방향을 끌어갈 수 있는 분명한 의지와 함께 실행계획을 갖고 있지 못하면 조직은 미래에 적극 대응할 능력을 상실하게 된다. 우리는 많은 사례에서 실행력의 차이가 바로 경쟁력의 차이라는 사실을 경험했다. 특히 리더의 강력한 의지 없이 조직의 체질을 바꾸는 것이 쉽지 않기 때문에, 최근에는 조직 리더들의 실행 역량에 대한 관심이 커지는 상황이다.

최근 미국의 주간 경제지 〈포춘Fortune〉 지는 "실패하는 리더의 70%는 단 하나의 치명적인 약점을 가지고 있다. 그것은 바로 실행력의 부족이다"라고 말했다. 실행형 리더는 실행력을 발휘하는 솔선수범형 리더십과 직무에 대한 해박한 지식 및 실무역량을 동시에 갖추고 있다. 일반적 관리자는 과업이 적절하도록 통제하고 현재의 상태에서 안전하게 유지하려는 성향의 사람들이지만, 실행형 리더는 과업의 한계를 넘어서 가치에 초점을 맞추고 함께 땀 흘리며 성취감을 즐기는 사람들이다.

그러나 이러한 추진형 리더들은 저돌적인 추진력과 뛰어난 결단력을 지니고 있기 때문에 주변 사람들로부터 공격당하기 쉽다. 따라서 어렵고 중요한 일은 스스로 직접 챙기며 앞장서는 모습을 보여줌으로써 주변 사람들의 공감을 얻도록 노력하며 권한과 책임의 적절한 위임을 통하여 협력자들을 이끌어내는 노력이 필요하다.

기업의 최대 위기상황에서 취임해, 많은 반발이 있었지만 살벌한 구조조정을 매우 체계적이고 조직적으로 실행해 성공한 GE의 전 CEO 잭 웰치John Welch가 보여준 사례가 대표적인 실행형 리더의 유형이다. 또한 하드웨어와 소프트웨어 그리고 콘텐츠까지 완벽하게 통합하여 최고의 제품을 만들겠다는 목표 아래 아이디어 개발을 비롯해 디자인, 광고, 판매까지 모든 과정에 관여하며 제품 하나하나에 리더의 숨결을 불어넣은 애플의 고故 스티브 잡스Steve Jobs 회장 역시 실행형 리더에 해당된다. 사실 스티브 잡스에 대한 인간적 평가는 그리 좋지만은 않다. 변덕이 심한 성격, 직원에 대한 폭언, 건방진 태도 등이 언론을 통해 자주 회자될 정도였다. 하지만 그는 천재적인 창의성과 열정을 바탕으로 평생 'Stay hungry, Stay foolish!' 하게 살다간 전형적인 실행형 리더임이 틀림없다.

비전형 리더십 : 행복 비전을 실현하는 월트디즈니

한 부부가 월트디즈니 사에서 인턴 사원으로 일하는 아들의 초대로 디즈니랜드를 방문했다. 그런데 부부에게 디즈니랜드를 구경시켜 주던 아들이 약간 이상한 행동을 했다. 갑자기 한 여성에게 다가가 온갖 방법을 동원해 그녀를 웃기는 것이었다. '도대체 저 아이가 왜 저럴까?' 알 수 없는 행동에 놀란 부부가 왜 그랬는지 묻자, 아들은 이렇게 대답했다.

"저 여성분이 아까부터 인상을 쓰고 있더라고요. 그녀가 계속 얼굴을 찡그리고 인상을 써 봐요. 다른 사람들도 그녀를 보고 똑같이 따라 할 테죠. 이곳은 지구에서 가장 행복한 곳이어야 하는데 그런 일이 일어나서는 안 되죠."

아버지는 아들의 말에 흡족한 미소를 지었지만, 그래도 아직은 이해할 수 없다는 표정으로 한마디 던졌다.

"월트 디즈니가 죽은 지 언제인데 아직도 그런 비전 타령을 하느냐?"

그러자 아들은 이렇게 응수했다.

"월트 디즈니는 없지만 그의 비전은 여기 아직 살아 있습니다. 그리고 그 비전이 바로 디즈니랜드가 세계 최고가 되는 비결입니다."

대화에서 알 수 있듯, 월트 디즈니는 디즈니 만화영화를 보고 디즈니랜드를 찾아온 모든 사람을 행복하게 하자는 비전을 추구했고, 그 비전을 회사 전체에 불어넣었다. 그리고 마침내 월트 디즈니가 강조하던 비전은 모든 구성원이 열정적으로 일하는 동기가 되었다.

미국 자동차산업의 창시자 헨리 포드Henry Ford 역시 마찬가지다. 그도 원대한 꿈을 가슴에 안고 조금씩 목표를 달성해 가는 비전형 리더십을 보여줬다. 자동차가 최상류층만의 전유물이던 시절, 포드는 '대중을 위한 자동차'라는 비전을 세웠고, 이를 달성하기 위해 파격적인 비용절감, 생산설비의 과학화, 분업화 등 창조적이고 혁신적 방법을 도입했다.

모든 시대 모든 지도자의 공통적인 특성은 직원들에게 비전을 심어주는 감각을 갖췄다는 것이다. 뛰어난 리더는 비전의 전도자이다. 리더는 반드시 미래지향적이어야 하며, 조직이 나아갈 미래에 대한 방향감각을 분명히 가지고 있어야 한다. 비전을 가진 리더는 '한 사람이 꿈을 꾸면 꿈으로 끝날지 모르지만 조직이 함께 꿈을 꾸면 얼마든지 현실로 가꿔 낼 수 있다'는 신념에 충실한 사람이다. 또한 그들은 조직의 목표와 나아가야 할 방향을 정확히 파악하며, 이를 조직 구성원들에게 제시하고 이해시키는 것이 자신의 가장 큰 책임이라고 생각하고 최선을 다해 이를 이행한다.

어떤 조직이든 영속하기 위해서는 구성원들에게 조직의 명확한 비전과 핵심가치를 제시하여 힘을 한곳으로 집중시키고 목표를 향해 움직이도록 해야 한다. 그래야만 조직 구성원들에게 열정적으로 일할 수 있는 동기가 부여되고, 조직이 핵심목표를 향해 응집력 있게 나아갈 수 있기 때문이다.

비전형 리더는 지위나 권한을 내세워 지시하기보다 구성원에게 조직의 비전에 대한 공감대를 이끌어내고 활력을 불어넣기 위하여 노력한다. 명확하고 결정적인 판단을 내린다는 점에서 지시명령형 리더십과 비슷하지만, 영감을 불어넣는 능력을 통해 조직이 나아갈 방향과 지향해야 할 비전을 확실히 제시하여 사람들이 공유한 가치관과 조화를 이루도록 하는 점에서 지시명령형 리더십과 다르다.

비전형 리더십은 부하 직원이 따라가고 싶게끔 느끼게 하는 리더십이며, 비전형 리더는 부하 직원이 좋은 의견을 내면 귀를 기울이고 부하 직원을 대할 때 공정함과 유연성을 가지려고 노력한다. 또한 부하 직원이나 조직에 돌아가는 이익을 최우선시하며, 이를 위해 달성해야 할 목표와 실행방안을 구성원에게 알기 쉽게 전달하여 긍정적인 분위기에서 미래에 대한 희망을 품도록 분위기를 조성하여 열정과 헌신을 이끌어낸다. 불황기나 조직의 환경이 어려운 상황에 처해 있을 때 가장 효율적인 리더십이라 할 수 있다.

그러나 비전형 리더십은 리더에 대한 부하 직원의 존경과 신뢰가 있어야만 효과를 볼 수 있다. 리더보다도 경험이 풍부하고 지식이 많은 부하 직원이 있는 경우 비전형 리더십은 효과적이지 못하다. 리더로서의 권위를 잃거나 구성원들이 리더를 신뢰하지 않을 때도 마찬가지로 효과를 보기 어려우니 주의해야 한다.

서번트형 리더십 "우리 모두의 친구 같은 회장님!"

1994년, 미국 〈유에스에이투데이USA Today〉 지에 재미있는 광고가 하나 실렸다.

"우리 이름을 모두 기억해 주시고 추수감사절에 우리에게 직접 선물을 챙겨 주시며 보스가 아니라 친구가 되어 주신 허브 씨, 16,000명 저희 임직원이 진심으로 감사드립니다."

이 흥미로운 광고는 사우스웨스트항공 직원들이 스스로 돈을 걷어 허브 켈러허Herb Kelleher 회장에게 감사를 전하는 내용을 담고 있다. 허브 켈러허 회장이 대체 어떻게 했길래 직원들이 자발적으로 돈을 걷어 감사의 메시지를 담은 광고를 내게 되었을까?

켈러허 회장은 미국의 대기업인 사우스웨스트항공 사를 가족적인 분위기로 만들었다. 직장 상사는 집안 어른처럼, 직장 동료는 친구나 친지처럼 생각되는 즐겁고 편안한 분위기 속에서 즐겁게 일하도록 만들었다.

"서비스 회사에서 서로 얼굴 붉히고 인상 쓰는데 좋은 서비스가 나올 리가 있겠는가? 직원들이 서로 간에 즐거운 서비스를 하다 보면 고객에게도 진심을 다해 즐거운 서비스를 할 수 있게 되기 마련이다."

켈러허 회장 스스로도 이렇게 말하며 즐거운 회사 만들기에 동참했다. 점심시간에 엘비스 프레슬리 복장으로 나타나기도 하고, 출근길에 토끼 분장을 하여 직원들을 즐겁게 만들었다. 켈러허 회장은 권위 같은 것은 저 멀리 던져 버린 대표적인 서번트형 리더이다.

서번트 리더십 개념은 1977년 AT&T에서 경영교육과 연구를 담당한 로버트 그린리프Robert K. Greenleaf가 저술한 《서번트 리더십Servant Leadership》에서 처음으로 제시되었다. 그린리프에 따르면, 서번트 리더십은 "타인을 위한 봉사에 초점을 두며, 종업원, 고객, 및 커뮤니티를 우선으로 여기고 그들의 욕구를 만족시키기 위해 헌신하는 리더십"이라 정의할 수 있다. 그는 서번트 리더십의 기본 아이디어를 독일의 노벨문학상 수상작가 헤르만 헤세Herman Hesse의 단편소설 〈동방 순례Journey to the East〉에 등장하는 레오라는 주인공에게 영감을 받았다고 한다.

이 소설에 나오는 레오Leo라는 인물은 순례단의 허드렛일을 맡아서 하던 심부름꾼이었다. 어느 날 레오가 사라지기 전까지는 모든 일이 잘되어 갔지만, 그가 사라지자 일행은 혼돈에 빠지고 흩어져서 결국 여행이 중단되는 상황에 빠졌다. 그들은 충직한 심부름꾼이었던 레오 없이는 여행을 계속할 수 없었던 것이다. 사람들은 레오가 없어진 뒤에야 그가 없으면 아무것도 할 수 없다는 사실을 깨달았다. 일행 중 한 사람은 몇 년을 찾아 헤맨 끝에 레오를 만나서 여행을 후원한 교단으로 함께 가게 되었고, 거기서 그는 그저 심부름꾼으로만 알았던 레오가 그 교단의 책임자인 동시에 정신적 지도자이며 훌륭한 리더라는 것을 알게 되었다. 레오는 그린리프가 제시하는 서번트 리더십의 전형적 인물인 것이다.

드러커Peter F. Drucker는 자신의 책 《미래경영Managing for the Future》에서 지식시대에는 기업 내에서 상사와 부하의 구분이 없어지며, 지시와 감독도 더 이상 통하지 않을 것이라고 강조했다. 지난날 전통적인 리더는 목표와 과제를 제시하고 구성원들에게 수행을 지시했다. 그리고 자신의

경험과 전문 지식이 조직원들보다 월등하다고 생각하므로 그들과 의사
소통의 기회를 가지려 하지 않는 경향이 강했다.

이러한 전통적 리더십을 기반으로 하는 조직은 일시적으로는 가시
적인 업무성과를 기대할 수 있으나, 일정한 단계 이상으로는 조직을
발전시키지 못한다. 지시와 수행이라는 종속관계에서 조직원들이 리
더와 함께 조직 비전을 공유하지 못하기 때문이다. 그러므로 리더가
부하들보다 우월하며 위에서 부하들을 이끌어야 한다는 기존의 수직적
인 리더십 패러다임에서 이제는 리더가 부하들을 위해서 헌신하며 부
하들의 리더십 능력을 길러 주기 위해 노력해야 한다는 서번트 리더십
위주의 패러다임으로의 전환이 바람직하다.

실제로 최근 경영학계에서는 서번트 리더십이라는 주제가 리더십
관련 문헌에서 자주 다루어지는데, 미국의 경우 3M, 인텔, HP 등을
비롯하여 많은 기업들이 교육훈련 프로그램에 서번트 리더십 워크숍을
포함시킨다.

서번트 리더십 프로그램은 미국 인디애나폴리스에 있는 그린리프
연구센터Greenleaf Center for Servant Leadership가 가장 앞서 있다. 그린리프
연구소장인 스피어즈Larry Spears는 서번트 리더의 주요 특성으로 경청
listening, 공감empathy, 치유healing, 스튜어드십stewardship, 부하의 성장을
위한 노력commitment to the growth of people, 공동체 형성building community 등
을 든다.

이러한 특성에 가장 부합되는 인물이 한국에도 있었다. 바로 세종대
왕이다. 우리나라 국민들이 가장 존경하는 세종대왕이야말로 섬기는
리더십과 소통의 리더십을 몸소 보여준 위대한 성군이었으며, 서번트

리더십을 가진 최고의 리더였다.

　이처럼 지금은 권위적이고 이기적인 리더, 자신의 야심을 위해 구성원들 위에 군림하는 리더보다는 봉사하고 헌신하는 '섬기는 리더', 불굴의 추진력을 가진 '카리스마형' 리더보다는 자신의 부족한 점을 인정하고 다른 사람의 얘기에 귀 기울이며 그들이 지치지 않고 최상의 능력을 발휘하여 목표를 향해 나아갈 수 있도록 독려하는 리더가 존경받는 시대이다.

설득의 리더십

전 외환은행 B 부행장

성공한 인물은 대개 변혁적인 마인드와 사고방식으로 아랫사람들을 설득하여 지지를 얻는다는 특징이 있다. 특히 장 수석님처럼 오랜 세월 근무했던 직장을 떠나 새로운 둥지로 이동하게 되면 이질적이고 낯선 조직에 적응하려고 많은 노력을 하게 된다. 하지만 그런 노력으로 친밀한 동료와 부하 직원을 얻는 한편, 시기하고 부정적 시각을 갖는 사람들도 생기게 마련이다. 진정한 리더는 이런 부정적인 시각의 부하 직원이나 동료들도 포용하여 내 편으로 끌어들일 수 있어야 한다.

장 수석님은 위에서 말한 진정한 리더십을 보여줬다.

- 항상 부하 직원의 의견을 잘 듣고 상사로서 합리적인 의사결정을 도왔다.
- 부하 직원에 대한 편협한 선입관을 버리고 현재의 모습과 능력만을 중시했다.
- 자신과 다른 의견을 주장하는 사람에 대해서는 본인 스스로 참뜻을 이해할 때까지 기다려 주는 여유를 보여줬다.

업무처리에서도 마찬가지다. 장 수석님은 부여된 목표를 달성하는 방법과 혁신적인 마인드로 업무를 처리하는 방법을 알려줬고, 부하 직원이 제대로 숙지할 때까지 중간점검과 피드백을 통해서 완벽하게 지도하는 훌륭한 리더로서의 모습을 보여줬다.

아울러 내가 기억하는 장 수석님의 또 다른 훌륭한 모습은 현실에 안주하지 않고 부단히 노력한 자기계발에 대한 열정이다. 평소 사회 각계각층의 다양한 인사들과의 꾸준한 교류는 물론이거니와 항상 배우려는 자세는 본인만 아니라 후배들의 인생 선배로서 훌륭한 귀감이 된다. 문학, 예술 등 다양한 방면에서 재주와 능력을 보여준 그분의 생활을 난 언제나 부러운 눈빛으로 바라봤다. 늘 유머러스하고 박학다식한 모습을 보여준 장 수석님. 나는 훌륭한 대인관계와 직장 상사가 지녀야 할 자세, 진정한 리더십을 보여준 장 수석님께 존경을 표한다.

4

리더여
깨어나라

프란치스코 교황과 이순신

2014년 8월, 우리는 시대와 국경을 초월한 두 명의 큰 리더를 만났다. 한 명은 전 세계의 11억 가톨릭 신자를 이끄는 수장인데도 소형차와 지하철을 타고 다니며 힘 없고 가난하고 약한 이들에게 사랑과 화해를 설파하며 위안을 준 프란치스코 교황이고, 또 한 명은 영화 〈명량〉의 주인공인 이순신 장군이다. 그는 모함으로 죽을 뻔한 상황에서도 "아직 신에게는 12척의 배가 있다"라며 멸사봉공滅私奉公, 사즉필생死卽必生의 정신으로 목숨을 던져 풍전등화의 국난 속에서 나라를 지키며 백성들에게 진정한 리더십이란 무엇인지 보여줬다.

개인적으로 〈명량〉은 그렇게 재미있는 영화는 아니었다. 전투 장면이 디테일하고 격정적이긴 하지만 우리가 익히 잘 아는 내용이어서 흥미가 떨어질 수밖에 없다. 그런데도 폭발적인 인기를 끌었다. 게다가 놀랍게도 이 영화를 여러 번 관람한 사람들도 매우 많다고 한다.

왜 국민들은 이순신이 등장하는 〈명량〉에 열광할까? 가톨릭 신자가 아닌데도 왜 우리는 먼 남의 나라에서 온 교황의 일거수일투족에 감동할까?

서울대 융합과학기술대학원 손욱 교수는 교황의 방한과 이순신 장군을 그린 영화 〈명량〉의 메가 히트를 '힐링의 리더십'으로 설명했다.

"빈부, 좌우 이념을 떠나 이 사회는 상처받아 있다. 권력자와 돈 있고 힘 있는 자들이 세상을 어지럽히는 것에 대한 박탈감이 사회 구성원들에게 팽배해 있다. 행진을 멈추고 신도들의 손을 잡아 준 교황, 백성을 살리기 위해 출정한 이순신 장군의 모습에서 상처받은 이들을 치유해 줄 리더의 모습을 이 사회가 꿈꿔본 것이 아닌가 생각한다.”

난세가 영웅을 만든다는 이야기가 있다. 세상이 어지러운 때일수록 국민들은 지도자를 바라보고 참된 지도자의 리더십을 애타게 기대한다. 우리가 프란체스코 교황과 이순신의 리더십을 그리워하고 감동하는 것은 우리가 직면한 현실, 우리가 겪는 사회적, 정치적, 경제적 상황이 그만큼 어렵고 갈등이 심하기 때문이라는 반증일 수 있다.

2013년 삼성경제연구소의 발표에 따르면 우리나라의 사회갈등지수는 OECD 회원국 중 터키에 이어 두 번째로 높고, 갈등으로 인한 경제손실이 연간 82조~246조 원에 달한다고 한다. 갈등을 조정해야 할 정치인이나 언론인들이 오히려 더 나서서 사사건건 보수와 진보, 좌파와 우파의 이념적 논쟁과 정쟁을 일삼고 국민들을 더욱더 분열과 대립 속으로 몰아넣고 있다. 아무리 경제가 발전해도 지금과 같은 불신과 갈등구조에서는 누구도 행복해질 수 없을 것이다.

더구나 각종 사건에서 발견할 수 있는 우리 사회의 총체적 낙후성과 후진성, 부끄러운 자화상, 지방자치단체장 선거의 정쟁 후유증, 총리와 일부 장관 교체를 위한 청문회에서 터져 나온 각종 비리의혹과 정치권, 청와대, 행정부의 낙하산 인사문제, GOP 총기난사 사건을 비롯한 군 관련 각종 사고 등 사회 각 분야에서 자주 터져 나오는 사건들이 우리로 하여금 참다운 힐링 리더를 그리워하게 만든다.

제 9 장

우리 사회가 앓고 있는 중병

부패 네트워크와 불신의 사회

불신의 골이 깊은 한국사회

지금 우리는 건국 이래 그 어느 때보다 물질적으로 풍요로운 시대에 살고 있다. 그러나 국민들이 느끼는 행복지수는 물질적 풍요와 큰 괴리를 보이고 있다.

열심히 공부해서 좋은 학교를 나와도 취직하기가 어려워 청년 실업자들이 늘어나고, 좋은 아이디어를 갖고 창업을 해도 줄과 네트워크가 없으면 경제의 주력으로 발돋움하기 쉽지 않다. 하청을 받는 영세기업은 대기업과의 관계에서 상생관계보다는 힘센 갑의 압박에 언제나 당해야만 하는 을의 위치로 변질되고 있다. 잘나가고 돈 많은 사람들은 더 많은 명예와 부를 얻으려 발버둥치고, 힘없고 가난한 사람들은 꿈을 잃고 방황하는 등 사회적, 경제적 양극화 현상이 심화되고 있다.

물론 산업과 기술문명이 발전할수록 빈부격차와 양극화는 어느 정도 불가피하게 나타날 수밖에 없다. 그러나 우리나라의 문제는 국민 대다수가 우리 사회가 공정한 규칙과 정당한 방법이 적용되지 않는 사회라고 믿는 데 있다. 부정한 방법으로 부를 쌓고 공정하지 못한 방법으로 출세하고 정의롭지 못한 사람들이 지도자가 되며 권력을 가진 자가 돈까지 탐한다는 불신의 골이 깊을 대로 깊어진 것이 가장 큰 문제인 것이다.

2013년 국민권익위원회가 3,900명의 국민을 대상으로 실시한 부패인식도 관련 설문조사에서 "우리 사회가 부패했다"고 답변한 일반시민이 53.7%나 됐다. 우리 사회에 대한 불신의 골이 깊다는 것을 알 수 있다. 미래사회를 이끌 청소년들이 현재의 우리 사회를 보는 시각도 크게 다르지 않다. 2014년 9월 2일 〈동아일보〉 기사를 보면, 서울시내 중·고등학생들에게 한국사회를 신뢰하는지 물은 결과 62%가 "불신하는 편이다" 혹은 "매우 불신한다"고 답했다고 한다. 반면 한국사회를 신뢰한다고 답한 청소년은 12.4%에 그쳤다. 한국사회에 대한 신뢰 정도를 100점 만점에 몇 점이나 줄 수 있는지 물어보니 평균 44.7점으로 낙제점을 면치 못했다. 청소년들이 사회를 불신하는 이유로는 "거짓말 안 하고 약속신뢰을 지키면 오히려 손해 보는 세상"과 "대통령, 국회의원 등 정치인이 국민과 한 약속은 지키지 않고 사리사욕만 채운다" 등을 가장 많이 언급했다고 한다. 현실을 잘 알지 못하는 청소년들이 벌써 세상을 이처럼 비관적으로 바라보니 이들이 앞으로 살아갈 미래가 암울하기만 하다.

또한 청소년들에게 누구를 가장 불신하는지에 대한 답변을 들어 보니 단연 정치인을 가장 많이 꼽았고, 다음으로 검찰 및 경찰, 일반 공무원 순이었다. 그런데 재미있는 사실은 정작 공무원은 일반시민의 4분의 1 정도의 비율인 13.5%만이 사회가 부패했다고 답했다는 것이다. 또 가장 청렴한 기관을 뽑는 설문에서 일반시민은 '시민단체', 기업인은 '교육 분야'를 꼽은 반면 공무원은 '행정기관'을 가장 많이 선택하여 스스로를 가장 깨끗하다고 보았다. 남들은 부정부패라고 손가락질하는데 정작 당사자들은 이를 인식하지 못하니 답답한 노릇이다.

부패의 사회병리학

한국사회에 만연한 부정부패 현상은 어제오늘의 일이 아니며, 또한 어느 특정 부문에서만 찾아볼 수 있는 국부적 현상도 아니다. 근대화, 자본주의, 시장경제 과정을 거치면서 부작용으로 관행화하고 생활양식화하여 온 사회에 퍼져 있는 심각한 문제이다. 즉, 한국사회의 근대사 속에서 장기적이고도 반복적으로 누적된 현상이다.

공직사회의 부정부패와 관련된 뇌물수수, 인허가 업무나 청탁과 관련된 검은 돈 뒷거래, 이른바 급행료 챙기기 등 고질적인 관행은 아직도 없어지지 않고 있다. 국가지도자들의 부패는 일부라고 할지라도 사회 전체에 미치는 영향력과 상징성이 크다. 군대, 경찰, 사법계 등 나라의 질서를 유지하기 위해 존재하는 조직의 기강을 해이하게 만들고 일선 관공서를 비롯한 공공기관의 구석구석까지 오염시킨다.

또한 오랜 기간에 걸쳐 이른바 정-경-관이 유착하여 복합적이고 총체적으로 형성된 부패문화는 부패에 대한 관용을 높여 급기야는 사회의 구석구석 혈연, 지연, 학연 등 인적관계로 맺어지는 부패의 고리를 형성하게 된다.

부패의 사회병리 현상은 또한 국민들이 '정상적이고 합법적인 방법으로 일을 처리하면 손해를 보게 된다'는 피해의식을 갖게 만들고, '남들이 하니까 나도!' 식으로 판단해 부패행위에 가담할 확률이 높아져 결국 공정한 사회경제 활동을 저해한다. 탈법이 기승을 부리는 사회에서는 법과 원칙을 지키는 사람들만 바보가 되고 피해를 당하기 때문에 건전한 시민정신을 병들게 하고 사회적 낭비와 비효율성을 증대시켜 국가 경쟁력을 약화하는 결정적인 원인으로 작용한다.

총체적인 '부패 네트워크' 사회를 치유하지 못하면 한국에서 발견할 수 있는 희망의 몸집은 점점 작아질 것이다. 정의로운 국가, 공평한 사회를 만들어 가고 실의에 빠진 사람, 힘없는 사람에게 희망의 등불이 되어 줄 확고한 비전과 철학이 있는 정의로운 지도자의 리더십이 절실히 요구되는 때이다.

정치지도자들에 대한 불신

국회의원 면책특권의 남용

한국에서는 어떤 여론조사 결과를 보더라도 정치와 정치인, 대통령과 그 측근 등에 대한 불신이 유난히 큰 것으로 나타난다. 이는 한국사회의 고질적인 부정부패가 가장 큰 원인이지만, 정치인들 스스로 자초한 면도 적지 않다.

군부의 힘을 업고 등장하여 무소불위의 권력을 행사한 전직 대통령들, 특히 5, 6공화국의 두 전직 대통령이 불법 비자금 조성이라는 정치부패 혐의로 사법처리되면서 고위 정치인에 대한 국민들의 존경과 신뢰가 사라지기 시작했다. 문민정부에서도 불법 대선자금과 대통령 측근이나 친인척 비리 등이 계속 매스컴에 오르내리고 있다.

국회에 대한 불신은 더 커지고 있다. 잊을 만하면 국회의원을 비롯한 정치지도자들의 금품수수 등 비리사건들이 터져 나온다. 수천만 원의 뇌물을 받고도 직무에 관련 없는 돈이라고 항변하고, 검찰수사라도 받게 되면 불체포특권을 방패 삼아 개인비리의 보호막을 치는 것이 국회의 안타까운 현실이다. 방탄국회가 열릴 때마다 나오는 "국회의원은 현행범인 경우를 제외하고는 회기 중 국회의 동의 없이 체포 또는 구금되지 아니한다"라는 헌법 44조 1항 내용이 우리 마음을 더욱 답답하게 만든다.

물론 우리나라 제헌헌법의 뿌리가 된 독일의 바이마르헌법을 비롯하여 미국, 영국 등 선진국 헌법에도 불체포특권이 있다. 그러나 우리나라처럼 불체포특권을 오·남용하여 '몰염치범'까지 보호하는 사례가 있는지 의문이다.

국회 안에서의 폭력과 상호 간 감정싸움 등으로 자질 부족이라 지탄받는 일부 의원들, 국정감사나 청문회 등에서 질문의 핵심을 벗어나 무례하고 독선적인 우월감 속에 대중적 관심이나 끌려는 의원들, 당리당략에 휩쓸려 각자의 입장만 고집하며 우왕좌왕하는 의원들에 대한 불신은 이제 우리 사회에 더 이상 새로운 논쟁거리가 아니다.

정치논쟁의 희생양 된 세월호 사건

진지하게 우리 사회의 부끄러운 치부를 반성하고 새로운 해결책을 모색했어야 할 세월호 사태 역시 정쟁으로 희생된 대표적인 사건이다. 2014년 4월 16일 발생한 세월호 참사 이후 여야는 모두 국정조사 등을 통한 '세월호 진상규명'을 내세웠다. 국민과 유족들이 바라는 것은 더도 덜도 아닌 실체적 진실이고, 정말 책임져야 할 대상을 찾아내는 일이며, 다시는 꽃 같은 어린 청소년들이 억울한 죽음을 당하지 않도록 재발 방지를 위한 근본적인 대책을 수립하는 일이다.

그러나 막상 정치권으로 옮겨 간 세월호 사건은 각자의 이익 계산법에 따라 정국을 대립과 갈등으로 몰고 갔다. 국민들의 눈에는 야당은 진상 규명보다는 정권심판 전략으로 흐르는 모양새로 비쳤고, 여당은 자신들의 책임을 다른 곳으로 돌리는 데 급급한 것으로 보였다. 급기야 세월호 사건 유족들과 우파적 성향이 강한 일부 국민들 사이에 갈등이 빚어졌고, 다시 한 번 국가권력 및 정치에 대한 불신과 의혹만 부풀려 놓은 꼴이 되고 말았다.

또한 2014년 하반기 회기 동안 풀어야 할 현안들이 산적해 있지만 여야는 각자의 입장만 고집하면서 서로 엇박자를 냈다. 2014년 들어 9월까지 국회에 제출된 법안과 결의안이 2,800건이 넘지만 처리건수는 70건에 지나지 않는다는 기사도 있었다. [5]

이를 보는 국민들은 답답하기만 하다. 가뜩이나 정치권을 불신하는 판에 정치권의 대립으로 국회가 공전만 하니, 오죽하면 국민들 사이에서 국회의원들도 일하지 않는 기간만큼 '무임금 무보수' 원칙으로 의원 세비를 주지 말자는 원성이 나올까.

정치인들은 여야를 막론하고 선거 때만 되면 국민들의 불만을 잠재우기 위하여 면책, 불체포특권 내려놓기를 비롯하여 세비 삭감, 공천 금품수수 형사처벌 강화 등 전시용 약속을 늘어놓지만, 어느 정도 시간이 흐르면 약속 이행 없이 흐지부지되고 만다. 이처럼 정치인들의 식언이 반복되어 왔으니 정치인과 정치에 대한 불신은 어쩌면 당연할지 모른다.

더구나 정치인들의 당파 간 갈등과 이데올로기적 대립은 이미 치유하기 힘든 상황에 접어들었다. 한국 정치가 진보와 보수 정권을 오가는 사이 정치적 반격과 보복이 극에 치달았다. 현 정권의 실패가 곧 차기 정권을 잡을 수 있는 기회가 될 수 있다는 생각에 상대의 모든 것을 부정하고 뒤엎으며 분열과 갈등을 조장해 온 것이다. 정당 간의 당당

---

5 〈동아일보〉, 2014.9.25, "손태규의 직필직론".

한 정책 경쟁이 아니라 서로가 계파로 나뉘어 감정적인 비판으로 반대를 위한 반대를 하고 갈등과 반목, 이념적 대립만 하는 모양으로 비쳐 온 것이 불신의 요인이 되고 있다.

보수-진보 논쟁의 양극화

특히 보수와 진보의 이념논쟁이 결정적으로 국민들의 편을 갈랐다. 선진국 정치가 이데올로기 논쟁을 종식하고 중도적 진보나 개혁적 보수로 수렴하는 것과 달리 우리는 '기득권 세력 대 비기득권 세력', '독재세력 대 반독재 세력', '산업화 세력 대 민주화 세력', '종북 세력 대 보수세력'처럼 서로를 공존하기 어려운 적대 세력으로 이해하고 있다. 심지어는 보수 = 꼴통 수구세력, 진보 = 종북 좌익집단으로 극단적으로 상대를 매도하며 대립하고 있다.

이 같은 이념적 적대감을 해결하기 위해서는 먼저 본질을 제대로 알아야 한다. 일반적으로 보수와 진보에 대한 구분은 체제에 대하여 개혁적인가 그렇지 아니한가에 대한 차이에서 출발한다. 보수가 권력의 중심에서 자신의 기득권을 유지하기 위하여 노력하는 것이라면, 진보는 기득권의 독점을 분쇄하여 새로운 분배의 룰을 확립하고자 한다.

유럽의 경우를 보면 진보란 국민의 삶을 향상시키기 위해 사회공동체가 적극적으로 개입하자는 개념으로, 진보주의자들은 혼자 자립할 수 있을 때까지 주거, 교육, 복지, 최저생활 등에 대하여 공동체 전체의 책임으로 하자고 주장한다. 반면 보수는 정부가 개입하지 말고 자기 스스로 먹고살 수 있는 힘을 키울 수 있도록 사회경제적으로 공정한 틀을 만들자는 개념으로, 이를 위하여 보수주의자들은 시장의 틀을 공정하게 만들기 위한 독과점 억제, 국유화, 정직한 정보의 유통 활성화 등이 필요하다고 주장한다.

그러나 최근 유럽 국가들의 정당은 주로 보수와 진보를 떠나 적절히 조율하고 타협하는 방향으로 나가고 있고, 미국 역시 냉전 종식 후 보수와 진보의 차이가 명확하지 않은 것이 현재의 구도이다.

결국 서구에서의 진보와 보수의 차이는 국민들을 잘 먹고 잘살게 하는 방법론의 차이라고 볼 수 있다. 그러다 보니 진보와 보수가 서로 연립정권을 세우기도 하고 진보정권에서 보수주의 정책이 나오는가 하면 보수주의 정권에서 진보적인 정책이 나오는 등 유연하게 대처하는 모습이다.

이제 우리나라도 국력과 국격에 걸맞게 국민의 눈높이에 맞는 새로운 정치제도와 정치문화를 이루기 위한 실천적 노력이 있어야 할 때이다. 정치야말로 국가 기본질서의 근본이기에 정치인에 대한 불신은 해당 정치인의 정치적 생명에 영향을 줄 뿐만 아니라 사회 전반에 대한 불신으로 이어져 국가의 건전한 존립이 위태로워진다.

정권을 이어 가며 나타나는 대립과 갈등, 반목에 국민들은 지치고 피로하다. 국민의 모든 괴로움이, 모든 모순이 내 속에 있었다고 정치권이 자책하고 "내 탓이오!"라고 외치며 가슴을 칠 때 우리나라는 바로 설 것이다. 불신시대를 푸는 열쇠는 바로 정치지도자들의 반성과 행동에 있다.

관료 리더십에 대한 불신

관료에게 요구되는 엄격한 잣대

우리는 보통 정부 관료에 대해서는 일반인보다 더욱 엄격한 덕목을 요구하고 까다로운 잣대로 평가한다. 이유는 간단하다. 관료사회는 언제나 국정의 방향성을 정하고 경제행위의 규칙을 결정하고 심판하며 국민들을 더 나은 방향으로 이끌어야 하는 막중한 책임을 진 리더 그룹이기 때문이다.

2014년 5월 경제협력개발기구OECD가 36개 회원국을 대상으로 벌인 조사에서 우리나라 국민 10명 중 불과 2명꼴인 23%만이 정부를 신뢰한다고 답했다. 최고를 기록한 스위스(77%)는 물론이고 OECD 평균(38.9%)에도 한참 못 미쳤다. 정부를 믿지 못한다는 것은 관료와 관료 조직에 대한 국민의 불신이 그만큼 높다는 뜻이다.

근대 관료제bureaucracy 조직은 막스 베버에 의해 제시된 후 다양한 변화를 이루어 왔다. 관료제란 일반적인 의미에서는 행정조직의 직무를 계층적으로 나누어 행정활동을 하는 조직 유형인데, 이는 계급조직hierarchy이라 하는 상하수직적인 형태로 되어 있다. 따라서 관료들은 일반 사람들보다는 높은 지위에서 민중을 지도하고 규제하려고 한다. 이와 같은 관료제에서는 시민적 자유와 민주적 자유를 보장할 수 있는 통치구조가 성립되기 어렵다. 예로부터 관료사회에서 관료가 된다는 것은 확실하게 주류사회에 진입하여 출세하고 이익을 얻는 길이었다.

우리나라에 현대적인 모습의 관료조직이 등장한 시기는 광복 이후 정부가 수립된 1948년으로 볼 수 있다. 그 이후 60여 년 동안 드러난 크고 작은 관료제의 문제점을 해결하기 위해 수십 차례의 행정개혁이 이루어졌다.

이렇게 빈번하게 행정개혁이 시행된 것이 시대의 환경변화에 유연하게 대응하기 위함이라고는 하나, 다른 선진국들에 비해 유독 자주 바뀐다는 비판을 피하기는 힘들다. 특히 정부 수립 이후 최근에 이르기까지 50여 차례에 걸쳐 크고 작은 정부조직 개편이 이뤄졌다.

예를 들어 과거의 상공부를 보면 1993년에 상공자원부, 1996년에 통상산업부로 변경되고, 1998년에는 산업자원부로 개편된다. 다시 정권이 바뀌면서 2008년에 지식경제부로 바뀐 후, 2013년에는 또 다시 소관업무를 조정하여 현재의 산업통상자원부로 운영 중이다. 한국 경제와 과학을 책임져야 할 과학부도 이리저리 흔들리다가 정통부와 합쳐져 미래창조과학부로 통합되었다.

정부 조직과 직제 개편은 결코 작은 문제가 아니다. 직제가 개편될 때마다 관료조직은 뿌리부터 흔들릴 수밖에 없다. 또한 정권의 국정 목표에 따라 우선순위와 조직이 바뀔 때마다 터전을 잃은 관료들이 생기고 코드가 맞지 않는 관료들은 외곽으로 밀려난다. 일 잘하고 성실한 관료가 중용되는 것이 아니라 미리부터 정권과 코드를 맞춘 관료들이 중용된다. 관료들이 고위층에 오르기 위해서 그때마다 소신을 갖고 정의로운 뜻을 펴기보다는 정권의 변화에 순종할 수밖에 없는 경우가 많았다.

관료들의 영혼을 잃게 만든 정치권 줄 세우기

본연의 사명을 다하지 않고 소신 없이 복지부동하거나 불의를 저지르는 지도자들을 보고 우리는 흔히 '영혼을 팔았다', 또는 '영혼을 잃었다'고 말한다. 그러나 그게 반드시 그들만의 탓은 아니다.

정권이 바뀔 때마다 관료사회를 뒤흔드는 우리의 정치환경이 '영혼을 팔도록 하는 정권', 그 정권에 '영혼을 바꾸는 관료'라는 자조적인 푸념이 나오게 만드는 것이다. 우수한 두뇌와 소명의식을 갖춘 엘리트 집단의 표상인 관료사회가 경직되고 신뢰를 받지 못하면 사회 전반에 걸쳐 큰 비효율이 초래된다. 결국 살기 위해 힘 있는 사람 밑에 모이려는 본능이 구석구석 스며들어 지연, 학연, 관피아의 먹이사슬이 형성된다. 요즘은 관피아의 비어 있는 자리를 정피아(정권 창출에 기여한 사람들)가 채우고 있어서 관피아가 차라리 낫다는 푸념이 여기저기서 들린다. 관료들이 자부심과 영혼을 갖춘 자주적 리더십을 발휘할 수 있도록 정치적인 환경을 완전히 바꾸지 않으면 한국의 미래는 없다고 잘라 말할 수 있다.

최근에도 공무원의 임용방안 개선을 비롯한 관료사회의 개혁 요구가 그치지 않는다. 오늘날과 같은 고도의 지식정보사회에서는 다양한 아이디어와 각 전문 분야의 인적자원이 유기적으로 협동하는 체제가 필수적으로 요구되므로, 관료체계를 개선하여 전문가들을 영입하여야 한다는 목소리가 높다. 사실 정부 관료들은 한번 임용되면 신분이 확실히 보장되고, 계층구조가 연공서열 위주로 이루어져 있어 오래 눌러 앉아만 있으면 어느 정도의 고위직까지 오르는 데는 큰 문제가 없다.

행정관료 민간채용은 문제없나?

현재 '행정고시'로 불리는 5급 공무원 채용제도는 5급 공채와 5급 민간 경력자 일괄채용시험으로 분류되는데, 공채와 민간경력자 채용비율은 8 대 2 수준이다. 정부는 공채 채용비율을 단계적으로 축소해 2017년 에는 공채와 민간경력자 채용비율을 5 대 5로 맞춘다는 방침을 세웠다 고 한다. 지난 2010년에도 고시 중심 채용방식을 탈피해 채용경로를 다양화하기 위한 방안으로 5급 공채 축소를 추진한 바 있다. 당시 정부 는 2015년이 되면 5급 공무원 채용인원 중 절반을 민간전문가로 채우 겠다고 밝혔다.

그러나 이 방식이 고시로 인한 부작용을 치유할 수 있을지는 의문이 다. 아무리 좋은 제도가 생기면 무엇 하는가? 제도적 허점을 뚫고 반드 시 악용하는 사례가 발생한다. 실제로 모 장관의 딸이 외교부 5급 특채 로 임용된 사실이 알려지면서 공무원 외부 특채제도의 시행은 '현대판 음서제도'라는 비판을 받고 주춤하기도 했다.

또 이른바 실질보다는 외적이고 화려한 '스펙'을 지닌 사람들만 공직 에 진출할 가능성이 커진다는 목소리도 있다. 현재 민간전문가 채용에 는 학위, 자격증, 경력과 같은 응시요건 제한을 두는 만큼 스펙이 부족 한 이들은 지원 자체가 불가능하다.

일부에서는 이처럼 행정고시 제도 개편이 어려운 것은 공무원 사회 가 민간인을 받아들이지 못하는 것이 아니라 민간경력자 스스로 공무 원 사회를 인정하지 않기 때문이라고도 말한다. 민간에 비해 상대적으 로 처우가 낮아 적합한 인재가 지원하지 않는 경우가 많다는 것이다.

행정고시 제도로 인해 경직된 공직사회의 변화를 위해서는 현재 민간인 비율을 늘려야 한다는 데는 공감하지만 현실적으로 민간경력자들이 공무원 조직사회에 쉽게 녹아들기는 어렵다는 반응이다. 행정고시 제도 개편 이전에 공무원 조직문화, 분위기, 시스템 등을 우선적으로 손봐야 한다는 뜻이다. 더구나 행정고시와 민간경력자 출신 사이의 시각적인 차이를 좁히기 위한 선제적 작업이 필요하다는 지적도 있다.

논의만 무성한 규제개혁

공무원 사회의 막강한 힘을 실감할 수 있는 것이 규제개혁의 실패이다. 정권이 바뀔 때마다 역대 대통령은 규제개혁을 강조하며 결연한 의지를 보였다. 김영삼 정부 때 의욕적으로 시작한 규제개혁 노력은 제대로 성과를 이루지 못했고, 이명박 대통령도 "규제 전봇대를 모두 뽑아버리겠다!"며 집권 초에 기세를 올렸지만 이명박 정부 5년 동안 신설된 규제가 폐지된 규제보다 훨씬 많았다고 한다.

현 정부에서도 규제개혁에 대한 대통령의 결연한 의지가 발표되었지만 국정 최고책임자의 엄명을 받아 초비상이 걸려야 할 공직사회 일각에서 회의론이 고개를 들고 있다. 대통령 업무보고에는 각 부처가 규제 혁파를 위한 청사진을 경쟁적으로 담아냈지만, 정작 각 부처 서랍 속에는 자기들만 아는 규제가 쌓여 있다. 대부분 훈령과 고시 같은 세부규제다. 규제 이야기를 하면 관료들은 화살을 의원입법을 앞세운 국회 탓으로 돌리지만 국회의원들을 설득하기 위해 밤낮으로 뛰어다니는 관료들이 과연 얼마나 있는가?

이는 관료사회에 규제 본능이 깊이 뿌리내렸기 때문이다. 규제를 먹고 자라는 공무원들에게 있어 규제는 곧 권력이다. 특히 공무원은 국가 전체의 이익보다 자기 부처의 권한과 조직을 확대하려는 성향을 지닌다는 '파킨슨의 법칙'은 영원한 숙제다. 강력한 규제를 통해 부처의 권한과 자리를 키워 가려는 생리를 지닌 공무원들에게 스스로 규제를 내려놓으라고 요구하는 건 쉽지 않은 일이다.

2014년 4월 발생한 세월호 참사를 계기로 국민들은 일부 관료들이 무능과 부패의 정점에 자리하고 있다는 사실을 새삼 실감했다. 각종 마피아 시리즈로 머리가 혼란스러울 정도다. 관료제의 병리현상으로 흔히 지적되는 비능률, 형식주의, 무사안일주의, 비밀주의, 훈련된 무능력, 끊임없는 영역 확장 등이 낱낱이 현실로 드러난 것이다.

물론 자신의 자리에서 최선을 다하는 분들도 있지만, 스펙을 잘 쌓아서 남보다 먼저 진급하는 것을 우선 목표로 삼고 나중에 문제가 생길 일은 직접 결정하지 않고 책임에서 벗어나기에 급급한 고위 공직자들도 많은 게 현실이다. 공직에서 퇴직하고 나서는 민간인으로 옷을 바꿔 입고 산하 유관단체에 가서 곳곳에 뿌리를 내리며 로비스트가 되어 부정부패의 단단한 고리 역할을 하는 경우도 허다하다.

정부 관료는 국가와 국민을 위한 사명감과 명예를 최고의 가치로 여기는 자리임을 잊지 않아야 한다. '관피아'라는 단어와 먼 거리에서 공복의 길을 천직으로 알고 평생 일하다가 연금으로 살아가는 청백리淸白吏 공무원들, 묵묵히 멸사봉공滅私奉公의 자세로 일하는 100만 명의 공무원들이 일부 관료들의 잘못된 처신으로 이런 불신을 받는 것은 분명히 이 시대의 비극이다.

돌이켜 보면 직업 관료주의는 근대 행정국가 출범 이래 국가 발전의 중요한 버팀목이었다. 오늘날 선진국 치고 훈련된 관료집단의 도움 없이 나라다운 나라를 유지하는 국가가 있는가. 우리나라도 동남아 여러 국가에 비하면 초기의 경제성장 과정에서 우수한 관료들이 많이 등장해 오늘날의 한국 경제를 만들어 냈다. 그러나 이제는 정부 주도 계획경제의 한계점에 왔다.

왕조시대의 공무원 격인 목민牧民이란 말을 처음 만든 관중의 책인 《관자管子》에 이런 말이 있다.

"국가 유지에 필요한 네 가지 수칙은 예禮와 의義 그리고 염廉과 치恥인데, 이것이 없으면 나라가 멸망한다."

우리 공직자들이 가슴 깊이 새겨야 할 말이다.

불신의 사법계, 우리는 법 앞에 과연 평등한가?

눈을 가리고 저울을 든 정의의 여신 디케

그리스 신화에 나오는 디케Dike는 '정의의 여신'이다. 제우스와 율법의 여신 테미스 사이에서 태어난 딸이며 '질서'를 뜻하는 에우노미아와 '평화'를 뜻하는 에이레네와 자매이다. 오른손에는 칼, 왼손에는 법전(또는 저울)을 들고 있는 디케 여신상은 우리나라 대법원 출입문 위에서도 만날 수 있는데, 유럽을 여행하다 보면 광장이나 학교, 성당 등에서 흔히 볼 수 있는 동상이다. 정의는 삶 속에서 자주 접하는 것이라는 의미를 강조하는 뜻이기도 하다.

정의의 여신상의 이미지는 시대를 거듭하면서 변했는데, 현재도 나라마다 지역마다 조금씩 다른 모습을 하고 있다. 초기의 그림 속 정의의 여신은 아무것도 들고 있지 않았다고 한다. 그 후 그리스 신화에서는 칼만 쥐고 있었는데, 중세부터는 오른쪽에는 칼, 왼쪽에는 저울을 들고 있다. 저울은 평등과 엄정한 정의의 기준을 상징하고, 칼은 정의가 실현되기 위해서는 힘이 필요하다는 뜻이다.

그 후 1494년 독일 작가 브란트의 《광대선》이라는 풍자작품 속 정의의 여신은 눈가리개를 한 모습이다. 이는 정의와 불의의 판정에 있어 상대가 부유하거나, 가난하거나, 권력자이거나, 힘이 없는 서민이거나에 상관없이 사사로움을 떠나 공정성을 유지해야 한다는 상징이다. 그러나 우리나라 국민들이 사법계를 바라보는 시각은 그리 신뢰도가 높지 않은 게 현실이다. 그것을 증명이라도 하듯 석궁 사건을 다룬 영화가 크게 인기를 끌기도 했다. 사실 어떤 경우라도 법조인을 향해 석궁을 겨눈 것은 옳지 않은 일이다. 그런데 이를 영화로 각색한 것이 인기를 끈 이유는 사법계에 대한 국민들의 불만이나 불신이 그만큼 크다는 것을 입증한다.

헌법은 "대한민국의 모든 국민은 법 앞에 평등하며, 헌법과 법률에 정한 바에 따라 재판을 받은 권리가 있다"고 규정하고 있다. 또한 "법관은 헌법과 법률에 의하여 그 양심에 따라 독립하여 심판한다"(헌법 제103조)고 명시하여 헌법정신에 반하는 이념 또는 정치적 신념이나 개인적 주관 또는 편견 등에 의한 심판을 원칙적으로 금하고 있다.

사법정의에 대한 불신의 시각 : 전관예우

하지만 아직도 많은 국민들은 사법정의를 회의적으로 바라보고 있다. 과거 권위주의 시절 독재정권 아래에서 검찰들의 밀실수사, 고문수사가 방조되고 인권이 침해된 수많은 사례들의 기억이 아직도 강하게 남아 있기 때문이다.

2014년 4월에는 정치검찰로 상징되며 비판받아 온 '대검찰청 중앙수사부' 현판이 내려졌다. 검찰이 신뢰 받는 조직으로 거듭나기 위한 자체 노력의 일환으로 평가 받는 가시적인 개혁 조치였다. 그러나 아직도 검찰을 개혁하려면 기소독점권을 폐지하여 다양한 형태의 기소 방안을 법제화해야 한다는 전문가들의 목소리가 나온다. 검찰이 기소독점권을 독점하고 있는 한 정치와의 결별과 검찰 자체에 대한 견제를 이룰 수 없다는 주장이다. 검찰을 정치로부터 떼 놓아 국민의 눈높이에 맞는 조직으로 개혁하여야 한다는 목소리가 많다.

검찰이 정치로부터 독립되었다고 믿는 국민은 많지 않다. 최근에도 정치권에서는 정치공방의 의혹이 있을 때마다 검찰에 무조건 고소, 고발, 수사의뢰를 외치고 있다. 수사는 범죄의 의심이 있을 때 착수해야 하며, 합리적인 의심을 가지고 사태를 예리하게 파악한 결과 범죄 징후가 보일 때 수사권을 행사해야 한다. 더욱이 국회 안에서 일어난 일이라면 그것이 의회 스스로 해결하기 어려운 사안인 경우에 한해 외부의 힘이 관여해야 할 것이다.

이것이 민주주의의 요체인 삼권분립 정신에도 맞다. 구체적인 증거도 대지 않고 심증만 제시하면서 정치공방의 수단으로 검찰을 걸고넘어지는 것은 스스로의 품위를 떨어뜨리는 일일 뿐만 아니라 우리나라 검찰을 정치검찰로 오해받게 하는 요인의 하나이다.

법조계에 대한 또 하나의 불신은 바로 '전관예우' 논란이다. 사실 전관예우 논란은 판사나 검사 출신 변호사들이 학연, 지연 등을 이용하여 사건을 수임하고 '연줄'을 내세워 승소하려는 시각에서 나온 현상인데, 의뢰인들에게는 변호사를 선임할 때 판사와의 '연줄'이 있어야 승소할 수 있다는 뿌리 깊은 불신이 남아 있다. 일부 변호사들은 이러한 의뢰인들의 절박한 심정을 이용해 사건을 수임할 때 재판장이나 주심과의 연줄을 앞세워 고가의 수임료를 요구하는 경우도 있다고 한다. 이러한 문제는 그 사실 여부를 떠나 가장 공정해야 하는 재판의 권위를 떨어뜨려 법조계 전체의 불신으로 이어질 수 있다.

이 밖에 지방 토착세력과 결탁한 향판鄕判들의 형평성과 공정성에 의

문이 가는 판결, 시국 관련 공안사건이나 정치 관련 사건에서 편파판정의 피해의식 등도 주요한 문제로 등장하고 있다. 그러다 보니 국민들 사이에서는 '유전무죄 무전유죄, 유권무죄 무권유죄'라는 냉소적 풍조가 생겨나고, 재판결과에 대한 불복으로 이어져 항소, 상고 건수가 늘어나고 있다. 공정한 법 집행을 사명으로 하는 사법계 인사들의 간간이 불거지는 각종 비리사건, 고위직의 여성문제, 성 추문사건 등 개인적인 일탈행위도 국민들을 실망하게 하는 큰 이유이다.

우리나라에서 유독 법원의 정의와 국민 법 감정 사이의 괴리감이 큰 이유는 뭘까? 법학자들은 근대 사법의 역사가 짧은 우리나라에서 국민의 법에 대한 이해가 선진국보다 부족하다는 점을 이야기한다. 반면 재판을 받아 본 사람들은 법조인들의 엘리트의식과 국민의 수준을 무시하는 오만이 문제라고 말한다. 사실 그동안 법의 영역이 전문가들 중심으로 다루어지다 보니, 법을 집행할 때 국민의 눈높이에서 이해시키지 못하는 경우 국민들은 잠재적 피해의식과 불만을 가질 수밖에 없을 것이다. 이를 감지한 법조계에서는 사법부가 폐쇄적인 특권조직이라는 비판에서 벗어나서 국민에게 개방적인 조직으로 거듭나도록 하기 위해 공판중심주의, 검찰심사제, 기소배심제 등 다양한 개혁방안을 논의하고 있다.

모든 국민이 우리나라가 진정한 정의사회로 변화하고 있다는 신뢰감을 느끼게 하기 위해서는 무엇보다도 사법계 리더들의 역할이 중요하다. 흔히들 판사, 검사, 변호사를 법조삼륜法曹三輪이라고 한다. 이들은 견제와 균형을 통해서 사법의 안정성을 유지하여 국민의 평등권, 생명과 재산의 안전을 지켜 주는 파수꾼이자 행복권의 수호 책무를 가진 집단이다. 엄격한 절차와 과정을 거쳐서 선발된 엘리트들로서 그들이 갖는 사회적 소명은 실로 막중하다. 우리나라에서 법조삼륜이 제대로 법의 바퀴를 돌릴 수 있게 되기를 기대해 본다.

경제인에 대한 불신

대기업의 두 얼굴 : 글로벌 명문 vs 수퍼 갑질의 주체

캐나다에 본사를 둔 여론조사기관인 글로브스캔(Globe Scan)이 주관하여 2013년 1월 26개국을 대상으로 조사한 국제 CSR corporate social respon- sibility: 기업의 사회적 책임 설문결과를 살펴보면, 우리 국민들 가운데 "국내 대기업을 신뢰한다"(매우 신뢰한다 + 대체로 신뢰한다)고 답한 비율은 35%에 불과했다. 반면 "전혀 신뢰하지 않는다"(전혀 신뢰하지 않는다 + 대체로 신뢰하지 않는다)고 답한 비율은 62%였다. 국내 대기업에 대한 국민들의 심각한 불신을 엿볼 수 있다.

이러한 현상은 2012년 총선과 대선을 거치면서 경제 운영의 새로운 패러다임이 필요하다는 주장에서 촉발된 경제민주화 논쟁이 '대기업 개혁'을 핵심내용으로 하면서 정치권의 쟁점이 된 분위기에 기인한 것이 아닌가 하는 의구심도 든다. 그러나 2013년 12월 동아시아연구원이 전국의 만 19세 이상 성인남녀 1천 명을 대상으로 대면면접조사 방식으로 진행한 사회신뢰조사에서도 대기업에 대한 신뢰도가 10점 만점에 4.7점으로, 정부에 대한 신뢰도 4.9점보다도 낮은 것을 보면 대기업에 대한 국민들의 불신감이 상대적으로 높은 것을 알 수 있다.

어려운 국내외 경제사정에도 불구하고 국가 경제성장을 견인한 것은 물론 사회공헌 활동의 비중도 꾸준히 높이고 있는 국내 대기업들의 처지에서 보면 국민에게 이처럼 낮은 신뢰를 받는 데 대한 아쉬움이 클

수도 있다.

전국경제인연합회가 2013년 10월 30일 발표한 조사 결과를 보면 국내 주요 기업 225곳이 2012년 한 해 동안 지출한 사회공헌지출 비용은 약 3조 2천억 원에 달했다. 지출규모 증가율 역시 2011년과 비교해서 약 5.2% 높아졌다. 이와 같은 증가세는 2011년과의 비교결과에서만 나타나는 것은 아니다. 전국경제인연합회 발표에 따르면 매출액 기준 상위 500개 기업이 지출하는 사회공헌지출 비용은 2004년 1조 2천억 원에서 매년 꾸준히 늘어 금융위기가 한창이던 2008년에도 2조 원을 초과하였으며, 2009년에는 2조 6천억 원을 넘어섰다.

또한 매출액과 세전 이익 대비 사회공헌지출 비율은 각각 0.22%와 3.58%로, 일본 기업의 사회공헌지출 비율이 각각 0.08%와 1.71%인 것과 비교해서도 2배 이상 높다. 2011년 8월 9일 기획재정부 발표 보도자료에서도 우리나라 대기업의 매출액 대비 사회공헌지출 비율은 0.23%로 미국(0.1%)과 일본(0.09%)을 크게 웃돌았다.

국민세금이 대기업 성장을 도왔다

우리나라의 산업근대화 과정을 회고해 보면 우리나라 대기업들은 정부의 전폭적인 지원을 받으며 급성장해 왔다.

1962년 1월로 돌아가 보자. 당시 박정희 대통령은 제1차 경제개발 5개년 계획을 발표하고 대대적인 경제개발에 착수한다. 1961년 부정축재처리법, 금융기관에 대한 임시조치법 등으로 일반은행을 정부에 귀속시켰고, 한국기계, 대한중공업 등 그때까지 아직 매각되지 않은 정부 지분 보유기업들을 빠른 속도로 민간에 매각했다.

1964년에는 수출산업을 집단화, 계열화하기 위해 공업단지개발조성법을 공포하고, 1966년 구로공업단지를 시작으로 인천 부평, 주안 일대에 공단을 조성했다. 또 1967년부터 시작된 제2차 경제개발 5개년 계획에서는 철강, 기계 등을 바탕으로 한 공업구조 고도화, 수출의 획기적 증대와 수입대체의 촉진 등을 중점 목표로 삼아 구미공업단지, 포항종합제철, 석유화학공업단지 등의 건설을 추진하여 중화학공업 육성의 발판을 마련해 갔다.

물론 긍정적으로 볼 때 대대적인 정부지원을 통한 경제개발은 한국의 공업 수준을 최단시간에 성장시켰지만, 또 한편으로는 이승만 대통령 시절에 축재한 일부 자본가들이 경제개발을 통한 지원을 받아 재벌로 성장할 수 있는 토대를 만든 것도 사실이다.

또한 독과점 및 산업에 대한 진입장벽이 두터워지면서 이미 형성된 재벌들은 한층 강화되었다. 정부는 정유, 화학비료, 화학섬유, 시멘트 및 섬유 등을 육성산업으로 선정하면서 이들 산업에 신규기업이 진입하는 것을 제한하고, 참여업체에는 재정·금융상의 지원을 아끼지 않았다.

가장 일반적인 재정 지원은 차관 도입이었다. 은행 금리가 20%를 초과하던 당시에 차관 금리는 5~6%로 차관 도입 자체가 엄청난 특혜였다. 이 같은 독과점 및 재벌구조의 형성 결과 노동력이 집약, 집중되기 시작했다. 대대적인 경제개발과 공업화의 진전으로 농업인구는 급속히 감소하고 노동자 특히 제조업 노동자 수가 급증하기 시작한다.

그러나 노동자의 양적 증대와는 별개로 임금 및 근로조건은 개선되지 못하자 노동자들이 노동조합을 결성하고 쟁의에 나섰다. 노동자들을 비롯한 일반 서민들은 경제발전에 따른 엄청난 자본 축적에도 불구하고 성장의 열매는 지나치게 차등 분배된다는 피해의식이 늘어나면서 기업에 대한 반감이 커지는 계기가 되었다.

이후에도 정부의 경제성장 추진정책은 지속되어 1970년대 이후에는 고속도로, 철도, 항구 건설, 통신시설 확충, 포항에 제철공장 건설, 남해안 일대에 중화학산업단지 조성 등을 통하여 공업 발달의 기반을 만들었다. 1980년대에 들어서는 산업 발전이 본격적으로 이루어져 수출 규모가 확대된다. 수출 품목도 전자제품, 자동차, 기계류 등 중화학공업 제품이 대부분을 차지하였으며, 1988년 서울올림픽 개최 이후 우리 경제는 더욱 크게 성장하였다. 1990년대 이후에는 반도체, 전자제품, 선박, 자동차, 컴퓨터 등 첨단산업 제품을 주축으로 수출량 세계 10위권 내로 들어서게 되었다.

윤리경영의 정도가 필요한 시대

한국의 재벌 대기업은 온갖 시대적 모습이 복합된 다중성을 갖고 있다. 2013년도 〈포춘〉지 선정 500대 기업 명단을 보면 삼성전자 14위를 비롯하여 14개 국내 기업이 이름을 올리며 세계적인 기업으로 인정받기도 하였지만, 이들의 소유·경영구조는 여전히 낙후된 실정이다. 특히 세계에서 유래를 찾기 힘든 총수 1인 지배체제나 불법, 편법 증여, 상속 관행, 계열사 간 순환출자구조, 계열사 간 편법거래, 불투명한 회계 등의 문제점은 아직도 개선되지 않고 있다.

지난 몇 년 동안 경제민주화 바람이 몰아치는 상황에서 재벌 그룹 총수들을 비롯하여 대기업 오너들이 줄줄이 재판을 받고, 또 일부는 구속되어 갇힌 것은 국민들의 신뢰도 하락을 더욱 부채질하였다. 과거 군사정권 시절에는 대통령의 부정축재 사건에 휘말려 줄줄이 구속되기도 하였고, 최근에도 일부 재벌 오너들이 횡령, 비자금 조성, 배임 및 조세포탈, 외국환관리법 위반, 부당 내부거래 등 비윤리적인 범죄로 형을 받기도 했다. 더구나 어떤 이는 일반 국민이 평생 한 번도 받기 힘든 특별사면을 두 번씩이나 받고 또 죄를 짓기도 하여 국민의 냉소적인 눈빛을 받는 원인이 되기도 한다.

　사실 재벌은 그동안 국가의 특혜를 많이 받으며 성장해 왔다. 심지어 기업들의 적정 이윤을 보장해 주기 위해 정부가 가격까지 지정했을 정도였다. 한마디로 국민의 세금과 희생을 바탕으로 성장한 것이다.

　재벌 대기업은 이제 21세기 글로벌 기업에 걸맞은 리더십을 발휘해야 한다. 윤리경영, 정도경영을 통하여 국민 신뢰를 회복하고, 지금까지 이루어 온 성장의 열매를 국민과 나누며 함께 성장을 도모해야 할 것이다.

교육계와 종교계에 대한 불신

불신받는 교육계

교육의 목적은 청소년들이 참다운 인간으로 성장하도록 돕고, 지식을 바탕으로 창조성과 주체성을 무한히 발휘하는 인재를 육성하는 것이다. 따라서 교육계가 그저 남의 지식을 파는 것으로 끝난다면 교육의 본래 목적을 달성할 수 없다. 인간을 선하게 만드는 힘도 악하게 만드는 힘도 교육에 있다. 교육이란 그만큼 중요한 것이다. 소크라테스는 '선이란 덕이며, 덕은 지식의 결과로서 표출된다'고 생각했다. 따라서 도덕적인 삶을 살기 위해서는 무지로부터 해방되어야 하며, 그러기 위해서는 교육이 필요하다.

2013년 흥사단 투명사회운동본부6 윤리연구센터에서는 전국 초·중·고등학생 2만 1천 명의 윤리·정직 지수를 조사하여 "스마트 시대 청소년 윤리와 정직의식 현황과 개선방안"을 발표했다.

조사 내용은 충격적이었다. "10억 원을 벌 수 있으면 죄를 짓고 1년간 감옥에 가겠다"는 청소년고교생이 47%에 달했다. 또한 "타인의 어려

---

6 흥사단 투명사회운동본부는 흥사단 이념을 바탕으로 '우리 사회의 부정과 부패를 없애고 더불어 사는 정직하고 맑은 세상을 만들자'는 목적으로 2001년 5월 12일 출범했다. 회원들이 참여하고 결정하는 민주적 포럼을 지향하는 흥사단 투명사회운동본부는 신뢰 사회를 위한 가치관 연구 및 실천, 제도 개선 및 정책 개발, 생활개혁 및 시민교육사업을 확장하면서 사회활동에 참여하고 있다.

움과 관계없이 나만 잘살면 된다"는 응답이 36%, "인터넷에서 영화 또는 음악파일을 불법으로 다운로드 한다"는 응답이 75%에 달했다. 우리의 미래인 청소년들의 윤리의식이 이 지경에 이른 것을 보면 '한국은 어디로 가고 있는가? 한국에 미래가 있는가?' 하는 심각한 고민을 하지 않을 수 없다.

이러한 조사 결과가 아니더라도 요즈음 일상에서 청소년들이 쓰는 말이나 행동을 보면 과연 학교에서 도덕이나 윤리를 제대로 가르치는지 품성교육이 의문시된다. 자녀들을 명문대학에 넣기 위해서라면 잠도 제대로 재우지 않고 이 학원에서 저 학원으로 내몰기만 할 뿐, 세상을 살아가며 진정으로 무엇이 옳은지 그른지, 사람으로서 마땅히 해야 할 일과 절대 하지 말아야 할 일이 무엇인지를 가르치는 일에는 인색한 것이 우리의 교육 현실이다. 사회적 규범을 벗어나도 아무도 그들을 꾸짖거나 타이르려 하지 않는 사회, 잘못이 적발되면 그때그때 벌점을 주어서 봉사활동 몇 시간 시키는 것으로 인성교육을 다했다고 생각하는 학교, 공부 잘해서 좋은 학교에 진학하는 것만이 인생의 목표인 양 착각하는 부모, 이 모두가 기성세대들의 부끄러운 모습이다.

어쩌면 젊은이들의 눈에 비친 어른들의 부끄러운 모습이 이들을 도덕 불감증으로 몰고 있는지도 모른다. 곳곳에 만연한 사회지도자들에 대한 불신감은 이미 도를 넘었고, 교사들조차도 학생들로부터 존경받지 못하는 세상이 되었다. 최근에는 대학교수들이 학생들을 성추행하고, 연구비나 용역비를 횡령하고, 제자들이 받아야 할 수당을 가로챈 사건이 또 터졌다. 학생들에 대한 폭언이나 횡령사건은 예전부터 벌어진 현상이지만 좀처럼 사라지지 않고 오히려 광범위하게 퍼지고 있다.

버릇이야 있건 없건 공부만 잘하면 좋은 자식, 사람 노릇 제대로 하건 못하건 일류대만 가면 최고 학생, 학교폭력 몇 건쯤 발생해도 명문대만 많이 집어넣으면 명문 학교로 인정받는 병리적 사회풍토가 존재하는 한 아이들을 바른 인간으로 성장시키는 교육 본질의 회복은 불가능하다. 지금이라도 교육의 본질을 이루는 가장 절대적인 요소인 인성人性 교육을 되살려야 할 것이다. 모든 것을 갖춰도 인성이 기본이 되지 않으면 그 모든 것들이 한낱 사상누각일 뿐이다.

부끄러운 국회와 종교계의 공통분모

우리의 정신적인 지주가 되어야 할 종교계의 부조리와 부패 현상도 만만치 않다. 한국투명성기구7가 2012년 9월부터 2013년 3월까지 전국의 성인남녀 1,500명을 대상으로 분야별 부패점수(1~5점, 높을수록 부패)를 측정한 설문조사를 보면 정당(3.9점)과 국회(3.8점)에 바로 뒤이어 종교단체(3.4점)가 나란히 상위권을 차지하고 있다. 정치인들이 불신을 받는 것은 새삼스러운 일이 아니지만, 우리 사회의 영적 스

---

7 한국투명성기구는 1999년 반부패활동을 통하여 국민들의 의식을 개혁하고 부정부패 예방활동을 전개할 목적으로 발족된 단체다. 사회 전반의 부정부패를 없애고 맑고 정의로운 사회 건설에 기여하기 위해 시민사회단체들이 모여 '반부패국민연대'라는 이름의 비영리비정부기구(NGO)로 출발했다. 2005년에 명칭을 '한국투명성기구'로 변경했다. 전국에 지역조직을 두고 주요활동으로 반부패투명사회협약운동, 시민옴부즈만 사업 등 각종 목적사업을 펼치고 있다. 독일에 단체 본부가 있으며, 한국투명성기구는 전 세계 100여 개 국가에 지부를 둔 국제 NGO단체인 국제투명성기구의 한국 본부 역할을 한다.

승이라 할 수 있는 성직자들에 대한 불신이 크고 종교계가 이처럼 높은 부패점수를 받는다는 것은 심각한 현상이다. 경외의 대상이 되어 존경받는 성직자들이 한국사회에서는 점점 줄어들고 있다.

2014년 8월 우리나라를 방문한 프란치스코 교황은 방한 기간에 한국 주교단에 대해 한 연설에서 "부유한 이들을 위한 부유한 교회, 잘나가는 이들의 교회가 되도록 허용해서는 절대로 안 된다"고 말했다. 한국 천주교 사제들이 가난한 이들을 돌보기보다는 부자 교인들과 어울리며 부자 중심으로 교회를 운영하는 현실을 겨냥한 발언이었다.

교황의 경고는 다른 종교 지도자들도 새겨들어야 할 대목이다. 천주교뿐만 아니라 개신교와 불교계를 막론하고 우리 종교계가 현실 중심, 물질 중심으로 세속화되어 있고 교세확장에만 열을 올리는 현상에 대하여 걱정하는 사람들이 많다.

불교의 경우에도 자비의 정신을 잃어버리고 우리 사회의 약자를 외면하는 모습을 너무나 많이 보이고 있다. 지도자끼리 벌이는 권력 싸움과 갈등도 부처의 가르침을 흐린다. 그러다 보니 상처받은 중생들을 어루만지는 교황의 모습에서 오히려 진정한 자비심을 느낀 불자들도 있었다고 한다. 개신교계도 덜하지 않다. 대형교회의 일부 목회자들은 자식들한테 교회를 물려주기 위해 무리수를 두기도 하고, 특정 교회에 소속한 사람들이 정부요직에 대거 임용되면서 여론의 반발을 사기도 했다. "한국 교계 전체가 부자와 권력자 중심으로 돌아가고 있다"는 탄식이 여기저기에서 나온다. 이제 한국 종교계는 초심으로 돌아가 사랑과 자비의 정신을 되찾아야만 한다. 가난하고 힘없고 고통 받는 자를 찾아 더 낮은 곳으로 내려가야만 한다.

지금 내 눈에 태평양이 보이는가?

신한은행 B 본부장

10여 년 전 겨울, 철 지난 강릉 바다에 갔을 때의 일이다. 오랜만의 휴식이라 멍하니 바다를 바라보고 있는데, 승용차 한 대가 멈춰 서더니 예닐곱 살쯤 된 사내아이와 초등학교 3학년 정도 되어 보이는 사내아이 형제가 차에서 내려 내 옆에 와 섰다. 동생이 "와, 바다다" 하자 형이 동생의 이름을 부르며 "이 바다는 동해라고 하는데, 저 너머에는 태평양이라는 이 바다보다 훨씬 큰 바다가 있어"라고 이야기하는 것을 듣고 순간 정신이 번쩍 들었다.

'과연 나에게는 저 아이의 눈에 보이는 태평양이 보이는가?'

장명기 부행장님은 내 인생에 있어 그날 바닷가에서 만난 아이들의 형과 같은 분이시다. 여상을 졸업하고 사회생활을 시작한 지 얼마 안 된 나에게 내가 서 있는 이곳이 동해인지 서해인지 현실을 직시할 수 있게 해주시고, 감당하기 어려운 현실 속에서도 태평양이라는 미래를 볼 수 있도록 가르쳐 주셨다. "자네는 특별하다, 자네는 할 수 있다"는 용기를 끊임없이 불어넣어 주셔서 그 힘으로 이렇게 성장할 수 있었다.

장 부행장님께서 리더십 책을 집필하신다고 했을 때, 나는 마음속으로 이분이 쓰는 책이라면 그동안 수많은 종류의 리더십 책을 읽고 느낀

공허함을 메워 줄 수 있을 것이라는 믿음이 생겼다. 중언부언하지 않더라도 나에게는 지금까지 부행장님이 살아오신 궤적이 닮고 싶고 배우고 싶은 최고의 리더십이다.

제10 장
정치인과 공직자의 리더십

부족한 한국의 사회적 자본: 신뢰

신뢰가 답이다!

지금까지 정치, 관료, 사법, 경제계 그리고 교육 및 종교계의 불신현상에 대하여 살펴본 것은 우리나라를 이끄는 가장 영향력 있는 지도자들이 바로 이 분야의 리더들이기 때문이다.

　가장 존경받고 신뢰받아야 할 최고지도층이 기대에 미치지 못하면 국민들은 삶의 모델로 삼아야 될 기준이 흐트러진다. 그러다 보면 건전한 가치관이 흔들리고, 가치관의 혼란은 사회적 공감대와 유대감을 약하게 만들어 결국은 이기주의, 개인주의, 가족주의로 빠진다. 더불어 사는 사회에 진입할 수 없는 소외계층이 늘어나고, 이들은 가족관

307

계의 존립마저 약화되어 삶의 꿈과 희망을 잃는다.

최근 흥미롭게 읽은 책이 하나 있다. 《신뢰가 답이다Trust Works!》라는 책인데, 저자들은 사람들이 상대방에 대한 신뢰를 귀보다 눈으로 판단한다고 주장하며, 따라서 말이 아니라 행동이 신뢰의 판단 기준이라는 결론을 내린다. 그리고 신뢰와 연관된 행동들을 ABCD 4가지 영역으로 구분하고 각각 능력 있는 행동을 보여주는지Able, 진실하게 믿을 만한 행동인지Believable, 서로 연결되어 있음을 상대에게 보여주는 행동인지Connected, 지속해서 믿을 만한 행동인지Dependable로 정의한다. 그들의 주장에 따르면 이 4가지 영역에 해당하는 행동을 보여주었을 때, 우리는 성공적인 관계를 맺고 유지할 수 있다.

신뢰를 지키기란 정말 어렵다. 깨진 약속, 실천되지 않은 공약, 리더들의 정보 독점, 부당한 대우, 거짓말, 부정, 이 모두가 조직문화에 팽배한 부정적인 요소들, 거의 모든 사람이 경험하는 신뢰 파괴 요인들이다.

더구나 신뢰는 까다롭다. 쌓기까지는 오랜 시간이 걸리지만 한순간에 날아가기도 한다. 특히 지도자들이 단 한 번 일관성을 벗어난 것만으로도 그에게 신뢰를 보내던 사람이 등을 돌리는 경우가 발생한다.

최근의 경제환경을 보면 우리나라는 참으로 어려운 국면에 처해 있다. 국제적인 장기불황에 따른 수출 부진, 원화절상으로 인한 가격경쟁력 약화, 내수 침체, 재정적자 확대, 경제성장률 둔화 등 총체적 난국 속에서 국민들의 불안이 커지고 있다.

2014년 10월 〈한경비즈니스〉에서 발표한 한·중·일 100대 기업 순위를 보면 중국이 전체 100대 기업 중 35%를 차지하였다. 4년 전인

2010년과 비교하면 중국은 27개에서 35개로 약진하였고, 한국은 20개에서 13개로 대폭 줄어들었으며, 일본은 53개에서 52개로 거의 변화가 없었다.

기업 순위는 매출과 순이익, 시가총액을 기준으로 각각 순위를 매긴 뒤 이를 합산하여 그 숫자의 합이 가장 적은 기업을 1위로 선정하는 방식이었다. 100대 기업 중 매출 1위, 순이익 6위, 시가총액 2위를 차지한 중국의 국영 석유화학기업 페트로 차이나가 종합순위 1위를 차지했고 역시 중국의 공상은행이 2위, 토요타가 3위, 그 다음이 삼성전자 순이었다.

중국 기업들이 정부 지원 속에 급속도로 덩치를 키우고 있음을 알 수 있다. 막대한 내수시장을 바탕으로 은행과 보험, 건설, 통신 등의 업종에서 한국과 일본 기업을 압도하고 있다. 특히 공상은행, 건설은행, 중국은행 등이 일본의 미쓰비시UFJ금융그룹, 스미토모미쓰이금융그룹을 앞선 지 오래이며, 한국은 신한금융그룹이 겨우 92위(2010년 62위)로 이름을 올렸다. 그동안 장기불황의 늪에서 헤매던 일본은 엔저효과 덕분에 자동차 산업이 부활하여 체면을 지키고 있다.

이처럼 국내 굴지의 대기업들이 부진하면 관련 중소기업들은 더욱 위축될 수밖에 없다. 산업계 일각에서는 한국의 주력산업 부진은 '피터팬 증후군' 탓이라는 지적도 있다. 이는 기업이 성장할수록 지원 혜택은 사라지고 각종 규제와 부담이 늘어나는 구조 때문에 성장을 피하는 현상을 말한다.

예를 들어 자산 2조 원 이상 5조 원 미만의 기업은 주요 규제를 21개만 받으면 되지만, 자산규모가 5조 원 이상으로 커지면 규제 건수가 44

개로 2배로 늘어난다고 한다. 이런 규제들이 중견기업이 대기업으로 도약하려는 의지를 꺾는 주요 원인이라고 정부를 원망한다.

지식산업사회에서 지식은 경쟁력의 원천이 되는 소중한 자원이다. 지식은 곧 실행이다. 경제를 살리겠다고 입버릇처럼 강조하는 정부당국의 실천적 노력 없이는 우리나라의 경제선진국 도약은 불가능하다. 기업은 정부를 원망하고 정부는 기업을 신뢰하지 못하는 갈등구조는 오늘날 우리 사회의 단면을 보여주는 빙산의 일각일 뿐이다.

2014년 6월 현대경제연구원이 발표한 "한국사회자본의 현황"을 보면, 우리나라의 공적 시스템에 대한 신뢰도는 OECD 국가 중 최하위권이다. 보고서에 따르면 한국의 사회자본지수는 5.07로 OECD 32개 국가 중 29위였다. 사회자본지수는 공·사적인 신뢰와 배려, 참여 등 사회자본 변화에 영향을 주는 요인들을 지수화한 것이다.

이러한 불신 사회에서는 신뢰사회에서라면 지급하지 않아도 되는 천문학적인 갈등 비용을 지급해야 한다. 나아가 국민적 공감대의 실종, 공정성의 상실, 개인들이 느끼는 소외감 등은 돈으로 환산할 수 없는 큰 손실이다.

오늘날 우리는 그 어느 때보다 풍요로워진 외형적 경제환경과 민주화된 사회 분위기 속에 살고 있다. 그러나 개인의 행복지수는 더욱 낮아졌고, 자살률과 이혼율이 OECD 국가 중 가장 높은 나라이기도 하다. 위정자들을 비롯하여 사회 각계의 최고지도자들, 영향력 있는 리더들은 국민들이 가진 마음의 상처와 소망을 제대로 읽어야 한다. 국민들이 왜 지도자들을 존경하지 않고 신뢰하지 않는지 깊은 반성과 통찰이 있어야 한다.

지도자들이 바로 서고, 국민들이 정부 정책을 믿고, 정치인들의 공약을 믿고, 검찰 수사결과를 믿고, 법원 판결을 믿고, 종교 지도자들이 전하는 위로의 메시지의 진심을 믿고, 교육자들의 가르침을 믿고 따르는 사회가 되어야 우리나라는 비로소 선진화를 향하여 다가갈 수 있을 것이다.

돈과 명예를 함께 탐하지 말라

튤립 꽃의 우화

여기는 중세 유럽. 최근 3명의 멋진 남자들의 청혼을 받는 예쁜 처녀가 1명 살고 있다. 한 이웃나라 왕자는 그녀를 얻고 싶은 마음에 자신과 결혼하면 왕관을 주겠다는 약속을 했다. 그리고 또 한 사람은 유명한 기사였는데, 자신의 신부가 되어 준다면 조상 대대로 내려오는 검을 주겠다고 했다. 마지막 세 번째 남자는 당대 최고 부자상인의 아들이었는데, 그는 집 곳간에 있는 금괴를 모두 주겠다고 말했다.

그들 모두 마음에 들었던 처녀는 고민에 빠졌다. 하지만 쉽게 결정을 내리지 못하고 차일피일 시간만 끌자 결국 청혼한 3명의 남자들은 모두 그녀를 떠나 버렸다. 상심한 처녀는 병이 들어 시름시름 앓다가 죽고 말았는데, 처녀의 무덤에 한 송이 꽃이 피어났다. 꽃봉오리는 왕자의 왕관을 닮았고, 잎은 기사의 검을, 뿌리는 상인의 금괴를 닮은 꽃이었다. 이것이 바로 우리가 익히 아는 꽃, 튤립의 전설이다.

튤립에 얽힌 우화는 목적함수의 부재가 가져오는 인간사의 불행을 상징한다. 하나의 목적함수는 그에 대한 선택과 포기의 결과이다. 하나를 정말 원할 경우 다른 것들을 기꺼이 포기해야 하는데, 어느 것 하나도 포기하지 못하고 한꺼번에 모두를 다 원할 경우 3가지 모두를 잃을 수도 있다는 교훈을 준다.

돈과 명예 모두를 탐하는 욕심병

그렇다면 현대 한국사회의 정치지도자나 공직자들은 어떤가?

많은 사람이 돈과 명예라는 상반되는 가치 모두를 가지려 하는 경향이 있다. 금전욕에 눈먼 자일수록 돈에 대한 욕심이 없다고 말한다. 권세욕과 명예욕에 가득 찬 자들은 입버릇처럼 자기는 마음을 비웠다고 한다. 그러나 끊임없이 이어지는 정치지도자들의 부정부패, 전관예우 먹이사슬, 퇴직 후 여기저기 옮겨 다니며 행하는 불법 로비스트 역할 등이 계속 언론에 등장한다. 각계각층의 지도자들이 심각할 정도로 국민들의 신망을 얻지 못하는 이유는 권세와 명예를 가졌으면서 권력을 이용해 돈까지 가지려 하기 때문이다.

국민에게 존경을 받아야 할 지도자들과 공직자들은 돈에 욕심을 내서는 곤란하다. 돈을 벌고 싶다면 공직의 길로 나서서는 안 된다. 국민들로부터 받는 신뢰와 명예가 그들이 받는 가장 큰 무형의 재산임을 지도자들이 몸소 실천으로 보여주어야만 한다. 돈, 명예 그리고 권력을 꿈꾸지 않는 사람은 이 세상에 거의 없다고 해도 과언이 아니겠지만, 한 사람이 모든 것을 가지는 것은 불가능하며 가져서도 안 된다.

빈곤 구제활동을 하는 국제 비영리기구 옥스팜Oxfam에 따르면, 세계에서 가장 잘사는 85명의 부의 합은 세계 인구 절반의 하위층으로 분류되는 36억 명의 부의 합과 같다고 한다. 그뿐만 아니라 세계 전체 부의 절반을 전체 인구의 1%에 불과한 사람들이 소유하고 있다고 한다. 우리나라의 경우도 상위 10%의 부유층이 소유한 재산이 나라 전체 자산의 절반을 차지하는 것으로 알려졌다.

앞으로 첨단과학이 더욱 발달하고 고도정보화 사회에 진입하여 산업구조가 소수 세력의 힘으로 확대되는 시대에는 빈부격차가 더 크게 벌어질 가능성이 높다. 이러한 빈부격차의 심화는 사회문제로 대두되고, 재산형성 과정에서 공정한 룰이 깨지면 갖지 못한 사람들의 피해의식이 더욱 커질 것이다. 또한 금전에 대한 건전한 가치관이 무너지고 가진 자들을 멸시하는 사회적 혼란이 야기될 우려가 있다.

이런 매우 급한 상황에서 공정한 룰을 감시하고 바로잡아야 할 공직자들이나 정치지도자들이 권력을 이용해 돈까지 벌려고 하면 이 혼란은 누가 바로잡겠는가?

머리에 맞는 모자를 써라

인사신뢰성 실종시대

조직에서 인사의 기본원칙은 어떤 일을 맡기기에 알맞은 재능과 능력 그리고 품성을 지닌 사람을 각각의 특성에 맞는 자리에 배치하여 업무의 효율과 성과를 극대화하는 것이다. 이것이 바로 인사관리의 핵심인 적재적소適材適所의 인사이다. 하물며 국가지도자들이 적재적소에 배치되지 못하면 통치의 권위가 흔들리는 것이 자명한 이치이다. 최근 우리나라 고위층에 지명된 인사들이 줄줄이 언론의 뭇매를 맞는 사례가 지속되다 보니 인사 원칙에 대한 국민들의 신뢰감은 극도로 저하되어 있다.

나라를 이끄는 각계각층 지도자들에 대한 국민의 눈높이는 예리하고 정확하다. 그 사람의 전문성, 국정수행 능력, 도덕성, 윤리성, 가정사, 범죄경력, 국민으로서의 의무 이행 여부 등에 대해 국민들이 관심을 두는 것은 당연하다. 아무 문제 없이 그 자리에 가장 적임인 것처럼 나섰다가 청문회에서 문제가 제기되고 나서야 온갖 변명과 구실을 늘어놓고 죄송하다고 머리를 숙이는 고위공직자 후보자들의 모습을 보며 국민들은 실망할 수밖에 없다. 물론 어떤 이들은 현재와 같이 정치적이고 정략적인 흠집 내기 위주의 여론재판이 이어지면 대한민국에서는 고위공직자를 뽑을 수 없을 것이라고 말하기도 하고, 과거를 살아온 인물 중에서 존경받는 성직자처럼 티끌 하나 없는 분을 찾는 것은 불가능하다고 말하기도 한다. 일부 수긍이 가는 말이기도 하지만 그것도 정도의 문제일 것이다.

인사의 신뢰성을 잃고 있는 것은 고위공직자뿐만이 아니다. 공기업 및 주인 없는 대기업, 금융기관 등에서 전방위로 벌어지는 이른바 '낙하산 인사' 현상은 한국 경제와 금융을 멍들게 한다. 가장 일을 잘할 사람을 그 자리에 배치해야 하는데 '내가 아는 사람', '내가 믿을 만한 사람', '내가 써본 사람', '내 말을 잘 들을 사람'만을 선택하여 꽂아 심는 인사를 계속하는 것은 조직을 망치는 첩경이다.

사회지도자들은 자기 머리에 맞는 모자를 써야만 한다. 그만한 능력이 없는 사람인데 자기 사람이라는 이유로 머리에 맞지도 않는 큰 모자를 씌워 주었다면 우선적으로는 씌워 준 사람의 잘못이겠지만, 자신의 능력을 생각하지 않고 스스로 자리를 탐하여 여기저기 옮겨 다니는 데 혈안이 된 사람들 역시 그 책임을 면할 수 없다. 원하지 않거나 능력이 되지 않는다고 생각하면 받지 않으면 된다. 하지만 지금 한국에선 그런 사람을 찾아보기 힘든 게 현실이다.

비단 개인의 문제만은 아니다. 작은 머리의 리더, 즉 작은 그릇의 리더는 큰 그릇의 부하를 품을 수 없다. 능력이 모자라는 사람이 큰 모자를 써 결국 문제를 일으키는 사례는 요즘 너무나 비일비재하게 나타나고 있다. 이것은 결국 개인을 넘어 한국사회 전체를 망치는 일이다. 전문성 없는 사람이 낙하산을 타고 내려오면 조직의 존경과 인심을 얻지 못하고 조직의 성과가 나타나지 못한다. 성과가 없는데도 그 자리를 보존하기 위해 온갖 촉수를 권력을 향하여 기웃거려야만 한다. 자기의 무능을 덮기 위하여 오히려 허세와 거드름을 피우고 유능한 부하 직원들이 애써 만들어 낸 성과를 가로채는 등 자기홍보에 모든 시간을 투자하게 된다. 또한 전문성이 없다 보면 전략적으로 큰 방향을 읽고 논리적으로 지시할 줄 모르니 늘 겨자씨만 한 일에나 신경을 써 부하 직원으로부터 '주사' 소리를 듣는 고위공직자, '대리'라는 비아냥을 듣는 은행장, '주임' 소리를 듣는 공기업 사장이 생기기 마련이다.

이런 리더들이 자기 격에 맞는 리더십을 발휘할 수 있겠는가? 함량 미달, 자질 부족의 지도자들이 저지르는 패악은 조직과 사회를 낭떠러지로 밀어 넣을 수 있다.

세상에서 가장 현명한 사람은 아는 게 많은 사람이 아니라 자기가 부족한 것이 너무 많다는 사실을 깨달은 사람이다. 중국 전한前漢의 회남왕淮南王 유안劉安이 저술한 《회남자淮南子》에는 이런 글이 쓰여 있다.

"강물이 모든 골짜기의 물을 포용할 수 있음은 아래로 흐르기 때문이다. 오로지 아래로 낮추는 것이 결국 위로도 오르는 길이다."

'너 자신을 알라'는 스스로 무지를 깨달으라는 요구다. 자신의 능력과 자질 그리고 자신이 앉은 자리가 요구하는 수준이 무엇인지를 올바로 알고 이에 따라 행동하는 자세가 바로 자신을 아는 길이다. 그리고 그런 자만이 한국사회를 올바로 이끌 진정한 리더가 될 수 있다.

정의와 공정성을 다시 생각한다

정의란 무엇인가?

최근 우리 사회에서 가장 뜨거운 단어는 '정의'다. 몇 년 전 서점가에서 《정의란 무엇인가?Justice: What's the Right Thing to Do?》라는 쉽지 않은 철학서적이 베스트셀러 1위 자리를 차지했고 지금도 스테디셀러로 있는 것을 보면 그동안 정의에 대한 고민과 논의가 우리 사회의 지표면 아래에서 얼마나 부글거리고 응축되었는지를 짐작할 수 있다.

근세사에서 우리나라는 단기간의 압축성장 속에서 오직 '유효성과 능률'이 최고의 선이라는 절대명제를 앞세워 사회정의에 대한 관심이 소홀했던 것이 사실이다. 이제 우리는 '정의란 무엇인가? 또 정의는 왜 필요한가?'에 대한 진지한 성찰이 필요할 만큼 물질적, 정신적으로 성숙한 사회에 와 있다.

정의에 대한 고찰과 사회적 사유는 단순한 철학적, 이념적 문제로서가 아니라 더 나은 사회를 만들기 위해 반드시 필요한 과정이다. 정의를 실현하기 위해서는 반드시 전제되어야 하는 절대명제가 존재한다. 바로 '게임의 공정한 규칙'이 누구에게나 똑같이 적용되어야 한다는 점이다.

공직자나 정치지도자들은 '지금 우리는 정해진 규칙이 올바르게 작동하는 공정한 사회에 살고 있는가? 혹시 그 규칙이 누군가에게만 유리하도록 수시로 바뀌지는 않는가?' 하는 점을 끊임없이 자문해야 한다.

사회적 화두 : 공평성과 공정성

리더라면 반드시 기억해야 할 2개의 문장을 소개한다.

"현명한 통치자는 국가를 공평하게 다스리고, 백성을 하나로 뭉치는 데 힘쓰며 모든 백성의 소리를 들어 처리한다."

춘추시대 제나라의 사상가인 관중管仲의 말이다.

"현명한 통치자는 천하를 통치하는 데 반드시 어느 한쪽에 치우치지 않고 공정함을 우선시하였다. 통치자가 공정하고 정직하게 일하면 지역, 말투, 풍속이 다른 사람들이라도 모두가 따르나니 이는 포용성 있는 마음으로 큰 덕을 후하게 베풀었기 때문이다. 천하를 얻은 자는 공평하고 공정하게 정치를 하였기 때문이고, 천하를 잃은 것은 한쪽으로 치우치는 정치를 하였기 때문이다."

공자가 엮은 것으로 알려진 《춘추春秋》에 나오는 말이다. 이처럼 공정한 정치는 예나 지금이나 통치질서의 근간이다.

우리 사회의 양대 가치질서는 정치적으로는 민주주의, 경제적으로는 자본주의이며, 이를 뒷받침하는 가치이념은 자유와 평등이다. 그러나 민주주의가 발전하고 자본주의가 더욱 활발하게 전개되는 오늘날 우리 사회가 불공정하다고 느끼는 사람들이 점점 늘어 간다는 것이 안타까운 현실이다.

2013년의 한 조사에 따르면 우리나라 국민 중 75.5%가 우리 사회를 불공정한 사회로 인식하는 것으로 나타났다. 정치적 파벌, 영호남을 비롯한 지역 간 갈등, 곳곳에 스며든 학연과 지연의 연결고리, 인맥 중심으로 움직이는 사회 시스템 등 온갖 사례들이 국민들로부터 신뢰성을 의심받는 이유일 것이다. 얼마 전에 유력 일간지에서 밝힌 법학 전문대학원로스쿨 입학생 부모 명단을 보면 아버지들이 로펌의 대표변호사 및 고문, 고위직 판검사 등 법조인, 로스쿨 교수, 국회의원, 외교관, 고위관료, 재계 인사 등을 망라한다. 고려와 조선시대 상류층 자녀를 과거를 치르지 아니하고 관리로 특별 채용하던 음서제도를 연상케 한다는 것이 해당 기사의 요지였다.

돈과 '백' 없이는 로스쿨 입학과 로펌 취업이 어렵다는 얘기가 그치지 않는 이유는 로스쿨 학비가 워낙 비싸고, 로스쿨 선발과정상 법학적성시험LEET을 보지만 변별력이 낮아 사실상 면접이 합격 여부를 좌우하기 때문이다. 또 취업자료로 가장 많이 활용되는 로스쿨 성적은 전국 25개 로스쿨 간의 편차가 있어 객관적이지 못하고, 유일한 공인시험인 변호사시험 결과도 합격 여부만 통보하고 성적은 비공개여서 선발기준에 대한 특혜 시비가 불거지고 있다.

다시 희망을 이야기 하자

하지만 희망은 있다. 주위를 둘러보면 학생들은 자신의 꿈을 이루기 위해 밤을 새워 공부하고, 사회인들은 각자가 지향하는 보람 있는 삶의 가치를 위해 동분서주한다. 영리를 추구하는 기업들은 더욱 풍요로운 경제성장을 이루려 땀 흘리고, 수많은 비영리조직은 올바른 사회, 정의로운 사회, 모두가 살기 좋은 나라를 만들어 가기 위해 노력한다.

중요한 것은 공정성이다. 이처럼 미래를 향한 모두의 노력은 공정한 원칙과 투명한 기준에 의한 경쟁이 뒷받침될 때 결실을 보고, 그래야만 사회정의가 바로 서며, 진정한 삶의 가치를 누릴 수 있기 때문이다. 만일 정치·사회·경제가 공정한 원칙과 기준을 잃고 불공정한 원리가 지배하면 불공정한 게임에서 이긴 승자의 독식과 소수의 편중지배, 그리고 이들의 기득권 유지를 위한 탐욕이 지속될 것이다.

또한 정치지도자나 공직자들이 공정성을 잃어버리면 기회주의자, 이기주의자, 성공주의자들이 군림하는 세상이 되어 대다수의 국민은 꿈과 희망을 상실할 것이고, 재벌이 공정성을 잃어버리면 중소기업은 고사할 것이다. 순망치한脣亡齒寒이라고 했다. 건강한 중소기업이 고사한 경제상황에서 재벌들만 커나갈 수는 없을 것이다. 정치에서 공정성의 신뢰를 잃으면 이미 국민으로부터 모든 신뢰를 잃은 것이요, 자본주의 경제에서 공정성을 잃으면 이미 경쟁의 근본 가치를 잃은 것이다. 경제발전과 사회발전의 생태계는 '공정성'이라는 자양분을 통해 형성된다.

용인술, 인재는 적재적소에 배치하라

한漢나라 유방劉邦의 용인술

훌륭한 정치지도자나 공직자는 '용인술의 대가', 혹은 '용인술의 달인'이라는 말과 동의어나 다름없다. 주변의 인물들을 평소에 잘 살펴서 어떤 자리, 어떤 역할에 누가 가장 적임자인지를 골라 일을 맡기는 용인술이 조직을 성공적으로 이끄는 핵심이기 때문이다.

역사적으로 2인자를 잘 활용하여 대업을 이룬 용인술의 달인으로는 한왕漢王 유방劉邦을 꼽을 수 있다. 유방은 중국의 고대역사에서 최고의 무예와 통솔을 자랑하는 초패왕楚霸王 항우項羽와의 5년 전쟁을 승리로 이끌고 중국 황제로 즉위한다. 유방은 기원전 202년 장안長安에서 황제에 즉위하며 다음과 같이 말한다.

"짐이 지략은 장량張良보다 못하고, 나라를 다스리는 데는 소하蕭何보다 못하며, 군사를 이끄는 데는 한신韓信에 미치지 못한다. 하지만 이 걸출한 인재들을 적절하게 기용했기에 나는 항우를 꺾고 천하를 얻을 수 있었다."

역사학자들은 서민 출신으로 어린 시절부터 글공부도 게으르고 별다르게 내세울 것 없던 유방이 후일 천하용장 항우를 이기고 천하를 통일할 수 있었던 비결을 용인술에서 찾는다.

유방의 부하들은 수많은 전투와 대결에서 유방의 목숨을 구하는 등 한나라 건립의 초석이 되었다. 유방이 나라를 세우겠다는 큰 뜻을 품고 전쟁에 나섰을 때도 자신의 능력으로는 단 1개의 성도 함락하지 못했고. 직접 전투를 지휘하지도 않았다. 그러나 책사인 장량을 비롯하여 진평과 한신이라는 영웅들이 그의 머리와 손발이 되어 주었다.

이렇게 뛰어난 부하들이 충성을 다한 것은 유방이 사람의 중요성을 알고 적재적소에 기용하며 인재를 아꼈기 때문이다. 그는 승리를 거두면 장수들에게 아낌없이 재물을 나누어 줬고, 부하들을 차별 없이 기용했다.

반면 항우는 최고의 무예와 전력을 가지고도 수하의 책사와 장수들 말을 듣지 않았다. 사람을 귀하게 여길 줄 몰랐고, 점령하는 성마다 쑥대밭을 만들 정도로 교만하고 포악했다. 그러자 한때 항우의 부하였던 한신을 비롯해 수많은 장수들이 항우를 떠나 유방 수하로 들어갔으며, 결국 천하를 차지한 사람은 걸출한 장수 항우가 아니라 사람을 귀하게 여긴 용인술의 달인 유방이었다.

후계자를 양성하라

훌륭한 2인자를 두라

GE의 전 CEO 잭 웰치의 성공 비결 가운데 하나는 인재육성 전략이었다. 그는 GE 재임 당시 인재를 양성하는 인적자원관리 시스템을 구축했을 뿐 아니라 CEO 양성 프로그램을 만들어 매년 5천여 명이 이 프로그램을 통해 경영관리 과정에서 발생하는 문제점을 해결하는 방법을 배우게 했다고 한다. 현재 GE의 CEO 겸 이사회 의장인 제프리 이멜트Jeffrey Immelt는 잭 웰치가 무려 6년 5개월 동안의 CEO 후계자 양성 프로그램에서 경쟁을 거쳐 최종적으로 선임한 인물이다.

조직은 정부든 기업이든 영속성going concern을 전제로 한다. 성공적인 조직으로 계속 살아남으려면 유능한 후계자의 양성과 훌륭한 2인자의 배출이 대단히 중요하다. 훌륭한 2인자 배출은 최상층에 있는 지도자들의 인재육성 의지가 있어야만 가능한 일이다. 그리고 1인자가 2인자를 조력자나 동료로 인식할 때만 가능하다.

오늘날 마이크로소프트의 주인공은 빌 게이츠이지만 그와 함께 마이크로소프트를 성공시킨 이는 스티브 발머Steve Ballmer라고 한다.

40년 동안 마오쩌둥毛澤東과 정치생명을 같이하며 후일권력을 넘겨받은 저우언라이周恩來 역시 1인자의 단점을 가리고 보완해 준 성공적인 2인자이다. 중국은 지금도 주석 임기 만료 5년 전에 후임자를 부주석으로 임명해 실무경험을 쌓고 잠재력을 발휘할 수 있도록 한다. 그리고 국가 안정을 위해 부주석을 포함한 주요 요직을 반대당으로 배치해 힘의 균형을 유지한다.

장쩌민江澤民은 상해당파였고 후진타오胡錦濤는 공청단파, 최근 주석직을 승계한 시진핑習近平은 태자당파로 모두 반대세력의 지도자를 양성하고 승계했다. 이렇듯 동서고금을 막론하고 모든 분야의 최고 리더는 인재를 잘 키워 유능한 후계자를 양성하고 2인자를 훌륭한 리더로 세워 주는 사람이다.

후계자를 검증할 충분한 시간이 필요

미국에서는 대통령 선거 1년 전이면 대선 출마를 희망하는 후보자들이 출마를 공식 천명하고 당내 경선에 뛰어든다. 자신이 미국 대통령으로서 과연 부끄러운 점이 없는지 국민들에게 충분한 검증기간을 주기 위해서다.

그러나 우리나라의 현실은 어떤가? 정치조직이든 정부조직이든 기업이든 훌륭한 2인자와 후계자 양성 시스템을 제대로 갖추지 못했다. 우선 정치계를 뒤돌아보면 군사정권 시절의 2인자들은 1인자의 철저한 견제를 받고 정권 유지를 위한 희생양이 되어 말로가 거의 비운으로 끝난 경우가 많았다.

그러다 보니 최고 권력층은 절대로 강력한 2인자를 인정하지 않으려고 한다. 언제 2인자에게 밀려날지 모른다는 두려움이 있기 때문이다. 유능한 후계자의 자질을 갖춘 2인자를 '자기의 자리를 치고 올라올 경쟁자'로 생각하여 철저히 경계하고 견제하는 토양 위에서는 성공적인 조직을 만드는 것이 매우 어렵다. 자신을 경계하는 최고권력자 아래서 2인자는 예스맨이 되거나 혹은 몰래 최고권력자를 밀어내려고 작업하는 경우가 많다.

최근 새롭게 등장하여 기대를 모은 차세대 정치 리더들이 정당과 파벌의 벽을 넘지 못하고 뿌리 내리지 못한 채 시들어 가는 사례를 많이 본다. 이들을 훌륭한 2인자나 차세대 정치인으로 키워 주는 제도가 부재하기 때문이다.

지난 몇 번의 대통령 선거를 뒤돌아봐도 그렇다. 선거에 나오는 후보들은 투표일을 불과 몇 달 남기고 급조되는 인상을 주는 경우가 많았다. 선거 막판까지 언론을 동원하여 이른바 여론조사라는 것을 하면서 서로 자기관리에 열을 올리다가 겨우 경선 시한에 맞춰 후보자를 결정하다 보니 그 후보가 어떤 성향을 가졌고, 어떤 비전을 내세우고, 어떤 실천력이 있는지 알 방법이 없다. 대통령이라는 가장 중요한 리더를 뽑는데 눈과 귀를 가린 채 더듬이 식으로 투표해야 하는 것이다.

원래 선거라는 것이 대중의 인기에 좌우되는 경향도 있기 마련이지만, 그 인기의 바탕에는 지도자가 지녀야 할 국정수행능력과 도덕적으로 흠결이 적은 덕목을 갖춘 자질이 선행조건이 되어야 하는데, 이렇게 누가 누군지 모르는 상태에서 후보가 나오다 보니 국민들은 검증할 시간도 없이 벼락치기 공부하듯 후보자를 판단할 수밖에 없다.

유능한 후계자들을 양성하는 정치문화가 우리나라에서도 어서 정착되어야 한다. 충분한 기간을 통하여 자질과 능력이 검증된 2인자들을 양성하고, 선의의 경쟁을 통하여 1인자로 등장할 수 있는 시스템을 갖추어야 한다. 국민들이 정치지도자를 선택할 때 충분히 검증할 시간을 주고 예측 가능한 선택을 할 수 있도록 해야 한다.

정치계뿐만이 아니다. 정부기관이나 사회의 다른 분야에서도 거의 다르지 않다. 오로지 자기 말에 순종하는 사람이나 위에서 밀고 내려오는 배경 좋은 사람을 쓰다가 자기와 의견이 맞지 않거나 정권이 바뀌면 금세 갈아 치우는 관행과 풍토에서는 유능한 후계자들이 양성될 수 없다.

지도자가 누구로 바뀌든 이미 양성된 2인자의 풀에서 차세대 리더가 나오도록 하면 예측 가능한 조직이 되며 조직의 안정성을 기할 수 있다. 예를 들어 우리나라 언론사 가운데서도 〈매일경제〉에서는 예외 없이 국 차장이 차기 국장이 된다. 국 차장은 자신이 차기 국장이 될 것이 분명하므로 현재의 국장을 최선을 다해 보필하고, 국장은 국 차장의 의견을 존중하며, 기자들은 국 차장의 견해와 리더십에 익숙해져 교체가 일어날 때 혼선이 없다.

후임자 풀을 두어 인적 공백 막아야

훌륭한 후임자 풀pool에서 적임자를 뽑는다면 누구도 이의를 달 수 없을 뿐만 아니라 적절한 후임자를 찾지 못해 주요 포스트가 오랫동안 텅 비는 현상도 막을 수 있을 것이다. 2014년 10월 "장기간 방치된 기관장 공석 현황" 보도를 보면 기관장이 3개월 이상 빈 공공기관이 거의 20개 가까이 이른다. 어떤 곳은 1년이 넘게 방치된 곳도 있다.

필요 없는 자리라면 없애버려도 되겠지만 관피아, 정피아 논란에 공공기관장 선임이 중단되기도 하고, 적임자를 구하지 못하여 주요 포스트에 빈자리가 많아 국정 곳곳에 구멍이 났다고 하니 걱정이다.

공공기관이나 공기업뿐만 아니라 정부의 국장급 등 고위직도 후임자를 인선하지 못한 채 공석으로 있는 곳이 많다고 한다. 어떤 이들은 한 번도 하기 힘든 높은 자리를 여기저기 옮겨 다니며 '낙하산 인사', '밀실 인사', '회전문 인사'의 비판을 받는데, 어떤 곳은 적임자를 찾지 못해 후임자를 고르지 못하고 조직의 장이 오랫동안 공석으로 남아 있다니 어이가 없는 일이다. 주인이 있는 민간기업이라면 상상할 수도 없는 일이 공직사회에서 벌어지고 있다.

좋은 후계자들이 끊임없이 양성되고 배출되는 사회가 되어야 한다. 오랜 기간의 훈련 그리고 투명한 기준과 객관적인 평가를 통하여 유능한 후계자들을 발굴하여 차세대의 리더로 육성해야만 한다. 각 분야에서 능력이 출중한 사람들이 인정받고 지속적으로 성장할 때 인재 풀이 두터워져 선진사회로 진입할 수 있다.

후계자의 육성은 리더십에서 가장 기본적인 항목이다. 어리석은 리더는 후임자를 키우지 않을 뿐만 아니라 후임자 양성의 중요성도 깨닫지 못한다. 후임자가 없으면 조직은 거기서 끝난다. 특별한 능력이 없는데도 '정치력'만으로 장기 집권하는 리더는 대체로 문제를 많이 일으킨다. 리더는 때가 다하면 자연스럽게 그들의 충성을 다음 세대에게 옮겨줘야 한다.

후임자를 준비해 두지 않은 성공은 실패한 성공이라고 잘라 말할 수 있다.

감성에너지를 공유하라

삶의 패턴을 바꾼 미래사회 혁명

앞으로 전개되는 미래사회는 감성의 시대이다. 디지털 혁명 이후 가속화된 기술혁신은 우리 삶의 패턴을 바꿔 놓았다. 대중매체와 인터넷, 정보통신의 발달은 현대사회를 지식의 홍수시대로 이끌어 가고 있다. 국민 대부분이 PC와 휴대전화를 통하여 실시간으로 다양한 정보 혜택을 누리고 있고, 각종 첨단제품들이 예전보다 더욱 짧은 기간 내에 저렴한 비용으로 쏟아지면서 소비자들은 기술이나 기능에 감동하기보다는 기능 이외의 다양한 가치를 구하는 시대가 되었다. 획일적인 가치관에서 벗어나 창조적이며 개성 중심으로 변하고 있는 것이다.

제품 및 서비스뿐만 아니라 콘텐츠도 마찬가지다. 과거에는 정보의 일방적 수용자였던 일반 대중이 오늘날에는 정보의 생산자 혹은 전파자가 되어 수많은 콘텐츠가 사회에 확산되고 있다. 앞으로는 개인들의 다양한 욕구를 개별적으로 충족시켜 그들의 오감을 자극하고 마음의 문을 열 수 있는 콘텐츠가 미래를 지배할 것으로 보인다.

이러한 긴꼬리long tail 수요가 지배하는 정보 혁명 시대에는 사람들이 과거에 경험하지 못한 다양한 정보들과 지식을 통하여 획일화된 가치관에서 벗어나 개성 중심의 가치관을 갖게 된다. 즉, 객관성, 논리성 중심의 합리주의적 가치관이 개인의 오감五感, 정서, 감성 중심의 가치관으로 서서히 변화하는 것이다.

이제 사람들은 이성만 따지는 세상에 지쳐 있으며, 서로에 대한 유대관계와 신뢰, 기쁨, 환희, 감동 등과 같은 감성 에너지의 중요성이 점점 주목 받고 있다. 특히 우리나라는 예로부터 서구의 합리주의 중심문화에 비해 '정情의 문화', '한恨의 문화'로 일컫는 감성 중심의 문화적 특징을 갖고 있으므로 오늘의 시대에 더욱 각광 받을 수 있는 위치에 있다. 세계적으로 이목을 집중시키는 문화예술 콘텐츠 등 한류문화가 이를 증명한다.

감성의 시대, 감각의 시대

'감정'이라는 뜻의 영어 단어 'emotion'은 라틴어 'emovere'에서 나온 말이다. 움직인다는 의미의 'movere'와 밖을 나타내는 접두사 'e'가 붙어 '외부로 행동을 표출한다'는 의미를 내포한다. 원래 인간을 움직이는 것은 감정이며, 인간의 행동은 이성보다 감정에 의해서 더 많이 좌우된다는 것이다.

오늘날과 같은 감성의 시대에 사람들의 감성을 제대로 읽을 줄 모르는 지도자는 실패한다. 아랫사람들에게 존경을 받고 싶은가? 사람들을 설득하고 변화시키고 싶은가? 그렇다면 모든 것은 조직원들, 국민들의 감정에 의해 좌우한다는 사실을 먼저 인정해야 한다. 국민들이 정말 무엇을 원하는지 국민들의 마음에 들어가 봐야 한다. 허울 좋은 변명이나 구실을 늘어놓지 말고, 생색을 내거나 자기 합리화를 하지 말고 겸허하게 감성을 공유해야 한다.

실업문제를 해결하려면 학교를 졸업하고도 직장을 못 찾는 청년들이나 조기해고를 당한 가장들의 고통을 함께 느껴야 하고, 새벽부터 열심히 구직활동을 하는데도 그날의 일을 찾지 못한 일용직의 어려움에 공감할 수 있어야 한다. 내 문제, 내 가족의 문제로 인식해야 진정한 해결책이 나온다.

고통을 함께하는 알렉산더 리더십

고통을 함께하는 리더

예로부터 성공한 지도자, 위대한 지도자들은 그 시대의 눈높이에서 사람들과 공감하고 그들을 감동시킬 수 있었던 인물들이다. 마케도니아 왕 알렉산더의 군대가 사막을 건널 때다. 무더운 날씨에 오랜 행군으로 지친 병사들이 하나둘씩 죽어 가기 시작했다. 이때 충성스런 병사들이 각자 남은 마지막 물 한 방울까지 모아서 투구에 담아 왕에게 바쳤다. 그러나 알렉산더는 물을 땅에 쏟아버리며 이렇게 말했다.

"나는 그대들과 마지막까지 운명을 같이하겠다. 더 진군하여 오아시스가 나오면 그때 함께 마시자."

왕이 물을 마시려고 할 때 부러운 눈으로 바라보던 군사들이 감동한 것은 자명한 일이다. 그들은 희망을 품고 알렉산더와 함께 기적처럼 사막을 빠져나오게 된다. 이것은 아리스토텔레스 밑에서 오랫동안 교육받은 인성에서 나올 수 있는 리더십의 결과였다. 알렉산더 같은 리더의 진실한 행동과 자기희생적인 태도는 마치 고운 물감을 풀어 놓은 듯 아랫사람들의 영혼에 스며들어 자발적인 헌신과 충성심을 유도하는 법이다.

말과 행동이 일치하고 원칙을 지키며 모두 공감할 수 있는 도덕적 기준과 미래지향적인 창조적 가치관을 추구하는 리더십이 절실한 때이다. 권위란 큰소리치고 허세를 부리는 데서 나오는 것이 아니다. 사람들이 공감하고 신뢰하고 마음속으로 존경할 때 나온다. 더구나 요즈음과 같은 정보의 홍수시대, 실시간으로 모든 정보가 대량매체를 통하여 전달되는 시대에는 위선과 허세가 통하지 않는다. 많은 사람을 잠시는 속일 수 있을지 몰라도 장기적으로는 속이지 못한다.

우리나라는 선진국의 문턱에서 참으로 중요한 고비에 서 있다. 외형적인 성장에도 불구하고 반목과 대립 속에 세상을 부정적으로 바라보는 계층이 늘어나고 있다. 원래 민주사회가 발전할수록 양극화 현상은 필연적인 현상이다. 양극 내부에서 선택을 강요하는 것은 한손으로 손뼉을 치려 애쓰는 것과 같다. 이 같은 갈등과 반목의 양극화 사회에서 세상을 긍정적으로 바라보며 서로 균형을 이루어 가도록 하려면 정치지도자들의 역할이 절대적이다.

사람들은 위기를 맞으면 지도자만 바라보므로 위기 때의 지도력이 진짜 지도력이다. 진정한 정치 리더십은 위기의 순간 더욱 빛이 난다. 오늘날 한국의 정치지도자들은 어려운 시련기에 도달한 한국사회가 깊은 기대를 가지고 바라본다는 사실을 인식해야 한다.

그런데 현실은 어떤가? 우리의 정치 리더들은 정파와 이데올로기로 서로 갈라져 책임추궁이나 하고, 과실을 창출하기보다는 남들이 창출한 과실을 나누어 먹기 위해 논공행상이나 일삼는 경우가 많다. 이들이 중대한 고비에 다다른 한국사회를 제대로 이끌 수 있을지 걱정하지 않을 수 없다.

그래서 위기의 시대에 나는 정말 묻고 싶다.

"어디 이런 정치지도자 없소? 위기의 시대에 감성의 가슴을 열고 국민들과 기쁨과 고통을 함께 나누는 그런 지도자 말이오."

시대착오적 마키아벨리즘을 경계한다

공수표와 공염불은 이제 그만!

지난 2013년 10월 〈시사저널〉이 각 분야 전문가 1,500명을 대상으로 '차세대 리더가 갖추어야 할 덕목'을 물었다. 그에 대한 답으로 수많은 단어가 쏟아져 나온 가운데, 1, 2위를 도덕성과 정직이 차지했다. 현재의 리더들이 이 부분에서 부족하다고 여겨 더욱 강조하는 덕목으로 해석된다.

언론에서 매일같이 지적, 보도하는 각종 사건, 사고들을 보면 우리 사회의 각 분야에 정직하지 못한 일들이 얼마나 만연한지 절감할 수 있다. 최근 10년간 언론보도에 '거짓말'을 표제어로 하는 기사가 폭발적으로 증가하였는데, 거짓말의 주인공으로 지목된 대상은 주로 정부 핵심요직 및 국가 중추기관과 이러한 기관을 대표하는 공직자들이라고 한다. 이는 민주화된 우리나라에 이제 성역이 없다는 방증일 수도 있지만, 가장 바르게 서야 할 국가기관에서의 거짓말 풍조가 매우 심각한 수준에 이르렀다는 이야기로도 해석할 수 있다.

정치인들은 선거 때만 되면 지킬 수 없는 약속을 남발하고, 고위지도층이 불법을 저지르거나 부적절한 처신으로 도마 위에 오를 때 보면 당당하게 잘못을 시인하는 사람보다는 입버릇처럼 "결코 그런 일 없다" 또는 "기억이 나지 않는다"고 답변하는 사람들이 대부분이다.

문제가 생기면 "국가와 국민의 안녕과 복지를 위해서 불가피한 선택이었다"는 궤변을 늘어놓는 경우도 많다. 체면과 명분을 중요시하는 나라일수록 지도자들의 위선은 더 심화되기 마련이다. 특권층에 속한 이들은 항상 자신들이 누리는 특권이 부당한 것이 아니라는 사실을 주장해야 하므로 위선자가 된다. 자신들은 다른 사람보다 더 열심히 노력했고 사회를 위해서 더 많은 희생을 치렀다는 것을 입증하기 위해 더욱 큰 위선자가 되는 것이다. 이러다 보니 우리 사회 곳곳의 병리현상을 진단해 보면 그 밑바닥에 위선의 뿌리가 깊은 것을 깨닫게 된다.

나라의 지도자들과 특권층 인사들의 위선과 거짓은 국민의 불신을 심화시킬 뿐만 아니라 일반인들을 '목적을 달성하기 위해서는 수단과 방법을 가리지 않아도 된다'는 도덕 불감증에 빠뜨린다.

또한 사회적으로 막대한 기회비용 손실을 초래하고, 나아가 사회공동체를 위기에 빠뜨린다. 신뢰가 낮은 사회에서는 협동하기가 어려워 생산성이 낮아질 뿐 아니라 감시와 통제를 위한 사회적 비용이 기형적으로 증가하며, 공인에 대한 불신이 국민의 정치 혐오증과 정치적 무관심으로까지 이어져 결과적으로 민주주의의 위기를 초래하게 된다.

어떤 공인들은 거짓말을 합리화하는 구실로 마키아벨리즘을 말하기도 한다. 마키아벨리의 "군주는 신의 대신 위약違約과 배신, 관대함 대신 인색함, 자비 대신 가혹함이 공동체의 일반이익을 위해 더 나은 결과를 보장한다고 판단될 때는 기꺼이 신의 관대, 자비를 버리고 배신, 인색, 가혹함의 편에 설 수 있어야 한다"는 주장이 정치인의 기만, 음모, 권모술수를 옹호하는 '악덕의 처세술'로 읽히고 있다.

그러나 마키아벨리즘은 이미 사라진 군주정에서 나타난 과거의 유물이다. 마키아벨리의 군주정에서는 영명한 군주가 용단을 관철하기 위해 필요하다면 거짓말이 용인될 수도 있었지만, 시민들의 대화와 합의로 이루어지는 오늘날의 민주사회에서는 어떤 경우에도 지도자와 공직자의 거짓말이 정당화될 수 없다.

읍참마속, 책임의식을 가져라

아무도 책임지지 않는 국민의 고통

1997년 말 발생한 IMF 사태로 우리나라 경제체계는 하루아침에 붕괴했다. 기업들은 집단으로 도산했고 대량실업으로 많은 가정과 개인이 파산했다. 부실기업 정리와 실업구제 대책으로 엄청난 세금을 쏟아 부었다. 금융 및 외환위기에서 촉발된 경제파탄은 경제, 사회 정책의 오류가 상호 간에 복합적으로 잠재되어 있다가 어느 시점에 터져 버린 사건이지 결코 돌발적 사건이 아니었다. 그렇게 국가경제가 파탄 났지만 당시 "내 탓이오!"를 외치며 책임지는 사람은 아무도 없었다.

저축은행 부실사태가 발생했을 때도 저축은행 영업정지로 지급보장범위(5천만 원) 초과자와 후순위 피해자 수가 10만 명이 넘고 그 피해규모는 20조 원을 넘었지만, 역시 책임지는 사람은 없었다. 저축은행 사태는 금융위원회나 금융감독 당국 모두 그 부실과 예상되는 후폭풍을 알고 있었으면서 내버려 둔 대표적인 사례이다. 저축은행 담당 국장 자리는 '폭탄 돌리기 자리'로 인식되었다. 내가 그 자리에 있을 때만 터지지 말라고 내심으로 빌면서 저축은행의 부실을 눈감았다. 저축은행을 제대로 구조조정하려면 더 높은 선에서의 정치적 결단이 필요했을 것이고 국회의원들도 가만있지 않았을 것이니 금융감독 탓만 할 일은 아니지만, 중요한 것은 정작 문제가 터졌을 때 책임지는 사람이 아무도 없었다는 점이다.

책임지는 리더가 없는 사회가 되다 보니 최근에는 갚을 능력이 있으면서도 빌린 돈을 갚지 않으려고 교묘하게 법을 악용하여 고의로 파산 신고를 하는 무책임한 사람도 늘어나고 있다.

"빌린 돈 갚지 마라."

"이런 빚이라면 없었던 것으로 할 수 있다."

"재산을 지켜서 멋지게 도산하는 방법."

"은행 돈은 갚지 않는 돈!"

"회사는 망해도 사장은 안 망한다."

요즘 인기 있는 책에 쓰인 내용이다. 제목만 들어도 신용사회에서 있을 수 없는 섬뜩하리만큼 무책임한 발상이다. 정의는 누가 지켜 주는 게 아니라 우리 자신이 지키는 것이다. 갚을 능력이 충분히 있는 사람이 돈을 빌리고 파산 신고를 통해 갚지 않는다면 어떻게 정의로운 세상이 될 수 있겠는가?

읍참마속과 제갈량의 자기반성

여기서 우리는 '읍참마속泣斬馬謖'의 교훈을 떠올려야 한다.

촉나라 승상 제갈공명이 국법을 바로 세우기 위해 자신이 가장 아끼고 신뢰하던 부하 마속의 목을 눈물을 흘리며 베었다는 일화로서, 사사로운 인정보다 공적 명분의 기강이 우선이라는 교훈으로 자주 인용되는 고사다.

줄거리를 간단하게 정리하면 이렇다.

촉나라의 대장군인 제갈량이 위나라를 공격할 무렵의 일이다. 당시

위나라의 조비는 명장 사마의를 보내어 그를 막도록 했고, 기산이라는 곳에서 서로 대치하게 되었다. 제갈량은 사마의가 갖춘 능력을 익히 알고 있었기에 누구를 보내 막을지 고민했는데, 이때 마속이 자신이 나가 사마의를 대적하겠다고 싸우기를 간청했다. 하지만 제갈량은 마속에게 승산이 없다고 판단하여 수락하지 않았다. 그러나 마속은 물러서지 않고, "만일 싸움에 패하면 자신의 목을 내놓겠다"고 말하며 다시 간청했다. 결국 제갈량은 마속의 청을 못 이기고 하는 수 없이 전투에 내보냈다. 그러면서 제갈량은 마속에게 "그곳은 산세가 험하니 산 정상으로 오르지 말고 산기슭의 길을 사수해 위나라 군사가 접근하지 못하게 하라!"고 수비책을 당부했다.

그러나 가정에 도착한 마속은 수비하기보다는 속히 적을 소탕하여 전공을 세우고 싶은 공명심에 사로잡혀 정상에 오르고 말았다. 노련한 사마의는 이때를 놓치지 않았다. 그는 산 위에 있는 마속을 공격하지 않고 산기슭을 포위하여 보급로를 차단한 채 장기간 지연작전을 폈다. 시간이 흐르자 마속의 군대가 가진 식수와 식량이 줄어들기 시작했고, 결국 굶주림에 지쳐 하는 수 없이 적의 포위를 뚫고 내려와야 했다. 물론 이미 사기가 꺾인 그들은 전투에서 참패했다. 마속만 간신히 살아 돌아왔지만 제갈량은 눈물을 흘리며 마속을 처형했다. 이 실전으로 인하여 제갈량은 군사를 후퇴시켜야 했고 결국 전쟁에 패하게 됐다.

이 읍참마속의 교훈은 엄격한 공사公私 구분과 공정한 법 집행의 중요성에 대해 설파할 때 사례로 자주 인용되는데, 우리가 여기에서 반드시 알아야 할 중요한 사실이 하나 더 있다. 제갈량은 자신이 마속의 목을 벤 것으로 그치지 않고 일생일대의 중요한 전투에서 실전 경험이 부족한 마속을 선봉에 세운 자신의 실수를 스스로 인정하고 후주에게 직접 서신을 올려 자신의 지위를 승상에서 우장군으로 3등급 강등했다는 사실이다.

사람을 질책하고 벌주는 것은 어찌 보면 쉬운 일이다. 중요한 것은 제대로 상황을 이해하지 못하고 일을 그르친 자신에게 벌을 주는 일이다. 사람을 잘못 등용한 인사 오류를 솔직히 시인하고 책임정치를 철저히 이행한 제갈량의 사례는 오늘날 우리에게 시사하는 바가 참으로 크다.

현명한 리더는 부하의 잘못까지 자신의 책임으로 돌리지만 어리석은 리더는 자신의 잘못까지도 부하의 책임으로 돌린다. 이처럼 현명한 리더란 지위가 올라갈수록 책임은 커지고 권한은 작아진다는 것을 알고 몸으로 실천하는 사람이다. 나라의 리더들은 정직하고 자신의 주변을 책임지는 사람들이어야 한다. 이를 위해서는 건강한 사회, 성숙한 사회를 만들기 위한 소명의식을 가져야 한다. 소명의식이 있는 사람은 결코 자신이 한 일을 생색내지 않고 늘 자신의 부족함을 안타까워하고 스스로의 선택과 행위에 책임을 지기 때문이다. 지금 필요한 리더가 바로 그런 책임감 있는 사람이다.

소통의 리더십이 중요하다

힐러리 클린턴의 경우

힐러리 클린턴이 백악관 퍼스트레이디였던 시절의 일이다. 그녀는 당시 남편의 재선을 위해 미국 전역을 돌아다니다 어느 호텔을 방문했는데, 호텔 측에서 그녀에게 호텔 방 안에 있는 냉장고에 어떤 음료를 넣어 두기를 원하는지 물었다. 그날따라 평소 즐기지 않는 좀 특이한 음료가 마시고 싶었던 그녀는 "○○음료를 넣어 달라"고 요청했다. 사실 그 음료는 독특한 향이 강해서 미국사람들이 즐겨 마시는 일반적인 음료가 아니었다.

문제는 그 후에 일어났다. 그녀가 이동하며 묵는 호텔 방 냉장고에는 예외 없이 문제의 그 특이한 음료가 가득 차 있던 것이다. 호텔들끼리 이미 정보교환이 되어 "힐러리가 그 특이한 음료를 좋아한다"고 소문이 난 것이다. 하필 그날 그 음료가 생각나서 무심결에 한마디 한 것이 가장 좋아하는 음료로 소문이 나서 굳어 버린 것이다.

그녀의 이야기가 주는 의미를 사소하게 느낄 수도 있지만, 그렇지 않다. 누군가에게 영향을 미치는 리더라면 말 한마디라도 신중해야 한다. 본인은 아무 생각 없이 지나치면서 한 이야기라도, 듣는 사람들은 그것을 금과옥조처럼 듣기 때문이다.

전달력도 중요하다. 리더는 언제나 정확하게 말하고 그 내용이 제대로 전달되었는지 확인할 필요가 있다. 내가 아는 기업인 가운데 사투리가 아주 심한 어느 회장이 있다. 한번은 회장을 가까운 거리에서 보필하던 임원이 출장을 가는 바람에 해당 부서 부장이 임원 대신 회장실에 불려 들어가 지시를 받았다.

부장은 눈앞이 캄캄했다. 회장실에 처음 들어가 지시를 받느라 긴장한 탓도 있었지만, 문제는 서울 출신이라 심한 사투리로 대충 지시 받은 내용을 거의 못 알아들은 것이다. 그렇다고 회장에게 전화를 걸어 "다시 한 번 설명해 주십시오"라고 요청할 수도 없으니 끙끙거릴 뿐 어찌해야 좋을지 몰라 진땀만 흘렸다. 결국 그는 사표를 낼 각오로 해외에 있는 임원에게 전화했다. 자초지종을 이해한 임원은 비서실에 전화해 대강 무슨 말씀을 했는지 파악하고 일을 진행했지만 실제로 그게 맞는 지시사항인지 결과로 확인하기 전까지는 임원도 부장도 좌불안석일 수밖에 없었다.

일방통행 식 지시가 불러오는 정보왜곡

지위가 올라갈수록 이런 '일방통행 식 지시'가 늘어날 수밖에 없다. 그래서 전혀 예상치 못한 사건이 일어나게 된다. 이런 사건을 예방하기 위해서는 중요한 사안의 경우 항상 제대로 지시가 전달되었는지 리더 스스로 확인해야 한다. 이때 중요한 것은 경청이다. 리더는 남의 말을 잘 들어야 한다. 귀가 반대 방향으로 2개 있는 이유를 아는가? 의견이 대립하는 양쪽의 말을 모두 다 들어 보라는 의미다. 하물며 조직의 리더가 되면 양쪽 말뿐만 아니라 사방에서 들리는 온갖 사람의 말을 모두 들어 봐야 한다. 조직의 윗자리로 갈수록 현장과 가까운 말단에서 위로 전달되는 정보에 오류와 왜곡, 손실이 발생하기 때문이다.

뛰어난 리더의 가장 큰 자질은 소통능력이다. 자신의 말을 잘 전달하고 조직의 내부와 외부에 흐르는 정보 전달체계를 잘 활용해야 한다. 밑에서 일하는 사람들이 편안하게 자신의 의견을 이야기할 수 있도록 환경을 만들어 주어야 한다. 조직에 꼭 필요한 시장정보와 유리된 채 리더가 혼자서 생각하고 내리는 결정은 부정적인 결과를 만들어 낼 가능성이 높다.

소통하라. 소통의 리더십을 게을리하면 직위는 높아질 수 있지만 어느 날 모든 정보로부터 차단된 채 일방적이고 독선적인 명령만 내리는 자신을 발견하게 될 것이다.

배려의 리더십을 배우다

신한은행 S 지점장

1994년 3월 20일, 승진한 나는 당시 강남 중앙빌딩지점 발령을 받았다. 발령을 받자마자 느낀 것은 평소 소문으로만 들었던 장명기 지점장님을 모시고 한 울타리에서 지점생활을 할 수 있다는 설렘과 기대감이었다. 승진 후 첫 부임지에서 지점장님과 함께한 시간은 내게 큰 영광이었으며, 업무적으로 한 단계 성장할 수 있는 전환점이기도 했다. 그 시절 많은 에피소드가 있지만, 가장 기억에 남는 추억담을 몇 가지 적어 보고자 한다.

하루는 부하 직원과의 저녁식사 약속이 있었다. 그런데 퇴근 무렵 서무담당자가 오늘 책임자 회식이 있을 예정이라고 전해 왔다. 당시 책임자 회식은 월 1회 정도 정기적으로 진행되었는데, 하필이면 부하 직원과의 선약일과 겹쳐 버렸다. 고민 끝에 나는 지점장님을 찾아가서 부하 직원과의 선약을 지키겠다고 말씀드렸다.

당시만 해도 지점장님 말씀 한마디가 곧 법이었기에 이런 식의 독단적인 행동은 상상할 수 없었던 시절이다. 호통과 꾸짖음을 예상한 나는 지점장님의 말씀 한마디에 적지 않은 충격을 받았다. 지점장님께서는 부하 직원과의 선약을 중요시한 나의 판단을 존중하시며 흔쾌히 승낙해 주셨다. 권위와 군대식 상명하복 업무가 만연했던 그 시기, 지금 생각해 보면 사소한 그 배려가 바로 위대한 리더십이라는 사실을 깨달았다.

이번에는 직원들 업무분담과 계 이동 시기였다. 지점장님이 출근하자마자 계획안을 들고 지점장실로 들어가서 나의 의견을 피력했다. 많은 고민 끝에 도출한 계획안이라 스스로 자신감이 충만했지만, 결정과 판단은 지점장님 고유권한이라 지점장님의 표정 하나하나에 신경이 쓰인 게 사실이다. 잠자코 내 의견만 듣고 계시던 지점장님은 만족하셨는지 엷은 미소를 머금은 표정으로 "자네가 지점장 하시라"고 농담을 하시며 나의 의견을 그대로 받아 주셨다. 계 이동은 지점장님의 고유권한인데도 전혀 싫은 내색 하지 않으시고, 오히려 웃으며 격려해 주셔서 크게 감동했다.

이런 나의 행동을 만약 다른 지점장이었다면 어떻게 생각하고 받아들였을지, 그리고 나는 또 어떻게 되었을지 지금도 생각해 본다. 당시 지점장님도 분명 내 부족한 부분을 보셨을 것이다. 하지만 지점장님께서는 내 단점이 아닌 장점만 바라봐 주셨다. 또한 나의 행동에 대해 신뢰하고 아낌없는 격려를 보내 주셨기 때문에 지금의 내가 있는 게 아닐까 생각한다.

시간이 흐른 후 그분은 세종로 지점장으로 부임하였다. 떠나신 후에도 변함없는 관심과 애정을 보내 주셨고, 서로 연락하며 마음을 나눌 기회를 마련해 주셨다. 그리고 항상 주위 분들에게 나에 대한 칭찬을 아끼지 않으셨다. 함께 있을 때 직접 해주시는 칭찬보다 보이지 않는 곳에서 늘 기억하고 격려해 주시는 그 마음이 얼마나 소중한지 절실히 느끼고 큰 감명을 받았다.

2003년 초, 부부장 승진에서 누락되었을 때 내게 직접 전화하셔서 "너무 실망하지 말고 평소대로 열심히 일해라, 한 걸음 늦게 가는 것도 좋은 경험이다"라고 하신 말씀이 아직도 생생하다. 덕분에 나는 우울한 기분을 누르고 태연한 모습으로 더욱 힘껏 일할 수 있었다. 그리고 6개월 후 생각지도 못한 일이 벌어졌다. 승진과 동시에 본부 핵심부서로 발령받게 된 것이다. 뒤늦게 알았지만 당신께서 주위 사람들에게 해주신 나에 대한 많은 칭찬이 힘이 되었다.

이제 당신과의 만남이 어언 20년이 넘어 간다. 조직에서 20년 동안 만남을 이어 가는 분이 몇이나 될까? 지금까지도 이렇게 끈끈하게 지속되는 우리의 인연을 보며 당신이 가진 '보이지 않은 힘'의 크기를 느끼게 됩니다.

이것이 바로 따뜻한 리더십이겠지요. 제 생애 당신을 만난 것이 최고의 행운이며 기쁨이자 영광입니다. 그래서 당신을 제 가슴속에 인생의 멘토로 새겨 두고 살아갑니다. 감사합니다. 그리고 사랑합니다.

제 11 장

한국 경제가 직면한 도전

세계를 배회하는 디플레이션의 유령

D의 공포와 실물위기

지금 한국 경제를 둘러싼 대내외 환경은 그리 녹록하지 않다. 그간 지속된 국제 금융위기와 세계 경제불황으로 많은 대기업이 부실화하거나 도산하는 과정에서 협력업체를 비롯한 수많은 중소기업들이 연쇄적으로 문을 닫았다. 기업부실의 여파는 실업자들을 양산하고 새롭게 사회로 진출해야 할 젊은이들의 취업문을 좁히고 있다. 안타깝게도 청년들은 미래를 향한 꿈의 날개를 펴기도 전에 좌절과 포기부터 배운다.

　문제는 앞으로의 국제 경제전망 역시 그리 좋은 편이 아니라는 사실이다. 미국의 출구전략에 따른 가변성, 차이나 리스크, 환율의 급변과 수출경쟁력 약화, 지정학적 위험 및 유동성 리스크 등 대응해야 할 일들이 산적해 있다. 미국경제가 성장 추세로 돌아서고 있다고는 하지만 이는 그들만의 잔치로 끝날 가능성이 높다.

더구나 유럽 국가들의 재정위기는 갈수록 악화되고 있고 이들과 밀접하게 얽힌 중남미와 동남아시아, 아프리카 등도 맥을 못 추고 있다. 유가폭락으로 러시아와 중동 산유국들 역시 재정위기 상황에 돌입한 상태다. 전 세계가 일본의 잃어버린 25년의 전철을 밟는 재패나이제이션Japanization 현상도 우려된다. 그렇게 지금 우리 주변에는 'D의 공포'라고 명명된 공급 과잉의 디플레이션 유령이 배회하고 있다. 이를 벗어나기 위해 글로벌 경제회복을 위한 선진국들의 공조체제 구축이 시급하지만, 각 나라의 경제정책 입장이 어긋나고 실물경제의 성장경로가 서로 다르기 때문에 공조체제를 기대하기 힘든 상황이다.

지금은 총체적 위기의 시대다

어려운 것은 비단 대외 경제환경 뿐만이 아니다. 지금 우리나라는 총체적인 위기에 처해 있다. 정치, 경제, 사법, 노사 등 국민의 걱정을 덜어 주고 희망을 심어 줘야 할 사회 중추기능들이 오히려 국민의 걱정거리가 되고 있다. 저성장의 늪, 복지 문제, 소득 갈등, 실업자 문제 등이 발목을 잡고 있고, 기업들은 각종 규제와 경직된 노사문화를 피해 생산성 높은 외국으로 사업장을 옮기고 있다.

젊은이들에게도 좋은 소식은 없다. 취업하기 어렵다 보니 대학을 오래 다니게 되고, 그만큼 결혼도 늦어지고, 앞날을 알 수 없으니 출산율도 세계 최저수준으로 떨어졌다. 더구나 급속하게 진행되는 고령화와 맞물려 국가경쟁력은 갈수록 위축될 것으로 예상된다. 선진국들과의 격차를 줄여야 할 중대한 변화의 시기에 길을 찾지 못하고 암울한 미래에 대한 두려움을 떨쳐내지 못하고 있다.

위기의식의 부재

하지만 어려운 현실보다 더 암울한 것은 경제주체들이 닥쳐오는 위기 징후에 대해 위기의식조차 가지지 않고 있다는 점이다. 주위를 한번 둘러보라. 세계는 지금 우리가 상상할 수 없을 만큼 빠르게 변하고 있지만 우리의 리더들은 어떤가? 대한민국을 책임진 리더들이 지금 뼈를 깎는 노력을 기울이지 않는다면 미래는 암울할 수밖에 없다. 하지만 기업들에 활력을 불어넣어야 할 정치권은 선거에만 관심을 두고 있다는 우려가 드는 게 사실이다. 창조경제를 외치는 정부는 아직 국민들이 실감하는 미래의 큰 그림을 그려내지 못한 채 인사실정만을 되풀이하고 있다. 정치권을 봐도 관료들을 봐도 원론적인 말의 향연만 가득할 뿐 정작 몸을 던져 위기를 돌파하려는 리더는 찾을 수가 없다. 강성노조의 리더들 역시 그들만의 상자 속에 갇혀 사회적 대타협과 구조조정 협상의 유연성을 잃고 있다. 과연 지금 이 나라의 리더들을 보며 손뼉을 치는 국민들이 얼마나 될까?

　　정부의 지지도는 이미 하락한 상태이고 국민들은 사회를 이끄는 리더들에 대한 불신의 늪에서 헤어나지 못하고 있다. 누구라고 특정하기 어려운 기득권 세력은 예나 지금이나 다름없이 몸보신과 공생의 먹이

사슬을 찾거나, 눈을 부릅뜬 채 싸움에만 몰두하고 있다. 그래서 "주위를 아무리 둘러봐도 제대로 된 리더들이 안 보인다"는 탄식이 여기저기에서 나온다.

사라진 벤처 성공신화

정부가 미래창조과학부까지 만들어 미래의 주인공을 육성하고 창의적인 인재를 찾는다지만 정작 그들이 뛸 수 있는 무대가 없다. 아무리 학교에서 창의교육을 한다고 해도 정작 사회가 요구하는 기준은 일류학교, 학업성적, 토익점수, 스펙 아니면 배경이다.

더불어 벤처 1세대들의 성공담은 이제 아득히 먼 이야기가 되어 간다. 미국 경제전문지 〈포브스Forbes〉에 따르면, 한국의 10대 재벌은 100% 대물림 상속자들이다. 50대 재벌 중에는 76%(38명)가 상속자들이다. 반면 미국은 10대 재벌 중 60%가 창업자들이며, 50대 재벌의 70%가 창업자들이다. 미국은 그렇다 치고 아시아 지역만 보더라도 대만은 10대 재벌의 90%, 50대 재벌의 62%가 창업자들이고, 일본은 10대와 50대 모두 80%가 창업자들일 정도로 창업자가 높은 비중을 차지한다.

환경이 제대로 갖춰지지 않았다면 대기업들이라도 잘해 줘야 하는데 현실을 보면 걱정부터 앞선다. 세계무대에서 기술로 경쟁하기보다는 아직도 하청업체들을 쥐어짜서 가격경쟁으로 버티려 하는 대기업들이 많다. 슬프지만 '슈퍼 갑질'을 하는 일부 대기업의 행태가 여전히 언론에 오르내린다. 2세, 3세로 이어진 재벌가족은 창업주의 열정과 창의적 '노력'이 아니라, 가만히 앉아서 '지분'만 이어받았다. 순환출자와 교차출자 시스템을 악용해 고작 한 자릿수의 지분율을 가지고 황제 노릇을 하고 있다. 세계인들이 탄 비행기를 자신의 자가용처럼 돌려세우는 바람에 전 세계 언론으로부터 '미치광이^{nuts case}'라고 조롱을 받는 마당이니 더 말해 무엇하랴.

우리나라가 지속적인 성장동력을 찾기 위해 해결해야 할 과제들은 너무나 많다.

- 기업들은 세계의 기술경쟁에서 뒤지지 않도록 혁신역량을 갖춰야 한다.
- 정부는 기업들이 일하기 좋은 경제환경을 만들어 줘야 한다.
- 사회적으로 고령화 현상과 낮은 출산율로 점점 경제활동인구가 감소하는 위험요인에 대해서 장기적인 대응방안이 필요하다.
- 선진국에 걸맞은 높은 시민의식과 다양한 가치와 신념이 존중되는 사회를 만들어 가야 한다.
- 세계화 시대에 요구되는 세계적인 감각, 정보의 수집과 처리 능력, 주변환경을 세계적인 시각에서 분석하고 대응하는 자세, 다양한 문화에 대한 이해, 창의적인 사고, 약자에 대한 배려와 나눔의 정신, 도덕과 명예를 중시하는 기본적인 인성 등도 갖춰야 한다.

하지만 이러한 사항을 이행하기 전에 가장 먼저 교육제도를 개선해야 한다. 학벌보다는 훌륭한 시민을 양성하는 교육, 문제가 생겼을 때 창조적으로 해결할 수 있는 교육으로 제도와 시스템을 개선해야 한다.

이 모두가 국가, 사회, 경제를 책임진 리더들의 역할과 책임이며 후손을 위한 우리의 의무이기도 한다. 리더가 의무를 소홀히 하면 한국 경제의 미래는 없다.

경제위기 돌파의 실마리

독일의 미텔슈탄트를 벤치마킹하라

우리나라는 세계 최고수준의 R&D 인력자원을 보유하고 있다. 그러나 40만 명이 넘는 R&D 분야 인력 중 공공연구기관이나 대학에서 근무하는 인력을 제외하면 산업체 인원의 대부분이 대기업에 편중되어 있고, 특히 박사학위 소지자 중 중소기업에 근무하는 비율은 4%대에 머물러 있다. 박사학위 소지자의 절반 가까이가 직원 수 500명 미만의 중소기업체에 근무하는 미국과는 대조적이다.

우리나라가 진정한 선진기술국이 되기 위해 해결할 중요한 과제 중 하나는 대기업과 중소기업 간 격차가 극심하게 벌어져 있는 양극화 현상을 개선하여 중견기업들의 기반을 튼튼하게 하는 일이다. 글로벌 중소기업을 키워 내는 미국이나 독일, 영국, 스위스, 오스트리아, 일본 등은 오래 전부터 중소기업의 꾸준한 기술혁신 노력을 전개해 세계적인 경쟁력을 확보한 상태다.

특히 "세계 경제위기도 독일은 피해간다"는 말이 나올 정도로 독일경제가 튼튼한 것은 바로 종업원 500명 미만, 연 매출 5천만 유로(약 700억 원) 미만의 중소, 중견기업을 말하는 미텔슈탄트라는 강소기업들이 버티고 있기 때문이다. 〈포춘〉지 선정 500대 기업 중 독일 대기업 수는 29개에 불과하지만, 전 세계 3천 개 '히든 챔피언' 중 50%는 독일 기업이 차지한다. '히든 챔피언'은 매출액이 연 40억 달러에 못 미치고 대기업보다 인지도도 낮지만 자기 분야에서 세계 시장 1~3위를 차지하는 일류 강소기업을 말한다. 독일경제의 핵核을 이루는 것이 바로 이들 히든 챔피언들이다.

우리에겐 없지만 독일 중소기업에는 있는 그들의 강점은 무엇일까?

첫째, 전문가들이 연구 분석한 자료를 보면 독일 중소기업들은 자신들이 잘할 수 있는 특정 분야에 집중하여 기술력으로 글로벌 틈새시장을 공략한다. 우리 중소기업은 낮은 가격, 다시 말해 가격경쟁력으로 대결하려 하지만, 독일 기업은 가격이 아닌 품질과 기술로 대결한다.

둘째, 성장산업에 장기적인 투자를 한다. 성공한 미텔슈탄트는 대체로 가족기업에 기초한다. 가족소유 경영의 가장 큰 강점은 리더십의 지속가능성이다. 덕분에 성장산업에 장기적인 투자를 할 수 있고, 평생학습체계의 직업훈련을 통해 우수한 숙련인력을 양성하여 지속적인 혁신을 이룬다.

셋째, 가족보다 회사 그리고 국가의 이익을 먼저 생각하는 마음이다. 독일 기업주들은 우리나라 재벌과 다르게 창업주 가족의 이익보다 회사를 중시한다. 국가자본주의의 전통을 이어받은 독일기업은 기업은 국가와 사회의 동반관계로 유지된다는 사회적 책임을 지키기 위해 노력한다. 기업을 기업주 일가의 개인재산이 아니라 종업원과 매출을 일으키는 소비자의 공동체라고 생각한다. 그래서 독일 정부도 중소기업의 가업승계 시 상속세를 선뜻 면제해 준다. 매번 중소기업 가업승계 상속세 문제 때문에 논란이 되는 우리나라와는 대조적이다.

이처럼 독일 중소기업들은 하나같이 단기적 이익에 몰두하지 않고 종업원들과 협력해 대대손손 기술을 개발하고 독일경제의 튼튼한 버팀

목 역할을 하고 있다. 그러다 보니 독일 중소기업은 대기업과 임금 차이가 10~15% 정도에 불과하고, 이직률 또한 2% 미만이다.

교육제도 개혁이 먼저다

미국을 비롯한 여러 선진국에서는 대학에 진학하는 고교졸업생 비율을 나타내는 대학진학률이 50% 내외로 한국보다 훨씬 낮다. 우리나라의 대학진학률은 한때 83%에 이를 정도로 세계 최고를 자랑하지만, '이태백'이라는 말에서 알 수 있듯 대학을 나온 20대 태반이 백수 신세를 벗어나지 못한다.

그럼 정말로 직장이 없는가? 그렇지는 않다. 문제는 시선의 높이다. 청년실업 100만 시대라고 하면서도 대학 졸업생들은 웬만한 중소기업은 쳐다보지도 않는다. 상당한 기술적 내공이 있고 재무상태가 튼튼한 좋은 중소기업도 그들에게 외면 받는 게 현실이다. 이른바 일류 대학을 나온 학생들이 희망하는 직업, 직장은 의사와 변호사를 비롯한 고소득 직군이나 일류 대기업뿐이다. 실질보다는 체면을 중시하는 사회가 만들어 낸 비극이다. 지식전달 중심의 교육방법과 성적 위주로 줄 세우는 사회 시스템이 만들어 낸 수요와 공급의 심각한 미스매치이다.

과거 한국 경제 고도성장의 핵심 동력은 교육이었다. 6·25전쟁 중 머리 위로 전투기가 굉음을 내며 날아다녀도 아이를 천막학교에 다니게 한 부모들의 교육열이 아이들을 문맹에서 벗어나게 했으며, 글을 배운 아이들이 외국의 신문명과 기술을 흡수하여 고도 경제성장을 가능하게 했다. 당시 부모들은 아이를 대학에 보내기 위해 유일한 가계 소득 원천인 소를 팔아야 했다. 그리고 아이를 대학에 보낸 대가로 부모들은 소 대신 직접 농사를 지어야 했다. 이런 현실을 반영하듯 한때 "대학은 우골탑牛骨塔"이라는 말이 유행했다. '대학은 소의 뼈 위에 세워진 상아탑'이라는 뜻이다.

이 같은 교육열 덕분에 일본보다 20년 이상 뒤져 있던 중화학공업과 자동차, 전자공업의 기술격차를 빠른 속도로 따라잡아 1980년대 후반부터는 세계시장에서 일본과 경쟁하기 시작했다. 산업화가 시작되면서 공업고등학교, 기능학교, 기술자 양성학원 등을 통해 기능인력이 대거 배출되어 한국은 1970년대 이후 10년 넘게 국제기능올림픽대회 종합우승을 놓치지 않았다.

외형만 보면 당시 부모들의 교육열과 오늘날 부모들의 교육열은 다르지 않다. 그러나 결정적으로 다른 부분이 있다. 당시의 교육은 산업을 발전시키기 위해 필요한 과학과 기술을 빠른 속도로 따라잡기 위해 집중하는 가치창조형 교육이었다. 지금처럼 성적을 위한 과외나 별 이유 없는 스펙 쌓기가 아니라 스스로 필요해서 하는 교육이었다. 자신이 하고 싶은 것을 만들고 찾아가면서 하는, 창조적 능력이 저절로 만들어지는 문제해결 방식의 교육이었다.

그런데 지금은 어떤가? 한국은 OECD 국가 가운데 가장 많은 돈을 교육에 투자하지만 교육의 효율성이나 경제성장 기여도는 극히 낮다. 과외로 교육을 시작한 아이들은 심지어 대학에 가서도 과외를 받아 학점을 유지한다. 그러다 보니 명문대학을 졸업하고 사회에 나와도 문제해결 능력이 떨어진다. '유치원 때부터 시작해도 늦다'는 조기 영어교육으로 '오렌지'라는 단어를 '아린지'라고 정확하게 발음하게 되었는지는 모르지만 그 유창한 발음 속에 구체적인 실질이 담겨 있지 못하다. 그래서 요즘 강남 부모들 사이에서는 이런 탄식이 유행한다.

"10억 가까운 돈을 들여 유학시켰더니 결국 카페 주인이 됐다."

그저 웃고 지나갈 일이 아니라 이게 정말 현실인 집이 많다. 실제로 돈이 많은 집은 아이가 어릴 때부터 영어 조기과외를 시켜 외국으로 조기유학을 보낸다. 그리고 현지에서도 과외를 시켜 어떻게든 명문 아이비리그 대학에 입학시키는데, 이렇게 아이 하나 대학 졸업시키는 데 10억 원 가까운 돈이 든다. 그런데 아이가 대학을 졸업하고 이름을 들으면 알 만한 대기업에 입사하여 '이제 간신히 끝났구나'라는 안도의 한숨을 내쉬려 하면 아이가 조직생활을 견디지 못하고 1~2년 만에 사표를 내고 나와 부모에게 카페를 차려 달라고 요구한다는 것이다.

최고의 환경에서 최고의 교육만 받던 아이가 회사에 들어가니 갑자기 강요되는 온갖 한국적 위계질서에 놀라고 폭탄주에 질려 하루하루를 보낸다. 조금만 참아 보라는 부모의 격려에 고된 업무가 주는 중압감을 견뎌 마침내 월급을 받지만, 급여통장 계좌에 찍힌 숫자에 실망해서 결국 회사를 그만두고는 목 좋은 곳에 카페를 차려 달라고 한다는 탄식이다.

이 정도면 한국의 교육 시스템은 총체적 위기이며 실패라고 잘라 말할 수 있다. 교육투자의 효율이 극히 낮다는 것을 부모나 사회, 정부가 인정해야 한다. 한때 고도성장의 중요 요인이었던 교육열이 지금은 창의성을 떨어뜨리고 문제해결 능력 양성에 별다른 도움이 되지 못하며 부모의 미래까지 저당 잡히게 하는 부정적인 요소라는 점을 받아들여야 한다.

세계적 강소기업을 많이 보유한 독일의 대학진학률은 얼마나 될까? 놀랍게도 30% 대 중반으로, 우리나라의 절반밖에 되지 않는다. 독일은 일찍이 교육에 대한 기회균등제도를 정착시켰다. 대학에 진학해도 등록금을 내지 않고 서민층 대학생에게는 바펙BAFÖG이라는 생활장학금을 주는 등 교육복지가 세계 어느 나라보다도 잘 구축되어 있다. 그런데도 이렇게 대학진학률이 낮은 이유는 일찍부터 개인 적성과 소질에 맞는 일을 찾아 그 길을 갈 수 있게 부모와 학교가 교육하기 때문이다. 독일 아이들은 한국 아이들과 출발부터 다르다. 그들은 대개 10~12세에 이미 자신의 진로와 적성을 찾아 실습교육을 받는다. 이런 진로 탐색을 통하여 청년의 절반 정도가 대학 진학 대신 3년 과정의 직업교육을 받고 바로 취업한다. 대학에 가지 않아도 본인이 희망하는 분야에 일찍 진출하여 취업하도록 도와주는 다양한 교육 시스템 덕분이다. 그 결과 독일에서는 학력을 위해서가 아니라 정말로 공부를 좋아하는 사람들만이 대학에 진학한다.

늦지 않았다. 지금부터라도 자라나는 젊은이들이 자기 적성에 맞는 분야를 찾아 즐겁게 일하고 인생을 설계하며 행복한 삶을 가꾸어 갈 수 있게, 창조적인 인재를 양성할 수 있는 교육 시스템을 고민해야 한다.

세계화의 흐름을 통찰하는 리더가 되라

우리는 변화가 심한 시대에 살고 있다. 미국과 소련을 중심으로 한 강대국의 냉전이 종식되고 세계무역기구WTO체제가 출범하여 다국적기업 활동이 활성화되었으며, 유럽연합EU의 등장과 북미 자유무역협정

NAFTA 체결 등으로 세계 경제시장이 활성화되었다. 그리고 각국의 금융시장이 개방되면서 자본 이동의 가속화를 이루고 있다.

2014년 11월에는 한·중 정상회담에서 양국이 수교 22년 만에 실질적인 FTA 타결을 선언하고 협력관계를 강화하는 기반을 마련했다. 한·중 FTA의 정식 서명이 마무리되면 한국은 미국과 EU에 이어 중국까지 세계 3대 경제권과 모두 FTA를 체결한 국가가 되는 셈이다.

기업도 마찬가지다. 한 치의 양보 없이 치열한 기술경쟁과 점유율 싸움을 벌이는 글로벌 기업들도 서로의 부족한 역량을 보완하고 미래 시장에 공동으로 대응하기 위하여 국제간 특허공유계약을 맺으며, 적대적인 경쟁관계 속에서도 필요한 부분에서는 협력관계를 구축하며 세계시장의 변화에 대처하는 모습으로 바뀌고 있다.

세계의 변화를 잘 감지하기 위해서는 변화의 시작인 전쟁의 흔적을 돌아봐야 한다. 과거의 세계역사를 보면 가장 큰 규모의 전쟁이 20세기에만 두 차례 일어났다. 제 1차 세계대전과 제 2차 세계대전이 바로 그것이다. 전쟁의 원인은 경제와 정치 그리고 외교적인 부분에서 찾을 수도 있지만 한마디로 과도한 민족주의와 이를 토대로 한 제국주의의 산물이라고 보면 맞을 것이다.

제 1차 세계대전은 당시 슬라브족 중심인 로마노프 왕가王家가 주창한 범汎 슬라브주의라는 민족주의와 독일과 헝가리, 오스트리아를 중심으로 한 합스부르크 왕가의 범 게르만주의가 충돌해 일어났다. 당시 유럽 중심의 제국주의 국가들은 '힘의 논리'에 의해 약소국을 점령하는 것이 다반사였고, 강대국들끼리 그 점령을 서로 묵인해 주면서 상호간의 이해관계에 따라 협상과 동맹을 맺어 왔는데, 힘의 팽창과정에서

제국주의 집단체제 간에 충돌함으로써 결국은 세계대전이라는 사상 유례 없는 대참극이 일어난 것이다.

제2차 세계대전은 제1차 세계대전의 연장선상에 놓여 있다. 제1차 세계대전 이후 자본주의 세계는 전쟁의 후유증으로 경제적 위기상황에 빠졌다. 세계적 공황이 심화되면서 열강들의 블록화와 폐쇄 경제적 경향이 짙어졌으며, 자본주의 제국들은 경제적 불균등과 국제대립에 봉착한다. 세계적 공황은 상대적으로 자본주의 기반이 약한 독일, 이탈리아, 일본 등에 더 큰 타격을 주었고, 국내 정치의 혼란 속에 있던 독일에서는 경제난의 책임을 유대인에게 돌린 히틀러가 '아리안 족의 부활'을 외치며 극적으로 정권을 잡았다. 히틀러의 등장은 제2차 세계대전의 서막을 예고한 중대한 정치적 사건이었다.

이처럼 치열한 투쟁 양상을 보인 민족주의는 20세기 후반에 반성과 비판이 제기되면서 수면 밑으로 가라앉았다. 냉전 종식과 더불어 미국을 중심으로 자유민주주의적 정치질서와 신자유주의적 경제질서가 확장되는 '팍스 아메리카나Pax Americana'의 시대가 열린 것이다. 그리고 WTO와 IMF, 세계은행 등 국제금융, 무역질서를 주도하는 기관들이 속속 나타나기 시작했다.

미국 주도 세계화 추세에 대해서는 낙관론과 비관론이 엇갈리지만 세계화가 대세라는 점은 부정할 수 없는 현실이다. 그러나 세계화가 진행될수록 강대국들은 더욱 강해지고 국제사회에서는 빈익빈 부익부 현상이 가속화할 것으로 예상한다. 또한 국가 간 경쟁과 통상마찰이 심화되고, 이념과 체제를 초월해 무한경쟁 시대로 진입하는 현상도 우려된다. 신자유주의적 세계화, 자본주의의 부도덕함, 인간과 자연의 상품화, 미국 중심의 국제권력 집중 등이 비관론자들이 제기하는 문제들이다.

정치적으로도 국제기구를 통한 주도권 경쟁과 서구와 비서구, 미국과 중국 등의 군비경쟁, 중동지역을 중심으로 국지적으로 발발하는 영토분쟁 및 종교분쟁, 최근 일본의 우경화 현상과 제국주의에 대한 향수 등 각국들의 이해가 얽혀 세계화의 길이 그리 순탄해 보이지는 않는다. 특히 북한과 대치하고 있는 우리는 전쟁의 위협과 급변하는 21세기 세계 정치질서의 흐름 속에서 내부 역량을 키우는 것은 물론 국제적인 역학관계에 대응해야 하는 숙제를 안고 있다.

이 같은 비관적 시각에도 불구하고 세계화의 물결은 거스를 수 없는 흐름이며 돌파해야 할 냉정한 현실이다. 세계화에 큰 문제가 있다고 하지만 그 대안이 마땅치 않기 때문이다. 노동력은 풍부하지만 자본이 빈약한 개발도상국들은 세계화를 통해 외국 자본을 받아들여 경제 성장을 도모할 수 있다. 관세장벽이 허물어지면서 수출시장이 넓어지고, 기업들은 혁신적인 기술을 개발하는 계기가 되어 소비자들에게 더 좋은 상품을 더 싸게 살 수 있는 기회를 가져다준다.

이는 정치적인 측면에서도 도움이 된다. 많은 나라가 세계화의 확산에 따라 개방화와 민주화를 동시에 이루어 가고 있다. 세계화의 근간은 자본주의이고, 자본주의를 받아들이기 위해서는 필연적으로 정치적인 민주화가 이루어져야 하기 때문이다. 또한 공동의 관심사인 세계평화 유지, 지구의 환경 문제, 빈민국가의 기아 문제, 폐쇄국가의 인권 문제 등을 해결하기 위한 공동의 노력도 탄력을 받을 수 있다.

앞으로 진전되는 세계화로 우리는 실시간 경제교류의 삶을 살 것이고, 국경의 의미가 사라지며 다른 민족과의 교류 기회가 빈번해질 것이다. 당장 한국만 보더라도 한국말을 한국인보다 유창하게 구사하는 외국인들이 방송에 많이 등장한다.

세계화 시대를 사는 우리는 선진국들의 첨단기술과 우수한 정치, 경제체제에 뒤지지 않도록 국제경쟁력을 키우고 국제적인 위상을 높이는 것은 물론 세계시민으로서의 자질을 갖추기 위해 노력해야 한다.

세계적 흐름에 대한 예리한 통찰력, 주변 환경과 상황을 세계적인 시각에서 분석하고 대응하는 자세, 세계화에 대비한 언어소통과 다양한 문화이해 능력, 우리의 고유성과 존엄성을 지키면서도 문화적 차이를 받아들이는 개방적이고 조화로운 자세, 다양한 국제활동에 적극적으로 참여하는 노력 등이 필요한 때이다. 더 나아가 글로벌 지구촌에 대한 환경적 공동책임 의식과 동반자적 태도도 필요한 시점이다.

그래서 우리는 세계화에 대비한 리더가 필요하다.

군자삼변의 표본

전 외환은행 C 본부장

직장생활을 하다 보면 많은 사람과 만나고 헤어지고, 또 새로운 만남을 이어 가게 된다. 그 과정에서 좋은 사람도 만나고 그렇지 않은 사람도 만난다. 흔히 좋은 사람과 만나는 것을 '인복이 있다'라고 하는데, 이는 윗사람에게도 아랫사람에게도 적용되는 말이다. 그런 면에서 나는 대단히 인복 있는 사람 중 하나다.

특히 장명기 수석부행장님과의 인연은 재직 시에는 물론이고 퇴직 이후에도 커다란 가르침을 받고 있으니 복 중의 큰 복이라 할 수 있다.

내가 두 곳의 지점장 생활을 마치고 본점 부서장으로서 새로운 직무를 시작했을 때였다. 당시 수석부행장님은 몇 년간의 CCO 역할을 통해 은행의 여신건전성을 하위권에서 최상위권으로 끌어올려 동 분야 최고의 권위자로 인정받고 있었다. 같은 본점 건물에 있었지만 업무상 직계라인이 아닌 나는 수석부행장님을 직접 뵐 기회가 없었고, 동료 부서장으로부터 '빈틈이 없는 사람', '대충해서는 크게 혼난다', '접근하기가 어렵다' 등의 평판을 간접적으로만 듣고 있었다.

그러던 어느 날 수석부행장께 "A 업체가 은행에 대한 불만이 있다고 하니 그동안의 진행상황을 보고해 달라"라는 요청이 왔다. 당시 A 업체는 은행과 교육콘텐츠 관련 거래를 해오다가 서비스 품질이 미흡해 2년 전쯤 거래를 중단한 상태였다. 물론 A 업체는 거래 재개를 위해 다양한 새로운 제안을 해왔지만 검토한 결과 당시 은행 기준에 부합하지 않아 거절하였다. 나뿐만 아니라 함께 일하는 직원들 모두가 일 처리에 공정하고 합리적이었기에 A 업체에 대한 상황을 보고 드리는 것에 거리낄 것이 없었다.

하지만 수석부행장님은 워낙 꼼꼼하다는 평을 듣고 있던 터라 예사롭게 준비할 수는 없었다. 그래서 많은 시간을 들여 전체 거래업체의 교육콘텐츠와 서비스 수준을 종합적으로 분석하고 예상 질의 응답자료, 향후 대책 등에 대해 철저히 준비했다.

그런데 보고는 예상 밖으로 굉장히 간단하게 끝났다. 준비한 보고가 10% 정도 진행되었을 때 말을 끊으시더니, "업무처리가 공정했다면 A 업체가 오해하거나 서운하지 않게 더욱 충분한 설명을 하라"고 하셨다. 즉, 나의 충실한 보고에 업무처리는 공정하고 합리적일 것이라 신뢰하시고, 잠재적 민원 해결에 노력하라고 충고하신 것이다.

그렇게 부행장실을 나오면서 시원하기도 했지만 조금은 서운했다. 걱정했던 보고가 잘 마무리되어 시원했지만, 오랜 시간 정성을 쏟았는데 너무 쉽게 끝난 것이 아쉬웠다. 하지만 내 자리에 돌아와 곰곰이 생각해 보니 보고를 준비하면서 나는 생각하지도 않았던 많은 것을 얻었음을 알았다.

우선 그간 습관적으로 해온 업무에 대해 제로베이스에서 철저한 리뷰를 할 수 있었다. 또한 과정상의 공정하고 합리적인 업무처리가 얼마나 중요한지 새삼 깨닫게 되었다.

수석부행장님은 내게 많은 것을 요구하지 않았다. 그런데 나는 왜 그토록 철저하게 준비했을까? 바로 그분의 위엄 때문이 아니었나 생각한다. 완벽할 것 같은 위엄이 나를 철저한 준비로 이끈 것이다. 그리고 그분은 내 보고의 10%만 듣고도 그런 위엄에 기초한 충실한 보고인지 부실한 보고인지를 구별하는 지혜를 갖추고 있었다.

윗사람이 위엄과 지혜를 갖추고 있으면 부하 직원 모두가 해당 분야의 전문가가 되려고 노력할 것이고, 그러면 그 조직은 잘되지 않을 수가 없다. 게다가 내가 부행장실에 보고하러 들어갔을 때, 부행장님은 대단히 바쁜 상황인데도 일어서서 맞이해 주고 내 얘기를 먼저 들어 주셨다. 또한 나를 신뢰하고 합리적 대안을 찾아 주시는 것까지 어느 것 하나 흠 잡을 데가 없었다.

그 이후 나는 수석부행장님과 가끔 사석에서도 함께하는 인연이 되었다. 그러면서 그분이 업무뿐만 아니라 문학과 음악 등 다방면에 조예가 깊고, 무엇보다 인간에 대한 따뜻한 애정이 가득한 분이라는 사실을 알게 되었고, 더욱 존경하게 되었다.

무릇 공자는 군자삼변君子三變이라고 했다.

즉, 군자는 멀리서는 위엄이 있어야 하고, 가까이 접할 때는 따뜻함이 있어야 하며, 대화를 나누어 보면 논리적이어야 한다.

나는 바로 장명기 수석부행장님이야말로 공자가 말한 군자삼변의 표본이라고 생각한다. 지금도 멈추지 않는 자기계발로 후배들을 끊임없이 자극하는 수석부행장님은 영원한 우리의 리더, 나의 멘토임이 틀림없다.

5

미래 세상,
미래 리더

우리가 맞이할 미래는 어떤 모습일까?

아침이 밝자 한 남자가 침대에서 기지개를 켜고 일어난다. 수면리듬에 따라 일어날 시점을 정확히 판단해 주는 매트리스 덕분인지, 그의 얼굴에는 미소가 가득하다. 그가 잠을 이룬 매트리스에는 밤새 그가 얼마나 뒤척였는지, 숙면을 했는지, 땀은 얼마나 흘렸는지부터 시작해 맥박, 혈압, 혈당, 체온변화 등의 정보를 체크할 수 있는 특별 센서가 내장되어 있다.

힘차게 성큼성큼 걸어가 버튼을 누르자 커튼이 움직이고 방안에 따뜻한 햇볕이 쏟아진다. 간단한 조작과 구두지시만으로 커튼이 열리는 동시에 저절로 최적의 실내 온도, 습도, 음악, 조명이 설정된다. 그리고 첨단 캘린더가 오늘 해야 할 일정을 알려 주면 옷장에서 나온 깨끗한 양복을 입고, 뉴스 디스플레이가 홀로그램 형식으로 전해 주는 그날의 뉴스를 여유롭게 훑어보면서 기호에 맞춰 자동으로 요리된 아침식사를 즐기면 된다.

그리고 하루를 시작하기 위한 준비에 들어간다. 빅데이터 분석기능을 갖춘 중앙컴퓨터 시스템이 그날의 가사도우미 로봇이 해야 할 일을 제시하면 승인을 해주고 몇 가지 추가 지시를 하고 나서 직장에서 해야 할 일을 일정별로 정리한다. 이 과정에서 생성되는 개인 데이터와 직장에서의 업무 데이터는 거의 무한대의 저장능력을 가진 원격디지털 저장 시스템인 클라우드Cloud에 자동 저장된다.

이제 문을 열고 나와 무인 자동차를 타고 회사로 출근하면 된다. 물론 그는 운전대를 잡을 필요가 없다. 인공지능 컴퓨터가 내장된 자동차가 사람보다 뛰어난 운전 솜씨로 목적지까지 안전하게 데려가주기 때문이다.

물론 위의 이야기는 영화 속에나 등장할 법한 상상 속의 이미지이다. 하지만 분명한 것은 위와 같은 기술의 일부가 이미 현실화되고 있고, 머지않아 현실로 다가올 미래의 아침 풍경이라는 사실이다.

곧 인공지능 컴퓨터 시대가 온다. 컴퓨터 하드웨어, 소프트웨어, 통신망으로 대표되는 디지털 기술은 머지않아 의사보다 질병을 더 정확히 진단할 것이고, 한때 인간만이 할 수 있다고 믿었던 많은 일을 로봇 등의 기계가 해낼 것이다. 지금 우리는 눈부신 기술 진화가 이뤄지는 시대에 살고 있다. 앞으로 인간을 닮은 머리 좋은 기계가 실용화되면 지금까지 사람들이 하던 대부분의 일은 기계가 대신하고, 인간은 아이디어나 개념을 생각해 내고 창의성과 감수성이 요구되는 일에 집중하면서 삶의 많은 영역에서 한결 여유로운 세상을 즐길 수 있을 것이다.

그러나 다른 한편에서 생각해 보면, 컴퓨터나 로봇 같은 기계가 저렴한 비용으로 인간의 거의 모든 작업을 대체하면 실업자가 늘고 특별한 능력을 갖춘 고급인력과 일반인력 간의 소득 불균형 현상이 심화되어 최상위 소득계층의 승자독식 현상은 더욱 확산될지도 모른다. 기술 발전이 예고하는 우리의 미래는 지금까지 유례가 없는 풍요와 자유를 얻을 유토피아가 될 수도 있고, 인류가 경험하지 못한 엄청난 재앙을 불러올 수도 있다.

지금 우리는 중대한 변화의 소용돌이 속에 놓여 있다. 우리가 창조한 기술은 무한한 가능성을 만들어 냈지만, 궁극적으로 우리가 도달할 미래는 급변하는 지구촌 사회에서 앞으로 몇 년간 우리가 어떻게 준비하고 대응해 나가느냐에 따라 엄청나게 달라질 것이다.

세계 주요 선진국들은 세계경제의 어려움 속에서도 미래를 향한 기술투자 및 인재육성 등을 위해 끊임없는 노력을 기울이고 있다. 미국은 정부와 글로벌 기업들의 주도하에 인공지능 분야에 대한 활발한 연구를 진행 중이며, 이미 인간 두뇌를 닮은 컴퓨터 칩이 개발되어 이를 기반으로 인간의 지각, 학습, 반응을 모방하는 컴퓨터 시스템이 곧 구축될 것이라고 한다. EU에서도 미래의 6대 유망기술 중 하나로 'The Human Brain' 프로젝트를 선정하고 인간의 뇌 작동방식에 대한 더 정확한 이해와 활용을 통해 컴퓨팅 아키텍처, 신경과학, 의학 등의 분야에서 발전을 도모하고 있다.

이 밖에도 네덜란드, 스웨덴, 핀란드 등 많은 나라가 미래의 성장동력 발굴을 위해 생명과학, 생물정보학, 바이오센서, 재생의학, 건강·위생용 소재, 제약, 물류, 농업, 에너지 분야 등 각종 창의산업 육성에 전력을 다하고 있다.

제12 장

첨단기술, 유토피아인가 재앙인가?

진화하는 미래의 기술

메가mega에서 기가giga의 시대로

과학기술은 최근 20~30년 사이에 엄청난 속도로 발전했다. 우리가 자주 사용하는 PC의 공식적인 역사 또한 얼마 되지 않았다. 미국의 IBM사가 'IBM 퍼스널 컴퓨터'를 처음 발표한 것이 겨우 1981년 8월의 일이고, 현대인에게 반드시 필요한 휴대폰이 상용화된 것도 1983년 모토로라에서 만든 'DynaTAC 8000X'가 처음이었다.

기술은 빠르게 진화하고 있다. 1965년 인텔 공동설립자 무어가 말한 "반도체의 용량과 컴퓨터의 처리속도는 18개월마다 2배씩 증가한다"는 무어의 법칙Moore's law에 이어 2002년에는 삼성전자 황창규 사장이 "메모리 반도체의 집적도는 1년에 2배씩 늘어난다"는 경험칙을 발표하였고, 그 후 이에 맞는 제품을 개발하여 이론을 입증하는 데 성공했다. 그리고 이제는 가장 빠른 연결형식인 광섬유 케이블을 통해 나오는 데이터 양이 약 9개월마다 2배씩 늘어난다는 포토닉스Photonics 법칙이 생길 정도로 과학기술은 아주 빠르게 발전하고 있다.

정보통신기술의 급속한 발달은 세계화의 진전과 더불어 멀티미디어와 인터넷을 중심으로 지식정보사회를 가속하고 있다. 1998년에 스탠퍼드대학교 박사과정에 있던 래리 페이지Larry Page와 세르게이 브린 Sergey Brin이 처음 만든 구글Google은 현재 세계 검색시장을 지배하고 있으며, 2003년 하버드대 학생이었던 마크 저커버그Mark Zuckerberg가 페이스매시Face mash라는 이름으로 학내에서 장난삼아 출발한 페이스북 서비스는 현재 10억 명이 훨씬 넘는 이용자가 가입한 세계 최대 규모의 사이트로 성장했다. 전통 미디어인 라디오는 매체 사용자가 5천만 명을 돌파하는 데 38년이 걸렸으나, 페이스북은 9개월 만에 1억 명을 돌파하고 다시 8년 만에 10억 명을 돌파하며 성장을 거듭하고 있다.

손끝 하나로 만들어 내는 경이적 힘

이 같은 기술의 고속성장이 가능해진 이유로 크게 두 가지를 꼽을 수 있는데, 하나는 인터넷 처리속도가 빨라졌기 때문이고, 또 하나는 인터넷이 공기처럼 우리 생활 속 깊숙이 들어왔기 때문이다.

이처럼 인터넷은 인류가 만들어 놓고도 그 성장의 빠르기와 확산의 깊이가 인간을 경이롭게 만드는 대표적인 발명 중 하나이다. 애초에

방 하나 크기의 컴퓨터에서 그만한 크기의 또 다른 컴퓨터로 자료를 전송하기 위해 만들어진 게 인터넷이지만, 인터넷 공간이 점점 커지면서 일상생활의 시시콜콜한 정보에서부터 과거에는 얻기 힘들었던 제한적인 정보까지 접할 수 있는 시대가 되었다. 인터넷의 대량 보급은 역사상 가장 흥미로운 사회적, 문화적, 정치적 변화를 주도하고 있다.

인류 역사상 지금처럼 손끝 하나로 이렇게 큰 힘을 가진 적은 없었다. 우리는 매 순간 엄청나게 많은 양의 디지털 콘텐츠를 생산하고, 교환하고, 소비한다. 또한 인터넷의 영향으로 정보통신기술은 전례 없는 속도로 확산되고 있다. 우리나라의 정보통신기술도 초고속 인터넷 시대가 열린 지 16년 만에 초고속보다 10배 빠른 기가 인터넷 시대가 열릴 정도로 성장했다. 이제는 4GB기가바이트 용량의 영화를 내려받는 데 33초면 충분하다.

2014년 10월 부산에서 열린 ITUInternational Telecommunication Union 전권회의장에서는 전 세계 정보통신기술장관들과 ICTInformation & Communication Technology 전문가들이 지켜보는 가운데 국내 통신장비업체와 통신망 서비스업체의 협업으로 세계 최초로 10기가 인터넷 시범서비스를 구현하면서 1기가바이트급 풀 HD 영화 한 편을 0.8초에 내려받는 놀라운 기술을 선보였다. 이동통신도 4세대4G인 LTELong Term Evolution보다 데이터 용량은 약 1천 배 많고 속도는 200배 빠른 5세대5G를 놓고 국내 이동통신회사들이 기술경쟁을 벌이는데, 2020년 상용 서비스가 시작될 예정이라고 한다. 이제 유·무선통신이 모두 메가Mbps에서 기가Gbps로 이동하는 셈이다.

돌이켜 보면 1980년대 전화보급률이 7%에 불과하던 우리나라가 30

여 년 만에 ICT 발전기술 1위 국가로 발돋움한 걸 보면, 정말 놀라운 발전 속도가 아닐 수 없다.

지식의 정보량과 빅데이터의 시대

통신속도 발전과 더불어 방대하게 제공되는 정보량의 증가는 지식산업 시대를 더욱 가속화하고 있다. 미래과학자는 1900년대까지는 지식정보량이 150년 만에 2배로 증가하였으나, 2020년 이후에는 73일 만에 2배로 증가할 것이라고 한다. 또한 시장조사기관인 IDC International Data Corporation에 따르면, 오늘날 1년 동안 전 세계에서 생성되는 디지털 데이터의 정보량은 이전의 30만 년 동안 인류가 쌓아 온 정보량의 무려 10배가 넘는다고 한다. 앞으로 통신기술의 발전에 따라 정보의 생성, 관리 및 저장 비용이 줄어들면 데이터 정보량은 더욱 폭발적인 성장세를 이어 갈 것이다. 인터넷 서비스업체인 구글, 야후, 페이스북, 아마존 등을 비롯하여 세계 경제열강들이 지금까지 소프트웨어 회사들(오라클, IBM, HP, MS)이 주도해 온 빅데이터 기술 경쟁에 뛰어들었다.

빅데이터 축적 및 처리기술은 클라우딩 컴퓨팅 이후부터 급격히 발달하기 시작했다. 클라우드 컴퓨팅은 사용자가 데이터 콘텐츠 및 애플리케이션을 자신의 PC에 보관하지 않고, 네트워크를 통해 원격 저장하도록 해주는 대용량 데이터 서비스다. 과거에는 용량이 부족해 처리되지 않던 빅데이터를 언제 어디서나 간단하게 인터넷 컴퓨팅을 통해 제공받게 된 것이다. 인터넷 기반의 확대에 따라 생성되는 각종 데이터와 정보가 모여서 엄청난 데이터베이스를 만들고, 이러한 빅데이터는 공공재로 변하여 사회에 활용되고 큰 영향을 미치는 핵심자원으로 부상하고 있다.

엔빅의 시대

많은 전문가가 21세기 첨단기술의 발전은 엔빅NBIC의 활용 여부에 달려 있다고 한다. 엔빅이란 나노기술NT과 생명공학기술BT, 정보기술IT, 인지과학CS 등 미래의 물결을 주도적으로 이끄는 분야의 이니셜을 따서 만들어진 합성어로서, 응용 분야로는 로보틱스robotics, 의료과학, 오락, 건강, 소셜 사이언스 등 다양하다.

생명공학BT: Bio Technology 분야는 인간 게놈 매핑을 포함하여 최근 몇 년 동안 큰 진전을 이루고 있다. 앞으로는 복제 및 식물과 동물의 유전자 조작이 보편화되며, 10년 후에는 생명 및 유전공학, 유전학, 합성 생물학 및 생물정보학의 잠재력이 급속히 발전할 것으로 예상된다. 신흥 생명과학은 주요 질병 퇴치, 인간의 수명 증가, 유전자 향상, 농업 혁신과 새로운 에너지원에 대한 대안을 제공할 수 있게 된다. 생명과학의 발달로 현재 65억 명을 조금 넘어선 세계 인구는 2020년에 77억 명, 2050년에는 92억 명 가까이 증가하고, 인구노령화 속도는 더욱 가속화될 것으로 전망된다.

나노기술NT: Nano Technology은 원자나 분자 정도의 작은 크기 단위에서 물질을 합성하고 조립, 제어하며 그 성질을 측정, 규명하는 기술을 말한다. 나노는 난쟁이를 뜻하는 그리스어 '나노스nanos'에서 유래하였는데, 일반적으로는 크기가 1 내지 100나노미터 범위인 재료나 대상에 대한 기술을 나노기술로 분류한다. 1나노초^{ns}는 10억 분의 1초를 뜻한다. 1나노미터^{nm}는 10억 분의 1미터인데, 사람 머리카락 굵기의 10만 분의 1, 대략 원자 3~4개 크기에 해당한다. 나노재료는 모든 물건에 강도를 높여 주고, 특수 전기 특성과 매우 낮은 마찰, 특별한 특성을 가진 장점이 있다. 인류는 나노기술을 통해 점점 더 많은 제품 및 프로세스 혁신을 위한 기회를 만날 수 있을 것이다.

또한 로봇과학의 급속한 발전으로 산업 및 가정의 다양한 작업을 수행하는 정교한 기계 개발을 주도할 수 있게 된다. 인간처럼 행동하고 생각하는 로봇이 미래에 직장을 인간과 함께 공유하거나 심지어는 인간 역할을 대신하는 시대가 도래할 것이다. 세계적인 컨설팅 업체인 매킨지의 보고서에 따르면 로봇 시장의 규모는 10년 후 최대 4조 5천억 달러 규모로 성장할 전망이라고 한다. 새로운 생태계를 개척한 애플의 아이폰처럼 로봇 분야에서도 조만간 혁신적인 제품이 등장해 우리의 삶을 획기적으로 바꿔 놓을 것이라는 게 전문가들의 예상이다.

안타깝게도 우리나라의 로봇 기술은 선진국에 뒤처져 있다. 한국이 처음으로 로봇 기술 개발에 뛰어든 해는 1990년으로 미국이나 일본보다 30년 이상 늦다. 한국산업기술평가관리원^{KEIT}이 조사한 "2013년 산업기술 수준조사" 보고서에 따르면, 미국의 로봇 기술 수준을 100으로 환산했을 때 한국은 81.1에 머물러 있다. 우리가 로봇 기술을 주목하고 중요하게 생각하는 이유는 기술의 복합성 때문이다. 로봇은 전기-전자공학, 기계공학, 자동화공학, 전산공학 등 첨단기술을 총망라해서 태어난다. 미래의 로봇은 인공지능과 신경회로, 음성-화상인식 기술, 거기에 무선통신 기술까지 가미되어 훨씬 더 다양한 기술의 복합체가 될 전망이다. 각 요소기술의 개발 가능성뿐 아니라 그 기술을 응용해 상품화할 수 있는 영역이 무궁무진하다고 할 수 있다.

인지과학CS: Cognitive Science이란 인간과 인간이 만들어 낸 인공물, 즉 인조인간의 두뇌와 마음에 관한 연구라고 이해하면 된다. 예를 들어 신경세포, 신경 시스템, 인공지능 시스템, 개인 심리, 행동 등의 영역이 이에 속하는 것들이다.

인공지능AI: Artificial Intelligence은 인간과 같은 지능적인 논리적 추론이나 동작 등 시스템을 개발하는 컴퓨터 과학 분야를 말한다. 1940년대 디지털 컴퓨터가 개발된 직후부터 시작되었으며, 1998년에는 영국 레딩대학교의 케빈 워릭 교수가 자신의 왼쪽 팔에 실리콘 칩을 이식하고 자신의 위치 신호를 컴퓨터로 전송하는 수술을 해 세상을 깜짝 놀라게 하기도 했다. 이처럼 기계 두뇌와 인간의 뇌를 결합하면 정보의 저장을 획기적으로 늘리고 네트워크로 연결할 수 있어 인간의 두뇌 기능을 업그레이드할 수 있다. 인공지능은 현재 신경망 소프트웨어 제품이 나오고 있으며 기업의 파산 및 비용 예측, 수익 예측, 사업위험 평가와 같은 응용 프로그램에도 사용되고 있다. 또한 인간의 뇌 구조와 기능 사이의 관계, 정보와 기억 메커니즘, 인간의 감각, 의식과 인식 저장의 기초가 되는 물리적 과정 등을 이해하기 위한 뇌 매핑 분야도 활발히 진전되고 있다.

최근에는 뇌의 슈퍼모델링 기술을 개발하고 있으며, 외부 저장장치나 인터넷에 인간 두뇌가 보유한 정보를 업로드하고 반대로 인간 두뇌를 열어 지식을 저장하는 기술 등은 상용화를 목표로 개발되고 있다.

유전자 기술을 통해 인간의 능력을 자연이 허락한 수준을 넘어서게 하려는 시도 역시 진행되고 있는데, 이는 인간의 정신 및 체력 강화, 속도 증가, 뇌 기능에서의 분노 억제, 비만 방지 등과 같은 조건을 달성하기 위해 화학물질을 가지고 유전자 개입을 통해 연구되고 있다.

이 밖에도 활발히 연구되는 분야로 뇌-컴퓨터 인터페이스BCI: Brain-Computer Interface 시스템이 있는데, 이는 사람의 두피에 부착된 전극과 뇌파신호를 이용하여 뇌의 전기적 활동을 기록함으로써 사고하는 능력을 향상시켜 주며, 생성된 자료나 정보를 빨리 인식하는 데 사용된다.

기술이 바꾸는 미래의 모습

사물인터넷의 시대

기술은 서로 관계를 맺고 연결되어 진화한다. 이처럼 기술 간 장벽이 허물어지고 결합하면서 이제까지 인류사에 없던 수많은 새로운 기술들이 짧은 기간 내에 등장하고 있다.

앞으로 유무선 인터넷의 급속한 진전은 우리 삶에 커다란 변화를 초래할 것이다. 가장 큰 변화는 시공간을 초월하는 시대가 도래할 것이라는 사실이다.

그간의 발자취를 살펴보면 우리 사회는 인터넷 시대 – 유비쿼터스 시대Internet + Mobility – 디지털 컨버전스 시대Mobility + Convertgence – 스마트 시대Convergence + Intelligence로 이어지고 있다. 특히 최근 주목받는 기술 분야가 사물인터넷IoT: Internet of Things인데, 이 분야가 더 진전되면 앞으로 펼쳐질 세상은 '모든 사물'이 중심이 된 진정한 스마트 세상으로 변화할 것이다.

사물인터넷이라는 말은 1999년 케빈 애시턴Kevin Ashton 당시 MIT 오토아이디센터Auto-ID Center 소장이 제안한 이후, 관련한 시장분석자료 발표를 통해 대중화된 용어이다. 이는 글자 그대로 각종 사물에 컴퓨터칩과 통신 기능을 내장하여 인터넷에 연결하는 기술을 의미한다. 여기서 사물이란 가전제품, 모바일 장비, 웨어러블Wearable 컴퓨터 등 다양한 내장형 시스템embedded system이 된다. 사물인터넷에 연결되는 사물은 자신을 구별할 수 있는 유일한 IP, 그리고 인터넷을 통한 통신능력과 데이터 처리능력을 갖춰야 한다. 또한 필요할 경우 외부 환경으로부터의 데이터 취득을 위해 센서를 내장할 수 있다. 쉽게 설명하면 사물인터넷은 사물이 정보 네트워크에서 지능intelligence형 인터페이스를 가지고 능동적으로 상호작용할 수 있게 하는 기술을 말한다. 사물인터넷 역시 클라우드 컴퓨팅과 빅데이터 처리기술이 없었다면 불가능하였을 기술이다.

전문가들의 의견에 따르면 2009년까지 사물인터넷 기술을 사용하는 사물의 개수는 9억 개였으나 2020년까지 이 수가 500억 개에 이를 것이라고 한다. 그들의 전망대로 이렇게 많은 사물이 연결되면 인터넷을 통해 기존 기술로 분석하기 힘들 정도로 방대한 데이터가 모이지만, 빅데이터 분석기술의 발전으로 인간 주변의 모든 사물을 연결하고 인간과 상호 소통할 수 있게 될 것이다.

최근에는 구글이 별도의 앱을 내려받지 않고도 웹을 통하여 사람들이 자신의 스마트폰이나 태블릿으로 자동차, 버스정류장, 자동판매기 등 인터넷과 연결된 각종 사물과 소통할 수 있도록 하는 피지컬 웹Physical Web을 공개하여 사물인터넷이 활성화될 것이라는 기대를 갖게 한다. 피지컬 웹이란 폭발적으로 늘어나는 IoT 기기를 각자 다른 앱으로 통제해야 했던 기존의 비효율을 없애기 위하여 인터넷 웹페이지 주소URL: Uniform Resource Locator로 직접 연결하는 물리적인 사물 간 네트워크의 개념이다.

지금까지는 스마트폰이 인간을 중심으로 언제 어디서든 연결될 수 있는 상태를 만들어 주었지만, 앞으로는 사물인터넷을 통해 엄청난 변화를 경험할 것이다. 비즈니스는 물론 교육, 문화, 의료 분야에서 가상공간의 영역이 커지면서 시간과 공간을 초월하는 시대가 될 것으로 예측된다.

사이버 나우

머지않아 우리는 사이버 나우Cyber Now라는 옷을 입거나 안경을 끼고 사이버 세상으로 연결해서 그날의 일과를 시작하는 시대를 맞을 것이다. 사이버 공간에서는 레저와 일, 공부의 구분이 사라진다. 레저는 단순한 오락이 아니라 생활이자 일이고 우리 삶의 목적이 되며, 일이 공부고 공부가 레저며 레저가 일이 되는, 모든 것이 혼재된 세상이 올 것이다.

교육 분야도 마찬가지다. 앞으로는 급변하는 지식을 반영하고 다양성 중심의 사회가치를 수용하기에는 교과서로는 한계가 있고 원격 사이버 교육으로 모든 학습이 가능해지므로, 미래 교육은 교과서 대신 인터넷 포털을 중심으로 주로 가상의 세계에서 이루어질 것으로 보인다. 인체에 부착된 사이버 나우 장비를 통해 24시간 사이버 공간에서 학습하고, 교사는 아바타가 대신하며, 책상과 의자가 필요 없는 세상이 오는 것이다. 학교의 울타리에서 벗어나 사이버 공간에서 학습집단이 형성되고, 지구촌 모든 사람을 하나로 이어 주는 교육 프로그램이 제공되는 다원화 시대가 열리는 것이다.

가상현실과 증강현실

가상현실VR: Virtual Reality은 사용자가 화면을 통해 실제 현장에 있는 것처럼 느끼게 해주는 시스템을 연구하는 컴퓨터 과학 분야이다. 원래 가상현실은 1960년대에 군대에서 비행기 조종사의 머리에 추적 시스템 화면장치를 부착하여 비행기 조종을 가르치던 모의 비행훈련 장치에서 시작되었다. 그리고 1980년대 미국 군부와 미국항공우주국NASA에서 컴퓨터 상호반응 시스템을 만들기 시작하면서 본격화하였다.

오늘날에는 항공우주 분야의 모의훈련 장치뿐만 아니라 게임, 전시, 판매 설명회 등에 다양한 수준의 가상현실 기술이 사용된다. 가상현실은 그 밖의 많은 분야, 특히 연예, 의학과 생물공학, 공학, 설계, 마케팅 분야에 응용될 수 있는 큰 잠재성을 지니고 있다. 일부 미래 전문가들은 지금까지 인터넷이 지구촌 역사상 가장 큰 변화를 가져왔는데, 앞으로는 가상현실이 이를 초월할 것이라고 예견하기도 한다.

증강현실AR: Augmented Reality이란 가상현실과는 달리 완벽한 가상공간을 제공하지는 않으며, 실제 공간에 기반을 두고 각종 부가적인 정보를 추가시켜 만든 공간이다. 즉, 실세계 환경과 그래픽 형태의 가상현실을 실시간으로 합성하여 실세계에 대한 이해를 높여 주는 기술을 말한다.

증강현실 분야 역시 군대에서 비행기와 탱크에 사용되는 전방표시장치HUDs에서 출발했다. 계기판 형태의 전방표시장치로 일원 중 1명이 실제 외부환경을 살펴보면 조종석 덮개나 뷰파인더 위로 같은 정보가 나타난다. 속도가 빨라진 컴퓨터 프로세서는 전방표시장치를 이용해 정보 디스플레이와 실시간 영상이 결합하는 것을 가능하게 했다. 이러한 형태의 증강현실 활용은 1990년대 중반 이후 방송망에서 스포츠경기에서 공이 날아가는 경로를 시청자들이 현장감 있게 볼 수 있도록 활용하면서 널리 알려지기 시작했으며, 컴퓨터 기술의 발전과 VR 및 AR 장비, 즉 헤드셋, 헬멧, 고글, 콘택트렌즈 및 안경, 장갑, 특수복 등이 개발되면서 활용분야가 확장되고 있다.

가상현실과 증강현실의 상업적 응용분야는 다양하다. 홀로그램 공연장에서 실제로 K팝 스타의 공연을 보는 듯한 경험을 하고, 스포츠 경기장에 가지 않더라도 홀로그램으로 경기를 볼 수 있으며, 회사에서는 화상회의를 넘어선 홀로그램 회의로 공간의 제약을 극복할 수 있다.

이 두 분야는 현재 컴퓨터 모델링 및 시뮬레이션을 통해 3D$^{Three\ Dimensions}$ 영상, 즉 입체 영상기술 방송과 영화 분야로 응용되고 있다. 또한 전시나 공연 등의 이벤트에서는 홀로그램, 프로젝션 매핑 등으로 가상의 인물을 무대에 출연시키며, 상상의 세계를 제작하여 입체적으로 보여주는 미디어아트 분야에서도 적극적으로 도입되고 있다.

이러한 가상현실 및 증강현실 기술 발전은 많은 분야의 환경에 큰 영향을 끼칠 것으로 예상한다.

기술발전이 가져오는 놀라운 신세계

의료 분야에서도 의료진과의 화상연결을 통한 상담이나 진찰 차원을 뛰어넘어 의료기기에 센서를 부착해 실시간으로 대용량 데이터를 전송할 수 있게 되며, 원격 수술이 일반화될 것이다. 지금도 로봇 기술을 이용한 방사선 수술 등 사이버 수술이 실행되지만, 앞으로는 아침에 일어나면 집안 곳곳에 있는 특별 센서가 내장된 사물들이 체온, 혈압, 맥박, 혈당 등을 자동으로 측정하고 지속적인 데이터 체크를 통해 건강상태를 밝혀내며, 사이버 공간에서 치료를 받을 수 있게 될 것이다.

이 밖에 가정에서도 지능형 서비스가 활용되어, 가정 내 사물들을 단순히 제어하는 기능에서 진화하여 화재, 보안 등 위험을 스스로 감지하고 차단할 수 있음은 물론, 로봇이 가사도우미, 간병 등의 역할을 대신해 주는 시대가 올 것이다.

앞으로 가상공간이 무한대로 넓어지면서 기존의 산업과 서비스 분야에서는 파괴적 혁신이 일어나고, 가상공간에서는 가상현실 커뮤니케이션이 확대되며, 지식재산권·저작권 등 소프트 자산의 가치와 가상권력이 증대될 것으로 보인다.

또한 우리 사회의 공간적 경계가 무너지고 온라인과 오프라인 간의 경계가 모호해져 사이버 세계와 현실 세계에서의 새로운 질서와 신뢰 문제에 직면할 우려가 있으므로, 이에 대한 대응방안과 법 제도를 마련해야 할 것이다.

한편 개인들은 디지털 기술에 휴머니즘이 접목된 기술을 통해 감성을 소비하거나 오감을 이용한 커뮤니케이션과 실감형 미디어가 활성화되면서 소비 및 경제주체로서의 힘이 강화될 것으로 예상한다. 일자리와 가사의 경계가 허물어지면서 재택근무가 늘어나며, 다양한 가족구성 형태가 등장하고 1인 가구가 증가하는 등 개인화, 다원화 경향이 커질 것이다. 이러한 개인화와 다원화로 인해 발생할 수 있는 갈등을 최소화하기 위한 노력도 필요하다.

또한 국제적으로도 기회요인과 위협요인에 대해 분석하고 대응책을 세워야 하며, 가상공간의 사이버 영토와 사이버 라이프를 위한 새로운 질서에 대하여 국가 차원의 투자와 준비도 필요할 것이다.

융·복합 기술경쟁의 시대

융합 컨버전스의 흐름을 읽지 못하면 낙오된다

17세기 과학혁명은 과학의 분화를 낳고 18세기 산업혁명은 산업의 분화를 가져왔다. 그러나 수 세기 동안 과학기술과 지식의 발전을 거쳐 이루어진 첨단기술과 지식정보 시대인 오늘날의 특징 중 하나는 모든 영역의 경계가 무너지는 융·복합의 시대라는 점이다. 특히 앞으로는 사물인터넷을 바탕으로 산업성장이 더욱 가속화할 것으로 예상한다.

디지털 업계에서는 유선과 무선의 융합, 음성과 데이터의 융합, 방송과 통신의 융합에 따라 가정용 전화기와 휴대폰, 인터넷 전화서비스, 위성 DMB 등의 디지털 컨버전스Digital Convergence가 진전되고 있다. 모든 산업영역에서 통신과 결합하여 텔레매틱스, 모바일뱅킹, 원격의료, 모바일쇼핑, 물류관리 등의 융합을 이루고 있다.

전문가들이 꼽는 미래 유망기술 분야를 보면 정보IT, 생명공학 및 보건의료, 나노기술, 우주항공, 에너지 및 환경, 문화콘텐츠, 이동물류, 재해재난 예측과 사회안전 분야 등이다. 이러한 유망기술산업은 앞서 설명한 바와 같이 각각의 산업영역에서 산업 간, 제품 간 융합을 통해 더욱 엄청난 힘을 발휘하고 있다.

융합 컨버전스는 이미 글로벌 산업의 트렌드가 되어 기존 기술 및 산업발전 패러다임의 근본적 변화를 요구하고 있다. 융합의 중요성을 이미 인지한 선진국들은 융합을 통해 신성장 동력을 창출하기 위한 정책과 함께 법·제도적 기반을 구축해 왔다.

　미국은 2002년 15개의 융합 신산업을 선정해 집중적으로 육성하기 시작했고, 2007년에는 '국가경쟁력강화법'을 제정해 육성에 더욱 박차를 가했다. 일본은 대기업과 중소기업의 원활한 융합을 통해 중소기업의 신산업 육성을 촉진할 목적으로 '중소기업 신사업 활동촉진법'을 제정해 운영하고 있다. 우리나라에서도 기존의 칸막이식 산업정책을 탈피하고 산업융합을 통한 신성장 동력을 창출하기 위하여 '산업융합촉진법'을 제정하여 산업융합 추진체계와 그 지원에 관한 사항 등을 정하고 있다. 물론 중소기업이 산업융합을 통한 연구개발을 하거나 그에 따른 연구성과의 사업을 추진하는 때에는 그에 드는 비용을 출연 또는 보조하거나 그 밖에 필요한 지원을 할 수 있도록 하여 융합의 시대에 대비하고 있다.

　금융산업 분야 역시 ICT를 금융서비스와 융합시켜 금융기관 거래의 90%가 스마트폰 뱅킹을 포함한 인터넷뱅킹 등 비非대면 거래로 이루어지는 시대가 다가오고 있다. 또한 인터넷이나 금융자동화기기를 통해 수집된 고객의 금융이용 행태 등 다양한 관련 정보들Big Data을 분석하고 고객의 수요에 부응하는 새로운 금융서비스를 개발하기 위해 노력하고 있다. 스페인의 BBVA은행은 젊은층 고객 확보 등을 위해 2012년부터 홈페이지상에 게임서비스를 제공하는데, 그 효과로 온라인 방문횟수가 16배 이상 확대되는 큰 성과를 거두고 있다. 미국의 BOA은행은 벤처기업을 대상으로 금융서비스 개발 경연대회를 개최해 우수한 서비스를 신속하게 발굴하고 있다. 웰스 파고 은행은 금융서비스 제공 전에 시험 버전을 사용할 수 있는 사이트를 만들어 고객들의 금융서비스 욕구를 적극적으로 반영하고 있다.

학문영역에서도 '창의 – 융합형 인재' 양성이 이슈로 떠오르고 있다. 일부 유명대학에서는 '엔터테인먼트 테크놀로지 센터', '에코과학부', '테크노 경영대학원' 등을 설립해 과학과 예술의 융합, 생태학과 관련 분야의 융합, 기술과 경영의 융합 등을 시도하고 있다. 머지않아 융합형 인재들이 주도하는 시대가 되고, 앞으로는 교육 시스템도 융합형으로 바뀌어 문과와 이과 등 학과의 벽이 허물어지는 날이 올 것이다.

이처럼 다양한 분야에서 이전에는 상상도 하지 못했던 융합 컨버전스가 이뤄지고 있다. 리더에게 필요한 능력도 완전히 달라질 것이다. 산업화 및 정보화 시대에는 집중과 전문화가 요구되었지만, 미래시대에는 각각의 부문을 조화롭게 접목하는 능력이 핵심적으로 부상할 것이다.

필요로 하는 모든 정보는 이미 컴퓨터에 다 있다. 따라서 미래시대가 요구하는 것은 정보 수집이 아닌 정보 분석능력이며, 큰 그림을 구상하며 이질적인 부분들을 서로 결합해 내는 융합능력이다.

하버드 경영대학원의 클레이튼 크리스텐슨Clayton Christensen 석좌교수도 "세계적인 기업도 시대의 흐름을 쫓지 못해 한순간 무너지는 것을 자주 봤다. 반드시 융합 컨버전스를 이뤄야 살아남는다"고 역설했다.

핀테크의 시대

최근에는 스마트폰 사용자의 급격한 증가와 함께 세계적인 IT 기업들이 막대한 자본력과 폭 넓은 네트워크를 앞세워 금융산업의 영역을 넓혀 가면서 정보통신기술이 금융서비스를 주도하는 핀테크Fintech : Finance + Technology 시대가 현실화하고 있다. 핀테크란 IT와 금융을 융합한 새로운 서비스 산업을 말하는데, 이를테면 모바일 플랫폼을 통하여 이루어지는 지급결제, 송금, 온라인 MMF, 소액대출, 자산관리, 클라우드 펀딩 등의 금융활동을 말한다.

미국은 그동안 관련 인프라 산업 육성과 간편 인증 등 전폭적인 지원으로 세계 핀테크 투자의 80% 이상을 차지하며 최대 핀테크 시장으로 자리매김하였다. 특히 1995년 세계 최초로 인터넷 전문은행의 문을 연 미국은 비은행 금융회사는 물론 산업자본에도 인터넷 전문은행을 허용하여 현재 GM, BMW 등 자동차업계가 세운 인터넷 전문은행이 시장을 주도하고 있다.

현재 핀테크의 최대 주력 부문인 모바일 송금 및 결제 분야를 살펴보면, 미국 내 최대 전자상거래 업체인 이베이 사의 페이팔Pay Pal은 공격적 마케팅과 세계적 유통채널로 간편결제 시장을 선점해 이미 1억 4천만 개의 계좌를 확보하고 26개국 화폐로 글로벌 결제대행 서비스를 제공하는데, 곧 한국시장에도 진출할 것으로 알려졌다. 한편 애플은 2014년 10월에 아이폰 모델에 지문인식 센서를 탑재하여 온·오프라인 상점에서 결제를 안전하고 손쉽게 할 수 있게 만든 모바일 결제 서비스 애플페이Apple Pay를 출시한 바 있다.

영국 역시 정부의 적극적 지원에 힘입어 핀테크의 허브로 주목을 받고 있는데, 영국을 대표하는 핀테크 회사 '트랜스퍼 와이즈Transfer Wise'의 하루 평균 송금 서비스 금액은 100만 달러가 넘는다. 영국 정부는 전문연구소와 창업지원기관을 통해 핀테크 분야에 대한 창업지원은 물론, 감독당국이 규제자문 서비스를 선보이며 핀테크 산업을 활성화하고 있다.

중국 정부도 신성장동력을 확보하기 위해 IT 기업들의 금융업 진출을 적극적으로 허용하고 있다. 중국의 전자상거래 기업 알리바바는 2014년 9월에 뉴욕 증시에 상장하자마자 시가총액 2,300억 달러를 기록하며 구글에 이어 전 세계 인터넷 기업 중 시가총액 2위에 올랐으며, 자회사인 알리페이Alipay를 통하여 중국 온라인 결제시장의 절반을 차지하고 있다. 역시 중국의 SNS 기업인 텐센트, 검색서비스 기업 바이두 등도 중국정부의 민영화 시범사업자로 선정되어 무서운 속도로 핀테크 시장을 확대하며 기존 금융업계를 잠식하고 있다.

현재 국내 핀테크 분야에서도 뱅크월릿전자지갑 부문에서 기존 은행계좌와 연계된 가상 전자지갑을 통한 송금과 소액결제 서비스를 시도하고 있다. 금융이 IT 기술을 만나면서 공상과학영화에서나 봤을 법한 일들이 하나둘씩 현실화되고 있다. 그 신호 중 하나가 모바일 뱅킹의 급성장이다. 2010년 모바일 뱅킹은 1,574만 명이 이용했고, 이용금액은 4,156억 원 정도였으나 2013년에는 이용자 수 4,993만 명에 이용금액이 무려 1조 4,133억 원으로 증가했고, 이러한 속도는 더욱 가속될 것으로 보인다.

최근에는 다음카카오가 뱅크월렛카카오를 오픈하여 송금과 결제 서비스를 하는데, 앞으로는 기존 금융기관들과 신생 핀테크 기업 간의 업무제휴 및 인수합병 등이 진행되면서 산업 간의 경계가 허물어질 것으로 보인다. 모바일을 이용한 금융거래의 확산과 산업 간 융합이라는 세계적 흐름이 금융업계의 판도를 바꾸고 있다.

최근 정부에서도 핀테크 산업을 육성하여 국가의 신성장동력으로 삼기 위해 다양한 육성방안을 마련 중이며, 이에 힘입어 금융회사, 이동통신사, IT 기업 등이 핀테크 사업영역 개발에 속도를 내고 있다. 금융감독원에서도 금융 시스템 및 제반 규제에 대한 개혁을 추진하는 한편, 소비자 보호를 위한 금융보안 방안을 마련하는 등의 노력을 기울이고 있다.

제4의 물결 : 하이 콘셉트, 하이 터치

최근 세계를 이끌어 온 '제3의 물결'은 정보화 혁명이라 할 수 있다. 컴퓨터가 주도하는 정보 시스템 혁명과 그 안의 소프트웨어를 만드는 시스템 인티그레이션SI: System Integration 혁명이다.

정보화 혁명 후반기인 1990년대부터 디지털 혁명과 스마트 시대가 도래했다. 휴대폰이 디지털화하면서 본격적인 스마트 디지털 시대가 찾아왔고, 2010년부터는 스마트폰이 일반 대중에게 본격 확산되면서 구글, 페이스북, 네이버, 옥션, 카카오 같은 기업들이 더욱 대형화하기 시작했다.

그렇다면 미래를 이끌어 갈 '제4의 물결'은 무엇인가?

덴마크의 유명한 미래학자 롤프 옌센Rolf Jensen은 그의 저서 《드림 소

사이어티Dream Society》에서 정보화 다음 사회는 감성이 지배하는 '꿈과 감성을 파는 사회'가 도래할 것이라고 예언했다. 세계적인 석학 다니엘 핑크Daniel H. Pink 역시 그의 저서 《새로운 미래가 온다A Whole New Mind》에서 "미래사회는 하이 콘셉트hight concept, 하이 터치hight touch 시대"라고 밝혔다. 그는 하이 콘셉트, 하이 터치 시대에 필요한 조건으로 디자인, 스토리, 조화, 공감, 놀이, 의미 등 6가지를 꼽는다.

우리는 이들 학자가 주장하는 미래사회의 공통 키워드인 '감성'이라는 단어에 주목해야 한다. 감성의 사전적 의미는 인간의 복합적 심리 상태를 의미한다. 외부의 물리적 자극에 의한 감각과 지각으로부터 인간 내부에 야기되는 복합적 감정을 의미한다. 심리학의 영역에서는 감성이라는 용어 대신에 감각, 지각 또는 인지 등으로 인간의 인지과정 또는 정보처리 과정을 이해하며, 더 높은 수준의 정서 상태를 감정이라 부른다. 이는 인간의 정신기능, 즉 인격의 3요소인 지知, 정情, 의意 중에서 정情에 해당하는 개념으로서, 이성理性과 대립하는 말이라고 할 수 있다.

우리 사회는 그간 논리적이고 이성적이며 합리적인 사고와 행동을 요구했다. 인간의 이성이 신의 영역을 대체하기 시작한 르네상스 이후 좌뇌적 사고와 행동이 지배하는 '좌뇌左腦 문화' 속에서 오랫동안 살아왔기 때문이다. 좌뇌 문화의 특징은 사물을 논리적으로 해석하고 설명하며, 모든 문제에 대해 확실한 답을 찾으려고 한다는 데 있다. 그래서 모든 상황을 지성으로 통제하는 가운데 완벽함을 추구한다.

그 결과 성적 위주, 성과 위주, 성공 위주의 사회가 도래했다. 그래서 사람들은 어려서부터 성적 위주의 교육, 획일적인 가치관 속에서 경쟁구도의 삶에 익숙해 있다. 그러한 흐름에서 뒤처진 사람들은 곧 낙오자가 되어 고통스러워하고, 앞서가는 사람들은 낙오자들을 무시하며 앞으로만 나아가려고 한다. 오로지 지위, 금전, 명예 등 객관적인 잣대에 의한 성공을 위해 평생을 몸부림치며 살게 된다.

오늘날 고도의 지식정보화 시대를 이루는 데 가장 핵심적인 역할을 한 것이 컴퓨터이지만 인간의 좌뇌 기능을 극대화한 것도 바로 컴퓨터다. 그런데 다가올 미래에는 이와는 좀 다른 양상이 벌어질 것으로 보인다. 산업사회를 거치면서 풍요로워진 물질과 정보화 시대를 거치면서 단축된 노동시간, 이것을 바탕으로 사람들이 물질적 만족 대신 정신적 만족을 추구하는 시대로 변하고 있다. 의식주 문제가 해결된 사람들에게 필요한 것은 물질적 풍요 못지않게 정신적 행복 추구를 위한 미래의 설계이다. 미래에는 논리적이고 객관적인 지식만으로 인류를 이끌어 갈 수 없게 될 것이다.

다양한 사고를 하는 각양각색의 사람들이 사는 미래시대에 적응하기 위해서는 이제 전혀 다른 능력이 필요하다. 이론만 알고 있으면 분석을 통해 누구나 만들 수 있는 지식만으로는 더는 새로운 삶의 부가가치를 생산해낼 수 없다. 이제는 모든 벽을 파괴해야 한다. 자신의 분야를 넘나드는 멀티 재능을 갖춘 인재, 분석보다는 큰 그림을 읽을 줄 아는 감성적 인재가 돼야 한다.

창의와 감수성이 말한다

다니엘 핑크는 앞으로는 우뇌적 사고를 하는 사람들이 창조적 미래를 열어 갈 수 있다고 주장한다. 잘 알려진 바와 같이 우뇌右腦는 직감, 감정과 관계되며, 시적이며 감각적인 면과 연결된다. 이에 비해 좌뇌는 언어, 논리와 관계되며, 추상적이며 관념적인 면과 연결된다.

물론 우뇌 문화는 때로 혼란스러워 보이고 측량할 수 없기도 하다. 그러나 우뇌 문화는 여성적이고 신비적이며, 상상적인 측면을 개발해 준다. 또한 통제 대신에 위험을 감수하는 편이며, '꼭 맞는 결론이 없는 채로 마무리하는 여유'를 허용하기도 한다.

변화의 속도가 빛처럼 빠르고 예측 불가능한 방향으로 진화하는 오늘의 시대에는 무엇보다도 창의성과 다양성, 감수성과 유연성이 요구된다. 그리고 오늘날과 같은 고도의 민주화 사회, 그리고 온 세계가 동시에 정보를 공유할 수 있는 글로벌 사회에서는 사람들의 개성과 감성을 감각적으로 읽을 줄 알아야 한다.

최근 사회 각 분야에서 새로운 유행을 선도하면서 눈부신 성공을 하는 사람들을 보면 번뜩이는 통찰력과 상상을 초월하는 아이디어를 창출해 내는 사람들이 대다수다. 또한 대중의 다양한 생각과 감성을 읽어 감동적인 스토리와 새로운 이미지를 만들어 내는 사람들이다. 좋은 기능이나 품질만 갖춘 제품이나 서비스가 아니라 시각적인 아름다움과 가치를 만들어야 소비자에게 사랑받는 시대가 온 것이다.

최근 여성들의 활약이 눈부시게 늘어나는 것을 보면 시대 변화를 실감할 수 있다. 미래시대에는 사회환경이 더 섬세해지고 부드러움이 강조되기 때문에 남성들의 역할은 축소되는 반면, 감성적, 직관적이고 상상력이 풍부하며 다른 사람들의 감정을 잘 파악할 줄 아는 여성들의 역할은 더욱 커질 것으로 보인다. 좌뇌 문화가 지배한 시대가 가고 이제는 우뇌 문화를 조화롭게 접목해야 하는 시대가 오고 있다.

미래시대에 유망한 직업군

미래시대는 어떤 모습이 될까? 과학의 발달과 더불어 진전되는 정보통신, 생명공학, 환경공학, 로봇 기술, 해양공학 및 우주항공 등 첨단기술산업의 발달은 어떤 모습으로 전개되고, 인간의 삶에 어떠한 변화를 가져다 줄 것인가? 이를 한마디로 정리하는 것은 불가능하다. 워낙 다방면에 걸쳐 복잡한 양상으로 나타나기 때문이다.

분야별로 머지않아 실현될 것으로 예측하는 몇 가지를 추려보면, 정보통신 분야에서는 빛^{광섬유}을 이용해 정보를 손실 없이 대량 전송할 수 있게 되고, 생명과학 분야에서는 유전학을 통한 인간의 노화방지와 인공장기 이식을 통한 획기적인 수명연장이 가능하게 될 것이다. 또 우주항공기술의 발전으로 10여 년 뒤에는 우주여행 체험이 가능하며, 혁신적인 컴퓨터를 비롯한 미래의 인공지능 발전은 인간의 많은 일자리를 기계로 대체하고 온통 사이버 세상을 만들 것이라는 예측이 나오고 있다.

한국고용정보원은 미래 직업세계의 8대 메가트렌드로 ① 직업의 녹색화, ② 유비쿼터스, ③ 첨단기술 발전, ④ 세계화, ⑤ 산업과 기술의 융합, ⑥ 일과 삶의 균형, ⑦ 삶의 질 향상, ⑧ 고령인구 증가 및 다문화 사회를 제시하고, 이에 따른 10년 후의 유망 직업분야를 다음과 같이 제시한다.

우선 지구온난화에 대처하기 위한 녹색산업 분야 및 기후변화 탐지 관련 직업, 그리고 유비쿼터스 시대에 각광받을 수 있는 마인드리더, SNS 보안 전문가, 증강현실 엔지니어, 생체정보인식 기술자, 컴퓨터 보안 전문가 등이 떠오르고 있다. 첨단기술의 발전에 따라 실버 로봇 및 웨어러블 로봇 개발자, 로봇 감성치료 전문가, 항공우주공학자, 해양공학자 등이 유망한 직업인이 될 것이다. 또 글로벌화에 따라 국제 회의 전문가, 국제 의료 코디네이터, 국제변리사, 초음속제트기 조종사 등도 유망 직업이 될 것이라고 한다. 산업과 기술의 융합이 활발해지면서 생체계측 의료기기 개발자, 경영정보 전문가, 금융 전문가, 융합 컨설턴트 등도 부상할 것이다.

또한 지금까지는 상상할 수 없었던 직업도 많이 생길 것이다. 일과 삶의 균형 및 삶의 질 향상을 추구하는 경향이 커지면서 개인 여가 컨설턴트, 감성 디자이너, 보육교사, 전직지원 전문가, 커리어 컨설턴트, 복고체험 기획자 등이 선망의 대상이 될 것이다. 이 밖에 고령화 및 다문화 사회에 맞춰 노인상담과 복지 전문가, 연금 전문가, 노인 말벗 도우미, 외국학생 유치전문가, 조부모-손자 관계 전문가 등의 새로운 직업이 생겨날 것이다.

산업혁명 이후 지금까지 기계가 사람의 작업을 대체하도록 유도하는 과정에서 고등교육을 받은 노동자의 수요는 상대적으로 늘어난 반면 교육을 덜 받은 단순 노동자의 수요는 감소하였다. 결과적으로 단순 노동력이 기계화되면서 자본가의 이익은 늘고 노동자의 소득은 감소한 것이다.

　오늘날에 이르러서는 대중매체와 연예, 스포츠, 법률 분야에 속해 있거나 기업가, 고위 임원 같은 슈퍼스타와 교육을 덜 받은 단순 노동자의 임금 격차는 갈수록 커져 이제는 넘어설 수 없는 벽이 되었다. 미래사회에서는 이런 승자독식 시장의 비중이 더욱 커지고 소득 불균형 현상도 더욱 확대될 가능성이 높다. 노동력을 대체하는 기계, 사람보다 머리가 더 좋은 기계가 나타나면서 인간의 영역이 줄어들기 때문이다. 인공지능 컴퓨터가 대표적인 전문직으로 분류되는 세무사나 의사가 하는 일도 대신할 수 있게 될 것이다. 그리고 인간을 대체하는 기계가 발달할수록 그 분야 직업인의 임금은 떨어질 것이다.

　이처럼 기술은 무한한 가능성과 잠재력, 혹은 인간소외라는 상반된 가능성을 예고한다. 이 두 가지 방향 가운데 궁극적으로 우리가 도달할 미래는 우리 스스로의 선택에 따라 달라질 것이다. 유례없는 풍요와 자유를 얻을 수도 있고, 대량실업과 경제침체 등 사회적 혼란이 일어날 수도 있다.

　과연 이러한 모습의 미래가 앞으로 어떻게 우리 사회에 전개되며, 우리는 어떻게 적응해 나가야 할 것인가? 내 직업은 어떻게 되며, 어떤 준비를 해야 할 것인가?

　앞서 소개한 바와 같이 IT, 컴퓨터공학, 재생의학, 생명과학, 에너지, 물류, 각종 창의산업 등 미래 성장동력 분야가 가장 바람직한 진로가 될 것이다. 그러나 직접 기술 분야에 근무하지 않더라도 각자 소질과 능력에 따라 자기만의 경쟁력을 키우는 '감성의 길'도 얼마든지 있다. 기계의 인간 대체 가능성이 높은 직종에서는 기계가 대신할 수 없는 자신만의 존재가치를 찾아 키우는 노력을 기울이고, 고객의 취향이 다양하고 감성적인 서비스가 필요한 직종의 경우에는 완벽한 로봇을 개발하기 쉽지 않으므로 상당 기간 인력을 필요로 할 것이라는 점에 착안하면 언제든지 기회를 찾을 수 있을 것이다.

기계조작 및 정비사, A/S 기사, 목수, 요리사, 미용사, 승무원, 코디네이터 등의 직종을 비롯하여 상상력, 감수성, 사회성, 통찰력, 공감력, 다기능성 등은 앞으로도 상당 기간 인간만의 고유 역량으로 존재할 것이기 때문이다.

'미래는 예측하는 것이 아니라 창조하는 것'이라는 말이 있다. 단순히 예측만 하는 데 그치지 않고 각자가 원하는 방향대로 만들어 가려는 노력과 지혜가 필요하다. 미래의 변화속도는 갈수록 빨라지고 변화의 내용은 더욱 다양해지고 있다. 이러한 변화 속에서 우리 사회 각계각층에 있는 리더들은 미래의 트렌드에 맞춰 교육의 방향을 개혁하고 기계의 능력과 인간의 창의성을 결합한 새로운 협력관계를 설계하는 등 조화로운 인류 공동체가 될 수 있도록 미래를 창조해야 한다.

우리가 창조하는 기술은 세계를 바꿀 강한 힘을 제공하지만, 그 힘에는 더 큰 책임이 따른다. 리더에게는 인류의 삶을 풍요롭게 하고 계층 간 소득격차를 줄이며 인간과 과학이 함께 달릴 미래사회를 만들기 위한 방안을 마련할 책임이 있다.

실무자의 판단을 믿어 주는 리더

외환은행 D 부장

여신심사부에서 팀장으로 일할 때였다. 하루는 수석부행장님으로부터 호출이 있어 갔더니, 대출상담 건을 건네주면서 검토해 보라고 하셨다. 나는 관련 내용을 실무자와 함께 깊이 검토한 끝에 '취급하기 곤란한 대출'로 최종 판단하고 그대로 수석부행장님에게 보고했다. 큰 하자가 있는 것은 아니지만, 담보 부동산의 환가성이 떨어져 나중에 혹시 문제가 발생했을 때 대출금 회수에 어려움을 겪을 가능성이 있었다.

그런데 좀 이상했다. 심사를 3년간 담당하면서 수석부행장님으로부터 대출 건을 검토해 보라고 지시받은 것이 처음이었기 때문이다. 게다가 따로 지시할 만큼 큰 금액도 아니어서 좀 의아했는데, 일단 검토 결과를 있는 그대로 말씀드렸다.

그러자 수석부행장님은 바로 전화를 거시더니 대뜸 "장관님, 검토해 보니 어렵겠습니다"라고 하시는 것이었다. 나는 속으로 "아니, 장관이 부탁한 건이란 말인가?" 하고 놀라서 듣는데, "죄송하지만 부탁하신 대출은 저희 실무자가 검토해 본 결과 취급이 곤란한 것 같습니다. 나중에 뵙고 자세히 설명 드리겠습니다. 죄송합니다" 하고 전화를 끊으시는 게 아닌가!

나중에 알고 보니 예전에 장관을 지낸 원로 분이셨다. 수석부행장님은 전화를 끊고 나서는 내게 "담당 심사역이 안 된다고 하면 안 되는 거지. 잘 판단했어"라고 말해 주셨다.

　평소 여신 의사결정에 있어 엄정한 판단을 하시는 분이라 그게 특별한 상황은 아니었지만, 그 이후 우리 심사역들은 수석부행장님 휘하에서 더욱 자신감을 가지고 소신껏 심사업무를 수행할 수 있었다. 리먼사태를 전후해 경제위기가 도래했지만 외환은행이 타 은행에 비해 상대적으로 부실이 적었던 것은 업무에 있어서만큼은 엄정한 의사결정을 하시는 수석부행장님의 심사철학 덕분이라고 믿고 있다.

제13 장

우리 모두가 리더다!

미래사회가 요구하는 리더십

지식축적의 시대에서 창조적 해석의 시대로

흔히 오늘날 세계가 "빛의 속도로 변하고 있다"고 말한다. 20세기 말에 시작해 새로운 밀레니엄과 함께 불붙고 있는 정보 혁명이 이 같은 구조에 거대한 변혁을 일으키고 있는 것이다. 인터넷과 SNS소셜 네트워크 서비스가 주도하는 이 혁명은 지식의 생산과 전달뿐만 아니라 형태와 본질 자체를 아예 바꾸어 놓았다. 그 때문에 이제 우리는 시시각각 밀물처럼 쏟아지는 지식과 정보를 소화하기조차 어렵다. 너무나 밝은 빛이 우리 눈을 멀게 하듯이, 폭증하는 정보와 지식이 우리의 전망과 판단을 흐리기 때문이다. 미래사회의 트렌드를 예견하는 미래학자, 과학

401

자, 그리고 각종 연구단체의 연구결과들이 이목을 집중시키는 가운데 사회, 경제, 산업, 교육 등 모든 영역에서 미래에 대한 기대와 불안감이 교차하는 것도 이 때문이다.

인간은 원래 익숙한 것에 안정감을 느끼며 새로운 모험에 두려움을 느낀다. 특히 우리나라처럼 농경사회를 중심으로 외세에 대한 저항과 고난 속에서 오랜 역사를 지켜온 약소민족에게는 변화와 개방에 대한 두려움이 클 수밖에 없었다. 그러다 보니 상대적으로 과거지향 내지 현실에 안주하려는 경향을 지니고 있는 것도 사실이다.

금세기 최고의 미래학자라고 불리는 앨빈 토플러 Alvin Toffler 는 몇 년 전 인터뷰에서 이런 이야기를 남겼다.

"한국은 이미 선진국이지만 미래에 대한 준비가 소홀하다."

"한국 학생들은 하루 10시간 이상을 학교와 학원에서 자신들이 살아갈 미래에 필요하지 않을 지식과 존재하지도 않을 직업을 위해 시간을 허비하고 있다."

사실 우리나라는 지난 60여 년간 세계가 주목하는 눈부신 경제발전을 이루었으며, 첨단기술산업 및 정보통신 분야에서도 비약적인 진보를 이루고 있다. 정부에서도 2013년 미래창조과학부를 신설하여 과학기술 및 정보통신 분야의 연구개발 지원과 제반 정책수립 업무를 일원화한 바 있다. 미래시대에 대비하여 국민의 창의적인 아이디어를 과학기술과 ITC 분야에 접목하여 상호융합을 통한 미래의 성장동력을 만들어 내기 위해서이다.

오늘날과 같은 지식정보사회에서 단순히 지식만을 구하는 것은 별로 어려운 일이 아니다. 불과 10여 년 전만 해도 전문가들이 독점한 전문지식을 이제 누구나 아무 제한 없이 접할 수 있게 되었다. 세계적 명성을 자랑하는 지식인을 비롯하여 유명 대학교나 권위 있는 학술단체들이 웹사이트에 글을 올리고, 세계적 석학들이 인터넷에서 강의한다. 누구나 무료로 최고의 지식에 접근할 수 있게 된 것이다. 따라서 오늘날 누가 어떤 지식을 얼마나 많이 갖고 있느냐는 관건이 아니다. 정보와 지식의 양量 자체만으로는 더 이상 경쟁력을 갖지 못한다.

이제 우리의 성장은 "어떻게 수많은 획득지식을 미래시대의 환경을 꿰뚫을 수 있는 거시적이고 합리적인 전망과 판단으로 연결할 수 있는가?", "지식을 어떻게 창조적으로 해설할 수 있는가?"에 대한 질문을 던지고 해답을 구하는 과정에 달려 있다.

집단지성과 수평적 리더십

우리를 둘러싼 이런 기술환경의 급격한 변화 때문에 이제 20세기의 패러다임은 그 한계에 와 있다. 지금 세계는 이미 모더니즘 시대를 넘어서 포스트모더니즘 시대, 지식과 정보가 빛의 속도로 변하는 가속화 시대, 현실과 가상현실의 경계가 사라지는 시대, 언제 어디서나 정보에 접근할 수 있고 처리할 수 있는 유비쿼터스ubiquitous의 시대, 모든 산업과 학문의 영역 경계가 무너지는 융합의 시대, 하이 콘셉트 하이 터치의 감성화 시대, 소수의 엘리트보다 다수의 군중, 즉 집단지성의 위력이 커지는 평등의 시대, 승자의 독식보다 나눔과 봉사를 최고의 가치로 강조하는 영성의 시대에 와 있다.

결국 미래사회는 서열의 질서 대신에 평등의 질서가, 지휘와 통제의 일방적 리더십 대신에 협력과 협업의 리더십이 빛을 발하는 사회이다. 또한 한 사람의 탁월한 지도자보다 집단지성이 빛을 발하는 사회이다. 보통 사람 중에서도 나라의 통치자들보다 더 국가관이 투철하고 통치 능력이 있는 사람이 있고, 사회 각층의 리더들보다 더 훌륭한 덕목을 갖추고 훨씬 수준 높게 미래를 내다보는 지혜와 전문적 식견이 있는 사람들이 많다.

1980년대까지만 해도 국가주의가 기승을 부렸다. 국가가 국민들의 머리 모양부터 스커트 길이, 유행가 가사까지 깊숙이 간섭했다. 1950년대에는 자동차가 1대 폐차되어야 다시 1대를 생산할 수 있었고, 1960년대 초에는 번듯한 생선을 수출하지 않고 몰래 먹는다고 경찰에 잡혀갔다. 1970년대 유신시대에는 경찰이 장발 단속과 양담배 단속, 미니스커트 단속에 나섰고, 교통신호만 어겨도 '닭장차'에 실려가 즉심에 넘겨지곤 했다. 그러면서도 힘 있는 정치지도자들의 사생활은 베일에 싸이고, 뒷짐을 진 채 헛기침만으로도 카리스마를 유지하던 무한권력의 시대였다.

그러나 이후 우리 사회는 큰 변화를 경험하고 있다. 과거에 경험하지 못한 개인의 자유를 마음껏 향유하고, 수많은 사람이 국가가 통제하는 매스컴을 통하지 않고도 SNS를 통해 실시간으로 정보를 공유하고 지혜를 나눈다. 품질 좋고 값싼 물건을 찾아 해외에서 '직구'로 물건을 주문하며, SNS로 상하좌우 자유롭게 연결된 세상에서 살고 있다. 집단지혜, 집단지성의 위력은 날이 갈수록 커지고 있다.

각종 SNS는 기존 매스미디어의 위력을 훌쩍 넘어섰다. 오바마 대통령은 트위터 등 각종 SNS를 홍보 수단으로 이용해 미국 대선에서 승리한 바 있다. 또한 위키피디아Wikipedia의 사례는 수평적이고 상호보완적인 집단지성의 힘을 실감나게 보여준다. 모든 사람이 편집과 관리에 참여하여 함께 만들어 가는 인터넷 백과사전인 위키피디아는 현재 공개된 백과사전으로서 세계 최대의 사이트로 자리매김하였으며, 구글에 이어 인터넷이 탄생시킨 걸작으로 평가받는다.

밀실합의 밀어내는 집단지성

앞으로 집단지성을 활용해 법을 만들면 국회에서 여·야가 밀실합의로, 혹은 시간에 쫓겨서 대충 만들어 내는 법률보다 훨씬 더 공정하고 정의롭고 현실적인 법률을 만들어 낼 수 있다. 시민전문가들이 참여하는 재판은 사법기관의 재판보다 더욱 상식에 바탕을 둔 공정한 판단을 내리고 유전무죄 무전유죄의 풍토를 없애는 공평한 판결을 가져올 수 있으며, 유력 정치인이나 재벌들이 일반인보다 쉽게 병보석 구실이나 집행유예로 빠져나오는 악용사례들을 방지할 수도 있을 것이다. 실제로 시민들이 법 제정이나 재판에 참여하지 않아도 SNS를 통해 법이 제대로 제정되는지, 제대로 집행되는지를 철저하게 감시할 수 있는 세상이 되었다. 윗선에서의 밀실합의로 적당한 수준에서 넘어갈 수 있는 세상은 끝났다.

앞으로는 고도의 지식정보기술 덕분에 사회의 모든 시스템을 더욱 투명하게 들여다볼 수 있는 시대가 올 것이다. 특히 공직자들의 각종 부조리나 범죄 기록이 투명하게 노출되어 정의롭지 않은 리더들은 더는 숨을 곳이 없어지며, 사회질서와 정의를 유지하기 위한 노력을 지속하면서 시민들의 힘은 더욱 커지고 강해질 것이다.

수평질서의 사회 : 우리 모두가 리더다

미래는 더 이상 특정한 통치형 리더들이 이끌어 가는 시대가 아니다. 역량이 부족한 상위 리더는 사라지고 기술과 지식으로 무장한 대중들이 리더로 부상하는 시대이다. 수평적 질서 시대에 중요한 것은 우리 각자가 모두 리더라는 사실을 자각하고 인지해야 한다는 점이다. 우리는 모두 자기 삶의 리더이며, 동시에 자신이 속한 조직이나 국가의 리더이다.

리더가 된다는 것은 동시에 그만한 책임을 져야 한다는 것을 의미한다. 수직적 질서가 주도한 과거에는 문제가 생길 때마다 조직의 상위 직급에 있는 리더들만 쳐다보고 그들이 해결해 줄 것을 기대했으나, 21세기의 수평적 세계에서는 각자가 상호 보완하는 리더이므로 스스로 해결책을 찾아 나가야 한다. 묵묵히 자신의 길을 걸어가는 책임 있는 지성인, 성숙한 시민이 미래 세상의 리더상이다.

이러한 21세기 미래사회를 향한 변화의 물결 속에서 우리나라가 진정한 글로벌 선진국으로 발돋움하기 위해서는 우리 각자가 얼마나 정의로운 가치기준에 맞춰 행동했는가, 급변하는 패러다임의 변화속도에 적응하기 위하여 얼마나 노력했는가, 미래사회를 이끌 리더로서의 자질과 능력을 갖추기 위해 어떤 자성과 자기통찰을 했는가를 반문해 봐야 한다.

미래 리더의 조건

긍정의 성공학

많은 사람이 긍정적인 마인드를 갖는 게 중요함을 잘 안다. 성공한 사람들의 공통점을 두 가지만 꼽으라고 하면 미래지향적이고 긍정적인 사람이라고 말할 수 있다. 미래에 대해 철저한 준비와 투자를 하면서 어떤 고난과 역경이 닥쳐도 긍정적으로 도전하며 목표를 향해 나아가는 사람이다.

심리학자들이 공통으로 동의하는 사실은 긍정적이고 낙관적인 사람들은 부정적인 사람들보다 모든 면에서 더욱 탁월한 성과를 거둔다는 점이다. 긍정적인 사람과 부정적인 사람을 가르는 차이점은 난관을 만났을 때 결정적으로 드러난다. 부정적인 사람은 작은 역경만 만나도 자신이 운이 없음을 탓하고 자신의 잠재능력을 포기하며 의욕을 꺾고 도중에 포기한다. 그러나 긍정적인 사람은 난관에 부닥치더라도 성공을 위한 최고의 모티브나 기회로 해석한다.

설령 실패하더라도 희망을 품고 다시 도전한다. 우리가 어렵다고 생각하는 대부분의 일은 정말 어려워서 못하는 것이 아니라 안 하니까 못하는 것이다. 성공한 사람들은 예외 없이 미래의 목표를 세우고 고난과 좌절을 겪으면서도 그것을 극복한 사람들이다.

사회갈등의 골 넘는 배려와 포용

현재 우리나라는 역사상 어느 시대보다 풍요롭고 국가의 위상이 높은 상태다. 국민들 모두 각자의 분야에서 역경을 극복하며 값진 결과를 이루어 냈다. 그러나 역설적으로 스스로 행복하다고 느끼는 사람의 비율은 OECD 국가 중 하위에 머물러 있다. 경제 고도성장 과정에서 우리가 스스로 가졌던 자부심, '노력하면 무엇이든 이룰 수 있다'는 자신감은 어디론가 사라지고 서로를 신뢰하지 못한 채 갈등과 반목을 계속하고 있다. 극단적인 이기심과 경쟁의식 속에 낙관보다는 부정적인 감정이 사회 전체에 만연해 있다. 특히 우리나라의 사회갈등과 상호불신 수준은 이미 도를 넘어섰다. 세계 어느 국가, 어느 사회나 갈등을 겪지 않는 곳이 없고 갈등의 해결이 쉽지 않은 숙제지만 사회갈등에 관해 우리가 특별히 유별난 이유는 무엇일까?

일반적으로 사회갈등은 주로 인종, 종교, 이념, 문화, 노사, 세대 간 차이에서 비롯된다. 우리나라가 근래에 겪는 사회적 갈등은 정치권과 언론을 중심으로 한 보수와 진보세력 간 대립, 중립지대를 인정하지 않는 정치적 편 가르기, 지역갈등, 가진 자들과 소외된 계층 간의 장벽, 개인주의와 집단이기주의, 지도층에 대한 불신이 맞물려 증폭된 경우라고 할 수 있다.

가진 자들은 반대 입장에 있는 사람들을 무능력하고 열등감에 젖은 사람들로 여기며 그들의 목소리를 단순한 불평불만으로 매도한다. 스스로 힘없고 가난하다고 느끼는 사람들은 자신이 공정하지 못한 사회의 희생양이라고 느낀다. 배경이 없고 출신이 낮아 상류사회로 진입할 기회를 갖지 못한다고 생각한다. 그리고 기득권을 가진 사람들의 노력과 결실을 기회주의적 산물로 깎아내린다.

물론 공정하지 못한 승자가 있는 것이 사실이다. 그간 우리나라가 짧은 기간에 고도성장을 이룬 과정에서 정의롭지 못한 방법으로 출세하고 막대한 돈을 번 사람들이 많았다. 정부조직이나 사회지도층 인사들이 청문회가 두려워 공직을 사양할 만큼 존경과 신뢰를 받지 못하는 것이 현실이기도 하다. 분명한 것은 앞으로 어떤 형태로든 이 같은 갈등과 대립과 불신을 해결할 수 있는 사회적, 정치적 메커니즘이 마련되어야 하며, 이를 위한 가장 큰 기초공사는 스스로 리더라는 책임감을 갖고 긍정적 사고를 하는 것이라는 점이다.

더 낙관적으로 보자면, 오늘날 우리가 당면한 사회적 갈등과 대립은 어쩌면 새로운 가치와 질서를 만들어 가고 선진화하기 위한 건전한 과정일 수도 있다. 고도성장 과정에서는 경제적 성장과 빵의 크기를 늘리는 데 모든 국가적 역량을 쏟기 때문에 분배의 문제나 양극화 방지, 성숙한 사회적 배려 등 다른 가치는 모두 희생된다. 어느 정도 빵의 크기가 커지면 그동안 무시된 수많은 사회적 가치에 대한 시민들의 요구가 분출하는 것이 당연할 수도 있다. 서로의 처지를 이해하여 서로 다름을 인정할 줄 아는 것이 선진국의 모습이다.

특히 포용과 배려는 많이 가진 사람, 힘 있는 사람이 먼저 발휘해야 한다. 약자와 소외된 이웃들의 마음을 헤아리고 베풀 줄 아는 사람들이 늘어나면 세상에 상처받고 부정적인 생각에 사로잡힌 수많은 사람이 희망을 품을 것이다. 한 민간 경제연구소는 우리나라의 사회갈등지수를 10%만 낮춰도 1인당 GDP가 1.8~5.4% 높아진다고 추산했다.

책기지심과 서인지심 : 나를 탓하고 남을 용서하라

요즘 젊은이들의 필독서는 영어 교과서이겠지만 조선시대 청소년들의 필독서는 《명심보감明心寶鑑》이었다. 이 《명심보감》에 보면 "책인지심責人之心으로 책기責己하고, 서기지심恕己之心으로 서인恕人하라"고 했다. 남을 꾸짖는 엄격한 마음, 즉 '책인지심'으로 자기 자신을 꾸짖고, 스스로 잘못에 대해 관대하게 용서하는 마음, 즉 '서기지심'으로 남의 잘못을 용서하라는 말이다. 스스로에게는 엄격하고 남에게는 너그러운 마음을 가지는 것이 모두가 리더인 성숙한 시민사회의 기초가 된다.

오늘날 우리에게 가장 필요한 것은 선진사회를 만들어 나가는 긍정에너지를 서로에게 전파하는 일이다. 부정적 사고의 장벽을 깨고 긍정적 사고로 미래를 열어 가야 한다. 부정적 생각은 스스로를 파멸로 이끌며 조직이나 사회, 국가를 무너뜨린다. 남을 시기하거나 남의 성공 스토리를 깎아내리는 사람은 결코 성공할 수 없다.

긍정적인 사람은 잘못된 결과에 대해 핑계를 대지 않는다. 모든 상황을 자기 탓으로 돌리고 현실을 있는 그대로 받아들이며 목표한 일을 달성하기 위해 더욱 뜨거운 마음으로 도전한다. 긍정적인 사람은 성공을 이룬 사람들이 주변에 많을수록 더 좋은 세상을 만든다고 믿는다. 그래서 다른 사람이 성공하면 시기하지 않고 오히려 감동하고 자극으로 받아들인다.

행복을 느끼는 것은 자연스러운 감정이기도 하지만 내 의지의 선택이기도 하다. 우리는 삶 속에서 많은 일에 도전한다. 그 과정에서 성공도 실패도 겪기 마련이다. 물론 성공적으로 이루어 낸 것들이 더 소중하지만 이뤄내지 못한 것들도 성공으로 향하는 하나의 과정에 값진 경험이 되므로 소중하게 여겨야 한다.

실패 또한 소중하고, 실수 또한 소중한 것이다. 다만 그런 실패를 어떻게 받아들이느냐는 자기 자신의 몫이다. 좌절하느냐, 아니면 그 실패를 딛고 일어나 더 나은 성공을 이루는 자양분으로 보느냐? 이 또한 자기 자신의 선택에 달려 있다. 후자의 여유를 가질 수 있다면 실패했다고 반드시 불행한 것은 아니며, 행복은 내 의지의 선택인 것이다.

미래에는 무궁무진한 기회가 온다. 미래사회에서 성공하려면 긍정의 힘을 키워야 한다. 미래의 변화를 두려워하지 않는 사람, 미래의 지식을 배우기를 멈추지 않는 사람, 도전에 대해 확신하고 자신의 가치를 높여 가는 사람이 성공할 것이다. 그런 사람들이 많은 나라가 진정한 선진국이다. 성공한 사람들이 존경과 박수를 받는 사회, 성공한 사람들이 실패한 사람들에게 꿈과 용기를 불어넣어 주고 손을 내미는 사회가 성숙한 미래사회이다.

천하를 얻는 초간단 방법, 마음을 얻는 리더가 되라

오늘날 우리 사회에는 존경받는 리더가 없다는 탄식이 많이 나온다. 김수환 추기경이나 법정 스님 이래 우리 사회에 롤모델이 될 만한 큰 어른이 없다는 말도 자주 나온다. 고등교육 수준이 OECD 국가 중 가장 높다는 한국에서 왜 존경할 만한 리더가 나오지 않는가?

능력이 있다고 반드시 훌륭한 리더가 되는 것은 아니기 때문이다. 훌륭한 고등교육을 받고 개인적 능력이 있어 리더의 위치에 오른 사람들이 업무능력 이외의 요소 때문에 실패한 리더로 전락하는 경우가 의외로 많다. 능력은 있지만 실패하는 리더의 특징은 개인적으로 일은 잘하지만 조직원들의 신뢰와 존경을 받지 못해 이들을 움직이지 못하기 때문이다.

조직 관리의 핵심은 사람이다. 단기적으로는 능력 있는 사람들이 성공할지 몰라도 장기적으로는 사람의 마음을 얻고 감동을 주는 리더가 성공한다. 조직은 리더 혼자만 일하는 곳이 아니기 때문이다.

"마음을 쓰는 사람은 다른 사람을 다스리지만, 힘을 쓰는 사람은 다른 사람의 다스림을 받는다"는 말이 있다. 능력이나 힘이 있는 사람이 아니라 마음을 쓰는 사람이 진정한 리더라는 것이다.

이미 2천 년 전 맹자는 천하를 얻는 아주 간단한 방법에 대해 설파했다. 답은 한 문장으로 표현할 수 있을 정도로 간단하다.

"백성을 얻으면 천하를 얻는다. 백성을 얻는 방법이 있으니 마음을 얻으면 백성을 얻는다."

과거의 전통적인 리더들은 권력과 법으로 사람을 다스렸다. 권력의 힘과 제도나 시스템으로 아랫사람을 어느 정도 복종하게 만들 수는 있지만 마음은 얻지 못한다. 특히 미래사회의 주역으로 등장하는 1980년대 후반 이후 출생한 이른바 N세대부터 오늘의 스마트 세대는 민주화 시대의 자유로움 속에서 사회적 억압 없이 자란 세대이며, 인터넷의 보급으로 어린 시절부터 정보화의 혜택을 누리기 시작한 세대이다.

이들은 권위를 거부하고 자신의 의견을 적극적으로 표현하며 사생활을 침해받기 싫어한다. 또한 어려서부터 스마트한 첨단기술에 둘러싸여 PC게임을 하며 자라 대인관계의 경험이 상대적으로 적고 인적 교류의 감성능력이 부족한 세대이다.

이들은 인터넷 세계에서 상호 익명성과 서로를 볼 수 없는 비가시성 속에서 자신의 감정을 거르지 않고 표현하기도 하며, 사이버 세계와 현실에 대한 감각이 혼재된 가운데 극단적인 상상을 할 수 있는 세대이기도 하다. 기존 세대들이 느끼는 연대적인 책임감이나 도덕성을 공감하지 못하는 개인주의적 경향을 보이기도 한다.

이런 세대에게 일방적 강요나 불합리한 질책을 하거나 콤플렉스를 건드리면 권위주의에 복종했던 이전 세대와는 달리 즉각적인 반발이 되돌아온다. 구태의 지시형 리더십이 더는 통하지 않게 된 것이다.

디지털 세대는 대신 새로운 것에 대한 호기심이 많고 정보학습 능력이 뛰어나며 창조적인 잠재력을 지닌 세대이기도 하다. 이 세대가 갖춘 잠재능력과 창의력을 극대화하여 조직의 생산성으로 연결하려면 구성원들의 마음을 얻고 진심으로 승복하게 하여야 한다.

리더 스스로 먼저 헌신하고 긍정의 에너지를 아랫사람들에게 확산시켜야 한다. 리더가 자신의 이기적인 울타리에서 벗어나 조직의 발전을 위한 순수한 신념과 열정으로 불타오를 때 아랫사람들 역시 그 진정성과 동기를 공감하고 조직의 발전 속에서 자신의 발전을 이루고자 하는 불씨로 함께 타오르게 된다.

디지털 시대에 리더가 사람의 마음을 얻기 위해서는 단순한 호감이나 인기가 아닌 '신뢰'를 얻어야 한다. 신뢰받는 리더는 구성원들이 가진 무한한 가능성을 신뢰하는 사람이다. 조직의 집단의식을 높여 가는 리더다.

신뢰를 주고받기 위한 설득의 방법에는 무엇이 있을까?

아리스토텔레스는 《수사학Rhetoric》에서 상대방을 설득하기 위한 중요한 3가지 요소는 에토스ethos, 파토스pathos, 로고스logos이며 이 3가지 설득수단이 적절히 융합되어야 한다고 지적했다.

에토스는 권위를 뜻하는데, 이는 말하는 사람이 갖는 명성, 신뢰감, 호감 등 고유한 품성으로 설득과정에 60% 정도의 영향을 미친다고 한다. 즉, 에토스는 행위나 능력이 아니라 말하는 자와 듣는 자 사이에 오가는 호감과 긍정의 상호작용의 결과라는 것이다. 아리스토텔레스는 3가지 설득수단 중 가장 강력한 것은 에토스라고 가르쳤다.

파토스는 공감, 경청, 연민 등 감정을 자극해 마음을 움직이는 감정적 측면으로, 설득에 30% 정도의 영향을 미친다고 한다. 듣는 사람의 심리나 감정상태가 설득에 영향을 미친다는 것이다.

로고스는 메시지의 본질 또는 상대방에게 명확한 증거를 제공하기 위한 논리를 일컫는다. 즉, 담론의 논증 등 논리적 근거를 바탕으로 하는 경우를 의미하는데, 로고스는 설득에 10% 정도 영향을 미친다고 한다.

즉, 성공적으로 설득하고 신뢰를 주고받는 과정으로 이어지려면 먼저 호감을 사서 긍정적인 평가를 받고, 그 다음에는 상대방의 마음을 움직이고, 행동의 필요성에 대해 논리적으로 설명하라는 것이다.

변화무쌍한 미래세계에서 리더는 항상 복잡한 상황 속에서 의사결정을 해야 한다. 그 판단의 옳고 그름에 따라 실적이 좌우되고 때로는 기업과 조직과 국가의 운명이 결정된다. 판단의 기준과 척도는 무엇보다 정당하고 사심이 없어야 한다. 무엇이 올바른 판단인가에 대한 물음은 대의명분을 기준으로 하되, 객관성을 담보하기 위해 끊임없이 타인의 의견을 듣고 포용하기 위해 노력해야 한다. 객관성 없는 대의명분은 독선이 되기 쉽다.

의사결정 과정은 원칙적으로 당사자 모두가 대등하게 투명한 절차 속에 참여해야 하며, 사회정의에 맞는 가치가 되어야 한다. 또한 희망과 비전을 함께 공유하면서 세부적인 목표들을 만들고 사람들의 아이디어와 생각을 융합시키며 그 목표를 이루어 갈 때 구성원들은 강요하지 않아도 마음을 열어 공감하고 잠재된 에너지를 끌어올리게 된다.

그래서 리더는 장작과도 같아야 한다. 순수한 동기를 가지고 미래의 소용돌이 속에 뛰어들어 스스로 에너지와 시간과 노력을 불태워 솔선하는 자세를 보여야 하기 때문이다.

정의롭고 사심 없이 앞장서서 행동하는 리더, 정직하고 진솔한 리더, 자기의 잘못을 시인할 줄 알고 책임지는 리더, 개인의 영예를 양보할 줄 아는 리더, 남의 이야기에 귀 기울일 줄 아는 리더, 따스한 가슴으로 남을 사랑할 줄 아는 리더, 자기의 것을 나눌 줄 아는 리더가 사람들의 마음을 움직인다.

그러한 리더들이 이끄는 조직과 국가는 반드시 성공한다. 이미 사람들의 마음을 얻고 리더와 국민 간에 상호작용하기 때문이다.

미래를 읽을 줄 알라

대부분의 사람들은 현재 관점에서 미래를 본다. 그러나 성공한 사람들은 미래를 먼저 보고 현재를 생각한다. 이처럼 성공하는 사람의 공통적 특징은 미래의 관점에서 현재를 본다는 데 있다.

"그대의 미래가 알고 싶은가? 현재의 행동을 자세히 관찰하라."

달라이 라마의 말이다.

미래사회는 이미 우리 앞에 다가와 있다. 걷잡을 수 없는 급격한 기술변화 속에 이미 세상의 모든 것이 달라졌다. 수많은 미래학자와 연구기관들, 그리고 미래사회를 선도해 가는 리더들이 나타나고, 세계인들은 미래의 지식을 수집해서 각자의 분야에서 활용하기 위해 동분서주하고 있다.

그러나 우리는 날마다 시시각각으로 변하는 미래지식을 이해하는 것조차도 힘에 버겁다. 오늘의 미래가 내일의 현실이 되고 또 과거로 바뀌면서 금방 새로운 미래가 나타나는 시대에 살아가는 우리에게 '미래 읽기'는 쉽지 않은 과제이다.

학문적인 미래학은 공식적으로 1967년에 시작되었다. 제임스 데이터James Dator 교수가 버지니아공대 정치학부에서 미래학을 소개한 것이 최초의 미래학 강의다. 그 후 제임스 데이터는 1972년 하와이대학교에 미래학연구소를 만들어 지금까지 소장으로 활동하고 있으며, 1977년 대안미래학Alternative Futures 분야 석사학위 과정을 개설하여 꾸준히 미래학자들을 전 세계로 배출하고 있다. 세계적인 미래학자 앨빈 토플러와 미래협회 설립을 주도하기도 하였다.

제임스 데이터 이후 전 세계 60여 개 대학에서 석·박사학위 과정에 미래연구를 포함하며, 다양한 프로그램이 개발되고 있다. 리더십, 경영, 전략예측 등에 이어 대부분 경력직이 마지막 지도자 과정으로 공부하는 분야가 미래학이다. 그만큼 미래학은 굉장히 중요한 학문이다.

미래futures는 복수형 : 대안적 미래의 창조

미래는 예측 불가능하다. 미래는 현재에는 존재하지 않기 때문이다. 그러나 대안미래는 예상할 수 있다. 선호하는 미래는 계획, 창조, 실행할 수 있고, 인류의 행복에 맞춰 꾸준히 긍정적인 방향으로 미래를 조직화하고 실행하면 우리가 원하는 미래를 창조할 수 있다.

미래학자 대부분은 미래를 단순히 예언prediction하기보다, 다양한 대안적 미래를 예측prospect한다. 또한 응용미래학은 미래를 더욱 잘 이해하고 준비할 수 있게 하며, 스스로 원하는 방향으로 미래를 창조해 나갈 수 있도록 한다. 미래는 예정된 것이 아니라 스스로 선택에 따라 여러 형태로 나타날 수 있기 때문에 'futures'라는 복수형을 쓰기도 한다.

앞으로는 세상의 흐름을 미리 읽는 사람이 성공할 것이다. 농경시대에는 수백 년 걸린 변화를 이제는 며칠 만에 이루어낼 수 있기 때문이다. 수백 년 전부터 1950년대까지 발전한 모든 과학기술 정보가 2000년대 들어서는 1년 만에 바뀌는 세상이 되었다. 미래학자들은 1900년 한 해 동안 발전한 과학이나 변화가 2000년에는 2주 만에, 2015년에는 1주 만에, 2025년에는 2~3일 만에 바뀐다고 예측한다.

그 중요성을 인지하고 정부나 기업이 미래를 열심히 대비한다고는 하지만 미래사회의 힘은 정부나 기업보다도 개인으로부터 나올 것이다. 이제 전문집단의 힘이나 능력보다 다양성과 독립성을 가진 소수의 우수한 개인의 통합된 중지衆智, 대중의 지혜와 집단지성collective intelligence이 올바른 결론에 가까운 시대가 되었기 때문이다.

집단지성과 클라우드소싱

인터넷상에서의 집단지혜collective wisdom는 많은 논란을 불러일으키는 주제이다. 토론장과 각종 SNS, 기타 온라인 채널에서 일어나는 일들, 즉 개성을 무시하고 익명성을 이용해 행하는 과도한 악성 댓글 행위나 온라인 협업의 부정적인 면을 성토하는 사람들이 많다. 반면 인터넷 백과사전인 위키피디아는 인터넷 기술을 기반으로 새로이 등장한 집단지성이 이룰 수 있는 좋은 사례로 손꼽힌다. 여러 명의 참여자가 함께 지식을 합쳐 클라우드 소스 정보 플랫폼의 정확성과 신뢰성을 바탕으로 백과사전을 만들고 새로운 지식을 업데이트하며 상호 평가와 비판을 통해 정리하는 것이다.

기업들은 롱테일 경제 원리를 바탕으로 한 다양한 지식 비즈니스에서 클라우드소싱을 통해 개인들의 아이디어를 얻고 있다. 클라우드소싱이란 불특정 다수의 사용자로부터 아이디어를 얻어 내는 활동으로, 지식의 수요와 공급을 인터넷을 통해 쉽게 연결해 준다는 데 의의가 있다. 과거 "천재 1명이 수십만 명을 먹여 살린다"고 외쳤던 세계적인 대기업들도 효율성이 떨어지는 사내 R&D 부서를 줄이고 클라우드소싱을 통해 기술적인 문제를 해결해 나가고 있으며, 이를 C&DConnect & Development라고 한다. 흔히 80 대 20의 법칙이라 불리는 '파레토 법칙Pareto Law' 대신 힘없는 소중한 다수의 원리인 '롱테일 법칙Long Tail's Law'이 지배하는 사회로 변화하고 있다.

정보통신의 발달로 모든 사람들이 동시에 정보를 공유할 수 있게 된 평등의 시대는 앨빈 토플러의 말대로 소수의 엘리트보다 다수의 군중이 더 지혜로운 시대이며, 사회의 힘이 소수의 엘리트로부터 다수의 개인으로 이동하는 시대가 될 것이다.

이제 미래를 잘 예측하고 준비하는 사람, 미래사회에 대비한 필요지식을 끊임없이 학습하며 큰 그림을 그릴 수 있는 사람, 다수 대중의 힘을 이끌고 활용할 수 있는 능력을 갖춘 사람이 리더가 되는 사회이다.

앞서 언급했지만, 나는 미래는 예측하는 것이 아니라 창조하는 것이라고 생각한다. 다가오는 시대의 흐름을 예측하는 것도 중요하지만 한 걸음 더 나아가 각자가 원하는 꿈을 이루어 가는 노력과 능력을 갖춰야 한다. 이제 학습을 통하여 지식을 습득하고 그것에 의존하여 사는 시대는 저물어 간다. 오늘날에는 누가 어떤 지식을 얼마나 갖고 있느냐는 그렇게 중요한 경쟁력이 아니다. 그것들은 네트워크 안에 넘쳐나는데다 개별적이고 미시적이며 수명마저 짧기 때문이다.

구글과 페이스북을 만들어 낸 유대인 창조교육

이제 우리의 관심은 어떻게 급변하는 환경을 꿰뚫는 지혜를 갖출 수 있으며, 그에 필요한 새로운 지식을 어떻게 창조해 내느냐에 쏠려 있다. 앞으로는 열심히 외우면서 시험성적을 잘 받는 아이는 성공하기 힘든 시대이다. 공부 잘하는 아이보다 부지런한 아이, 부지런한 아이보다 창조적인 아이가 성공하는 시대이다. 우리나라 부모들의 교육열은 세계적으로 유명하다. 그러나 이제 우리는 유대인들의 교육방식을 배워야 한다.

미국 아이비리그 대학에서 유대인 학생 비중은 30%에 가깝다고 한다. 유대인 인구는 약 1,500만 명으로 세계 인구의 0.2%에 불과하다. 그러나 그들은 아인슈타인을 비롯하여 역사상 수많은 학자들을 배출했다. 역대 노벨상 수상자 중에서 유대인이 차지하는 비중이 25%이고, 노벨 경제학상 수상자 중에서는 40%가 넘을 정도다.

또한 미국 재무장관, FRB 의장 등 금융 요직은 물론 디지털 혁명의 주인공들이나 창조적인 기업의 선구자들 가운데 유난히 유대인이 많다. 오라클의 래리 엘리슨Larry Ellison, 인텔의 앤디 그로브, 마이크로소프트의 최고경영자 스티브 발머, 델컴퓨터의 창업자 마이클 델Michael Dell, 퀄컴의 창업자 어윈 제이콥스Irwin Jacobs 등 정보 혁명의 주인공들이 유대인이다.

이 밖에 리바이스, 캘빈 클라인, 던킨 도너츠, 에스티 로더 등의 창업자들도 유대인이다. 〈스타워즈〉, 〈ET〉, 〈라이언 일병 구하기〉 등으로 한국에서도 잘 알려진 할리우드 출신 천재 영화감독 스티븐 스필버그Steven Spielberg도 유대인이다.

1980년에 유대인 앨빈 토플러는 정보 혁명에 의한 '제3의 물결'을 예견했다. 하지만 그때만 해도 유대인 부호들의 주된 관심사는 금융과 부동산 그리고 유통업이었다. 당시 IT 분야에 두각을 나타낸 유대인은 드물었다. 그러나 이제는 유대인들의 창의성과 도전정신이 이 분야에서도 빛나기 시작했다. 아니, 이 분야를 유대인들이 사실상 주도하고 있다.

이를 증명이라도 하듯, 구글의 성공에 결정적 기여를 한 사람도 유대인이다. 고객이 검색하는 정보를 가장 중요한 순서대로 검색창에 뜨게 하는 알고리즘을 당시 스탠퍼드대학교 박사과정생인 래리 페이지와 세르게이 브린이라는 유대인이 만들었는데, 그 결과 구글은 순식간에 검색시장을 평정하였다. 또한 재미 삼아서 하버드 여학생들의 사진을 올려 등수를 매긴 유대인 악동 마크 저커버그는 자신의 아이디어를 발전시켜 페이스북을 만들어 냈다.

유대인은 어떻게 아이들을 가르치는 걸까? 무엇이 이런 엄청난 차이를 만들어 내는 걸까? 유대인 부모들은 남과 다르게 아이들을 창조하는 것을 의무라고 생각한다고 한다. 학교에 다녀온 아이들에게 "오늘 무엇을 배웠느냐?"고 묻는 것이 아니라, "오늘 무엇을 질문하였느냐?"고 묻는다고 한다. 특정 과목만 잘해서 낙제할 뻔한 아인슈타인을 격려하면서 키운 그의 어머니의 이야기는 유명하다.

《정의란 무엇인가》를 쓴 마이클 샌델Michael Sandel 교수도 유대인으로서 "아이들에게 틀렸다고 말하지 말라!"고 강조했다. 유대인 교육은 질문과 대화를 적극적으로 장려하는 방식이다. 이런 창의성 교육 덕분에 유대인들의 창의성이 빛을 발한다.

과거의 지식으로 미래를 재단하지 말라

앨빈 토플러의 지적대로 한국은 선진국에 진입했지만, 미래에 대한 준비가 소홀하다. 학교에서 교사가 가르치는 지식 중에도 이미 더는 진리가 아닌 것들이 많다. 미국 정부는 10년 후에는 현존 직업의 80%가 사라지거나 진화한다고 발표했다. 세상에 있던 것이 사라지고 없던 것이 나타나며 빠르게 변하고 있고, 우리가 미처 알지 못하는 엄청난 사회변화가 일어나고 있다. 우리 자녀들의 미래와 학교교육도 이런 세상의 변화에 발맞춰 진화해야 한다.

그러나 우리 학생들은 여전히 의사, 변호사, 공무원을 선망하는 직업으로 놓고 인생을 건다. 미래사회는 다양한 창의적 인재가 필요한 사회인데, 획일적인 틀에 맞춰 성적과 스펙 경쟁을 하며 줄을 세우다 보니 치열한 경쟁 속에서 상대방의 불행이 곧 나의 행복이 되는 메마른 사회가 되어 가고, 눈앞에 닥쳐온 미래를 맞이할 준비는 하지 못하고 있다. 우리나라의 대학 진학률은 70%를 넘어 세계 최고를 자랑하지만 대학을 나와도 20대의 태반이 백수 신세라서 '이태백'이라는 말까지 생겨났다.

"자녀의 학업이 아주 뛰어나지 않지만 사람 다루는 재주가 특별하다면 배관공이 앞으로 최고의 직업일 수 있다."

미국의 재벌인 마이클 블룸버그Michael Bloomberg 전 뉴욕시장의 말이다. 미국 사립대학교의 연간 학비는 5만 달러가 넘는다. 공부가 적성에 맞지 않는다면 너도나도 비싼 수업료를 내고 대학에만 가려고 하지 말고 기술자가 되는 것이 후일을 위해 좋은 아이디어라는 말이다. 미국 배관공의 연봉은 우리 돈으로 평균 2억 원이 넘는다고 한다. 집집마다 깔린 배관을 수리하는 일은 앞으로도 컴퓨터와 기계에 맡길 수 없기 때문에 세상이 어떻게 바뀌어도 배관공의 일자리는 걱정이 없다.

유명한 발명가나 과학자만이 창조적인 인재가 아니다. 구글이나 페이스북, 네이버, 다음, 카카오톡으로 성공한 리더들만이 창의적인 리더가 아니다.

우리나라의 리더들은 전통적 틀 속에 박혀 시험성적주의 환경에서 공부하고 출세한 사람들이 주류를 이루다 보니 창의적 사고에 길든 리더를 찾아보기 쉽지 않다. 이러한 구태 리더들 밑에서는 창의적 발상을 하는 사람들은 오히려 이상한 사람으로 취급받기 십상이다.

학력 버블현상도 큰 문제이다. 웬만한 기업에 취직하려면 무조건 대학은 나와야 한다. 그러다 보니 웬만하면 석사, 박사학위를 따려고 발버둥 친다. 물론 박사과정이 요구되는 전문분야가 있고 지속적인 연구를 해야 하는 학문영역도 존재하지만, 지나친 학벌중시 사회는 가짜 학위, 논문표절 등 다양한 사회적 병폐를 가져오고 있다.

이제 우리 사회는 변해야 한다. 무조건 학벌이 높고 학교성적이 좋아야 취직이 되고 높은 보수를 받는 사회에서 능력이 존중되고 성공의 척도가 되는 사회로 변해야 한다. 그러기 위해서는 리더들이 먼저 경직된 틀에 갇힌 사고를 버려야 한다.

리더들이 솔선하여 변화를 이끌고 창의적인 젊은이들이 각 분야에서 마음껏 꿈을 펼칠 수 있는 세상을 만들어 가야 한다. 각자의 분야에서 자신의 적성에 맞춰 좋아하는 일을 찾아 즐겁게 일하는 사회가 될 때 창의적인 인재가 육성될 수 있다.

또한 학교는 지식전달 중심의 교육 시스템에서 벗어나야 한다. 우리 학생들은 과도한 교육열과 입시경쟁으로 심한 스트레스를 받고 배움의 즐거움을 느끼지 못하고 있다. 암기 위주의 교육 프로그램은 창의적 문제해결을 요구하는 시대변화를 좇아가지 못하고 있다. 앞으로의 교육은 혁신을 이뤄낼 창의적인 아이디어와 열정으로 가득한 융합 인재를 길러내는 시스템으로 변해야 한다.

미래사회에 필요한 리더는 단순히 다양한 지식을 가진 리더가 아니라 급변하는 상황에서 변화를 수용하고 변화를 이끄는 리더이다. 미래사회는 새로운 아이디어를 받아들여 도전적 자세로 혁신을 이끌며 창의적 인재들의 능력을 극대화할 수 있는 창조적인 사고능력을 소유한 리더들을 요구한다.

다양성을 포용하는 GE의 임원역량 프로그램

미래사회는 다양성과 개방성의 가치가 강조되는 사회이다. 세계의 다양한 문화에 노출된 오늘날 실리콘 밸리의 첨단기업들은 다양성을 경영전략 수립의 중심으로 끌어올리기 위해 박차를 가하고 있고, 세계 굴지의 기업들은 다양성을 리더의 가장 중요한 덕목으로 꼽는다.

글로벌 기업에는 각기 다른 인종, 문화와 종교를 가진 직원이 같은 공간에서 근무하고 있어 다양한 구성원을 수용할 수 있는 조직의 토양이 마련되어야 한다. 자칫 이질적 요소들로 인해 발생할 수 있는 조직 내 갈등을 없애고 오히려 서로 다름을 조직문화 차원으로 체화하여 팀워크 강화와 내부혁신을 도모하고 있는 것이다.

그동안 다양성을 통상 국적, 성별, 나이, 직군, 인종 등 외면적 차이로 이해하려는 경향이 있었으나, 최근에는 내면적 다양성에도 관심을 두고 여러 구성원이 지닌 가치관, 신념, 태도 같은 차이의 혼합물을 창조와 혁신의 원천으로 삼아 글로벌 고객의 니즈를 파악하고 마케팅에 적극적으로 활용하려는 경향이 뚜렷해지고 있다.

GE의 임원역량 개발과정인 EDC^{Executive Development Course}는 연간 1회, 3주 이상 진행되는데, 이 과정에는 SE^{Senior Executive}급에 속하는 최고위 임원들이 참여한다. 이들은 최고경영자가 제안하는 프로젝트를 수행하여 실제 GE가 당면한 사업 문제를 해결하도록 요구받는다. 참가자들은 벽 없는 조직, 세계 지역별 문화적 다양성을 강조한 고객 중심적 글로벌 전략을 만들어 내는 것 등 GE의 미래를 좌우할 전략수행 능력을 중점적으로 훈련받는다.

또한 다양한 산업의 비즈니스 전문가들과 사회·정치 분야 지도자들을 프로젝트 해결을 위해 참여시키기도 한다. 조직원, 협력사, 고객을 위한 다양한 교육 프로그램을 통해 GE 임직원들이 전 세계 현장에서 일어나는 문제를 즉시 해결하거나, 새로운 문제점들을 해결할 능력을 키우고 그들의 지식을 고객과 나눌 수 있도록 하는 것이 바로 잭 웰치의 의지이기도 했다.

펩시코 인드라 누이 회장의 리더십

다양성을 지닌 세계적 리더를 꼽으라면 단연 펩시코PEPSICO 최고경영자 인드라 누이Indra Nooyi를 말할 수 있다. 인도에서 태어난 그녀는 예일대 졸업 후 모토로라 등에서 전략부서를 맡았고, 1994년에 펩시코에 들어가 2001년에 CFO로 임명된다. 2006년에는 글로벌 전략 총책임을 맡아 보여준 탁월한 능력을 인정받아 펩시코의 15번째 CEO에 오르게 된다. 매출액 기준으로 세계에서 두 번째로 큰 식음료업체인 펩시코의 최고경영자 자리에 오른 그녀는 2012년 〈포브스〉에서 발표한 '세계에서 가장 영향력 있는 여성' 12위에 오르기도 했다.

펩시코의 첫 여성 외국인 CEO가 된 그녀가 인도 출신의 이방인이라는 우려의 시선을 잠식시키고 성공적으로 기반을 다질 수 있었던 것은 다양성에 대한 이해를 통해서였다. 부임 당시 우려되었던 이질적 문화성은 오히려 다양한 상황에 부닥친 사람들과 고객들을 이해하는 데 강점이 되었으며, 그녀는 전 세계 소비자들을 겨냥한 다양한 사업을 진행하여 성공을 거두었다.

코카콜라가 1996년 미국시장에서 점유율 42%를 차지하며 펩시를 크게 앞지르자 100년의 콜라 전쟁에서 '코크'가 '펩시'를 이겼다며 흥분했는데, 불과 12년 후인 2008년 펩시의 매출액은 433억 달러에 달했지만 코카콜라의 매출액은 319억 달러에 머물렀다. 새로 취임한 CEO 인드라 누이의 리더십이 빛을 발한 것이다.

그녀가 자회사인 KFC, 피자헛 등 외식사업을 매각하자 펩시를 경쟁 상대로 여겨 구매를 꺼리던 맥도널드, 버거킹 등 다른 외식업체로 펩시의 판로가 커지는 효과가 생겨났다. 또한 앞으로는 탄산음료가 비만의 주범으로 궁지에 몰려 콜라 시장이 위축될 것을 예견한 그녀는 재빨리 웰빙 트렌드의 새로운 음료 시장을 선점하였으며, 대형 스낵회사로서는 처음으로 모든 제품에서 트랜스 지방을 제거하는 등 변화를 주도하였다. 마케팅 때에도 젊은 층에 특화해 웹사이트와 뉴미디어를 적극 활용하였으며, 인력구성 등에서도 다양성을 추구하며 펩시코 역사상 첫 여성 회장으로서 유감없는 리더십을 발휘하고 있다.

문화적 다양성이 만들어 낸 세계적 기업

우리나라도 이제 다문화 시대로 접어들고 있다. 국내 외국인 근로자 수와 다문화 가정 수가 지속해서 늘고 있으며, 국내에 체류하는 외국인은 160만 명에 이르러 우리나라 전체 인구의 3%에 육박하였다. 또한 2013년 기준 다문화 가정 취학자녀 수는 15만 명 시대를 맞이하였다. 삼성전자, LG전자, 현대자동차 등 주요 대기업과 유명 대학에서 연구인력으로 근무하는 외국인 고급인력도 매년 늘어나고 있다. 이런 우리나라의 상황을 봐도 국내외적으로 글로벌 시대가 도래하였음을 실감할 수 있다.

그러나 아직 그들이 한국에서 뿌리 내릴 수 있도록 하는 문화적 다양성 수용노력이 부족하다는 지적이 있는 게 사실이다. 세계경제의 심장 역할을 하는 미국의 500대 기업 중 외국 이민자 출신이 창업한 기업이 40%가 넘는다. 래리 페이지와 함께 구글을 창립한 세르게이 브린은 모스크바대학교를 졸업한 러시아 출신이고, 마이크로소프트의 CEO 사티아 나델라Satya Nadella는 인도에서 학부까지 마친 뒤 미국에 간 유학생으로, 1992년 MS에 합류한 뒤 세 번째로 CEO 자리에 올랐다. 미국 사회가 가진 다양성의 힘을 실감하게 하는 사례이다. 또한 우리나라도 글로벌 고급인재들이 정착하여 활약할 수 있는 제도적, 문화적 여건을 조성할 필요성을 시사하는 교훈이기도 하다.

우리나라는 어떤가? 하나은행이 일찍부터 다문화 가정 캠페인을 시작했고, 2013년 4월에는 롯데그룹이 다양성 헌장을 제정해 남녀 간 다양성, 문화적 다양성, 신체적 다양성, 세대 간 다양성을 존중하고 각종 차별을 없애기로 명문화하는 등 일부 기업이 인식 전환에 나서고 있지만 여전히 미흡한 수준에 머물러 있다. 주요 언론과 연구기관이 평가한 글로벌 기업의 다양성 순위에서 한국 기업은 찾아보기 힘들다.

다양성은 다름을 인정하는 데서 출발한다. 민주주의는 다양성을 존중하는 제도이다. 사회구성원 각자의 생각과 가치관의 차이를 포용하고 균형 있게 조화를 이루며 공존하는 것이다. 급변하는 시대, 불확실성의 시대에는 획일적인 틀에서 탈피해 다양성을 인정하는 것부터 시작하여야 한다. 이를 위해서는 다양한 사고, 다양한 문화, 다양한 시도가 필요하다. 어쩌면 미래사회에서 우리나라의 제2의 도약은 다양성에서부터 시작할지도 모른다. 미래시대의 키워드인 창조와 융합은 다양성을 포용하는 데서 나오기 때문이다.

‖ 진정성 리더십의 시대, 자신의 부족함을 공유하라 ‖

가부장적 리더에서 지식공유의 리더로

많은 사람들이 영웅처럼 전지전능한 리더, 카리스마가 있는 리더가 조직을 이끌기를 바란다. 그러나 영웅과 전지전능한 리더는 올림포스 신화에나 나오는 사람들이다. 신화에 나오는 신처럼 강하고 약점이 없고 실패도 하지 않는 리더가 되려 했던 많은 사람들이 단기 목표와 실적에 집착하다가 결국 실패한 리더로 추락한 사례를 흔히 볼 수 있다. 실제로 미국 대기업의 영웅적인 CEO들은 상상을 초월하는 돈을 받으며 기업을 꾸려가지만, 결국 그 리더들로 인해 서브프라임 모기지 사태를 비롯한 금융사고가 발생했고 많은 기업이 부도가 났다. 그로 인해 세계경제는 침체기에 빠져들고 말았다.

올바른 리더십이란 무엇인가? 그동안 리더십 분야는 하나의 돈벌이로 전락해 정형화된 틀 속에서 교육이 되어 왔다. 리더십 전문가인 스콧 스눅Scott Snook 미국 하버드 경영대학원 교수는 이제 영웅적 리더십의 시대가 저물고 있으며 '진정성 리더십authentic leadership'의 시대가 열렸다고 말한다. 리더가 때로는 실수도 저지르고 두려워할 줄도 아는 불완전한 인간이라는 사실을 스스로 인정하고 이를 스스럼없이 밝힐 수 있어야 한다는 게 그의 주장이다. 리더가 자신의 실수나 한계를 공개하고 협조를 구할 때 조직원들과 투명하고 인간적인 관계를 유지할 수 있고 장기적으로 조직 역량이 강해진다는 것이다.

우리나라는 반세기도 되지 않는 짧은 기간에 전 세계가 놀란 경이로운 성장을 거듭했다. 여기에는 근대 한국의 정치, 경제, 기업현장에서 활약한 '영웅적 리더', '가부장적 리더'들의 역할이 컸다. 지난 수십 년간의 위기상황에서 강한 리더, 엄격한 규율과 통제를 통하여 역량을 집중시키는 리더, 과묵하고 자기감정을 절제할 줄 아는 리더들이 특히 빛을 발했다.

과거 지위 중심의 수직적 구조에서는 리더들이 중요한 의사결정을 미리 해놓고 이를 아랫사람에게 지시하여 추진하였다. 그들은 제왕적 혹은 가부장적 권위로써 자신이 특별한 사람으로 인정받기를 원하고 부하들의 순종을 강요했으며, 오직 "예!"라고 대답하는 사람들로 둘러싸여 자기 권력을 유지하려 했다. 내가 지난 40여 년간 현장에서 만난 수많은 리더들도 대부분 그런 유형이었다.

하지만 1980년대 후반부터 미국 경영학계에서 그동안의 전통적 리더십과는 전혀 다른 새로운 스타일의 리더십과 모델을 제시하면서, 우리나라의 각 기업도 수평적 리더십, 민주적 리더십, 섬김의 리더십 등에 관심을 기울이기 시작했다.

미래사회는 다양한 개인들의 지성과 지혜가 모여 힘을 발휘하는 팀워크의 사회이다. 커뮤니케이션 기술의 발달로 정보의 연결성이 확대되면서 모든 분야에서 더 많은 혁신이 일어나고 이를 이끄는 재능 있는 인재들을 배출할 것이다. 또한 분야를 초월한 지식과 아이디어를 전 세계적으로 교류하며 새로운 차원의 협업이 이루어질 것이다. 이미 우리는 개인 고유의 가치와 다양성을 인정하고, 시시각각 변하는 새로운 정보를 수집하여 전달하며, 서로 토론하여 효율적이고 혁신적인 방안

430

을 모색하는 시대에 와 있다. 정보통신의 급진전과 함께 우리 사회 곳곳에서는 미래형 인재들이 속속 등장하고 있으며, 기성세대들이 그들을 통제하기에는 한계에 달했다.

따라서 미래사회의 리더는 자신이 모든 일을 통제하겠다는 생각을 버려야 한다. 미래의 리더는 개인적인 통제 욕망에서 벗어나 모두가 공유하고 공감하는 목적을 향해 동료들과 함께 나아갈 수 있어야 한다. 구성원들의 지혜와 힘을 모아 조직의 목표를 이룰 수 있도록 격려하며 나아가 그들의 성장과 발전을 돕는 리더가 되어야 한다.

그러기 위해서는 사람들의 마음을 움직여야 한다.

겸손해져라!

모를 때는 기꺼이 모른다고 하라!

함께 일하는 실무자들에게 도움을 요청하라!

완벽한 사람보다 적당한 허점이 있는 리더가 사람들의 마음을 움직일 수 있다. 사람들의 마음을 움직이면 그들은 몸을 던진다.

카리스마, 비전, 신뢰, 그 모든 것의 밑바탕은 사람의 마음을 움직일 때 나온다.

자신의 부족함을 공유하라!

리더의 작은 빈틈이 마음을 열게 한다.

네트워크의 소중함을 인식하라

IQ에서 EQ와 NQ의 시대로

많은 전문가가 21세기에는 지능지수^{IQ}보다는 감성지수^{EQ} 그리고 사람들과의 관계를 잘 형성해 상생하는 NQ^{Network Quotient}가 가장 중요한 성공 요인이자 행복의 열쇠라고 입을 모은다.

우리나라는 예로부터 세계 어느 나라보다 인간관계의 중요성을 강조하고 인적 네트워크를 잘 갖춘 것을 가장 큰 힘으로 여겨 왔다. 또한 혼사나 장례 등 애경사에서 보듯 전통적으로 강한 상부상조 문화를 갖고 있다. 그로 인해 오늘날까지 정실주의의 폐단이 나타나기도 했지만 관계지향적 사고방식, 상호보완적 협동의식은 사회성을 높이는 원동력이었다. 인적 네트워크의 중요성은 새삼 말할 나위가 없다.

미래사회는 더불어 행복하게 살아가는 공생의 가치가 존중되는 사회이다. 리더들은 조직 내부적으로는 열린 공간, 열린 문화 속에서 구성원들 간의 팀워크를 통한 시너지를 높여야 하고 외부적으로는 조직의 다양한 이해관계자들과 우호적인 관계를 유지하며 지속적인 성장동력을 찾아내는 능력이 있어야 한다.

흔히 사회적으로 권력이 있는 사람들이 네트워크가 강한 사람들이라고 착각하기 쉽다. 그 이유는 권력자의 밑에는 많은 사람이 모이기 때문이다. 지금까지처럼 수직적 권력이 중심축이 되는 사회에서는 살아남고 성장하기 위해 힘이 있는 사람들과 어떻게든 인간관계를 맺어야 하기 때문에 '권력의 크기 = 네트워크의 크기'라는 등식이 성립했던 것이 사실이다.

그러나 미래사회의 네트워크는 권력의 크기로 가늠되지 않을 것이다. 투명하고 공정한 사회, 수평적인 민주사회의 인적 네트워크는 서로가 대등한 입장에서 협력하고 결합하여 상호 간의 능력을 배가시키고 잠재력을 창출하는 방향으로 이루어질 것이다. 이를 위해서는 관계의 소중함과 소통의 가치를 알고 사람들의 마음을 사로잡을 수 있는 능력이 필요하다. 남의 의견에 귀를 기울이며 자기주장을 설득시킬 수 있는 커뮤니케이션 능력을 지닌 사람들이 인적 네트워크를 잘 구축하여 진정한 리더가 될 수 있다.

정보가 아니라 네트워크가 권력이다

과거의 권력은 정보에서 나왔다. 누가 더 많은 정보를 가지고 있느냐가 힘의 척도였고, 권력을 지닌 사람들을 중심으로 더 많은 정보가 모였다. 그러나 이제 정보의 경계가 허물어지고 누구든지 마음만 먹으면 원하는 정보를 얻을 수 있는 정보공유의 시대로 변했다. 그리고 이런 정보이용 능력은 젊은 세대와 네트워크를 잘 활용하는 사람들이 더욱 탁월하다.

네트워크network란 망網을 일컫는 용어이다. 일반적으로 통신 네트워크, 컴퓨터 네트워크, 방송 네트워크 등 유·무선 통신매체로 연결하여 서로 자료를 주고받는 통신체계를 말한다. 오늘날의 급격한 변화를 나타내는 말은 수없이 많다. 디지털 시대, 지식정보 시대, 정보 혁명,

인터넷 혁명 등이 그것이다. 그런데 이토록 빠른 변화는 세상 사람들이 정보통신기술의 발달에 따라 네트워크로 연결되면서 생기는 것이어서 사회와 기술의 급격한 변화의 핵심은 네트워크의 혁명적 변화로 귀결될 수 있을 것이다. 지금 세상의 변화의 본질은 바로 네트워크 혁명인 것이다.

네트워크 혁명은 무어의 법칙, 메트칼프의 법칙, 카오의 법칙으로 특징된다. '무어의 법칙'은 컴퓨터의 처리속도가 18개월마다 두 배씩 증가한다는 법칙이다. '메트칼프의 법칙'은 네트워크의 가치가 사용자 수의 제곱에 비례한다는 것으로, 네트워크에 기초한 경제활동을 하는 사람들이 특히 주목해야 할 법칙이다. 많은 사람이 연결되어 있는 네트워크의 중요함을 지적한다. '카오의 법칙'은 창조성은 네트워크에 접속되어 있는 다양성에 지수함수로 비례한다는 것을 의미하는데, 사회경제의 각 영역에서 창조적인 지식생산이 점차 중요해지면서 앞으로 지식 기반의 사회에서 주목해야 할 법칙이다.

이렇듯 네트워크는 무서운 속도로 성장하며, 특히 인간과 인간의 관계에 새로운 질서를 만들어 낸다. 원래 인류사회는 처음부터 네트워크 사회였다. 인간人間이라는 한자어 자체가 사람과 사람 사이라는 뜻을 가지고 있는 것만 봐도 알 수 있다. 인人만으로도 사람이란 뜻이지만, 사이 간間 자를 함께 써 인간이라고 표현한 것은 서로 유기적 관계 속에 살아가는 존재라는 의미이다. 그러나 산업혁명으로 유발된 대량생산, 대량소비의 문화가 정착되고 자본주의가 발전하면서 개개인의 인간적인 면보다는 자본과 기술과 상품이 주체가 되는 사회로 변한 것으로 보인다.

새로운 네트워크 사회의 재등장을 유도한 것은 컴퓨터와 인터넷이라는 기술의 결실이다. 컴퓨터를 통해 정보가 디지털의 형태로 기록되면서 정보처리 능력과 속도가 향상되고, 인터넷을 통해 범 지구적인 연결성을 확보하게 됐다. 이러한 새로운 기술의 발달 결과 새롭게 등장한 네트워크 사회에서는 모든 정보가 거래비용이 거의 없이 세계적으로 연결되어 막대한 영향력을 발휘하며 상호작용할 수 있게 되었다.

최근에는 SNS를 통하여 모르는 사람들끼리도 자유로운 의사소통과 정보공유 그리고 인맥 확대 등을 통해 사회적 관계를 맺고 있다. 우리나라 SNS 시장을 주도하는 페이스북Facebook과 트위터Twitter 이용자 수는 이미 1천만 명을 돌파한 지 오래이며, 지속적인 증가 추세는 당분간 멈추지 않을 것으로 예상된다. SNS는 기존에 오프라인에서 알던 이들과의 인맥관계를 강화하고 온라인을 통해 새로운 인맥을 쌓을 수 있도록 하는 역할을 한다. 뿐만 아니라 소셜커머스라는 전자상거래도 급속히 확장되고 있으며, 물건만을 판매하는 것이 아니라 패션과 연예 등에 대한 지식을 판매하는 지식시장, 게임 등에 이르기까지 그 범위를 넓혀가고 있다. 공공 부문에서도 SNS를 통해 정책을 홍보하거나 민원을 접수받을 수도 있고, 민원 해결과정을 보여줌으로써 기관의 이미지를 상승시킬 수도 있을 것이다.

이와 같이 SNS의 온라인 사회연결망은 소비자 간에 상품에 대한 평판, 추천 등을 통해 정보의 신뢰성과 투명성을 공유하여 이용자 편의를 극대화하는 역할을 하는 한편, 기업의 입장에서는 적은 비용으로 광범위한 고객집단의 특정 성향을 데이터베이스에 의해 파악하고 관리하며 영업할 수 있다는 점에서 마케팅 활용가치가 높은 혁신적인 커뮤니케이션 메커니즘으로 자리잡고 있다. 특히 다양한 종류의 대규모 데이터를 생성, 수집, 분석하는 빅데이터 기술은 다변화된 현대사회의 전 영역에 걸쳐 가치 있는 정보를 제공할 수 있는 가능성을 제시하며 그 중요성이 부각되고 있다.

SNS 업체 또한 SNS 페이지상의 광고 스페이스 판매와 소셜 게임이나 아이템 판매 등을 통해 수익모델을 구축하고 있어 향후 SNS 시장은 계속 성장할 것으로 보인다. 이처럼 네트워크 분야의 다방면에 걸쳐 일어나는 기술발전 속도는 상상을 뛰어넘을 정도로 빨라 체계적인 지식 없이 이를 따라가기는 매우 어렵다. 네트워크를 구축하는 기업의 관리자는 물론 웬만큼 전문지식을 가졌다고 자부하는 엔지니어들조차 끊임없이 생겨나는 새로운 기술에 현기증을 느끼곤 하는 게 요즘의 현실이다.

이처럼 어렵다고는 해도 앞으로의 미래사회에서 네트워크 관리능력은 리더들의 필수 요건이다. 새로운 네트워크 사회의 발전은 앞으로 공간적 제약 없이 더욱 가속화할 것이고 메트칼프의 법칙대로 네트워크의 가치는 네트워크에 속하는 참여자 수의 제곱에 비례하는 시대가 되기 때문이다.

네트워크의 경제적 가치

과연 네트워크의 가치는 어떤 점에서 기업과 조직에게 중요할까? 정보기술의 발달로 전 세계적으로 연결된 네트워크는 거래관계의 주도권을 공급자에서 구매자에게로 급속히 이전시켰다. 과거 공급 부족의 시대에 시장은 당연히 공급자 우위였지만, 이제 구매자들은 네트워크를 통해 전 세계의 공급자들에 대해 많은 정보를 검색하고 아마존이나 이베이 등 인터넷 상거래 업체를 통해 직접 주문할 수 있다. 갑자기 전 세계 기업이 경쟁상대가 된 것이다. 구매자의 마음에 들지 못하는 공급자는 생존이 불투명한 시대가 되었다.

더구나 디지털 환경에서 새롭게 형성되는 시장의 진입장벽이 허물어지고 비즈니스 사이클이 매우 빠르게 움직이기 때문에 업계의 경쟁 속도 이상으로 조기에 대응하지 못하면 위험에 처할 수 있다. 앞으로 고객들에 대한 더 많은 정보, 더 정교한 정보를 확보하여 효율적으로 대응해야만 성공할 수 있다는 점에서 네트워크 관리능력은 참으로 중요한 미래 리더의 조건이 된다.

그러나 안타깝게도 주변에서 보는 리더들 중에는 기본적인 PC 조작 능력도 제대로 갖추지 못한 사람들이 아직 많다. 겨우 PC를 켜고 끄며 기본 검색이나 워드 기능의 자판 정도나 두드릴 줄 알면 그래도 다행이다. 대부분 비서나 실무자들에게 의존하는 경우가 많다. SNS는 점잖지 못한 영역이라 여기며 아랫사람들이 요약해 주는 보고서나 읽어 보며 통 큰 사람인 양 행세한다. 그러나 디지털 시대에 적응하지 못하는 리더, 인터넷 문외한인 리더들은 더는 효율적인 소비자 접근을 할 수 없을 것이다.

앞으로 진전되는 정보기술의 발달은 인터넷으로 대표되는 디지털 정보통신망을 통하여 전 세계의 네트워크 사회를 더욱 좁힐 것이다. 이러한 변화의 큰 흐름을 읽지 못하고 자기가 맡은 영역에서 네트워크의 가치를 높일 줄 모르면 이미 리더의 자질은 상실된 것이다.

전통적 리더십의 종말과 제 5의 물결

플라톤에서 오바마까지

세계적인 리더십 권위자 중 한 명인 하버드대 케네디스쿨의 바버라 켈러먼Barbara Kellerman 교수를 소개한다. 그녀는 예일대에서 정치학 박사학위를 받고 미국 조지워싱턴대와 스웨덴 웁살라대 등에서 관련분야 경력을 쌓았고, 〈리더십 엑설런스Leadership Excellence〉에 의해 2008년과 2009년 두 차례에 걸쳐 리더십 분야 최고 전문가 100명 중 상위 15명 안에 이름을 올렸다. 또한 2010년에는 리더십과 팔로워십에 대한 선구적 연구로 '윌버 M. 맥필리 상'을 수상한 바 있는 리더십 분야의 최고 권위자이다.

그녀가 2012년 출간한 《리더십의 종말The End of Leadership》을 보면 리더십에 관한 과거의 낡은 가정을 넘어서 21세기에 필요한 진짜 리더십이 뭔지 읽을 수 있다. 가장 인상 깊은 부분은 역사적으로 권력이 어떻게 생성되고 변화, 발전했는가에 대한 이야기다.

《리더십의 종말》에서는 그리스 로마 신화에서부터 프로이트까지, 플라톤에서 오바마에 이르기까지 리더십의 역사와 이동을 살펴보고 오늘날의 리더십을 진단한다. 리더가 조직원을 고무시켜 변화를 이끌었던 변혁transformational 리더십부터 '다른 사람의 요구에 귀를 기울이는 하인이 결국 모두를 이끄는 리더가 된다'는 서번트 리더십, '직원들의 생각에 관심을 쏟는' 감성primal 리더십, 요즘 자주 회자되는 소통 리더십까지 리더십의 흐름을 관통한다.

켈러먼 교수가 이 책에서 주장하는 핵심 내용은 사회가 진화와 변혁을 거치면서 카리스마 리더가 이끌던 시대에서 보통 사람들이 힘을 합쳐 세상을 변화시키는 팔로워 리더follower leader의 시대로 변화하고 있다는 사실이다.

그녀의 말처럼 20세기에 들어서면서 힘은 높은 곳에서 낮은 곳으로 이동해 왔으며, 서열의 질서에서 평등의 질서로 바뀌고 있다. 지휘와 통제의 리더십은 서서히 사라지고 전통적, 수직적 리더십이 종언을 고하고 있다.

역동적 팔로워들이 변화를 만들어 낸다

최근의 리더십 키워드는 독단이나 카리스마보다는 협력과 협업의 리더십이다. 머지않아 '섬기는 리더십'과 팀 플레이어의 시대가 도래할 것이다. 과거 수직적 질서하에서의 권위적 리더는 힘을 잃었고, 팔로워는 권력을 갖게 되었다. 역량이 충분한 리더는 보이지 않는 대신 선동적이고 주체적인 팔로워들이 증가했다. 엘리트 1명이 100명을 먹여 살리던 플라톤의 시대가 종언을 고했다. SNS로 상하좌우 자유롭게 연결된 세상에서 수직적으로 권위를 내세웠던 리더십에서 더는 의미를 찾을 수 없다.

역동적인 팔로워들은 조직과 사회의 변화를 이끌어낸다. 아래에서부터 대규모로 이뤄지는 미국 월가 시위, 중동의 민주화 시위와 '아랍의 봄', 1명이 독재하던 공산권 국가의 몰락 등이 대표적인 사례이다.

이에 바버라 켈러먼은 역량이 부족한 리더, 상업적으로 변해 버린 리더십 등에 종말을 고하고 기술 혁신으로 빠르게 부상하는 팔로워에 눈을 돌린다. 미래의 인재는 훌륭하고 똑똑한 리더뿐 아니라 훌륭하고 똑똑한 팔로워가 되어야 한다.

"이 세상에 위대한 사람은 없다. 단지 평범한 사람들이 일어나 맞서는 위대한 도전이 있을 뿐이다There are no great people in this world, only great challenges which ordinary people rise to meet."

미국 해군제독 윌리엄 프레데릭 홀시William Frederick Halsey의 말처럼 우리는 누구나 리더가 될 수 있는 시대에 살고 있다.

진정한 초인의 시대

독일 철학자 니체는 바다처럼 모든 오물을 다 삼키고도 영혼이 맑은 사람을 '초인超人'이라고 정의했다. 이처럼 미래에는 강한 권력을 가지고 있거나 개인적으로 명석하고 능력이 뛰어난 리더가 아니라 사람을 감동하게 하고 마음이 맑은 리더, 즉 영혼의 힘을 갖춘 초인적인 사람이 최고의 리더가 될 것이다.

맑은 영혼은 인간의 끝없는 자기성찰의 물음이요, 궁극적인 화두이다. 많은 사람들이 종교적으로, 도덕적으로 맑은 영혼을 갖기 위해 노력한다. 자연 앞에서 사람들은 본능적으로 맑은 영혼을 가진다. 찬란히 솟아오르는 태양, 밤하늘의 푸른 달빛, 쏟아져 내리는 별빛을 바라보며 감동할 줄 알고, 소리 없이 내리는 빗방울과 유유히 흐르는 강물 속에서 눈물을 읽을 줄 알며, 싱그러운 바람, 이름 없는 풀 한 포기,

들꽃 한 송이에서도 자연의 속삭임을 들을 줄 안다.

그러나 우리가 뿌리내리고 살아야 하는 세상은 저절로 깨끗한 영혼을 유지할 수 있는 순수한 자연이 아니다. 무위자연의 정신적 도를 닦고 맑은 영혼을 유지하기에는 너무나 험난하고, 매일의 일상이 치열한 경쟁과 삶의 투쟁으로 점철된 복잡한 세상이다. 사회가 복잡해지고 경쟁이 치열해질수록 사람들은 인생의 낙오자가 되지 않기 위해 자기중심적이고 탐욕스러워지며 순수성을 잃어 간다.

영혼이 맑아지도록 의식적인 노력을 기울이지 않으면 인간의 본성을 상실하고 자기만을 위하며 자신의 유리한 길만을 찾는 이기적 삶을 살게 된다. 영혼이 맑지 않은 사람은 과정과 원칙과 기본을 중시하지 않는다. 결과만 좋으면 기본과 원칙을 무시해도 괜찮다고 생각하기 때문이다.

최근 반세기 동안 경제가 급속도로 발전하고 물질적인 번영을 이루면서 오히려 우리 사회는 더욱 강퍅해지고 도덕성과 인간성이 메말라 가는 부작용을 겪고 있다. 다행히 종교계를 비롯하여 뜻 있는 사회지도자들의 노력에 힘입어 소외계층을 돌보고 배려하는 사람들이 늘어나고, 최근 들어 기업들도 사회적 책임과 사회적 가치를 추구하며 다양한 이해관계자들을 존중하는 움직임이 확산되고 있다.

소비자들도 친환경 기업이나 나눔을 실천하는 기업 등 사회적 책임을 다하는 기업들의 제품을 구매하려고 한다. 고도의 지식정보화 사회에 진입하면서 공동체 의식의 중요성이 강조되고, 남을 배려하고 나눔을 실천하는 인성 회복의 움직임이 확산되기 시작한 것이다.

인공지능 발달과 영성의 회복

정보화 시대와 창조, 혁신의 시대를 거쳐 다가오는 제5의 물결은 바로 '영성의 시대'라고 한다. 첨단기술이 지배하는 미래에 역설적으로 '영성'의 중요성이 강조되는 것은 첨단기술이 가진 극단적 양면성 때문이다. 영성을 회복하지 못한 인류가 기술발전만을 추구할 경우 인간이 편의와 효용을 극대화하기 위해 만들어 낸 과학의 산물들이 거꾸로 인간을 지배할 수도 있다.

19세기 말에 발명된 원자핵이 인류에게 에너지 혁명을 가져다준 동시에 핵폭탄이라는 무서운 살상무기로 사용되기도 한 것처럼, 첨단기술이 인간 직업의 상당 부분을 대체하게 될 미래에는 이 기계들을 어떻게 활용하느냐에 따라 인류의 운명이 좌우된다.

대표적인 예가 로봇과 드론 등이다. 오늘날 인지과학과 인공지능의 발달로 첨단 로봇이 사고하고 인간과 뇌파로 서로 교감할 수 있는 시대가 되었다. 우리는 로봇을 인류의 삶을 풍요롭게 하는 도구로 활용하기 위해 연구개발하고 있지만, 만일 도덕적 능력이 없는 로봇에게 인간을 해치도록 조작하여 명령을 심어 놓으면 상상할 수 없는 재앙이 올지도 모른다.

또 최근 편리성을 내세워 일상생활을 파고드는 드론drone이라는 소형 무인비행물체 역시 사용방식에 따라서는 인류에 큰 위해가 될 가능성이 있다. 본래 드론은 군사용으로 개발된 무인항공기로서, 사람이 들어가기 힘든 현장에 들어가 폭탄을 터뜨리거나 항공기 내에 자동카메라를 장치하여 목표물을 촬영하여 송신하는 목적으로 활용하였다.

그러나 지금은 군사용이 아닌 실생활에서 사용되고 있다. 2013년 6월에는 도미노피자가 드론을 이용하여 6킬로미터가 넘는 곳까지 10분 만에 피자를 시험 배달하는 동영상을 공개하기도 하였고, 세계 최대 온라인쇼핑몰을 운영하는 아마존은 무인 헬기 드론을 이용해 주문받은 상품을 30분 안에 배달하는 서비스를 준비 중이라고 한다.

드론은 이처럼 저렴한 비용으로 물류, 영상, 농업, 기후연구 등 다양한 분야에서 활용할 수 있지만 자칫 잘못 사용하면 무인테러 등 인명 살상의 무기가 되고, 제한 없이 남의 사생활을 엿보고 침해하는 나쁜 도구가 될 가능성이 있다.

첨단과학의 발달은 우리에게 양면적인 모습으로 다가온다. 인간의 기본적인 도덕과 윤리를 지닌 영혼이 맑은 리더들이 이끌어 간다면 미래 인류는 끊임없이 진화할 수 있지만, 첨단기술을 악용하려는 리더가 등장하면 기술이 인류를 삼켜버리는 돌이킬 수 없는 재앙을 초래할 수도 있다. 미래사회를 책임질 리더들에게 '맑은 영혼'을 기대하는 이유도 바로 이 때문이다.

개인과 조직이 영성을 회복하여 우리 사회에 순수성의 물결이 흐르게 해야 한다. 상대방을 짓밟아야 승자가 되는 경쟁의 패러다임에서 벗어나 상생과 조화를 최고의 가치로 삼는 시대, 나아가서는 인류애를 바탕으로 세계를 하나로 잇는 평화의 시대가 되지 않으면 인류는 스스로 만들어 낸 첨단기술에 의해 침식당할 것이다. 그래서 미래에는 영혼이 맑은 리더, 철학이 있는 리더가 사회를 이끌어야 한다. '영성 리더십'이 빛을 발하는 시대가 될 것이다.

그러나 구호가 현실을 만들어 내는 것은 아니다! 아무리 필요하다고 해도 하루아침에 영성이 회복되기를 바랄 수는 없다. 다만 모두가 의지를 갖고 노력해야 한다. 미래를 이끌어 갈 차세대를 위해 현재의 리더들이 조금씩이라도 영성 회복을 위해 노력해야 하고, 변할 수 있도록 포기하지 않고 교육해야 하며, 조직적으로 노력해야 한다.

마침 최근 지구촌 일각에서는 영성의 정신문화를 성찰하여 개인의 깨달음과 집단의 깨달음 그리고 인류 전체의 깨달음을 구하려는 정신문화운동spiritual-cultural movement이 시작되고 있다. 이제 이 문화운동에 우리도 동참해야 할 시점이다.

소통의 리더십

신한은행 C 본부장

내가 장명기 수석부행장님(이하 장 수석님으로 호칭)을 처음 만난 건 초급대리 시절인 1994년경으로, 당시 장 수석님은 신한은행 강남 모 지점 지점장으로 재직 중이었다. 그러니까 내가 그분과 알게 된 지도 20년이 지난 셈이다. 강산이 두 번이나 바뀌었는데도 20년 전의 그 모습이 아직도 내 가슴에 그대로 간직된 것을 보면 장 수석님은 그때부터 벌써 준비된 리더가 아니었나 싶다.

　장 수석님은 한마디로 표현하기 어려운 팔색조 같은 매력적인 리더십을 가진 분이지만 굳이 글로 표현하자면 이렇다.

- 언제나 같은 자리에서 본연의 업무를 지키는 사람
- 아무리 험한 난관에 부딪히더라도 자신의 신념과 목표를 잃지 않고, 본인이 뜻한 바를 달성하기 위해 가던 길을 계속 가는 사람
- 초심을 잃지 않고 한결같은 모습으로 바른길로 살아가려고 노력하는 사람

개인이 혼자 사업을 한다면 전문성, 친화력, 화술 등 외형적인 모습만

잘 갖추면 되지 조직에서 요구하는 리더십은 그리 필요치 않을 것이다. 그러나 다양한 구성원들이 모여 상호 유기적으로 업무를 하는 조직에서는 리더십이 매우 중요하다. 또한 스스로 아무리 뛰어난 리더십을 갖고 있다고 자찬을 한들 주변에서 인정해 주지 않으면 아무런 의미가 없다.

리더십은 다양하게 정의할 수 있겠지만, 개인적으로 조직에서의 리더십은 '상하의 신뢰를 바탕으로 조직 구성원이 뛰어난 성과를 이룰 수 있도록 동기를 부여하는 능력'이라고 말하고 싶다. 이런 점에 비춰 볼 때 장 수석님은 20년 전이나 지금이나 한결같은 리더십을 가지셨다.

첫째, 장 수석님은 만남이 기다려지는 분이다. '이분과 만나면 무엇하나라도 배울 수 있다'는 기대를 하게 된다. 또한 후배들에게 '할 수 있다는 가능성'에 대한 믿음과 신뢰를 보내 주기에, 후배들 스스로 '나도 충분히 할 수 있다'는 묘한 자신감을 갖게 하는 리더십을 갖고 있다.

둘째, 장 수석님은 하찮고 모든 사람이 이미 알고 있는 정보라 할지라도 항상 끝까지 경청한다. 이렇게 타인의 말을 경청하는 장 수석님께 더 많은 사람이 이야기하게 되고, 이 부분들이 상호 유기적인 정보가 되어 조직의 성과에 이바지하게 하는 리더십을 갖고 있다.

셋째, 자신의 주장이 항상 옳은 것은 아니기에 상대방, 특히 후배들의 합리적 주장이 옳다고 판단되면 언제라도 그 주장을 받아들일 수 있는, 강한 리더로서 보기 어려운 유연한 생각을 하신다. 이것이야말로 조직 구성원이 사력을 다해 성과를 이루도록 하는 장 수석님만의 탁월한 리더십이다.

이렇듯 최고의 리더십을 겸비한 장 수석님은 '생각을 행동으로 이끌어내는 리더십'을 몸소 실천하시는 분이다. 우리는 이 책에서 말하는 장 수석님의 최고경영자적 리더십을 통해 '오늘의 위기를 내일의 기회' 로 만들어 가는 실천사례를 현실에서 직접 확인할 수 있을 것이다.

디지로그형 리더

백승호 (산업은행 입사동기, 현 세리정보기술(주) 대표이사)

장명기 수석부행장은 산업은행 입행동기로 지난 45년간 각별한 우정
을 나누고 있는 나의 벗이다. 그를 보면 자강불식自强不息, 절차탁마切磋
琢磨의 고사성어를 연상하게 된다. 불리한 운명을 만났다고 낙담하기
보다는 늘 스스로 강해지기 위한 도전을 그치지 않고 살아가는 노력형
의 인간이다. 누구나 1년에 한 살씩 똑같이 나이를 먹는데, 그는 늙어
가는 것이 아니라 다만 성숙해 가면서 내공은 더욱 강하고, 통찰력은
예리해진다.

내가 특히 놀라는 것은 그는 각양의 디지털 기기의 얼리 어댑터early
adopter이며, SNS를 두루 활용하여 명색이 IT 전문가인 나를 무색하게
만들기 일쑤라는 점이다.

그는 아날로그식 감성과 디지털식 세심함이 융합되어 좌뇌와 우뇌
를 모두 온전히 사용하는 친구이다. 나는 그를 창조성과 공감력이 필
요한 하이 콘셉트, 하이 터치 시대에 적합한 '디지로그digilog형 리더'라

칭하고 싶다.

아날로그analog가 20세기적 특성으로 감성, 여유, 배려와 사람 중심의 개념이라면, 디지털digital은 21세기적 특성으로 정확, 수치, 기술과 기계 중심의 개념이라 할 수 있다. 청년들이 디지털적 특성을 선호한다면, 장년들은 아날로그적 특성을 선호하며, 청년들이 스마트폰과 컴퓨터로 대표되는 디지털 기기에 익숙하여 스스로 유리 감옥Glass Cage에 갇히며 엄지족이 되어 가는 반면, 장년들은 시대 변화에 순응하지 못해 스스로 디지털 문맹digital illiteracy족이 되어 가기도 한다.

또한 어떤 리더들은 아직도 18세기에 공리주의자 제러미 밴덤Jeremy Bentham이 설계한 원형圓形감옥인 파놉티콘Panopticon식 권위의식에 집착하여 디지털 기기로 무장한 대중이 역으로 권력을 감시하는 디지털 시놉티콘Synopticon 시대로 진화하는 현상을 애써 외면하여 공분을 사는 처신을 하기도 한다. 미래학자 앨빈 토플러는 "21세기 문맹자는 학습하고 재학습하는 능력이 없는 사람"이라고 하였다.

나의 친구는 만년 청춘의 열정으로 배움의 자세를 놓지 않는 사람이다. 5월의 푸른 잎보다 가을의 단풍잎이 더 아름답듯이 인생도 장년이 가장 아름다울 수 있음을 보여 준다. 항상 겸손한 자세로 배우기를 즐기고, 주변 사람들의 감정에 쉽게 공감하고, 감정이 메마르기 쉬운 은행원의 삶 속에서도 시와 음악과 다양한 분야에 끊임없이 도전하며, 적시에 풍부한 유머를 터뜨리는 그의 곁에 함께 있는 것만으로도 언제나 배움을 얻게 된다.

エピ

내 삶을 지탱한 강한 자부심이 나를 리더로 만들었다

누구보다 자신에게 당당해야 한다

44년 전, 내가 처음 취직할 당시 은행은 최고의 직장으로 인기가 높았다. 명문대 출신들이 빛나는 별처럼 많은 은행업계에서, 비록 상고 출신이었지만 오로지 실력으로 겨루겠다는 신념 하나로 남들보다 몇 배의 땀을 흘리며 발로 뛰었다. 최종목표로 정했던 부행장이 된 후, 사람들은 내게 이런 조언을 가장 많이 했다.

"금융기관 CEO를 하려면 줄 하나는 잡아야 한다."

하지만 나는 학연과 지연이 뒤엉켜 승자들끼리 독식하며 '그들만의 네트워크'를 형성해 가는 현실이 싫어서 줄 잡는 것을 일찌감치 포기했다. 아니, 혐오하다시피 했다는 것이 솔직한 심정이다.

맹물을 마시며 배고픔을 달래던 가난한 어린 시절부터 꿈꾸며 준비한 투명한 미래가 내 방향타였고, 모르면 알 때까지 멈추지 않고 노력하는 게 끈 없고 배경 없는 내 유일한 무기였다. 나는 오로지 나의 실력으로만 세상에 서고 싶었다. 물론 고독한 순간도 있었지만 그래도 좌절하지 않고 의연하게 살고자 노력했다.

비록 은행장을 하지 못하고 수석부행장으로 44년의 은행원 생활을 마무리했지만, 12년이 넘는 임원생활을 할 수 있었던 것은 개인적으로 큰 영광이고 축복이다. 줄을 잘 잡아 행장을 10년 하는 것보다 당당하게 내 실력으로 잡은 부행장이라는 자리를 1년 하는 게 더욱 소중한 것이라 믿는다.

나는 언제라도 자신 있게 말할 수 있다.

"지금까지 내 삶을 지탱한 강한 자부심 덕분에 누구 앞에 서더라도 당당한 삶이었다."

성공을 부르는 세 번째 열쇠

사람이 세상에 태어나 성공하기 위해서는 3개의 열쇠가 필요하다는 말이 있다. 첫 번째 열쇠는 '가문', 두 번째 열쇠는 '학벌'이다. 그렇다면 마지막 세 번째 열쇠는 무엇일까? 그것은 다름 아닌 '노력'이라는 열쇠이다. 부모를 선택해 태어날 수 없으니 '가문'이라는 열쇠는 스스로 선택할 수 있는 열쇠가 아니다. '학벌'이라는 열쇠도 어려서부터 학교를 선택하는 것이 제한적이기 때문에 전적으로 본인만의 선택은 아니다. 그런데 다행히도 성공에 가장 필요한 열쇠인 '노력'은 마음만 먹으면 누구라도 가질 수 있다. 어떤 사람이 좋은 가문에서 태어나 명문대학을 졸업했다면 이미 두 개의 열쇠를 가진 셈이다. 그런데 좋은 '가문'과

'학벌'이라는 두 가지 열쇠는 성공의 기회에 좀더 쉽게 접근하게 해줄 수는 있지만, 성공이라는 문을 열기 위해 정작 필요한 것은 '본인의 노력'이라는 세 번째 열쇠다.

나는 두 개의 열쇠를 모두 가졌지만, 세 번째 열쇠를 갖지 못해 실패한 사람들을 많이 봤다. 그래서 세상살이는 공평하다. 나는 부유하고 배경이 좋은 환경에서 태어나지 못했다. 또한 '학벌'의 열쇠도 갖지 못했다. 그러나 어려서부터 나의 운명을 열기 위해 노력이라는 열쇠를 열심히 가다듬었다. 철이 들면서부터 내가 무엇을 할 수 있는지 끊임없이 고민하고, 자문했다. 그리고 자신 안에 숨어 있는 능력을 최대한 찾아내서 미래를 준비하기 위해 노력했다. 학업성적은 물론 어학, 자격증, 전문지식 등 취업과 업무능력을 발휘하는 데 필요한 것이라면 무엇이든 열심히 그리고 끊임없이 도전했다.

삶에 대한 강한 열망은 위기의식에서 나왔던 것 같다. 생존하기 위해서, 나를 위해 고생하신 어머니와 가족을 위해서 살고 싶은 긍정적인 에너지가 내 의지와 노력과 열정의 밑바탕이었다. 돌이켜 보니 열정은 스스로 활력 넘치는 자신감을 줄 뿐만 아니라 주위 사람들을 감화시키는 전염성이 있는 듯하다. 치열하게 살아가는 과정 속에서 스쳐가는 인연을 소중히 여기고 한번 맺은 인연과는 오래도록 진실한 관계를 갖기 위해 노력하다 보니 주변에 저절로 좋은 사람이 늘어났다. 좋은 사람을 많이 가진 나는 이미 부자다.

교만은 인생의 뺄셈, 겸손은 인생의 덧셈

"교만은 인생의 뺄셈, 겸손은 인생의 덧셈"이라는 격언이 있다. 나는 평생 이 교훈을 기억하며 무엇이든 겸손하게, 끊임없이 배우는 자세를 가지고 살기 위해 노력했다. 배우는 자세가 누적되면 지식과 경험이라는 큰 보답이 되어 돌아온다. 나는 타인에게 배우는데 타인이 나로부터 아무것도 배워 가지 않는다면 누가 더 이익인지는 명약관화하지 않은가?

잔물결에 흔들림 없는 뱃머리

진정한 성공은 내가 멋대로 정의하는 것이 아니라 후배들에게 인정받을 때 비로소 완성된다. 지점장이 되고, 부장이 되고 나서 후배들에게 모범이 되는 리더가 되고 싶었고, 비전의 전도자가 되고 싶었다. 후배들에게 닮고 싶은 선배로 비치기 위해 조직과 직원을 위한 일이라면 거침없이 직언해 때로는 상사들로부터 불이익을 당하는 일도 많았다.

아무리 작은 조직이라도 일단 리더가 되었을 때는 '가장 먼저 앞서서 실천하는 사람'이 되려고 노력했고, 어려움을 당했을 때는 흔들리지 않고 가장 앞에서 파도를 헤쳐 나가는 사람이 되려고 노력했다. '잔물결에 흔들림 없는 뱃머리'로서 리더십을 발휘하기 위해 물속에서 죽도록 발짓을 하는 물오리처럼 부지런히 살았다. 결과적으로 내가 기원한 만큼의 성공적인 리더, 좋은 선배가 되었는지는 오롯이 후배들이 평가할 몫이다. 그러나 적어도 '비겁하지 않고 진실하며 아랫사람을 포용할 줄 아는 리더', 그리고 '부하 직원들에게 꿈을 심어 주고 그들의 손을 잡아 이끌어 주는 리더', '대학시절 경영학 교과서가 나에게 가르쳐 준 그런 리더'의 길을 걷기 위해 나름대로 평생 부단히 노력했다는 것만은 감히 자부할 수 있다.

승자와 패자를 가르는 1%의 어떤 것

"승자는 구름 위의 태양을 보고, 패자는 구름 속의 비를 본다. 승자는 바람을 돛을 위한 에너지로 삼고, 패자는 바람이 불면 돛을 거둔다. 승자는 눈을 밟아 길을 만들고, 패자는 눈이 녹기를 기다린다. 승자는 넘어지면 일어나 앞을 보고, 패자는 뒤를 본다. 승자는 땀을 믿고, 패자는 요행을 믿는다."

미국의 저널리스트 시드니 J. 해리스Sydney J. Harris가 말한 '승자와 패자의 차이'다. 유대 경전에도 나오며 미국 전 대통령 존 F. 케네디John F. Kennedy의 연설에도 등장하는 말이다.

내가 지난 삶을 통해 깨달은 것은 노력의 중요성이다. 노력해도 노력한 만큼의 결과가 나타나지 않을 때 우리는 상처를 입지만, 노력은 사라지지 않고 딱 그만큼의 성장을 우리에게 약속해 준다. 하지만 그럼에도 안타깝다. 세상은 열심히 일하는 사람들로 가득 차 있기 때문이다. 그러나 문제는 그들이 대개 성공하지 못한다는 것이다.

왜? 준비 없이 '그냥 열심히' 노력만 하기 때문이다.

노력을 성공으로 연결하기 위해서 반드시 알아야 할 키워드가 있다. '미래를 읽는 지혜'와 '철저한 준비성'이다. 이 두 가지를 갖추고 노력해야 비로소 노력이 성공으로 이어진다. 말과 글로 표현할 수 있는 가장 무책임한 단어가 "그냥 어떻게든 되겠지!"이다. 그냥 어떻게 될 거라는 막연한 기대를 하는 사람은 그 말을 뱉어 낸 시점부터 이미 패자이다. 성공과 승리는 꿈을 꾸는 사람, 철저하게 준비하는 사람 그리고 그것을 당장 실행해 나가는 사람들의 몫이다. 그래서 나는 늘 후배들에게 내 실패와 성공의 경험을 빌려 이렇게 강조했다.

"막연한 계획으로 얻을 수 있는 건 막연한 미래뿐이다. 막연한 꿈을 꿀 것이 아니라 자기자신을 정확하게 진단하고 자신 안에 숨어 있는 재능을 찾아라. 그러고 나서 구체적인 비전을 세우고 장기적인 안목으로 치밀하게 계획하라. 그리고 가능한 것부터 당장 실천하라. 또한 당당하고 정직하게 승부하라."

세상의 리더들에게 드리는 고언품言

지난 20여 년 간 우리나라 금융계는 명멸을 거듭했다. 기존의 5대 시중은행인 조흥, 상업, 제일, 한일, 서울은행이 차례로 합병의 길을 거쳤고, 평화, 동화, 보람, 한미은행을 비롯하여 일부 지방은행은 사라졌다. 혹자는 이를 관치금융으로 인한 막대한 부실여신 탓으로 돌리기도 하고, 어떤 이들은 은행을 경영한 리더들이 사명감과 통찰력 없이 은행을 이끌다 보니 위기관리 능력이 없어 쇠퇴의 길을 걸었다고 말하기도 한다.

아마 둘 다 맞는 말일 것이다. 특히 관치금융의 유령은 최근까지도 사라지지 않고 있다. 대형은행 회장이나 은행장들을 보면 신한은행과 하나은행 등을 제외하고는 조직 자체에서 올라가는 경우보다는 외부에서 낙하산으로 임명되는 경우가 많았다. 은행업무 경험이 없으면서 정치권의 낙하산을 타고 내려와 막대한 여신 부실과 파생상품 부실을 초래하여 두고두고 은행 성장에 발목을 잡기도 하고, 미숙한 경영으로 각종 문제를 야기하여 매스컴에 오르내리는 등 성공사례보다는 실패의 반면교사가 된 채 떠나가는 관행이 아직도 끊이지 않고 있다.

한 가지 확실한 것은 오늘날 우리나라가 처한 총체적인 난국은 한두 사람의 정치 리더가 해결할 수 있는 문제도 아니요, 아무리 둘러봐도 그런 리더들을 찾아보기도 어렵다는 것이다.

해결책은 무엇인가?

결국 우리 모두가 리더가 되는 수밖에 없다. 리더로서의 역할을 스스로 자각하고 우리의 미래를 알아서 개척해야 한다. 미래는 특정한 영웅들이 이끌어 가는 시대가 아니라 우리 모두가 리더가 되는 시대이며 우리 모두의 리더십이 요구되는 시대이기 때문이다.

지나간 세월을 돌이켜 보면 금융인의 한 사람으로서 아쉬움이 많은 금융의 격변기였지만, 정말 훌륭한 은행선배들을 많이 만났고 소중한 인연 속에 사랑 받고 사랑하며 감사할 일이 매우 많은 축복된 삶이었다고 생각한다.

이제 44년의 은행원 생활을 마치고 퇴직하면서 지금까지의 행로에서 느낀 여러 부분에 대해 이 나라를 이끄는 리더들에게 진심으로 고언을 주고 싶었다. 그리고 이 나라의 미래를 가꾸어 나갈 후배들과 함께 미래를 고민하고 싶었다. 미래 세대를 위해 좀더 발전되고 성숙한 사회를 만들어 주고 싶은 소망으로, 그리고 나라와 민족의 미래를 위해 간절히 기도하는 마음으로 이 글을 쓰게 되었다.

나름대로의 경험을 정리한 이 한 권의 책이 후배들에게 다가오는 미래를 어떻게 준비하고 리더십을 키워야 할 것인가에 대한 작은 제언이 되기를 바라며 졸고의 보람으로 삼고자 한다.

참고문헌

단행본

다니엘 핑크 지음, 김명철 옮김, 《새로운 미래가 온다》, 한국경제신문사, 2012.

데이빗 히넌·워렌 베니스 지음, 최경규 옮김, 《위대한 이인자들》, 좋은책만들기, 2010.

롤프 옌센 지음, 서정환 옮김, 《드림 소사이어티》, 리드리드출판, 2005.

마누엘 카스텔 지음, 박행웅 옮김, 《네트워크 사회》, 한울아카데미, 2009.

바버라 켈러먼 지음, 이진원 옮김, 《리더십의 종말》, 씨앤아이북스, 2012.

신상이반 지음, 하진이 옮김, 《어떻게 사람을 얻는가》, 더난출판사, 2013.

앤드류 브라운 지음, 이기문 옮김, 《리더십의 6가지 유형》, 현대미디어, 2001.

에릭 브린욜프슨·앤드루 맥아피 지음, 이한음 옮김, 《제 2의 기계 시대》, 청림출판, 2014.

이나모리 가즈오 지음, 양준호 옮김, 《불타는 투혼》, 한국경제신문사, 2014.

이상호, 《리더십 역사와 전망》, 연세대 출판부, 2008.

이영탁, 《미래와 세상》, 미래를 소유한 사람들, 2010.

자크 아탈리 지음, 양영란 옮김, 《미래의 물결》, 위즈덤하우스, 2007.

조엘 오스틴 지음, 정성묵 옮김, 《긍정의 힘》, 두란노, 2005.

존 맥스웰 지음, 홍성화 옮김, 《리더십 불변의 법칙》, 비즈니스북스, 2010.

진노 나오히코 지음, 정광민 옮김, 《나눔의 경제학이 온다》, 푸른지식, 2013.

케이트 루드먼·에디 얼렌슨 지음, 안진환 옮김, 《알파 신드롬》, 비즈니스북스, 2007.

켄 블랜차드 외 지음, 정경호 옮김, 《신뢰가 답이다》, 더숲, 2013.

편석준 · 진현호 · 정영호 · 임정선, 《IoT 사물인터넷》, 미래의창, 2014.

프랜시스 후쿠야마 지음, 구승희 옮김, 《트러스트》, 한국경제신문사, 1996.

한스 핀젤 지음, 조기현 옮김, 《리더가 저지르기 쉬운 10가지 실수》, 프리셉
트, 2002.

홍성욱, 《네트워크 혁명, 그 열림과 닫힘》, 들녘, 2014.

언론 기사

〈경향신문〉, "허울뿐인 인성교육 이대로 둘 것인가", 전상훈 광주첨단고 교
장, 2013. 10. 14.

〈국민일보〉, "여의춘추: 한국형 관료제 이제 손볼 때 됐다", 박병권 논설위원,
2014. 4. 30.

〈뉴스파인더〉, "사법 '불신과 우려' 시급히 불식해야", 칼럼니스트 백승목,
2014. 8. 14.

〈동아일보〉, "국가대혁신 '골든타임'", 신동진 · 강홍구 · 강은지 · 황성호 · 김
윤종 · 이새샘 · 주성원 · 임우선 · 이세형 · 김지현 기자, 2014. 9. ~12.

〈매일경제〉, "정치금융이 더 문제다", 안정훈 · 김효성 기자, 2014. 9. 19.

〈문화일보〉, "관료사회와 '규제본능'", 김병직 부국장 겸 경제산업부장, 2014.
3. 7.

〈중앙일보〉, "'정보통신 올림픽' ITU 부산전권회의", 박수련 · 김영민 기자,
2014. 10. 21.

_____, "비난 받는 사법정의", 이동현 · 이가영 기자, 2014. 3. 30.

〈프레시안〉, "사법개혁의 화두를 다시 던진다", 이상수 한남대 법대 교수,
2006. 9. 28.

한경닷컴, "삼한지에서 등장하는 인물 중 '선호하는 리더십 유형'", 2006. 5.

〈한국경제〉, "당신은 한국의 미래가 두렵지 않습니까?", 하영춘 부장 · 안재석
기자, 2014. 12. 15.

〈헤럴드경제〉, "숫자의 속뜻을 읽다", 양대근 기자, 2014. 10. 22.

_____, "힐링, 최고의 리더십", 유재훈 · 이태형 · 박승원 기자, 2014. 8. 29.

기타

동아시아연구원, 〈CSR Monitor〉 2014년 2월호.
박재희, "고전으로부터 배우는 리더십" 강의, 2011. 4. 11.
새로운 사회를 여는 연구원, "대기업을 개혁해야 한국 경제가 바뀐다", 김병권, 2011. 7. 13.
세계미래포럼, "창조경제와 유대인 성공학", 〈미래와 세상〉 2013년 10월호.
이기동, "즐거운 논어일기", KBS 인문강단 '락'(樂) 강의, 2013. 10. ~11.
이나미, "다음 인간", 미래경영콘서트 강의, 2014. 11. 28.
이승환, "공공 공간에서의 행동윤리", 열린 연단 강연, 2014. 4. 24.
헤이컨설팅그룹, "조직의 승패를 결정하는 6가지 리더십 유형", '중소기업 최강 인재조직 만들기' 포럼, 2014. 4. 19.